AF141026

MICHAEL „CHARLY"
ILCHMANN

Ein ganz norMaler, königsblauer Steinbock

Ein Leben lang

novum ◢ pro

Dieses Buch ist auch als
e-book
erhältlich.

w w w . n o v u m v e r l a g . c o m

Bibliografische Information
der Deutschen Nationalbibliothek:

Die Deutsche Nationalbibliothek
verzeichnet diese Publikation in
der Deutschen Nationalbibliografie.
Detaillierte bibliografische Daten
sind im Internet über
http://www.d-nb.de abrufbar.

Alle Rechte der Verbreitung,
auch durch Film, Funk und Fernsehen,
fotomechanische Wiedergabe,
Tonträger, elektronische Datenträger
und auszugsweisen Nachdruck,
sind vorbehalten.

Gedruckt in der Europäischen Union
auf umweltfreundlichem, chlor- und
säurefrei gebleichtem Papier.

Die vom Autor zur Verfügung ge-
stellten Abbildungen wurden in der
bestmöglichen Qualität gedruckt.

© 2023 novum Verlag

ISBN 978-3-99146-581-2
Lektorat: Dr. Michaela Schirnhofer
Umschlagfotos:
Olga Chanturiia I Dreamstime.com,
Michael „Charly" Ilchmann
Umschlaggestaltung, Layout & Satz:
novum Verlag
Innenabbildungen:
siehe Bildquellennachweis S. 404

Trotz aller Bemühungen ist es
dem Autor nicht gelungen, alle
Rechteinhaber der Bilder ausfindig zu
machen. Setzen Sie sich daher bitte
mit dem Verlag in Verbindung, falls
Vergütungen anliegen.

www.novumverlag.com

Climate neutral
Print product
ClimatePartner.com/16547-2201-1002

Hier hältst du das <u>   </u> von den ersten 1904 Büchern in deiner Hand, viel Spaß beim Lesen !!!

Sollte dir die laufende Nummer fehlen, melde dich gerne bei <u>Bedarf</u> per E-Mail (diese steht im Buch). Ich schreibe dir dann, welche Nummern noch verfügbar sind.

Gruß und Glück Auf
Charly

Der Einstieg ...

Ein Leben lang ... **ein ganz norMaler, königsblauer Steinbock**
Erlebnisse und Werdegang von Michael „Charly" Ilchmann

<u>Das ist der Titel meines Buches.</u>

Allein sich einen markanten und interessanten Titel einfallen zu
lassen, war schon ein Drama ... Sich zu ent-scheiden, für schon
eher wichtige Sachen und Situationen im Leben, ist nicht immer
soooo einfach ... Durch stetiges Trainieren und vorsichtiges Einstreuen in mein Leben ist es mir nach und nach etwas besser gelungen, ansonsten fällt das ENT-SCHEIDEN schon mal sehr schwer,
oder es verkümmert, wie eigentlich alles im Leben ..., wenn man
es nicht stetig trainiert ... Und: Entscheiden heißt meiner Meinung nach, sich auch hier und da zu positionieren ... Wer sich nie
positioniert, der kommt „wahrscheinlich" auch nie wirklich an ...
Position zu beziehen, ist meiner Wahrnehmung nach nicht mehr
gerne gewünscht ... Trotzdem habe ich das schon früh in meinem
Leben gemacht und praktiziert ... Das wiederum bedeutet, dass
man stetig Gefahr läuft, dabei was abzubekommen ... Verbal oder
vielleicht auch mal körperlich. Wer mich (gut) kennt und von
meiner „vielleicht" größten Schwäche weiß ..., denkt vielleicht:
Jetzt schreibt **DER** auch noch ein Buch ... obwohl er nicht einmal
die einfachsten Regeln der Rechtschreibung beherrscht – ja, warum denn nicht!? Ich denke und hoffe, dass es hierbei auch gar
nicht (soooo sehr) darauf ankommt – hier wird eher der Inhalt
belohnt ... zumal es ja noch nach dem Verfassen von mir durch
einige professionelle Hände geht. Und ein besseres Training gegen (m)eine Rechtschreibschwäche gibt es doch kaum ... Ein toller Mensch hat mir hierzu ein paar Zeilen in seinem Gastkommentar geschrieben, er fing damit an: „Ist nicht jedes Leben so
spannend, um davon zu berichten ..." – recht hat er.

Apropos Gastkommentar: Die habe ich mal in einem Buch gelesen und fand es ehrlich, authentisch und schön. Gastkommentare

aus einem Querschnitt von Menschen, die mit mir was erlebt haben, wie sie mich kennengelernt haben, und an WAS sie vielleicht denken müssen, wenn sie von mir hören ... vielleicht auch an Kleinigkeiten, die mal von mir nicht so doll waren, oder wenn es mal mit mir Ärger gegeben hat. Ich finde es gut, wenn auch andere über mich zu Wort kommen. Nicht dass ich mich hier nur selbst beweihräuchern will oder das Feuer für (m)eine Hexenverbrennung anstochern oder schüren möchte ... Aber Selbst- und Fremdbild variieren ja schon mal ... Ich habe es auf eine gute Anzahl an solchen Gastbeiträgen gebracht ...

Viele meiner Arbeitskollegen und andere Wegbegleiter erzählten auch oft so tolle und lustige Geschichten, dass sie auch immer dabei sagten: „Ich könnte **gaaaanze Bücher** schreiben ... so viel habe ich erlebt ..." Es sind oft echt fantastische Erlebnisse erzählt worden ... Ich probiere es jetzt dann einfach mal aus, mit einem eigenen Buch. Wieder einmal raus aus der Komfortzone ... für mich ein Kinderspiel ... warum? Was ist das noch mal genau, eine Komfortzone?

Fotos und Collagen sind teilweise uralt und von schlechter Qualität, dies bitte ich vorab zu entschuldigen, damit die Geschichte dahinter nur etwas lebendiger wird, habe ich mich **dafür** entschieden ...

Dieses Buch hier sollte idealerweise einen (jeden) so mitnehmen, dass man es am liebsten an einem langen, regnerischen Wochenende auslesen möchte ... Ich wollte eigentlich nur Teile meines Lebens niederschreiben, da ich meine, dass viel Lustiges, Ernstes, Trauriges und Mutiges passiert ist. Es ist auch viel Unverständliches und „eigentlich" UNMÖGLICHES passiert. Dass es tatsächlich mal ein Buch wird ... da habe ich am Anfang nicht dran gedacht oder davon zu träumen gewagt ... 2018 habe ich das erste Kapitel, wenn man so will, niedergeschrieben ... Das gehörte meinem Opa ... Auch soll das Buch Menschen Mut machen, die nicht auf der Sonnenseite des Lebens „eingestiegen" sind, einfach immer weiterzumachen, **sich nie gaaaanz** aufzugeben, an sich zu glauben und **wirkliche Werte zu leben** und sie nach Möglichkeit weiterzuvermitteln – oder auch dafür mal einzustehen oder wenn nötig, dafür zu kämpfen ... Oft bzw. immer öfter tauchen diese Werte, meiner Meinung nach, in keiner Prioritätenliste mehr auf und dadurch drehen wir uns im Kreis ... Vieles war nicht leicht, wie wahrscheinlich bei uns allen im Leben. Auch wenn ich es mir habe selten anmerken lassen, manches tat sehr, sehr weh, war aber auch gleichzeitig ziemlich lehrreich – es ging immer weiter ... warum ist mir eigentlich nicht ÖFTER mal alles EGAL **GE**wesen? ...) Einige von uns posten schon mal ihren Status, auch ich, allein dabei überlege ich schon ständig, ob ich nicht irgendjemanden damit unbewusst, „auf die Füße trete" ... Es war und ist nicht leicht, seine eigenen Bedürfnisse zu artikulieren, ohne dabei zu egoistisch zu sein. Mein Bestreben war und ist es heute noch, einigermaßen sauber durch die Bowlingbahn des Lebens zu kommen. Ich wollte nie „alles abräumen", um an die Ziele zu gelangen, und nicht ständig einen „Pudel" schmeißen ... Leben und leben lassen, was ich nicht will, was mir man tut, füge auch keinem anderen zu. Ein gutes Geschäft ist es, wenn beide Seiten davon profitieren. Der Kluge lernt aus seinen Fehlern und der Weise vom Klugen ... Ich könnte noch einige dieser Sprüche hier schreiben ..., wichtig allein ist es, dass was dahintersteht und sie nicht nur Sprüche bleiben ...

Wenn man einigen der Attribute, denen aus dem Kollegenkreis in den vielen Seminaren und Workshops (Job) und natürlich aus dem Freundeskreis der langen Reha in Bad Elster und aus meinem früheren Kundenkreis, Glauben schenken darf, dann sind unter anderem folgende häufiger vorgekommen: Michael (Charly) ist freundlich, offen, zuvorkommend, zugewandt, gutmütig, **gesellig**, ehrlich, lustig, aufmerksam, herzlich und vor allen Dingen hilfsbereit. Aber immer mehr meine ich leider auch, dass ich mich zunehmend zurückziehe und wie meine Mutter werde – traurig und nachdenklich. Auch das Interesse, neue Menschen kennenzulernen, schwindet, zwar nur ein wenig, aber doch bereits merklich ... Selbst mein unglaublicher Humor kommt mir schon mal langsam abhanden. Für mich wird das Leben zunehmend anstrengender. Oft verstehe ich auch viele der Mit-Menschen nicht mehr ...

Im Verhältnis zu manch anderen Mit-Menschen, die schon montags mit einem langen Gesicht durch die Gegend laufen, sich im Auto extrem rüpelhaft benehmen oder sogar regelmäßig verbal dünnhäutig sind, bin ich aber, Gott sei Dank, immer noch ein ziemlich lustiger und offener Zeitgenosse. Ein Motto oder gar unausgesprochener Wert ist: Was kann „**der jetzt**" dafür für das, was in der Vergangenheit nicht „gut lief"? Also, gerne mal lächeln ... am liebsten helfe ich „schwächeren" Mit-Menschen, das war früher als Kind schon so und das hat sich bis heute auch nicht gravierend geändert ... es liegt vielleicht daran, dass ich immer wieder darüber nachgedacht habe, dass meine Mama, meine Geschwister und auch ich persönlich ab und an „etwas" mehr Unterstützung gebrauchen hätten können. Meine Mutter ganz besonders – sie war toll. IHR haben ganz, ganz wenige Menschen so richtig **AKTIV** geholfen und beigestanden, **uns und sich selbst** durchzubringen – Oma und Opa ausdrücklich ausgenommen!!! Meine Mama und später Gerd, haben uns Ilchmänner und Ilch-Frauen nichts Materielles vererben können, das Wichtigste, was Mama mir aber mitgegeben hat, ist das, wie man mit anderen Menschen umzugehen hat oder eher umgehen könnte, wie man sich generell so gibt, den Mitmenschen, Tieren, der Natur und der Umwelt gegenüber ...

Klar: Ich habe auch nicht alles richtig gemacht im Leben, auch einiges dramatisch schlecht, auch davon habe ich vieles noch präsent ... Als kleiner Junge und Jugendlicher war ich auch oft **zu** „biblisch" unterwegs: „Auge um Auge und Zahn um Zahn" folgten kurz **nachdem ich beide Wangen rot hatte** ..., meine **RE**-Aktionen auf Angriffe verbaler oder körperlicher Natur waren ab und zu so heftig, dass ICH keinen Jungen kannte, der so halbwegs unterwegs war ... aber keine Sorge, es gibt und gab immer noch welche, die es deutlich schlimmer treiben und trieben ... ich war und bin eigentlich heute noch einerseits vorsichtig und schüchtern, andererseits empfindlich oder sehr sensibel, streitbar und mit einem sehr ausgeprägten Gerechtigkeitssinn unterwegs, der selbst mich, dann im Nachhinein, schon öfter mal zum Überlegen brachte und mir hier und da schon ein ums andere Mal Ärger einbrachte. Ich habe aber stets, hart an mir gearbeitet und hatte auch in Sachen Gelassenheit und Besonnenheit mir von Wegbegleitern viel abgucken können ... Ich meine aber, aus meiner Sichtweise natürlich, dass ich nicht **aktiv streitsüchtig** war oder bin ... eher das Gegenteil war und ist der Fall. Eigentlich war ich immer auf der Suche nach Liebe, Anerkennung und Wertschätzung – dafür bin ich wiederum immer **heftig in Vorleistung** durch Engagement, Aufmerksamkeit, Hilfsbereitschaft und Wertschätzung gegangen ... aber dazu kommt ja noch einiges in dem Buch. Seid gespannt und legt es nicht aus eurem Sichtfeld ... Vorab noch einen Hinweis: Das Buch hat Sprünge und ist nicht immer komplett chronologisch (an sich so, wie ich auch funktioniere bzw. ticke ..., es hat auch kein Inhaltsverzeichnis, so hält sich vielleicht auch das Interesse hoch beim Lesen. Es ist halt wie im richtigen Leben: Das Leben bringt aus meiner Sicht auch selten einen funktionierenden Workflow oder die optimale Reihenfolge mit. Und manche Menschen, die meinen, einen zu haben, werden schnell merken, dass er selten der Reihe nach anwendbar ist ... **Um sich eine ehrliche Meinung über einen Menschen bilden zu können, sollte man (möglichst) seine ganze Lebensgeschichte kennen ...** Wenn man nur Fetzen kennt, ist es schwer bis unmöglich und oft auch ungerecht, sich ein abschließendes Urteil über jemanden zu bilden ... Wenn ihr durchhaltet, werdet ihr belohnt werden und die Geschichte wird eine runde Sache ... wie ein knallhart aufgepumpter Fußball ...

Viel Spaß beim Lesen ...

Euer

Charly, Michael Ilchmann
aus Wipperfürth

Steckbrief

Michael Ilchmann, Spitzname: „Charly"
geboren am 15. Januar 1971
in Gelsenkirchen-Buer – Marien Krankenhaus, irgendwann mitten in der Nacht …
Der Jüngste von 6 Kindern
2 Brüder und 3 Schwestern

Mutter: Trümmer- und Kriegskind, Hausfrau, Fabrikarbeiterin
(Stief-)Vater: Fabrikarbeiter, Betonbauer
Erzeuger: Städtischer Angestellter, aber genau, weiß ich es nicht
Kindergarten: ich meine 2 Jahre … op dr Thier bei Wipperfürth
Grundschule: bis 1982, mit einer Ehrenrunde im ersten Schuljahr, op dr Thier
Hauptschule: 1982–1988, Hauptschulabschluss (Abschlusszeugnis) 9. Klasse (Ehrenrunde 7. Klasse)
Ausbildung: zum Maler- und Lackierer-Gesellen 1988–1991 im ansässigen Malerbetrieb op dr Thier …
Bundeswehrdienst/Grundausbildung: 1992 in Neuwied/Andernach
Von Januar 1993 bis Oktober 1993 Geselle im vorherigen (Lehrbetrieb)
Malerbetrieb, ihr ahnt es bestimmt: op dr Thier

Von 1993 bis wahrscheinlich heute: Angestellter des Westdeutschen Rundfunks Köln
Anfänglich als Bühnenhandwerker/Fachrichtung Malerei, in Köln Bocklemünd
Von ca. 2000–2011 beim WDR in einer 50 %-Teilzeit und Inhaber eines eigenen Maler- und Lackierer-Meisterbetriebes mit dem Slogan „Kreativität muss nicht teuer sein" in Wipperfürth
2011–2013 Werkstattleiter der Malerei, Kunstmalerei und Werbetechnik wieder in 100 %-Vollzeit beim WDR
2013–2017 Disponent Gesamt-Werkstätten der Abteilung **V**eranstal**t**ungstechnik & **A**teliers/WDR

2017–2020 Disponent der gesamt **VTA im WDR**
ab 2020 als Sachbearbeiter in der Beschaffung der VTA im WDR
Berufliche **Sonder**qualifikationen:
Maler- und Lackierer-Meister des Jahrgangs 1998
Ausbilder für Flurförderzuge und Stapler Jahrgang 2000
+ ziemlich alle Seminare und Schulungen, die der Betrieb und
meine damaligen Großlieferanten für meine jeweiligen Tätigkeiten angeboten haben. Ca. 30 an der Zahl – NNB und nicht
wichtig ...
„Klugscheißer" der Jahrgänge: . . . .
Meister der Herzen 2001 ...

Verheiratet in zweiter Ehe (Second Hand) am: **19.04**.2018 (Schloss
Horst in **GE**)
Keine Kinder, oft leider, aber immer öfter auch G s D ...
12-facher Onkel + einmal Patenonkel, mittlerweile „außer
Dienst" ...
Übrig gebliebene Hobbys: Fußball passiv (wenn man das zu Schalke durchgängig sagen kann ..., Mountainbiken durchs Bergische Land, werkeln, renovieren und GEstalten, indoor sowie
outdoor ..., Musik und Autos, im Winter gerne Konsole mit Fifa
oder div. Autorennen ...
Die meiste Zeit verbringe ich (mittlerweile) am liebsten mit
meiner Frau Monika und meinem besten Freund, Prinz, unserem Hund.
Früher war mein Hobby nach der Arbeit, noch Arbeiten ... deshalb (mittlerweile) ...
Als mein Lebenswerk würde ich unser/mein Haus bezeichnen,
auch dort ist unglaublich viel Zeit, Geduld, Liebe, Kapital und
meine ganze Kreativität eingeflossen.
Sooooo – jetzt geht's los ... genug gelabert ...

Welcher Mensch macht sich nicht irgendwann mal Gedanken darüber, ob er gewollt war, ein Wunschkind war oder, oder, oder ... Kinder denken oft mehr, als Erwachsene meinen ...

Wo komme ich eigentlich her, wer bin ich und was werde ich mal sein ... diese Fragen sind mir sehr früh gestellt worden und ich hatte sie mir wohl auch immer mal wieder selbst gestellt ...

Gerade ICH habe mir darüber oft Gedanken gemacht. Ich habe aber niemals jemanden dazu befragt. Vor einer Antwort hatte ich bestimmt immer irgendwie im tiefsten Inneren etwas Angst.

Wie das kommt???

Meine Mama hat mich erst mit 38 Jahren bekommen, im Januar 1971 wurde ich geboren, als sechstes Kind, von ein und demselben Ehemann. So weit so gut ... denkt man ...

Kurz nach meiner Geburt hat unsere Mama sich dann aber dennoch, mit vier Kindern und mir als frisch Geborenem, auf die „Flucht" vor meinem Erzeuger und ihrem Ehemann gemacht ... quasi hat sie noch gewartet, bis sie mich zur Welt gebracht hat, und hat sich dann mit – für mich – unerklärlich viel Mut, alleine ins Bergische abgesetzt. Wir waren quasi innerhalb von NRW eine Flüchtlingsfamilie ohne Anschluss in der neuen Gegend und ohne finanzielle Rückendeckung ... arm wie eine Kirchenmaus-Familie ...

Aus vielen, aber nicht tiefgreifenden Erzählungen, habe ich gehört, dass es meine Mama oft nicht gut bei ihrem Mann hatte. Klar frage ich mich mit dem Wissen von heute, wie man sechs Kinder **(in Zahlen = 6)** mit einem Mann bekommen konnte, der zu einem nicht gut war!??? ... Früher war das anders, das wissen viele Ältere, nur keiner redet mehr darüber. Auch hätten meine Eltern es mit den heutigen Subventionen (staatliches und teilweise betriebliches Kindergeld) finanziell vielleicht niemals sooooo schwierig gehabt und wären etwas besser zurechtgekommen ... Ich sage damit nicht, dass Kinder sich übers

Mama weit vor meiner Zeit, alleine mit ihrem ersten Hochzeitsstrauß ...

Kindergeld „rechnen", absolut nicht, aber ein Zuschuss ist ein Zuschuss – nicht mehr und nicht weniger ... Heute mit fast 53, wo meine Mama leider schon über 15 Jahre tot ist, überlege ich auch öfter mal, ob ich vielleicht auch sogar „unerwünscht" gezeugt wurde, ich weiß es nicht, aber möglich ..., möglich wäre es ... Es musste ja etwas Gravierendes passiert sein, um diesen Schritt zu gehen. Vielleicht bin ich deshalb so ein (kleiner, unglaublicher) Kämpfer geworden ... weil ... ich weiß es wirklich nicht. Vielleicht sollte ich aber auch ein Versöhnungskind werden und es hat einfach nur nicht sein sollen ... Eigentlich möchte ich gar nicht viel über meinen Erzeuger schreiben, aber einen winzigen Teil in meinem Leben nimmt er ja auch ein, er hat mich ja immerhin gezeugt. Von Mama, Oma, Opa, Onkeln und Tanten wusste ich nur, dass er ein „Arsch" gewesen sein soll. Er ist oft auf die Trabrennbahn gegangen und hat das ganze Geld verzockt. Er war wohl „demnach" auch nicht wirklich fleißig.

Meine Definition über Fleiß ist für manche vielleicht etwas zu hart ... Aber ich habe da meine eigene Meinung darüber. Ich denke hier einfach mal laut ... Darauf basiert auch mein eigentliches ICH und das was ich daraus GEmacht habe.

Fleiß fängt bei mir jenseits der Pflicht an, also jenseits von der Regelarbeitszeit oder dem, was man eh zu erledigen hat bzw. muss. Sorry, aber für mein Verständnis ist die „Pflicht" nicht unbedingt schon Fleiß. Wenn man dann noch mit genauso viel Liebe, Hingabe und Engagement an seine weiteren Aufgaben und Erledigungen geht, fängt es an, nach Fleiß zu riechen. Aber, wie gesagt, das ist nur meine Meinung ...

Das Schlimmste war aber wohl, dass er angeblich oft trank und grundlos gewalttätig gewesen sein soll. Hier war ich ja nicht dabei – Glück für ihn ... kann ich nur sagen!!!

Aber einmal bin ich ihm dann doch mal **leibhaftig** begegnet. Das war ca. 1989/90, ich habe zu der Zeit meiner Schwester und meinem Schwager geholfen, ihren Neubau in Kürten bezugsfertig zu renovieren. Ich war knapp 18/19 Jahre und gerade in die Malerlehre eingestiegen ... Aus mir unerklärlichen Gründen hat meine Schwester damals wieder Kontakt zu ihm aufgebaut ... nach fast 20 Jahren ... ich kann mir die Gründe nur denken, es hatte wahrscheinlich etwas mit der „Bauerei" des Neubaus zu tun. Da kann man mir erzählen, was man will, aus reiner Nettigkeit und aus Fürsorge für den Erzeuger ... da hat es sich im

Leben nicht darum gedreht. Niemals ... aber es war die Sache meiner Schwester und ihrem Mann ...

Das Haus meiner Schwester und ihrem Mann hatte noch eine Baugrube drum herum. Es führte eine Gerüstdiele aus Holz über diese Grube ins Haus hinein. So eine Diele ist ca. 30–40 cm breit oder besser gesagt schmal ... Ich war an der Haustür und habe diese mit Holzlasur gestrichen. Auf einmal hielt ein Auto direkt vor der Baustelle an. Auf der Beifahrerseite stieg eine alte Frau aus. Auf der Fahrerseite stieg ein älterer Mann aus dem Wagen. Ich dachte, ich gucke nicht richtig ..., der Mann sah irgendwie aus wie ICH, nur in Alt ... irgendwie wurde mir total komisch und ich fing an, stinksauer zu werden – in Millisekunden wusste ich genau, wer das da alles war.

Mit stinksauer meine ich, **so richtig SAUER**, wer mich nur ein bisschen kennt, weiß, was DAS bei mir heißt, mit über 50 Jahren hätte ich einen Herzinfarkt oder Bau-Schaum vor dem Mund bekommen, so sauer und rasend wurde ich – nur dass man mal eine Ahnung davon bekommt, wie es mir damals dabei ging, als ich mich in Alt sah ... Ein Priester würde sagen, er hat den Leibhaftigen ... getroffen.

Von dieser Aktion wusste ich gar nichts im Vorfeld ... das war voll an mir vorbeigelaufen. Klar, das war die Sache von meiner Schwester und ihren Mann – es wäre aber ihre verdammte Pflicht gewesen, mich einzuweihen, dann wäre ich an diesem Tag nicht auf der Baustelle aufgekreuzt, aber etwas renoviert zu bekommen, war denen ja auch wichtig. Wie würdet ihr euch fühlen? Ich habe mich aufs Übelste benutzt gefühlt ... egal ... ich habe es verziehen-nur nicht ganz vergessen...

Als die ältere Frau auf die Dielen trat und sich diese so doll gebogen haben, schaltete ich erst einmal alle meine „gelernten Funktionen" wieder ein ..., ich bin ihr entgegengegangen und habe sie an der Hand genommen und bin mit ihr (der Oma) vorsichtig Richtung Haus gegangen. Ja, die ältere Dame war meine Oma väterlicherseits. Sie bedankte sich mit dem Satz: „Das ist aber nett, dass du **deiner Oma** über die ‚Bretter' hilfst ... :-)" Ich wurde wieder sauer und habe der älteren Frau nur gesagt: „Ich habe nicht MEINER Oma über eine Diele geholfen – das wüsste ich, aber … ich habe einer fremden, alten Frau über eine Diele geholfen und das wiederum hat mir meine Mama so toll beigebracht …" Das saß …

Ich glaube, meine Blicke hätten meine Schwester „töten" können … Meine Schwester ist 10 Jahre älter als ich, aber ich hätte sie am liebsten gewürgt und geschüttelt. Ich war überhaupt nicht mehr in der Lage, das, wo ich am Streichen war, weiterzumachen. Ich habe die eine Türseite noch in Windeseile ohne jegliche und übliche Hingabe fertig gestrichen, eingepackt und bin wort- und grußlos nach Hause gefahren. Als ich zu Hause war, wusste ich eigentlich gar nicht, wie ich dahin gekommen war … Dieser Schock saß tief. In meinem Kopf ging auch der Film ab, dass ich „denen" gar nicht mehr helfe am Bau … Ich habe völlig kostenneutral da gearbeitet … quasi einen Praxiskurs für „Umme" gemacht. Ich konnte noch nicht einmal mit jemandem darüber sprechen, meiner Mama hätte es das Herz gebrochen – meiner Meinung nach war es der größte Verrat, den man an der eigenen Mutter begehen konnte, wenn man die Historie bedenkt … Es haben über 50 % meiner Geschwister den Weg zum Erzeuger immer mal wieder aufgebaut. Ihre Gründe möchte ich nicht anfangen zu erraten … was sie Mama damit angetan haben, das ist gar nicht in Worte zu fassen, das hat ihr mit Sicherheit sehr, sehr, sehr weh getan … und verdient hatte sie das alle Male nicht … Auch das ist aber natürlich auch „nur" meine Meinung … Und damit keine falschen Eindrücke entstehen, alle meine Geschwister und deren Partner habe ich vergöttert, über sie habe ich nie etwas kommen lassen, nichtsdestotrotz gehört das aber leider auch mal dazu … Es wird ja hier auch **meine Biografie …**

Wie sagte mein Maler-Vorbild Hans-Willi (Rufname Willi) immer: Erst die Fensterwand tapezieren oder streichen … am Schluss hast du da keinen Bock mehr darauf … Das war MEINE persönliche Fensterwand …

Lange, lange vorher

Alle Ferien habe ich nach Möglichkeit bei Oma, Opa, Onkeln und Tanten verbringen wollen … Da kam es einmal dazu, dass ich als ganz kleiner Junge „diese andere Oma" – sie wohnte keine 5 Minuten von MEINER OMA entfernt – mit meinem Kumpel Thomas zusammen aufgesucht habe. Mit ein paar geschickten Fragen habe ich ruckzuck vom Onkel herausbekommen, wo die ANDERE OMA wohnt. Dann bin ich mit Thomas dahin gedackelt und habe da mal geklingelt. Ich wollte die andere Oma halt nur mal sehen … vielleicht war ich fünf, sechs oder sieben Jahre alt, älter war ich damals nicht … So naiv/ehrlich, wie ich war, habe ich meiner richtigen Oma davon erzählt, auweia … ich hatte noch nie Ärger von meiner geliebten Oma bekommen, aber jetzt war er echt fällig. Oma hat mich vielleicht zusammengestaucht, mir erzählt, dass sie alle schlecht zur Mama waren: Die haben die Mama geschlagen … die haben der Mama nichts zu essen gegeben und, und, und. Ich habe nur so Horrorgeschichten gehört und habe nur noch geheult. Ich habe der Oma hoch und heilig versprochen, nie, nieee wieder zu der anderen FRAU hinzugehen, und habe mich auch daran gehalten … Es fiel mir auch überhaupt nicht schwer … Absolut nicht … Ich war soooo beschämt von mir … Gott sei Dank, wurde ich an dem Wochenende von einer Tante zu deren Wohnwagen in den Westerwald mitgenommen … Da konnte sich meine geliebte Oma etwas abregen … ich sehe es soooo deutlich vor mir …

Von einem Onkel habe ich mal erfahren, dass unser Erzeuger nach der Trennung von meiner Mama eine der Töchter „gekidnappt" haben soll?! Ich kann das natürlich weder bezeugen noch bestreiten, ich war einfach zu klein. Wer weiß, was alles schon so wahr war!? … Ich möchte es auch nicht wissen … Aber so was hat sich auch nie verändert, jeder hat so in der Regel seine eigene Wahrheit … gerade beim Thema Trennungen und Geld … Angeblich ist nach meiner Schwester dann mit einem Hubschrauber gesucht worden. Ich glaube, DER hat auch so einen Verweis

Oma und Opa auf ihrer Hollywoodschaukel – Wenn ich auf unserer Liege, denke ich oft an sie, wenn Tauben auf unserem Dach turteln, noch vieeel mehr ...

bekommen, dass er sich uns nicht mehr annähern durfte ... Auch wenn ich da schon auf der Welt war, war es ja trotzdem eigentlich vor meiner Zeit ... Wenn man das alles bedenkt, müsste meine Mama eigentlich, nachträglich, noch heiliggesprochen werden. Mit vier Kindern, teilweise sehr klein, und mir als frisch Geborenem, die Flucht anzutreten, 80, 90 km von der eigenen Mama weg, nur um von ihrem Mann zu flüchten – ohne Job und finanziellen Background ... Unglaublich mutig und unglaublich traurig war das ... gut, dass ich noch ein Säugling war ...

Vielleicht mehr dazu noch in einem anderen Kapitel ... jetzt bin ich erst mal ein bisschen fertig ... mit dem Kapitel ...

Ein eigener Papa ... das wär' doch was!!!

Irgendwie war mir als kleines Kind schon immer sehr bewusst, dass ich irgendwie keinen „richtigen" Papa hatte. Ich glaube, (gute) Papas sind schon sehr wichtig für ein Kind. Gerade für einen Jungen. Ich hatte nie (m)einen Papa dabei, weder beim Fußball noch bei Ausflügen, noch in der Schule. Ich kam noch nicht einmal ohne fremde Hilfe zum Konfirmationsunterricht ... Auch konnte ich keine Konflikte, mit Gleichaltrigen oder so, mit ihm besprechen ... kein Garnichts, ich musste alles meist selbst regeln, in frühester Kindheit eigentlich schon – ab und zu durften die großen Geschwister herhalten, aber seltener ... Aber irgendwann gab es ja doch noch einen ... der die Rolle des „Papa", so gut er vermochte, annahm ...

Meine 5 Geschwister und ich, der Jüngste ...

Da ich das jüngste von 6 Kindern bin, macht es nicht wirklich Sinn, von der älteren Schwester oder dem älteren Bruder zu sprechen ... es sind ja alle älter als ich ... so ist das dann schon mal als Jüngster ... Jeck ne? Meine älteste Schwester „musste" vor meiner Geburt schon ausgezogen sein. Ich meine, sie hatte eine Lehre in einem Hotel im Ruhrgebiet begonnen und dort auch wohnen können ... Also mit ein bisschen Unvernunft und so ... hätte sie auch MEINE Mutter werden können, nur mal so vom Altersunterschied her – SIE sollte 3 Jungens zur Welt bringen ... Der erste Junge ist zur Welt gekommen, als ich selber 3 oder so war ... quasi bin ich dann mit 3 Jahren das erste Mal Onkel geworden ... Ich meine sogar noch ein Foto zu haben, wo ich den „Kacker" auf dem Arm hatte ... lach ... Mit dem ältesten Sohn meiner Schwester habe ich tolle und weniger tolle Sachen erlebt, mal war er das „Opfer" mal ich und mal „die anderen". Ich fand ihn sehr in Ordnung ... mit den zwei anderen Söhnen gab es aber deutlich weniger Erlebnisse. Hier war ja die Entfernung von Wipperfürth ins Ruhrgebiet ein großer und schwieriger Faktor und der Altersunterschied und die Interessen machten es nach und nach seltener, was gemeinsam zu unternehmen ... sie, Mama und ich haben so ziemlich das gleiche Kreuz mit dem Kreuz (Rücken) ...

Der älteste Bruder von uns war immer meine große und väterliche Bezugsperson ... er war unheimlich stark, schlau, ruhig und besonnen. Er hat mich eine Zeit lang auch als Judo Trainer trainiert und war für mich und auch für andere nicht nur stark, sondern der Stärkste überhaupt. Obwohl er nur kurz in Wipperfürth lebte, hat er unglaubliche „Fußstapfen" hinterlassen ... Einige Erlebnisse sind eigene Kapitel wert ... Wirklich unglaublich, was Menschen heute noch im Gedächtnis haben, die mit ihm etwas zusammen erlebt haben ... Wenn ich heute noch erwähne, dass ich ein Ilchmann bin, fragen manche Leute, ob „dieser starke Typ" mein Bruder sei?? ... Dies ist mir in meinem ganzen Leben bis heute regelmäßig passiert ... Obwohl er niemals eine Fliege platt gehauen hat ... Wahrscheinlich, weil er die Trägerplatte, wo die Fliege drauf gesessen hat, kaputt GEgangen wäre ... Er war halt eher mehr Ersatz Papa als MEIN großer Bruder. Mein großer Bruder lebt auch in zweiter Ehe und hat es mit einem Studium und seiner Art an sich ziemlich weit gebracht ... ehrlich gesagt macht mich das stolzer, wenn mich jemand auf ihn anspricht, als wenn jemand nett über mich redet. Seine Frau hat einen Sohn mit in die Beziehung gebracht. Wir haben früher öfter die Wochenenden verbracht, wenn sie aus dem Süddeutschen nach Nordrhein-Westfalen gekommen sind. Auch das war immer toll, wenn der große Bruder kam ... oder ich bin ihn schon, in sehr jungen Jahren, per ÖPNV besuchen gefahren ... Dann standen immer tolle Unternehmungen auf dem Programm ... Schön war die Zeit.

Als Dritter ist mein zweiter, anderer Bruder in der altersgemäßen Reihenfolge zu nennen. Ein ganz anderer Typ wie der ein Jahr ältere Bruder ... Wesentlich lebhafter, extrem viel unterwegs und wie ich immer gehört habe, meist ziemlich lustig ... Das größte und wirklich passendste Attribut ist aber vielleicht „immer ungeheuer hungrig" ... oder sogar gefräßig, das passte eher ... lach ... Ein halbes Schwein auf Toast war für ihn was, für den hohlen Zahn. Er hat mich ein oder zwei Jahre im Fußball op dr Thier trainiert ... mit ihm habe ich am allermeisten zusammen unternommen und erlebt. Eher ein großer Kumpel und Beschützer als (m)ein großer Bruder ... Wir teilten Mountainbiken und Radfahren GEnerell und unsere Liebe zu Schalke 04. Mit Schalke hat er mich sehr früh „infiziert" und das ist auch echt gut so ... Mir haben die GEmeinsamen Zeiten unheimlich viel Spaß gemacht ... Wenn der eine in den Armen der Stärkste ist, ist dieser Bruder in den Beinen der Stärkste ... Von Karlsruhe zum Bodensee, drum herum und am anderen Tag zurück waren für ihn drei nette Tagestouren ... Aber mit dem Bio-Rad ... und nicht mit dem Moped oder Auto ... Dieser Bruder war an sich mein bester Kumpel überhaupt, teilweise haben wir mehrere Male die Woche telefoniert ... Er ist 5-mal Vater geworden und ehetechnisch komplett „aus unserer Art" geschlagen ... Man glaubt es kaum, 5 Kinder mit ein und derselben Frau und alles in einer einzigen Ehe ...) lach – wirklich toll. Im Ernst ...

Die vom Alter her mittlere Schwester hat 3 Mädchen aus erster Ehe. Als ich 10 Jahre war, wurden ihre Zwillinge geboren und ich war der stolzeste Onkel in ganz Wipperfürth ... Das war schon der Hammer, einen Kinderwagen mit Überbreite durchs Dorf zu schieben ... Die drei Mädels standen laaaange unter meinem Schutz ... Und wenn ich Schutz meine, meine ich das auch soooo ... Als unsere Mama sich noch mal wohntechnisch verändern wollte, kam ich bei meiner Schwester und meinem Schwager einige Zeit „gut" unter ... Zumindest vom Familienanschluss her – ich liebte sie alle sehr ... Ihr gehörte aber auch das erste Kapitel ... Ihr habe ich als kleiner Junge mal 10 oder 20 DM aus ihrem Schreibtisch genommen, um mir ein lang ersehntes Spielzeug zu kaufen ... ich war vielleicht 5 oder 6 ... das Spielzeug konnten wir zurückgeben und gelernt habe ich was fürs Leben ... danach habe ich mir höchstens noch was geliehen – meist von einer Bank dann ...

Meine andere Schwester ist dann „nur noch" ca. 3 Jahre älter als ich ... mit ihr habe ich die engste Verbindung gehabt, weil wir ja noch GEmeinsam zu Hause waren, wo unser späterer Stief Papa in die Familie kam. Und als ich ca. 16 Jahre war vollzogen wir langsam einen Tausch, den Tausch, dass ich ihr großer

Bruder wurde, oder so ähnlich ... Sie hatte es auch überhaupt nicht leicht in ihrem Leben, oft ungerecht schwer ... Wir waren wirklich sehr dicke und haben uns gegenseitig toll unterstützt ... Ich weiß nicht, ob sie einer mehr zum Lachen bringen konnte als ich ... Manchmal war echt „Pipialarm", wenn wir gut drauf waren ... Ich erinnere mich noch daran, als ich den Benziner RC von meinem Lieblingsschwager unter einen „Moschendrohtzaun" auf dem Sportplatz in Ohl „gefaltet" habe ... Oh... hat meine Schwester gelacht ... Sie wäre fast erstickt vor Lachen ... selbst mein Schwager musste nach dem „ersten Schock" dann heftig lachen ...

Wenn man bedenkt, dass alle von einer, UNSERER Mama stammen und alle den gleichen Erzeuger hatten, sind wir unterschiedlicher denn je geworden ...

Bewerten werde ich das nicht, nur hier und da das niederschreiben, was hier und da geschehen ist. Auch natürlich „nur" aus meiner Wahrnehmung heraus. Wie das dann bei der Eigen- und Fremdwahrnehmung mal halt so ist ... Andere sehen es dann auch schon mal anders ... Wie in dem Film „8 Blickwinkel" ...

Wohlgemerkt, eine Mama und der gleiche Erzeuger ... Warum mir das so wichtig ist, kommt dann noch öfter an anderen Stellen im Buch oder im nächsten Buch ... Eins steht fest: Der Umgang formt die Menschen, die Herkunft ist ein wichtiger Bestandteil des späteren Seins ... aber wenn man die Augen offen hält, Lehre annimmt, wahre WERTE lebt und sich immer anspruchsvolle, aber erreichbare Ziele steckt, ist der Startpunkt nicht gleich der Endpunkt ... es geht immer weiter ... man hat unzählige Möglichkeiten hier und da, noch mal die Kurve zu kratzen, wie man im Pott so schön sagt.

Die Kindheit war, trotz manchen Verzichtes, einmalig schön ...

Die meiste Zeit meiner Kindheit habe ich in (m)einem kleinen Ort in der Nähe von der Thier verbracht. Thier war ja auch ein kleines Kirchdorf in der Nähe von Wipperfürth. In der kleinen Ortschaft, wo wir nach einer kurzen Etappe in Marienheide hingezogen sind, hat meine Mama eine Betriebswohnung für sich und ihre fünf Kinder bekommen, zusätzlich eine Anstellung in einer Firma, die mit Steckdosen, Lichtschaltern und Elektrokomponenten ihr Geschäftsfeld hatte. Das kleine Örtchen hieß Abstoß. Ich verband den Namen immer mit Fußball ... das passte dann für mich schon sehr gut ... Vielleicht schmeißt ihr mal Google Earth an und besucht den Ort meiner Kindheit ... Der Ort hatte immer so „round about" 100 Einwohner, 3 Bauernhöfe. Zwei mittlere Firmen waren dort auch ansässig. In der näheren Umgebung, ungefähr einen halben Kilometer weg, gab es noch ein Bauernhof, wo ein guter Freund von mir wohnte. Auf diesen Freund komme ich aber später noch zu sprechen. Mein Leben spielte sich eigentlich auch öfter in dem größeren Dorf op dr Thier ab. Dort war mein Kindergarten, die Grundschule, die Bäckerei, ein zweiter Tante-Emma-Laden, der Sportplatz und der Turnverein. Dort wohnten viele meiner Schulkollegen und Kumpels. Auch ein weiterer Laden, wo man Sportartikel, Spielsachen, Kleidung und Gardinen bekommen konnte, war da ansässig. Gegenüber diesem Sportartikelgeschäft war mein späterer Lehrbetrieb, wo ich dann zuerst ein Praktikum absolvierte und nachher in die Lehre gehen durfte ...

Zwischendurch war die Kindheit auch schon manchmal echt „beschissen".

Als Abstoßer zählte man nicht zu den Thierern, als Thierer zählte man nicht zu den Wipperfürthern und schon gar nicht zu den Wipperfeldern oder Agathabergern ...

Um als Abstoßer in der Fußballmannschaft auf der Thier mitspielen zu dürfen, musste man schon fast doppelt so gut sein wie fast alle anderen. Wenn du dann Glück hattest, durftest du dann auf der Bank Platz nehmen oder ins Tor ... Es ist ein bisschen überspitzt dargestellt, aber weit übertrieben ist es leider auch nicht …, mein Glück war es aber, dass ich 1971, scheinbar voll im Pillenknick, geboren wurde und wir sowieso immer viel zu wenig Fußballer hatten und ich mich glücklicherweise zu den empathischen Menschen hingezogen fühlte … Dadurch und durch einen meiner ersten Trainer, Jürgen Pfeiffer, von Unterthier, war Integration (ja, Integration in den 70ern als deutscher kleiner Junge mitten in Deutschland … Du liest richtig, nur aufgrund der schwächeren sozialen Herkunft ist gemeint) im Sportverein natürlich schneller gegeben. Jürgen war aus sehr gutem Hause und enorm empathisch, bei ihm hatte ich nicht ein einziges Mal das Gefühl, raus-selektiert zu werden … Er fuhr selber noch mit dem Moped, als er uns trainierte, also war er zu dem Zeitpunkt selber noch voll in seiner Jugend und seine Eltern fuhren uns dann oft mit dem Auto immer zu den Auswärtsspielen … Von daher war MIR die Integration schon erheblich leichter gemacht worden, weil Jürgen auch wesentlich fairer zu mir und den anderen war, als manch andere … Oft sind ja die Trainer mit ihren Mannschaften mitgegangen … Das hätte mir mit Jürgen auch sehr, sehr gut gefallen … Jürgen war demnach enorm wichtig für meine „Prägephase", wie ich die ersten Jahre gerne mal (bei mir) nenne …

Hallo Michael,
ich habe mal ein paar Gedankengänge aus unserem gemeinsamen Leben zusammengefasst. Kennengelernt habe ich dich als Bambini-Spieler in unserem Dorfverein SV Thier. Ich war als Jugendtrainer für die jungen Spieler mitverantwortlich. Du warst damals fünf oder sechs Jahre alt und man hatte dich für die Position als Torwart vorgesehen. Du sahst einfach gut aus in deinem Torwarttrikot … ☺
Was schade ist, dass ich leider keine Fotos aus deiner aktiven Fußballerzeit habe.
Es gab leider noch keine Handys, mit denen man mal eben ein Foto machen konnte. Das ist mittlere Weile über 40 Jahre her

und ich glaube nicht, dass du zu der Zeit schon von Schalke 04 geträumt hast. Dann begann der Fußballwahnsinn für dich, erst als Torwart und dann als Schalke 04 Fan. Aber auch dein beruflicher Werdegang lässt sich sehen. Ausbildung zum Maler und Anstreicher, Anstellung beim WDR-Köln und dann deine Selbstständigkeit. Wenn man dann überlegt, dass das sicher nicht alles für dich so einfach war, kannst du wirklich stolz auf dich sein. Und hier kamen auch wir wieder zusammen. Meine Mutter suchte einen Maler, und da du dir in deinem Beruf einen besonderen Ruf geschaffen hattest und für besondere Qualität stehst, habe ich dich an meine Mutter vermittelt. Die war besonders von dir begeistert. Du hast dann später auch für uns Malerarbeiten durchgeführt. Heute sind wir alle etwas älter und es ist immer wieder schön, wenn man sich trifft und wir beide über die Bayern, Schalke und das Leben diskutieren können. Susanne und ich bewundern immer wieder, was du aus deinem Leben gemacht hast und dass du deinem Standpunkt von Aufrichtigkeit und Ehrlichkeit treu geblieben bist. Ich hoffe, dass das Buch, das du schreiben willst, so wird, wie du es dir vorstellst.
Susanne und ich freuen uns für dich.
Bleib, wie du bist, und deinen Prinzipien treu.

Liebe Grüße Jürgen Pfeiffer
Gastkommentar *von einem meiner ersten Fußballtrainer, Installateur-Meister, Kunde und nicht zuletzt, sehr verlässlichen, lieben Freund …*

Ein Junge aus dem Nachbarort (2 Bauernhöfe und 5 Häuser) erzählte mir mal, woher der Ortsname Abstoß (aus seiner Sicht) herkam. Er sagte mir, dass er daher kommt, dass früher die Ab- und Ausgestoßenen dorthin geschickt wurden. Komisch war allerdings, dass sein Papa dort im Sägewerk gearbeitet und deren Geld verdient hat … der „Spinner" war trotzdem einige Jahre sehr eng mit mir … so, dass man „Spinner" eher als Liebkosung sehen darf ... Der T(h)on macht halt die Musik ... Ich ließ das mal so gerade eben durchgehen ... Er war auch zwei Köppe größer als ich ... auch das war ein Argument ... mal ein Auge zuzudrücken ...

Meine erste „halbwegs" richtige Freundin war die Tochter von einem ehemaligen Unternehmers aus der Umgebung. Sie kam auch aus gutem Hause und ich fand sie sehr hübsch und nett. Ich glaube, einige andere Jungens hatten auch Gefallen an ihr ... Dadurch kam es, dass irgendein Junge, der auch Interesse an ihr hatte, mal zu ihr hingegangen ist und sie gefragt hat, was sie denn mit einem Jungen aus Abstoß will? Da würden ja nur „Assis" wohnen ... Nachdem sie mir das „gesteckt" hatte, bin ich nicht über Los gegangen ... ich bin direkt mal zu dem Jungen (15 kg kräftiger als ich und genauso groß – ein Landwirt-Sohn halt ...) hingegangen. Ich habe ihn gefragt, was er denn damit genau meinte ...?? Der Junge wurde leichenblass, ich sagte, dass es vielleicht sein kann, dass da einige, ganz wenige (wie überall ...) „etwas speziell" sind, okay ... aber er sollte mit so Äußerungen vorsichtig sein, mich so anzugreifen, würde ich nicht noch mal durchgehen lassen, und wenn er das noch mal machen würde und ich davon was mitbekommen würde, dann würde ich ihm zeigen, dass er „vielleicht" sogar doch ein bisschen Recht mit der Behauptung hätte ... Er meinte, dass er das sooooo gar nicht gemeint hätte und so ... „Mensch ... da bin ich aber froh, dass du das so nicht gemeint hast", sagte ich ihm. Letztendlich hat er mir diesbezüglich keine Gründe mehr geliefert, ihm gegenüber „doof" zu werden ... Meine direkte Art war und ist heute noch oft für viele nicht ganz zu (be)greifen. Ich war selten unfair, ich habe fast jedem noch die x-te Chance gegeben, bei Konflikten einzulenken, es beim nächsten Mal besser zu machen oder mir bei „der Aufklärung" zu helfen – wo denn das Problem liegt, oder ob es überhaupt eines zwischen uns gibt!?? ... Wenn es dann nicht geklappt hat mit der Konversation ..., hat es schon mal von mir einen „Satz heiße Ohren" gegeben. Ich bin aber niemals durch die Gegend gelaufen, um mich körperlich auszutoben … Ich habe immer alles auf mich in Ruhe zukommen lassen … Als Abstoßer hatte man eh schon öfter mit einer gewissen „Ablehnung" zu kämpfen. Irgendwie habe ich aber durch mein Gespür, meine soziale Intelligenz und durch meine einigermaßen guten, sportlichen Leistungen seltener damit Probleme gehabt, komplett missachtet oder gar angefeindet zu werden. Ich sage mal so: Wenn es mir zu bunt wurde, gab es halt Ärger mit mir – ich war kein Engelchen und selten, aber ab und zu, ein richtiges Bengelchen. Auch ein anderer Kumpel hat mich öfter versucht, damit zu ärgern, wo ich herkomme. Ich habe ihm immer wieder gesagt, dass ich sehr stolz bin, von wo ich herkomme. Denn nur wenn man von da oder da herkommt und sich dem bewusst ist, ist der Weg ins Mittelfeld der Tabelle ein ganz anderer, als wenn man schon zur Geburt alle möglichen Privilegien mitbekommen hat … Ich bin da schon seit jeher ziemlich reflektiert und auch nicht missgünstig, allerdings kann man nicht darauf stolz sein, wenn man reich geboren wurde und noch ein bisschen dazu bekommen hat, wahrscheinlich Zinsen oder so. Relativ arm oder sagen wir einfach geboren zu sein, dann etwas auf die Beine gestellt zu haben und idealerweise andere vielleicht sogar daran etwas teilhaben zu lassen … Da kann man „vielleicht etwas" stolz darauf sein … Aber macht euch keine Sorgen, Sozialneid ist das nicht. Hoffe ich zumindest. Ich gehe eh davon aus, dass jeder, der gut zurechtkommt, auch soziale Projekte hat, die er gut und gerne unterstützt … Das wäre wieder so ein Wert in meinen Augen – nein, nicht das Geld –, andere teilhaben zu lassen – jeder im Rahmen seiner Möglichkeiten … und sei es nur an der Brötchentheke aufzurunden … Denkt daran, die Preise macht der Bäcker, nicht die Verkäuferin …

In der Grundschule hatte ich einen super Schulkollegen. Das war ein hübscher Bengel – der Markus … lach … der war ziemlich pfiffig, seine Eltern waren Lehrer, zumindest der Papa … und er hat jede Woche – gefühlt – ein paar neue Adidas-Turnschuhe bekommen. Ich hatte einmal im Jahr oder alle halben

Jahre ein Paar Turnschuhe vom Markt bekommen – „mit/ohne"
Fußbett und so. Ich war dem Freund nie sauer oder missgünstig.
Ich war auch nie neidisch auf ihn. Es hat mich eher angespornt,
mit dem „schlechteren Material" ebenfalls so gute Ergebnisse
im Sport zu erzielen wie er mit dem guten Material. Aber wie
gesagt, ich hatte da kein Problem damit, dass ich einfach groß
geworden bin und weniger hatte. Dafür hatten wir ganz viele
Kinder in den jeweiligen Altersklassen in Abstoß, konnten uns
super zoffen, wunderbar Sport miteinander treiben, Fußball
spielen und die Gegend unsicher machen. Am Wochenende und
in den Sommermonaten haben wir auch oft mit den Nachbarskindern gezeltet :-) oder sind mit den Rädern ins Freibad nach
Kürten – ein Highlight war zum Beispiel auch, wenn wir uns auf
den Eingangstreppen eine Tüte Chips zu viert oder fünft geteilt
haben ... herrlich war das ... Die Zeit in Abstoß war einmalig.
So eine tolle Kindheit wünsche ich jedem Kind ... Zwischen den
beiden Häuserreihen in Abstoß gab es eine Wiese. Dort haben
wir immer Fußball gebolzt. Manchmal waren wir so viele, dass
5 gegen 5 oder 7 gegen 7 klappen musste, damit alle mitspielen konnten. Wir haben so lange gespielt, bis die Füße qualmten. Wenn Mama zum Abendessen hereingerufen hat, habe ich
immer gerufen: „Mamaaaa, ich habe noch keinen Hunger ..."
In Wirklichkeit hatte ich schon Hunger, bis unter beide Arme,
aber ich wollte nicht abbrechen, sonst wären alle anderen auch
nach Hause gegangen und das „wichtige Match" wäre vorbei
gewesen ... das ist mir ein-, zweimal passiert und danach habe
ich daraus gelernt. Ich war ab dann immer der Letzte, der den
Platz verlassen hat. Als Kind hatte ich so braune Knie und einen schwarzen Nacken – von der Sonne –, dass die Mama mich
in der Wanne so geschrubbt hat, weil sie dachte, dass das Dreck
wäre ... nachdem das Rote dann wieder abgeklungen war, war
wieder alles dreckig braun. :-) :-) :-)
    Wenn ich als Kind aus der Schule gekommen bin und meine
Schwester noch nicht den Schlüssel bei der Mama in der Elektrofirma abgeholt hatte, bin ich in die Fabrik gegangen und habe
wirklich alle Frauen und die wenigen Männer per Handschlag

begrüßt und den Schlüssel von der Mama abgeholt. Von vielen der Arbeiterinnen habe ich ein Bonbon oder schon mal ein paar Pfennige bekommen für den Kaugummiautomaten, der glücklicherweise direkt unten an unserer Hauseingangstür hing. Die alte Seniorchefin von dem Betrieb mochte mich scheinbar sehr ... Sie hat mir öfter mal eine ganze Tüte voll Süßigkeiten beim Bäckerwagen gekauft. Diese gesamte Familie war für mich als Kind sehr gut und auch enorm wichtig für meine Entwicklung, sie waren auch zu meiner Mama gut, weil sie ihr eine Wohnung gegeben haben und ihr auch einen Job, eine Arbeit gegeben haben. Als heranwachsender Jugendlicher habe ich mir bei dieser Familie auch ein „bisschen" Taschengeld verdienen können. Aber dazu später vielleicht mehr ... Irgendwie werde ich schon wieder extrem traurig ... Zum Kotzen, dass ich so ein Weichei geworden bin ... Ich bin halt verdammt nah am Wasser gebaut ... aber psss, das soll ja niemand wissen ...

In Klein-Moskau bei Thier fing alles an ... angefangen als „Hintertormann"

Der kleine Ort, in dem ich aufgewachsen bin, hieß ja Abstoß. Ein Name, der schnell zum Programm wird ... leider ... und das war auch oft nicht wirklich gerecht ...

Aber, wer hat schon so eine Legende:
Auf Kohle geboren, als M. Ilchmann groß geworden, einige
1000-mal über die Wupper gegangen und alle Schwimm-
abzeichen in diversen Stahlbädern GEmacht ... viele ken-
ne ich nicht ...

Abstoß liegt ja in der unmittelbaren Nähe von Thier. Und Thier ist eines der Kirchdörfer von der Hansestadt Wipperfürth. Wipperfürth liegt ziemlich mittig zwischen Attendorn im Sauerland und Köln ... weswegen auch Wipperfürth irgendwann zu dem erlauchten Kreis der Hansestädte gehören durfte ... Dazu bestimmt später auch mehr ... Abstoß hatte immer so ca. knapp über 100 Einwohner – wie ich ja schon schrieb. Wir Kinder hatten ab und zu eine Volkszählung gemacht ... Eine überaus wichtige Geschichte für uns damals ... lach ... Als meine Mama sich mit uns auf den Weg ins Bergische GEmacht hat, sind wir erst – direkt gegenüber des Märchenwaldes – nach Marienheide-Gogarten gezogen. Dort haben wir aber wirklich nur maximal ein oder zwei Jahre gewohnt. Vielleicht kommt daher mein Talent vom Erzählen oder für die damaligen Aufsätze in der Schule ... Keine Ahnung ...

Durch wen auch immer sind wir dann sehr früh in meinen Leben nach Abstoß gezogen. Abstoß liegt, wie gesagt, südlich von der Thier im Flossbachtal.

Abstoß ist inmitten von 3 Bauernhöfen und zwei mittelgroßen Firmen – eine kleine Siedlung mit Sozialwohnungen/Häusern für jeweils 2 Familien.

Die eine Fabrik erzeugte ja diese eigenen Lichtschalter, Steckdosen und sonstigen Bedarf für Hauselektrik, die andere vertrieb früher unter anderem 3 Meter hohe hölzerne Kabeltrommeln, Balkongeländer, Ordnersäulen aus mehreren Etagen (tolle Dinger, diese Bürosäulen) und bestimmt noch mehr ... Die meisten Häuser in Abstoß gehörten der Familie, die „in Steckdosen machten" ...

Alle Häuser hatten zwei Wohneinheiten, einen Kellerbereich sowie einen gemeinsamen Dachboden. Es handelte sich zu meiner Zeit um Sozialwohnungen, wofür man einen Wohnberechtigungsschein brauchte ... Das war damals wie heute für viele geistig „unterbelichtete" oder „unsoziale Menschen" ein willkommener Angriffspunkt, viele der Bewohner zu diffamieren, übel nachzureden und/oder anzugreifen ... „willkommener" natürlich in Anführungszeichen ...

Wer das nicht kennt, aufgrund seiner „sozialen" Herkunft angegangen zu werden, darf Gott, seinen Eltern und Großeltern danken ... Auch hierüber werde ich bestimmt noch einiges berichten ... Wie gesagt, lege das Buch nicht zu weit aus deinem

Blickfeld. Es geht immer weiter und bleibt (hoffentlich) unterhaltsam ... Die Häuser in Abstoß waren in zwei Reihen aufgeteilt. Die Straße bei der unteren Häuserreihe war sogar asphaltiert ...) Die Häuser hatten die Hausnummern 6, 7, 8, 9 ... von rechts nach links, quasi vom Ortseingang aus ... Die obere Reihe ging dann mit den Hausnummern 10, 11, 12 und 13 im Uhrzeigersinn weiter. Auch wenn viele ein Gräuel oder manche auch etwas Muffe gegenüber UNS hatten, sei es nur vom Hörensagen, oder ein ungutes Gefühl hatten, haben sich manche beeinflussen lassen, obwohl sie nie Ärger mit einem von UNS hatten. Abstoß hatte eine Gemeinschaft, die ich als nicht schlecht empfand ... Klar wurde viel getratscht, gelästert oder es sind auch mal die Fäuste geflogen ... aber alles in allem völlig okay – bis sogar gut. Und ... wo gibt es das nicht???

Mit Ausgrenzungen hatte ich schon früh so meine Probleme. Wir hatten schon dort unterschiedliche Schichten, in Abstoß ... Zum einen die Firmeninhaber und die Landwirte, die waren den meisten vom finanziellen Status natürlich meilenweit voraus ... dann gab es die eine oder andere Familie, wo beide Elternteile wahrscheinlich schon sehr gut verdienten oder mindestens der Mann im Haus ... Zwei, drei Familien hatten sogar eigene Wohnwagen, womit sie einigermaßen häufig auf Reisen gingen ... Die meisten der Bewohner kannten aber z. B. Urlaube nur aus dem Fernsehen ... Es waren halt noch ganz andere Zeiten ... Telefonieren mit der Oma war am günstigsten sonntags ab 20 Uhr, einmal die Woche gab es Fleisch, meist am Sonntag, gebadet wurde meist samstags und das mit meiner Schwester gemeinsam bzw. nacheinander ... Fernsehen ging maximal bis kurz nach Mitternacht ... dann war Sendeschluss und es erschien ein buntes Testbild mit einem Dauerton ... Alles so Sachen, die sich heute keiner mehr vorstellen kann ... Auch eine Fernbedienung für den Fernseher war nicht Standard ... Da konnte es schon mal sein, dass **DU die Fernbedienung warst** ... der Vorteil war, es gab maximal 3 Programme und das blöde Zappen wegen einer Werbung war auch noch nicht nötig ... Bei der Fa-Seifen-Werbung hätte ich jedenfalls schon damals nicht weiter gezappt ... Alles war etwas limitiert, aber die meisten waren schon ziemlich glücklich und recht zufrieden ... Meine Mama z. B. hatte sogar im Krieg die Kinderlandverschickung mitmachen müssen ... Da war dann wenig ... sehr, sehr viel ... wenn man das noch erlebt hatte ... Wie dem auch sei ... Allerdings wurden Abstoßer auch von vielen aus den Um-Dörfern, sagen wir mal so, auch recht oft „abwertend" behandelt ... also hat der eine oder andere schon mal die „Schnauze" davon vollgehabt und es setzte richtig was ... Das bekräftigte diese „armen Geschundenen" wiederum, den Abstoßern an sich wieder übel nachzureden ... ein doofer Kreislauf ... Dadurch hatte dann Abstoß oft den Beinamen: Klein-Moskau ... und das, obwohl meiner Meinung nach kein einziger „IVAN" dort gewohnt hatte ... In jedem Haus gab es ja reichlich Nachbarskinder ... es war herrlich ... Auch die meisten Erwachsenen waren ziemlich OK... jedenfalls die allermeisten ... Zwischen den Häuserreihen gab es ja die eine Wiese, auf der vor und zu meiner Zeit Fußball, auf Teufel komm raus, gespielt wurde ... auch haben wir mit der Abstoßer Mannschaft gegen die anderen Um-Dörfer Fußball gespielt, quasi gegen die Um-Dörfer der anderen Kirchdörfer ... Du verstehst??? ... Ich erinnere mich an Partien gegen Ommerborn, Peffekoven und sogar Ente bei Wipperfeld ... Kinder von heute können sich das bestimmt nicht vorstellen ... um gegen Ente zu spielen, sind wir mit dem Ball entweder einige Stunden dorthin gelaufen oder mit unseren Rädern dahin gefahren ... dann gespielt ohne Ende und wieder heim ... einmalig war das ... Da war mal schnell der ganze Tag weg. Unser Platz hieß das „Abstoßer Huckelstadion" ... es war auch nicht selten, dass sich die Erwachsenen – von der oberen Reihe – mit einem Fläschchen Bier dazugestellt haben, um uns etwas zuzuschauen oder nur draußen zu klönen ... Einer, der mir am meisten in Erinnerung geblieben ist, war der Winfried. Ein toller Typ, der uns einen Ball nach dem anderen „serviert" hat ... Schottisch halbhoch war seine Spezialität ...

Bis ca. zur Mofazeit bzw. Lehre war das mein ein und alles ...

Fußball, Fußball, Fahrrad fahren und wieder Fußball, ein bisschen Tennis in Hof/Heid auf dem asphaltierten Tennisplatz im Wald und dann wieder Fußball ... Mir fällt ein ... es gab kaum Basketballplätze, das hätte uns auch bestimmt gefallen ...

Ein Spiel von längst vergangenen Tagen war „Ballverstecken":

Eine Gruppe Kinder hat durch Schnick, Schnack, Schnuck den „Sucher" gewählt ...

Dieser hat sich inmitten der Wiese über den Ball gekniet und mit verdeckten Augen bis 100 gezählt ... Alle anderen haben sich versteckt ... Dann, nach dem Zählen, ist er losgegangen und hat alle anderen gesucht. Einmal entdeckt musste der Sucher wieder eher beim Ball sein als der Gefundene ... Die Gefundenen waren dann erst einmal raus aus dem Spiel. Diese konnten von einem befreit werden, wenn einer der Gut-Versteckten die Gunst der Stunde genutzt hatte, den Ball wegzupöhlen, wenn der Sucher irgendwo anders unterwegs war, um welche zu finden ...

Ich fand das Spiel herrlich, hier kamen mir meine Schnelligkeit und mein „einigermaßen" fester Schuss zugute ...

Für ein megatolles Erlebnis war mein harter Schuss sogar dringend erforderlich, um sich nicht vollends zu blamieren.

Es war der 24.10.20**04**. Ich war zu dem Zeitpunkt in einem Schalke Fanklub in Königswinter als Mitglied angemeldet ... Die zwei Chefs organisierten ein Event auf dem grünen Rasen in der Veltins-Arena. Die Aufgabe war, den Ball von der Mittellinie **durch die Luft**, „idealerweise" ins Tor, zu schießen – klar ohne Torwart, aber durch die Luft, ohne dass der Ball vorher den Boden berühren durfte ... Das war schon anspruchsvoll, würde ich mal sagen ... Schalke sollte an dem Tag gegen Mainz mit Jürgen Klopp spielen ... Um mich nicht vollends zu blamieren, habe ich mit Jürgen Volgmann oben im Stadion Düsterohl mal zehn, zwanzig Bälle aufs Tor geschossen – Jürgen war der

Platzwart dort und hatte dementsprechend den Schlüssel … ich kam, trotz der ewig langen Fußballpause, immer über die Platzhälfte … Das Problem war aber, dass ich als Rechtsschütze den Ball ständig von mir aus links neben das Tor gesetzt habe …

Ich wollte einfach nicht wahrhaben, dass ich gut rechts **neben dem Tor anvisieren** musste, um mit dem Drall des Balles irgendwie diesen Ball von der Mitte des Platzes in das dann doch so kleine Tor aus dieser Entfernung zu treffen …

Irgendwann klappten dann, die letzten 4, 5 Schüsse … Na ja, würde schon gut gehen … langsam tat mir auch mein kaputtes Knie echt weh … Jürgen war auch ein astreiner Stürmer, allerdings haben wir weder einmal mit oder gegeneinander gespielt- was ich schade finde … Er war jedenfalls nicht unzufrieden mit mir … Das Event startete ja reichlich vor dem Warmmachen der Profis … So viele Zuschauer waren da leider noch nicht immer dabei – wobei die Nordkurve schon dann immer fast komplett war. Und auf die Nordkurve wurde geschossen … Nervös war ich aber trotzdem … ich hatte extra Fußballschuhe angezogen … die Nocken-Sambaschuhe … Jürgen Klopp war schon auf dem Platz und guckte mir bzw. uns dabei etwas zu. Das machte die Nervosität auch nicht gerade kleiner … Als ich anlief und den Ball in einem astreinen Bogen wieder links am Tor vorbeischoss, hätte ich platzen können. Meinen Frust konnte ich nicht verbergen … „Kloppo" kam zu mir und sagte: „Nicht schlecht." … ich sollte mich nicht ärgern … er könnte mir zwei, drei von seinen Spielern vorstellen, die nicht immer so weit kommen würden … Da dachte ich noch … der ist aber nett … der wäre doch mal was für uns hier …

Wie ein Profi (von der Optik zumindest), der Schuss, der Coach und der Star-Spieler, uahhh – ich glaube, ich bin jetzt dran ...

Als Abstoßer (oder vielleicht nur ich) sind nur die wenigsten als Erstes gewählt worden ... das änderte sich aber nach und nach ...

Auf Abstoß gab es zu jeder Generation ziemlich gute Fußballer, die meisten spielten auf der Thier bei der damaligen DJK, heute SV Thier. Ohne die ganzen Jungens aus Abstoß wären einige Mannschaften nicht in der Lage gewesen, vollzählig aufs Feld zu gehen ... Ich würde sagen, dass eine reine Mannschaft aus Abstoß gegen den Rest von der Thier dieser gut Paroli geboten hätte ... Aber GEmeinsam ist man auf jeden Fall stärker gewesen ... Das ist es, was Mannschaftssport ausmacht und was mir auch immer gut gefiel. Einer der besten aus Abstoß, aus meiner Sicht natürlich und einige Jahre jünger als ich, war Mike König, wir haben direkt am Tag seines Einzuges eine gute und feste Freundschaft geschlossen, auch wenn er um einiges jünger war ...

Ich weiß noch, wie ich ihn zum Ballspiel „Andy" oder „Königsschießen" oder zum „köppen" abgeholt habe. Vielleicht habe ich einen klitzekleinen Anteil daran, dass er so ein guter Fußballer und fantastischer Mensch wurde ... dazu aber auch später mehr ... vielleicht schreibt er ja auch einen Gast-Kommentar ...

Abstoß hatte ja zwischen den Häuserreihen diese große Wiese, wie schon ein-, zweimal erwähnt. Sie war mir halt auch extrem wichtig, nicht nur für mich ...

Diese war ausschließlich zum Fußballspielen auserkoren. Schon vor meiner Zeit spielten hier alle Jungs Fußball ... Ich kann mich noch gut erinnern, dass ich als sehr kleiner Junge nie bei den Älteren mitspielen durfte – obwohl, eine Aufgabe hatte ich nach langem Quengeln doch erhalten: Ich wurde einstimmig zum Hintertormann gewählt ... Hört sich doll an, ne??? Meine Rolle war, du ahnst es vielleicht ..., jeden Ball, der neben oder über das Tor ging, zu holen und wieder ins Spiel zu geben. Oft musste ich auf die Wiese bei den Kühen, um den Ball zu holen ... nicht nur, weil Strom auf dem Zaun war, eine Kuh hätte ja auch ein Bulle sein können ... ... auch ausgewaschene Rinder sind für so'n kleinen Knirps wie mich damals auch nicht gerade klein ... Ja, so war das früher ... wirklich ..., wahrscheinlich heute undenkbar, aber ich bin davon nicht gestorben, ich habe mich so MIT eingebracht und eines Tages, als zu wenige Fußballer anwesend waren, durfte ich eine Mannschaft „auffüllen" ... also – alles immer mit der RUHE – alles kommt zu seiner Zeit ... auch das ist schon lange nicht mehr im Trend ... Ich weiß gar nicht, ob ich auf dem Feld oder im Tor mitspielen durfte!? Einige hatten sich einen Spaß daraus gemacht, mir in jeder Aktion körperlich sehr weh zu tun. Wenn sie mit dem Ball auf mich zukamen, zogen die meist 6–9 Jahre Älteren voll ab. Entweder bekam ich den Ball aus 2–3 Metern in den Magen, in den Unterleib oder voll ins Gesicht ... wie ich mich erinnere, lachten sich alle nach jedem K. o. ... was für Ärsche.

Wenn mein zweitältester Bruder dabei gewesen wäre, hätte es mit Sicherheit was Ärger für die gegeben ... zu Recht, denke ich. Nur eines war komisch, der kleine schmächtige Knirps kam jeden Tag wieder. Mit und mit kamen einige der „Halbstarken" nicht mehr zum Bolzen. Ich denke, dass die ersten Mädels, die Mofazeit oder das Berufsleben die Lust und die Zeit zum Kicken vertreiben. Irgendwann war ich in der Generation der Platzhirsche, allerdings immer noch einer der Jüngsten, 2–4 Jahre jünger als die meisten anderen. Bei jedem Wetter waren wir auf dem Platz ... Hausaufgaben wurden in Steno oder gar nicht GEmacht ... Fußball war eben mein Leben ... Wir gingen alle paar Jahre in den Wald und holten uns 3 Tannenstämme – also Bäume fällen, entasten, auf Länge sägen, zum Platz schleppen, zusammennageln, Löcher buddeln und aufstellen ... auf der einen Seite der Wiese, Höhe Hausnummer 10, war das einzige Tor. Das zweite Tor bestand aus zwei Kleidungsstücken auf dem Boden oder zwei Stöckchen. Auf dieser Seite wohnte ein grimmiger Herr, vor dem hatten wir alle ziemlich Muffe ... Um ein Netz zu haben, gingen wir zum Bauern und fragten nach Kordeln ... damit haben wir uns in mühseliger Kleinarbeit ein Tornetz geknüpft. Es dauerte ewig und die Zeit dafür ging uns ja auch vom Kicken ab ... ein Drama war das ... aber es musste so sein ...

Als das Suuuuper-Netz hing, merkten wir schnell, dass es fast keinen Schuss abfing, höchstens verlangsamte, wenn überhaupt. Scheißegal ... jetzt wurde erst mal gewählt ... Allmählich war ich der Wähler und nicht mehr der Gewählte ... Irgendwann als ich keinen Bock mehr auf Kinderturnen hatte (die Turnlehrerin/Trainerin war und ist super ... diese hat über zig Jahrzehnte die Kids aus und um der Thier zum Turnen gebracht, damals ehrenamtlich, so wie ich weiß, und mit toller Hingabe ... sie kam auch von einem der Bauernhöfe aus Abstoß) und als ich alt genug für die F-Jugend war, meldete mich Mama auf der Thier zum Fußball an. Eine weise Entscheidung von Mama ... Ich kannte jeden einzelnen Mitspieler schon gut ... die einen vom Kindergarten und die anderen von der Grundschule. Auch deren Eltern kannte ich, ich glaube, die meisten mochten mich sehr ... oder sie hatten Mitleid, weil ich ohne Papa von Abstoß hochkam ... was mir aber auch so nie rübergebracht wurde, von den Eltern der Mitspieler ... vielleicht von beidem etwas ... Aufgrund meiner jahrzehntelangen Erfahrung als Hintertorwart von Abstoß landete ich irgendwie im Tor. Komisch, ne?? Was zu diesem Zeitpunkt wohl nicht ins Gewicht viel.

Wir hatten eigentlich eine gute Mischung an Spielern und vor allen Dingen einen Mitspieler, der es im Laufe seiner Fußball-Zeit zu weitaus Höherem hätte bringen sollen, Markus, sein Papa war Schiri und einer unserer damaligen Betreuer. Markus war ja auch der Kumpel aus der Grundschule ... Ich schrieb ja schon von ihm ... Markus und ich waren einen Großteil unserer Jugend die allerbesten Kumpels, in der Grundschule, auf dem Platz und in der Freizeit ... Im direkten Vergleich war er mir in (fast) allem immer um einiges voraus, obwohl er ein Jahr jünger war. Ich war auch oft bei ihm zu Hause. Da war Platz im Garten ohne Ende ... die Eltern hatten sogar einen Tennisplatz hinterm Haus ... Er war sehr früh fantastisch und schoss ja immer fast alle unsere Tore ... Meine Karriere als Torwart verlief dadurch auch total unauffällig. In Abstoß auf dem Bolzplatz gab es ja Rasen mit Maulwurfhaufen, dort habe ich mal auf dem Feld gespielt oder

Mannschaftsfoto ca. Ende der 70er, Anfang der 80er, die F-Jugend von DJK Thier (heute SV Thier), ein starkes Team ... „Optisch etwas herausragend" ... aber die Stars waren meist die anderen.

im Tor, Mensch, da konnte ich Paraden abliefern ... wie Norbert Nigbur ... Auch Platzfehler habe ich schon immer auf dem Schirm gehabt ... was war ich immer „eingesaut", wenn ich nach Hause kam ... da musste die Waschmaschine noch was leisten ... auch ein Phänomen von damals ... eine gute Miele hielt ein Leben lang und damals sahen Fußball, Spiel und Arbeitskleidung noch anders aus ... Zum Bach ging Mama ja schon lange nicht mehr ... lach ...egal. Auf roter Asche sah die Sache aber schon anders aus, da vermied ich manche Flugeinlage, weil die Verletzungen wirklich krass waren. Wer jemals viel auf Asche spielen musste und so schrecklich ehrgeizig war wie ich, weiß, wovon ich rede ... Jeden Sonntag klebte das Bettzeug an den Schürfwunden, so dass man manchmal nicht gemerkt hat, wenn man das Bettzeug nachts zur Toilette mitgeschliffen hat. Durch das

Ankleben an den „Reibeplätzchen" hatte man Schmerzen ohne Ende ... besonders, wenn man das Bettzeug mal in der Nacht aus Versehen abgerissen hat – da warst du dann hellwach oder tot ... Oder wenn man unter der Dusche noch Reste der Asche mit einem Waschlappen oder einer Nagelbürste abschrubben wollte ... Ich höre noch immer meine Mama sagen: „Naaaa ... hast du wieder alles gegeben?? ... bist selbst schuld, jammer bloß nicht rum ... sehen die anderen auch so lädiert aus??? ... oje." Mama konnte es absolut nicht nachvollziehen, wie man sich immer so „verstümmeln" konnte ... und das freiwillig.

Mich wiederum sollte dieses Gen noch verhältnismäßig weit bringen, beziehungsweise eines meiner Grundwerte werden. Kämpfen bis der Arzt kommt ...) und den grätsche ich auch erst einmal um ... Nur wer immer sein Bestes gibt, muss sich nichts vorwerfen. Und vorwerfen LASSEN schon mal gar nicht ... oder sich nachher ein schlechtes Gewissen wegen „Unterlassung" machen müssen ... In meinem Fall ist es so, wie ich es meine, vorwerfen konnte man mir selten etwas, nur ich war immer mein strengster Coach oder Kritiker, hier und da wäre bestimmt immer noch etwas mehr drin gewesen, das ist klar. Aber Perfektion schafft ja auch Aggression bzw. macht schon mal unsympathisch ... ich war und bin selten bis nie zufrieden mit mir ... mit wenigem bis nichts ... Ich war auch nie oder in wenig ein „sogenanntes Naturtalent", irgendwie musste ich mich für die meisten noch so kleinen „Erfolge" echt tierisch anstrengen ... Aber nicht schlimm ... Quälen macht ja auch Spaß ...

Zurück zum Fußball.

Es kam die Zeit, dass unser bester Spieler und mein Kumpel Markus zur TuS Heiligenhaus oder so wechselte, ich meine, parallel als mein Bruder auch den Trainer-Posten an einen Kumpel weitergegeben hat ... Irgendwie war uns allen nicht ganz klar, was das für Auswirkungen auf dem Platz haben sollte, dass Markus nicht mehr dabei war ... Es hagelte fortan eine Packung nach der anderen, aber sowas von ... Ich weiß nicht, ob ich noch eine ganze Saison im Tor durchgestanden habe ...

Ich meine ja. Die zweite Saison ging dann mit dem Derby gegen DJK Wipperfeld los, wirklich mit den besten Fußballern aus den Dörfern gesegnet ... Viele gute Kumpels spielten in dieser Mannschaft, obwohl Wipperfeld und Thier sich gegenseitig als Mehlsäcke beschimpft haben ... eine wirklich sehr geschätzte Rivalität gab es da ...

Wieder gab es eine 10-oder-12-zu-0-Klatsche ... ich glaube, vom ganzen Bälle-aus-dem-Tor-Holen sollte mein späteres Rückenleiden stammen ... Mein Schalker- Kumpel, Markus M. von Wipperfeld, brachte mich regelmäßig zur Verzweiflung ... ähnlich gut wie unser Markus ... der hat mir Freistöße aus 20 Metern reingemacht, wie er wollte ... Da hättest du auch 3 Mann zusätzlich ins Tor stellen können, oder zunageln ... Ätzend war der Kerl ... Aber gut ... Unsere Freundschaft wurde mit den Jahren immer tiefer – wir spielten ja auch nicht mehr ständig gegeneinander ... Zum nächsten Heimspiel sagte ich dem Trainer, dass ich keinen Bock mehr auf Torwart hätte ... der guckte vielleicht blöd. Er fragte, ob ich denn schon mal auf dem Feld gespielt hätte??? „Ja klaaaaar", sagte ich, „... in Abstoß spiele ich immer auf dem Feld ..." Sein Gesicht erhellte sich keineswegs – er guckte echt muffig ... ... Er war halt damals und später auch nie (m)ein Freund geworden ... Er sagte: „Na toll! Dann stelle ich dich mal in den Sturm, wir kommen bei denen eh nicht vors Tor und so kannst du auch erst mal nichts falsch machen." Ich dachte schon, dem zeige ich es aber, dem ... Der Gegner hieß irgendwie SC Bergisch Gladbach, nicht die Toptruppe SSG von da, aber in der D-Jugend war das trotzdem schon ein beängstigender Name für uns ... Für uns vom Land ... Mein Bruder, wie gesagt unser ehemaliger Trainer in der E-Jugend, war auch mal wieder am Platz und wollte mich dann mal auf dem Feld sehen ... Aufgrund des geburtenschwachen Jahrgangs von 71 hatten wir wiedermal nur eine 7-D-Jugend zusammenbekommen. Wir spielten also auf dem kleinen Feld. Bis zur Halbzeit schaute mein Bruder zu, wir waren trotz Verwunderung aller Zuschauer und unseres Trainers die klar bessere Truppe. Wir führten zur Halbzeit 2 oder 3 : 0. Ich hatte bislang 1 oder 2 Tore gemacht und zusätzlich noch zig Chancen kläglich verballert. Mein Bruder sagte zur Halbzeit, dass er nach Hause fährt – ich glaube, er wollte Schalke im Radio hören … Ich bekam zu hören, dass ich wohl besser im Tor geblieben wäre, wegen der vergebenen Chancen. … Ich dachte: *„Der spinnt … hat der Tomaten auf den Augen, ich bin doch GEil im Sturm …!!"* In der zweiten Halbzeit machte ich noch 3 oder 4 Buden und wir gewannen 8 oder 9 : 0. Ist ja schon etwas her … Mein Trainer mochte mich ja nicht sonderlich, ich hatte schon früh so feine Antennen, um so was zu merken. Er war zwar glücklich über den Sieg, aber schenkte mir trotzdem nur die allernötigste Beachtung. Als ich zu Hause war, fragte mein Bruder, wie es denn ausgegangen sei … Ich sagte: „8 : 0." … Er fragte: „Und hast du nochmal getroffen?" „5 Tore habe ich gemacht … wärst besser mal oben geblieben, du Spezi …" In diesem Jahr habe ich wahrscheinlich die meisten Tore geschossen und bin aber auch ziemlich oft mit dem Trainer aneinandergeraten … so dass ich mich für eine Zeit aus der Mannschaft abgemeldet habe. Es machte keinen Sinn unter ihm. Das war, soweit ich mich erinnere, das erste Mal, dass ich nachgegeben habe, nicht aufgegeben, nur etwas nachgegeben … Oma und Opa sagten immer: „Der Klügere gibt nach." … aber wer ist schon immer klug … Irgendwann schloss sich die DJK Thier mit der DJK Agathaberg zusammen. Der Grund war immer noch der geburtenschwache Jahrgang. Der alte Trainer war Geschichte und ich hörte, dass die Kumpels wieder enormen Spaß beim Fußball hatten. Es war das zweite Jahr D-Jugend. Ich erinnere mich, dass die Trainer allesamt Super-Fußballer von Agathaberg waren. In ein bis anderthalb Jahren hatten wir bestimmt 2 Trainer und 2–3 Betreuer. Eigentlich waren die Agathaberger auch krasse Rivalen von uns Thierern … aber egal – zu uns Jugendlichen waren sie voll okay … Da ich wieder über die Hälfte der Mitspieler kannte und auch nicht „nur schlecht" war, hatte ich immer – in der 11er Mannschaft – einen Stammplatz. Wie in jeder Mannschaft gab es ein bis zwei Platzhirsche, die sich von mir in ihrer Position gefährdet sahen. Ich muss zugeben, ich bin Steinbock und auch schon mal zum Streiten bereit bzw.

auch schon mal empfindlich (gewesen), wenn es gegen MICH ging. Ich war vom ersten Tag an in der Schule, in fast jeder Klasse, Klassensprecher oder selten Vize, Vize … das war mir dann schon meist zu blöd … nur auf dem Platz war ich nie Spielführer, mit Ausnahme in der Schulmannschaft in der Konrad-Adenauer-Hauptschule. Ich glaube, dass der Klassensprecher da den Kapitän bestimmt hat … Ich lache mich tot …

Wie dem auch sei. Da niemand in meiner Familie mich zum Fußball begleiten konnte oder wollte, war ich immer Mitfahrer bei irgendjemandem, den Betreuern oder den anderen Eltern … auch das war alles andere als schön … ich hatte sozusagen nur **meine Leistung**, die für mich sprechen musste, kein Papa, keine Mama, kein Onkel war mit beim Fußball oder sonst wo … mir war immer bewusst, dass ich aufgrund von „Masse" es immer „etwas schwerer" haben sollte … aber so werden wahrscheinlich auch Kämpfer geboren … In einem Spiel schneite es ziemlich heftig, es war ein Abendspiel in Agathaberg, wirklich hoch im Bergischen Land (heute eine halbe Gassirunde von unserem Zuhause entfernt). Ich war wohl im Mittelfeld. Der Torwart des Gegners machte einen Abschlag aus der Hand … Ich verfolgte die Flugkurve des Balls durch das Schneegestöber und das Flutlicht … ich war so auf Höhe der Mittellinie. Der Ball fiel quasi direkt vor meine Füße vom Himmel. Instinktiv nahm ich den Ball volley aus der Luft und drosch ihn zurück. Ehrlich gesagt konnte ich den Ball gar nicht mehr sehen … auf einmal waren alle am Jubeln … der Ball flog über den verdutzten Torwart ins Tor. Ein schier unglaubliches Tor … In Agathaberg gab es, für mich persönlich, mehr gute als schlechte Momente auf dem Platz …

Charly,
eine durchaus, im positiven Sinne, außergewöhnliche Person.
Kennen und schätzen gelernt haben wir uns in der Schule und auf dem Fußballplatz. Das Kennenlernen war wohl eher eine „Jungens-Sache". Den nötigen Respekt voreinander, aber auch

den Ehrgeiz, sein Territorium abzustecken, bestimmte die Anfangszeit. Trotz der nicht ganz klaren Machtverhältnisse entwickelte sich unbemerkt mehr und mehr eine Freundschaft, in der sich herausstellte, dass wir gar keine Konkurrenten waren. Die meiste Zeit verbrachten wir zusammen auf dem Fußballplatz. Wir besuchten unterschiedliche weiterführende Schulen und im Fußball musste ich wegen einer Verletzung aussetzen. Beides hat dazu beigetragen, dass man sich nicht mehr regelmäßig sah, doch unsere Freundschaft bestand und besteht nach wie vor. Charlys alles andere als langweiliges Leben wird geprägt zum einen durch seinen Beruf als Malermeister, in dem er sein Können schon mehrfach unter Beweis gestellt hat, und zum anderen, wen wird's wundern, durch Schalke 04. Das ist dann der Punkt, an dem wir dann doch sehr auseinanderdriften.

Aber was macht das schon aus? Wichtig ist, woran man einen echten Freund erkennt. Man sieht sich, wenn es nicht gut läuft, nur selten, aber wenn man sich dann sieht und das eventuell nur zufällig, kommt eine innere Freude auf und man geht sofort aufeinander zu, weiß sofort, worüber man sprechen kann und erkennt, dass man sich viel zu selten sieht. Das genau beschreibt Charly.

Ich wünsche Dir viel Erfolg mit Deinem Buch, sowie auch in Deiner Zukunft, und dass man sich häufiger trifft, auch wenn's zufällig ist.

Dein alter Freund Mark

Gastkommentar von meinem Freund, Schul- und Fußball Kollegen, Mark Wagner, wir waren zusammen im Kindergarten, bei der Einschulung, und in fast allen Fußballvereinen (außer in meiner Zeit in Wipperfeld ... ☺)

Wir hatten meistens viel Spaß zusammen. In einem Pokalspiel machte ich gegen eine weitaus höherklassige Mannschaft 3 Tore, wir kamen dadurch bis ins Elfmeterschießen. Es waren wieder Tore, die man eigentlich nur an der Konsole sieht ... eines durch einen Fernschuss aus 25–30 Metern, mit allem, was drin war.

Das zweite ergab sich durch einen langen Ball über mich hinweg, den ich, ohne zu sehen, wo der Keeper des Gegners stand, nach einmaligem Aufticken mit dem Spann sachte im hohen Bogen aufs Tor brachte ... da der Keeper schon mir entgegenkam und ich zwei Schritte schneller am Ball war, hatte er keine Chance das Tor zu verhindern ...

Das dritte Tor gehörte an sich Fahri, unserem damaligen linken Verteidiger, ein Leichtathlet. Paradedisziplin: 100 Meter Lauf. Ich meine, 11 Sekunden brauchte er für die 100 Meter ... und das im 7. oder 8. Schuljahr ... Irgendeiner schickte ihn steil auf links ... An sich würde keine „Sau" mehr so einem Ball hinterherrennen, vielleicht war es auch nur ein Befreiungsschlag ... da ich Fahri von der Schule her kannte und gesehen habe, dass er es ernst meinte, rannte ich mit Vollgas in der Mitte quasi hinterher.

Fahri hatte nicht umsonst den Spitznamen „Ferrari". Und ich war wirklich keine „Krücke" ... aber das war abartig ... Fahri drang in den Strafraum ein und feuerte den Ball aufs Tor. Ich kam dann mal so gerade in den Strafraum rein ... dumdidum ..., als der Torhüter abklatschen ließ, prallte mir der Ball im Fünfer vor die Füße. Dermaßen überrascht und am Schnaufen ohne Ende donnerte ich den Ball mit dem vollen Spann mit aller Wucht aufs Tor unter die Latte. Der Ball knallte ins Tor, bei einem hellen Spektakel ... Mark, unser Kapitän, fing dermaßen an zu lachen ... er kriegte sich nicht mehr ein und brüllte vor Lachen: „... was sollte das denn???" ... *lachte sich halb tot* ... „Wenn der nicht reingegangen wäre ... haha." ... so eine Lache, Mischung aus Schock, Erleichterung und bestimmt auch Bildern, die ihm Kopf abgingen, wenn der Ball drüber gegangen wäre ... Auch ich musste danach echt lachen, unter die Latte war dann schon echt knapp aus 1–2 Metern Entfernung ☺ ... Mark hat heute noch diese einzigartige Lache, die ich direkt heraushören würde ...) Ein unheimlich toller Kerl ...

Das Spiel endete unentschieden und musste noch entschieden werden ... Wir durften ins Elfmeterschießen. Ich war der letzte Schütze ... Bevor ich dran war, war das Spiel zu unseren Ungunsten leider schon gelaufen ... Aus einem – aus heutiger Sicht – nicht nachvollziehbaren Grund wollte ich den unwichtig(st)en letzten Elfer doch noch schießen und vergab ihn kläglich. Ich denke, es war das Bedürfnis nach Anerkennung – das 4. Tor lockte zu stark ... irgendwie unerklärlich und ein bisschen beschämend ... wenn ich heute noch mal könnte, ... dann ... dann hätte ich den ersten Elfer geschossen ... Natürlich nicht schlimm, aber schon komisch ...

Wie gesagt: Ich will das schon auch mal raus lassen, wo ich nicht so glücklich unterwegs war ... Nun erst mal Schluss mit Fußball ... Es gibt auch echt Wichtigeres ... mir fällt nur gerade nichts ein ...

Als Charly über Mike König nach meiner Nummer gefragt hat und Mike wissen wollte, ob er sie ihm weitergeben darf, kam ich erst überhaupt nicht klar, welcher Charly gemeint war? Mike sagte: „Der Michael." Der Groschen viel erst, als Mike sagte: „Der Charly halt ... Michael Ilchmann ..." Ich sagte: „Ach, der Charly, ja klaro, da brauchst du doch nicht fragen." Mike und ich mussten erst mal kräftig lachen. Mike, Charly und ich kennen uns aus Abstoßer-Zeiten bzw. Mikes Familie übernahm 1983 unsere Wohnung in Abstoß, als wir mit meinen Eltern dort weggezogen sind. Heute wohnen Mike und ich in Wipperfürth Hermesberg fast gegenüber ... so klein ist die Welt.

Ich dachte, dass Charly vielleicht was am Dach reparieren haben müsste und mal meine Hilfe benötigt. Das war aber eher unwahrscheinlich, da Mike ja auch ein überaus guter Dachdecker ist. Meine Neugier war geweckt, schon allein, dass wir uns seit unserem Umzug 1983 aus den Augen verloren haben ... es ist ja heute um die 40 Jahre her, als wir uns täglich hatten. Charly und ich wohnten ja zusammen in Abstoß. Wir waren wirklich die allerbesten Freunde und unternahmen jeden Tag was. Als Charly erzählte, dass er ein Buch schreiben wolle, eine Biografie, war ich echt platt. Ich dachte erst, er macht Witze, so wie früher immer. Er bat mich um einen Gastkommentar über uns beide, aus der Zeit von damals. „Einen was?", dachte ich. Irgendwann trafen wir uns mal bei ihm auf einen Kaffee, weil ich mal hören wollte, was und wie er sich das vorstellen würde. Also, außer im Vorbeifahren haben wir uns ja ca. 40 Jahre nicht mehr so richtig unterhalten. Wir beide hatten Gott sei Dank Urlaub und unser erstes Treffen dauerte sage und schreibe 6 Stunden. Mein Gott hatten wir viel zu erzählen ... Charly und ich sprudelten nur so daher. Es war, als wären wir nur wenige Monate andere Wege gegangen. Bei unseren Gesprächen merkte ich seit Langem mal wieder, wie mir das damals gefehlt hat, als wir weggezogen sind. Mit Abstoß und mit Charly verbinde ich die allerbeste Zeit meines Lebens, oder zumindest meiner Kindheit. Wir hatten so viele Erlebnisse und haben Fußball gespielt, bis es stockdunkel war. Selbst über die in Abstoß wohnenden Mädels waren wir uns immer einig, zumindest über die, welche uns denn so gefielen. Unsere Favoritin war eine „Haarstylistin", wie man das wohl heute nennt. Charly wollte sich jedenfalls einmal die Woche die Haare von dem Mädchen machen lassen. Allerdings war das Mädchen auch gut älter als wir und wir noch grün hinter den Ohren. Als wir aus Abstoß weg waren, habe ich den schönen Zeiten lange nachgetrauert. Ich wusste nicht, wie Charly mich vermisst hat, und er wusste nicht, wie ich ihn vermisst habe. Es war halt so. Und damals jedenfalls sind so doofe Entscheidungen ausschließlich von den Eltern getroffen worden. Wir Kinder wurden jedenfalls nicht gefragt, ob wir umziehen wollten. Heute wohnt Charly in Wipperfürth und ich ja in der Nähe von der Thier. Wir haben vereinbart, dass wir alten Säcke uns mit Mike noch mal zum Bolzen treffen sollten oder mal gemütlich einen Burger in der Penne verspeisen könnten. Ich könnte noch stundenlang von uns berichten und Charly hat mir Passagen von seinem Buch vorgelesen, die absolut so *waren. Ich bin gespannt, wie das Buch wird ... Keule ... bis bald, aber bevor wieder 40 Jahre um sind, bitte ...*

Gruß
Dein „Alter" Freund Dirk Kundtmann

Gastkommentar: Dirk Kundtmann, bester Freund aus Abstoß in der Zeit bis ca. 1983

Als meine Mutter in die Kur musste oder durfte ...

Ich war in der Zeit vielleicht 4 oder 5 Jahre und wohnte währenddessen bei Oma, Opa, Onkel und Tante in Essen Steele ... In der Zeit ist vielleicht auch der „Charly" für mich entstanden ... eine durchaus tolle Idee von meiner Tante ...

Meine Mutter lernte dann in der Kur jemanden kennen. Einen alleinstehenden eingefleischten Junggesellen ... ca. 2–3 Jahre jünger als sie ... Er musste sich dermaßen in meine Mutter „verknallt" haben ... wie kommt man sonst um Himmelswillen dazu, eine alleinstehende Frau mit 6 Kindern aus erster Ehe zu daten??? Losgelöst davon, dass meine Mutter vom Wesen und Charakter eine Heilige war ... Sie hatte ja nicht 1 „Vors..." sondern 6 ... mit gescheiterter Ehe und nennen wir es mal Flucht, 8 „Vors..." ... Oh jeeee – muss der verliebt gewesen sein. Mein Leben wäre NATÜRLICH gaaaanz anders verlaufen, wenn dieser Mann, mein zukünftiger Stiefpapa, nicht zu uns gekommen wäre ... In der Anfangszeit war es so, als ob wir einen Gast zu Besuch hätten, Gerd hieß er, er kam aus Mühlheim an der Ruhr und war wohl auf dem Bau tätig, meine ich zumindest ... Er kam damals, wie viele Nachkriegskinder, aus Ost-Preußen ins Ruhrgebiet. Ich glaube, dass zu dem Zeitpunkt hauptsächlich nur noch meine jüngste Schwester und ich zu Hause wohnten, beide älteren Brüder und die beiden älteren Schwestern waren schon meist aus dem Haus oder wohnten zeitweise bei ihren damaligen

Lebenspartnern. Konkret war meine allerälteste Schwester ja schon vor meiner Geburt ins Hotel gezogen, wo sie ja die Ausbildung machen durfte ..., mein ältester Bruder hat mit knapp 20 das erste Mal geheiratet und war wohl deshalb früh aus dem Haus. Der Zweitälteste wohnte nur einige 100 Meter von Abstoß in seiner ersten eigenen Wohnung, einer Dachgeschosswohnung. Das war toll, weil er gaaanz nah war, wenn mal was war ... Die mittlere Schwester war mit einem der Nachbarsjungen zusammen – Jungen ist gut ... Der junge Mann war auch auf dem Bau tätig, ein extrem cooler Typ, wirklich einer meiner wenigen Helden aus der Kindheit ... mein späterer Schwager.

Auch in seiner Familie gab es 4 Jungens, einer cooler als der andere ... Der älteste nannte mich immer „liebevoll" „Penner" ... Wie man das liebevoll sagen kann, ist dir bestimmt ein Rätsel. Auch das geht ... wie fast immer, kommt es wieder mal auf die Betonung und die Historie an ... zumindest in meiner Welt ... Ich war ja scheinbar von Kindesbeinen an nicht auf den Mund gefallen ... Ich sagte immer zu dem jungen Mann, dass ich Mittagsschlaf machen müsste oder dies und das ... Er sagte dann: „Aah!!!!! ... musst du wieder ins Bett, um zu pennen???"

Das fand er so drollig, dass so ein kleiner Kacker zu einem Kerl von Mann sagte: „... ich kann jetzt nicht ... ich muss pennen gehen ..." Seitdem hat er mich immer MEIN kleiner Penner genannt ... Der junge Mann hatte die Erscheinung von Hoss Cartwright aus Bonanza ... Ich fand ihn extrem klasse - trotz dass er mich immer Penner genannt hatte ... ich wette 1000 zu 1, dass er mich immer verteidigt hätte, wenn mir einer zu nah gekommen wäre ... 100%ig ... Wir kamen aber von unserer Wohnkonstellation ab ... als meine Mama einen neuen Lebensgefährten gefunden hatte ...

Es machte schon mal den Anschein, dass Onkel Gerd mich vielleicht nicht wirklich mochte, meine Schwester hingegen hatte – gefühlt – Narrenfreiheit bei unserem neuen Stiefvater ... Ein Beispiel war, dass ich als kleiner Junge am Tisch nicht lesen und sprechen durfte. Z. B. von einem Glas die Beschriftung zu lesen, laut oder leise, hatte zur Folge, dass er das Glas so gedreht hat, dass sich die Schrift im nicht sichtbaren Bereich befand. Dann sagte er immer: „Am Tisch wird nicht gelesen oder gesprochen ..." Des Weiteren hat er sehr gern Brennholz gemacht (dann brauchte er nicht kommunizieren – das war nicht so seine Stärke ...), täglich mehrere Stunden ... 6 Tage die Woche, klar, nicht aus Langeweile, und die direkten Nachbarn hätten ihn wahrscheinlich wegen des Lärms am liebsten gewürgt ..., sondern dass wir in der Heizperiode immer was zum Heizen hatten. Man muss wissen, dass es in den Wohnungen entweder Öl- oder Holzöfen gab. Wir hatten jedenfalls Holzöfen, weil für Öl das Geld fehlte ... im Bad stand ein Beuler (Wahnsinn, das Wort kennt nicht mal mehr Word...), aach deswegen...das Ding heißt Boiler...lach..., der ebenfalls mit Holz angeheizt werden musste ... Gerd hatte einen Arbeitskollegen, Fritz, der ihn anfangs immer mit ins Holz genommen hat. Dieser Fritz war meines Erachtens ein Arsch und ging wie ein Kompaniechef mit meinem Stiefvater um. Diesen Frust hat er dann, meiner Meinung nach, über mich entladen. Damit das klar rüber kommt: Gerd hat mir nie ein Haar gekrümmt, er hat wirklich sehr gut für uns gesorgt und uns noch ein relativ sorgenfreies Leben ermöglicht, ohne Reichtümer anzuhäufen. Dafür wurde ich IHM mit jedem Lebensjahr dankbarer ... Als Kind versteht man vieles halt nicht und kann selten die wirklich wichtigen Dinge von den Annehmlichkeiten unterscheiden ... auch ICH hatte natürlich damit meine Probleme.

Ich hatte allerdings oft das Gefühl, ziemlich an allem schuld zu sein, wenn irgendwas war, hat Gerd nicht mit „blöden" Kommentaren gegeizt ... Da wir im 2. Stock wohnten und das Holz für die Öfen aus dem Keller auch noch hoch in die Wohnung musste, war es schon ein Kraftakt dieses Holz hochzuholen, um genügend für den Badezimmerboiler, den Ofen in der Küche und gegebenenfalls für die Öfen in den 2 Kinderzimmern und dem Wohnzimmer vorrätig zu haben. Da unser Opa wirklich schlau war, hat er wenigstens zwischen dem Wohnzimmer und dem Elternschlafzimmer einen kleinen Wanddurchbruch gemacht,

Foto mit Gerd bei einer Familienfeier, ohne DNA-Abgleich 100%ig mein „richtiger" Vater, Ähnlichkeit war auf jeden Fall da …

genau da, wo der Ofen im Wohnzimmer stand. Die Rückseite des Wohnzimmerofens gab dann die Hitze noch zu Teilen ins Schlafzimmer ab. Also, so war schon mal ein Ofen weniger zu versorgen … Mama sagte dann nur: „Michaaaa, kannst du bitte Holz hochholen?" Klar, Mama hatte es als Frage formuliert, so war das … wie heute! Nur der Unterschied war, dass es nie als Frage gemeint war …) lach … es war ein ganz klarer Auftrag mit Zeitschiene … am besten SOFORT … „Drei Kisten reichen", sagte Sie dann. Kotzzzz … 1 Kiste hieß: ein großer Pappkarton für Bananen (eine Bananenkiste war die Maßeinheit im Hause Ilchmann), hierin passten 2 gestapelte Reihen Holz – Papa/ Gerd hat die Stücke nicht zufällig so geschnitten, nicht Pi mal Daumen … ne, genau, dass zwei Reihen in eine Kiste passten … sehr genau …

Anfangs habe ich gerade mal eine Kiste geschafft vollzustapeln und dann durch den ellenlangen Kellerflur, die zwei (Etagen) Treppen hoch, bis in unsere Küche zu bringen … Dort stand eine Holzkiste auf Rollen mit einem Deckel, auch megaschlau diese Kiste … Ich sehe sie noch heute vor mir … Meine Brüder

Mein Leibgericht, Rinderrouladen mit Mettenden, Klößen und Rotkohl ... be-
herrsche ich mittlerweile „fast" wie Mutti. Dieses Essen gibt es immer am
Heiligabend bei uns.

klappten gerne den Deckel zu und setzten sich dann da drauf, um mit Mama dies und das zu besprechen ... oder in die Töpfe zu gucken ... Mama konnte perfekt kochen ... nur Rosenkohl wollte ihr einfach nicht „gelingen" ...

Im Laufe meiner Jugend und aufgrund meines krankhaften Ehrgeizes schaffte ich es dann mit 13 und oder 14 Jahren zwei und später drei Bananenkisten vollzustapeln, aufeinander zu stellen und diese mit teilweise 2-stufigen Schritten bis zur Mama zu bringen ... Probiert das mal aus: 3 Bananenkisten voll mit Holz, von mir aus Fichte, nur anzuheben ... Aber Vorsicht: Es ist höllisch schwer ...

Ich denke, dass ich deswegen so Beine wie Hektor hatte ... Hektor war das Pferd von 2 „netten" Mädels aus Abstoß ... Die Mädels sagten immer: „Charly, du hast Beine wie Hektor ..." Das eine Mädel war ja meine Sandkastenliebe und die andere ihre ältere Schwester ... wenn die gewusst hätte ... wie einfach ich zu haben gewesen wäre ...) ☺ lach ... einer meiner Lieblingssprüche, wenn ich ein nettes „Frauchen" sehe ... ☺ Ab und zu sollte ich auch mit Gerd in den Wald zum Holzmachen. Irgendwann war er alleine im Wald unterwegs. Der Kollege war wohl nicht mehr mit ihm zusammen unterwegs. Ab und zu sind wir auch bei einem alten Geschwistertrio in der Nähe von Kürten-Delling gewesen. Dort haben wir die lange Brombeerhecke geschnitten ... auch eine äußerst unattraktive Arbeit für einen Jugendlichen ... weil sehr pieksig ... man war abends überall aufgerissen und zerkratzt ... und die Hecke war für mein damaliges Empfinden tierisch hoch und sehr lang ... Gerd war schon an Fleiß nicht zu toppen ... unmöglich fleißig war er ... Ihr erinnert euch!?? Die älteren Herrschaften wohnten in einem alten Herrenhaus, riesengroß. Die drei Geschwister waren echt süß, alle ohne Partner, 2 Frauen und ein Mann. Denen gehörten auch ohne Ende Weiden und Wälder, wo Gerd für uns dann wiederum Holz entnehmen durfte ... Alles sauber abgesprochen und im Vorfeld mit dem Herrn markiert ... Aber man muss nicht meinen, dass er den Wald wie heute üblich zurückgelassen hat. Dagegen sind heute 95 % der Waldarbeiter hochgradige „Chaoten" und „Schlamper". Papa hat den Bereich quasi nachher wieder aufgeräumt ... Und das war auch so erwartet worden von dem Besitzer ... Heute als Mountainbiker mache ich viele Kilometer ... wie die Wälder meist zurückgelassen werden ... Idioten und Gesäßviolinen ... Die verkaufen das als tolle Kulturen für Tiere und Insekten und so ... in Wirklichkeit ist es eine Mischung aus Profitgier und Faulheit ... Genau dieses Mischungsverhältnis kippt meiner Meinung nach immer mehr, überall ... bald gibt es auch **den** nicht mehr, der einen kennt, der einen kannte, wo in diesen oder jenen Job, nahezu an die Qualitätsstandards von früher „grob" herankommt ... Meines Erachtens rasen wir im Affenzahn den Berg herab ... In den 70er- und 80er-Jahren sind Erfindungen gemacht worden, damit es Menschen bei der Arbeit einfacher haben ... heute hat es den Anschein, dass jede Erfindung dafür da ist, damit die Menschen morgen gar KEINE Arbeit mehr haben und andere machen vieles nur mit dem halben Ars...Ich könnte ganze Bücher darüber schreiben ... Das Holz war jedenfalls ja auch bitter nötig, in unserer

Wohnung gab es natürlich nur normale, einfachverglaste Holzfenster bis Ende der 80ziger. Morgens gab es im Winter dermaßen Eisblumen auf dem Inneren der Scheiben, wo Mama immer gesagt hat, dass wir da nicht dran rumspielen dürfen, weil die Scheiben sonst zerbrechen würden ... Morgens war es dann so dermaßen kalt, dass ich NIEEEEEE aus dem warmen Bett wollte. Meine Schwester hat regelmäßig dabei die Pimpernellen mit mir bekommen ...

Leider, oder Gott sei Dank, hat Gerd mich nie zum Fußball begleitet – Kommunikation war ja nicht gerade seine Stärke. Er war wirklich am liebsten komplett alleine, im Wald oder an der Kreissäge ... einerseits leider ... weil ich nie einen Elternteil als Unterstützung beim Sport dabeihatte und ich immer angewiesen war, dass mich jemand mitnahm, und Gott sei Dank, dass er extrem fleißig war und uns sehr gut durchgebracht hatte ... was aufgrund der Weitsicht und der jetzigen Lebenserfahrung auch wesentlich besser und wichtiger war ... Danke, lieber Gerd ... Auch Weihnachten war dann, auch gerade durch ihn, immer sehr toll. Mama und Papa Gerd haben uns die besten Geschenke vom ganzen Ort gemacht ... In einem Jahr gab es für meine Schwester und mich ein nagelneues 3-Gang-Rad mit Torpedo-Nabenschaltung, von Radsport Böhlefeld aus Wipperfürth in der Schützenstraße ... damals der absolute Hammer, diese Räder für uns...Heute fahren Kleinkinder schon mit E Bikes rum... Wahnsinn...wenn wir die Akkus laden mussten hieß das was futtern...))

Hier passt noch was rein, was mich vielleicht schon von frühester Kindheit an etwas charakterisiert ... Wir hatten in Abstoß ein Jungen mit „geistigen Einschränkungen", dieser war mindestens 5 Jahre älter als ich ... und bestimmt doppelt bis dreimal so schwer ... Als ich das neue Rad bekommen hatte, waren von mir und von meinen – schon ausgezogenen – Geschwistern ein bis zwei Fahrräder übrig. Ich habe immer mal mit dem Nachbarsjungen etwas unternommen ... Eines Tages habe ich ihm tatsächlich auf einem dieser Fahrräder das Radfahren beigebracht ... Ihr glaubt nicht, wie der Junge gestrahlt hat ... Ich, der Knirps, bin neben dem Rad, worauf er saß, nebenhergelaufen, bis er es ziemlich gut konnte. Dann bin ich zu meiner Mama und habe ihr davon erzählt ... und gleichzeitig gefragt, ob wir ihm das 20-Zoll-Klapprad schenken könnten ... Mama war auch immer gut zu Gott und der Welt ... sie hatte nichts dagegen ... Eines Tages kam der Junge aber echt schimpfend wie ein Rohrspatz aus dem Wald aus Fahrtrichtung Thier ... Das Klapprad hatte sein Gewicht nicht mehr verkraftet ... Als Dirk mit ihm „leicht" kollidiert ist, brach das Klapprad unter unserem Nachbarsjungen zusammen und er trug es traurig in zwei Teile heim ... mir tat das direkt schon wieder leid, obwohl es irgendwie auch etwas Lustiges hatte. Ich weiß leider nicht mehr, ob ich ihm noch ein Rad besorgen konnte. Dirk kann sich auch noch an dieses Erlebnis sehr, sehr gut erinnern ...

Aber zurück zu den schönen Momenten, zu Weihnachten im Hause Ilchmann.

Ein anderes Mal gab es eine komplette Carrera-Bahn Servo für mich, die dann über ein paar Jahre immer ergänzt wurde ... oder einen ferngesteuerten Truck ... Auch die selbstgemachte Ritterburg, die mein großer Bruder mir lange vorher mal gebaut hatte, war astrein ... Die Kehrseite des Ganzen war, dass ich dann zum Geburtstag meist ziemlich zu kurz kam bei den Geschenken. Heute auch etwas verständlicher, da mein Geburtstag ja gerade mal nur 3 Wochen hinter Weihnachten kam. Und jetzt kommt es ... das ist heute immer noch sooooo ... Aber als Kind war der Geburtstag schon oft enttäuschend ... Vielleicht liegt mir deshalb recht wenig an diesem Tag ... Meine Tante wollte mich auch immer mal ärgern und hat mir irgendwelche Bücher geschenkt – nicht mal Bilder gab es darin ... ätzend war das –, dabei war Schalke und Sport Wedding doch nicht weit für sie ... wenn es wenigsten eine Biografie von einem Fußballer GEwesen wäre ... Aber wie schon gesagt, haben Mama und Papa für meine Schwester und mich auf vieles bis alles verzichtet.

Ich meine sogar, dass Mama bei Otto immer auf Ratenkauf gegangen ist, um uns einiges zu ermöglichen ... Ich glaube, dass ich meiner Mama nie oder selten irgendwie wegen fehlender

Wunschgeschenke Kummer gemacht habe ... Ich wusste sehr, sehr früh, dass sie alles gegeben hatte, was drin war ... alles ... bis zum Anschlag.

Einmal gab es zu Ostern auch was Tolles ... und zwar Disco-Rollschuhe ... Meine waren blau-gelb und die von meiner Schwester waren weiß-rot ... Hiermit bin ich wirklich immer auf der Rasierklinge geritten ... Zum Fahren in aufrechter Haltung fehlte es etwas an Standsicherheit ... aber in der Hocke bin ich alle Berge wie der Teufel runter gedüst ... das war auch gleichzeitig eine heftige Oberschenkel-Übung. Ganz gefährlich war der Ritt von Baldsiefen runter zur Bushaltestelle Ommerborner Abzweigung ... Mein Hobby war mörderisch ... Nichtsdestotrotz gab es halt auch oft Stress mit Gerd ... Unser letzter Konflikt war, als ich 15/16 war. Meine Schwester hatte schon ein Auto, damals ein Traumauto ... einen Opel Kadett C Coupé' in Rot-Weiß lackiert. Zur damaligen Zeit war ein schräger Farbwechsel äußerst angesagt ... vorne weiß und hinten rot ... saugut war die Karre ... Sie hatte den Wagen von dem Jungen, von dem mein Bruder die Dachgeschosswohnung gemietet hatte ... Als sie mal an einem Tag von der Arbeit aus Bergisch Gladbach kam, hatte es tierisch geschneit. Zu Hause waren alle sehr angespannt, weil meine Schwester erst kurz ihren Führerschein hatte und wir uns alle Sorgen machten. Ich sollte einen Parkplatz am Straßenrand räumen und das habe auch gemacht. Soweit so gut ... Als meine Schwester kam, stellte sich heraus, dass sie auch mit der Situation „Parken im Schneegestöber" total überfordert war. Sie parkte ihr Auto in dem Schneehaufen anstatt auf der geräumten Fläche ... ich meinte, dass alles noch so weit gut gegangen sei ... keine Beulen oder Kratzer ... Als wir beide dann in die Wohnung kamen, hat mich Gerd dermaßen angemault, dass meine Schwester von mir nicht richtig eingewiesen wurde ... er hat mir gefühlt zum tausendsten Mal Vorhaltungen gemacht. Ich war auf dem Weg, ein wirklich großer Erwachsener und vor allem kräftiger junger Mann zu werden. Ich musste mich eh schon draußen ständig meiner Haut wehren und hatte zig kleinere und mittlere „Kloppereien" durchgestanden ... Ich bin dann wie von Sinnen auf ihn zu und habe ihn angebrüllt, dass er es langsam unterlassen sollte, immer und ewig auf mir rumzu-hacken. Meine letzten Worte waren, dass ich schon ganz andere dazwischen hatte ... „Sollte das noch einmal vorkommen, dann hilft dir nicht mal mehr Mama ..." Wie gesagt, es sind unerträg-lich viele verbale Angriffe von ihm in den Jahren zusammenge-kommen. Aber ... diesen berühmten Satz ... dass er nicht mein Vater sei und mir nichts zu sagen hätte, ist mir bei allem trotz-dem **im Leben nicht eingefallen**, so weit war ich schon zu wis-sen, dass das ein No-Go gewesen wäre bei dem, was er für Mama, uns und demnach auch für mich alles getan und geopfert hatte ... aber nichts von MIR war ihm gut genug und wirklich interessiert hat er sich auch nie für mich ... Er wich wirklich bis zur Zimmer-wand zurück. Ich war außer mir ... und schon einen Kopf größer als er ... Ich habe mich dann, so wie ich mich erinnere, irgendwie wieder eingekriegt und hatte auch danach ein schlechtes Gewis-sen, jetzt war es aber auch raus, wie ich mich bei ihm oft gefühlt hatte ... Oma und Opa haben schon früher immer gesagt ... Wer nicht hören will, muss fühlen ... wo sie eigentlich mich aber im-mer mit-meinten ...

Es war auch auf meinem Lebensweg vielleicht nicht sooo schlecht, meist auf mich allein gestellt gewesen zu sein ... Die wirklichen Bezugspersonen in meiner Kindheit waren ja die „anwesenden" Geschwister ... oder gute, ältere Kumpels – weil meine älteren Brüder ja viel zu früh in meinen Augen, nach Süd-deutschland gezogen sind ... Da war ich unendlich traurig da-rüber ... Aber auch so bin ich: Ich nehme mich extrem zurück, wenn ich sehe, dass es einem richtig gut tut, was er da macht – selbst wenn ich leide wie ein „Hund" ... Opa, Oma Onkels und Tante waren ja auch nicht um die Ecke ... wie man im Pott so sagt. Auch habe ich mir zum Beispiel gut angesehen, wie ande-re Papas mit meinen Kumpels umgegangen sind. Nicht dass ich mir Unsinn abgeguckt habe ... Ne, eigentlich nur oft die Situati-onen, die besonders gut ausgingen ... Aber gaaaanz alleine war ich ja nie ... ich hatte ja einen Mund ... zum Fragen ... eine mei-ner größten Stärken ... wie ich finde ... für manch andere aber auch schon mal echt ANSTRENGEND ... sorry dafür.

Kindergartenzeit und Grundschule waren schon mal ein guter Anfang, mit der Kommunikation anzufangen ...

Ich meine, dass meine Kindergarten-Truppe die ersten Gäste des neuen Kindergartens auf der Thier waren ... Ich sehe komischerweise die Erzieherinnen heute vor meinem geistigen Auge ... gaaaaanz toll waren die. Die haben mich nie ausgegrenzt ... obwohl ... ich war schon damals schlimmer zu hüten, als ein Sack Flöhe ... Einmal sind die Jungens vom Fußball mit mir zum Gartentor an der Seite gegangen ... Ich habe gewettet, dass ich schneller bin als beide „Kindergärtnerinnen" zusammen ... Gegenüber war ja die Kirche und da drumherum standen riesige Bäume ... und stehen heute noch da ...

Ich bin über das Tor geklettert und habe gerufen: „Du kriegst mich nicht, du kriegst mich nicht, du altes Loch ..." Oder so ähnlich war der Kampfspruch ... Ich rannte über die Straße, wirklich wenig befahren damals, aber wahrscheinlich trotzdem nicht ungefährlich ... Ich rannte so zehnmal um die Bäume und die zwei Erzieherinnen hinter mir her ... Die hatten keine Schnitte ... Die Wette hatte ich gaaaaanz locker gewonnen und eine riesige Portion Ärger war der erste Preis ... auch zu Recht ... Da wussten die Kumpels schon mal, was sie besser lassen sollten ... Ich weiß noch, wie wir in meiner Lehre im Kindergarten anstreichen und renovieren durften ... Ich saß auf der kleinen Bank im Eingangsbereich und habe versucht, die Tiere zu finden, die meinen Platz damals markierten ... alles war mini ... oder ich dann langsam schon erwachsen ... körperlich zumindest ...

Der Tag, an dem mich mein Bruder das erste Mal „körperlich" verteidigt hat ...

Es war im Winter gang und gäbe, unheimlich viel Schnee zu haben. Gerade im Bergischen, meine ich jedenfalls, aus der Entfernung der Jahre ... Ich kann mich erinnern, tage- und wochenlang

Bob (Geschenk von meiner zweitältesten Schwester und meinem Schwager) und Schlitten gefahren zu sein, und dass zu Weihnachten und zu meinem Geburtstag Schnee ohne Ende lag ... Diese Zeit habe ich auch geliebt ... auch wenn der Fußball dann zwischendurch auch mal Pause hatte ... bis wir jedenfalls den ersten orangenen Ball hatten ... Vom Küchenfenster aus gut sichtbar, gab es einen wirklich kleinen Mini-Hügel ... Okay, als kleiner Knirps war auch dieser Berg RIESIG – heute, wenn ich dort vorbei radle, ist das nicht einmal eine Bodenwelle –komisch ... lach ... Dort sind damals in den 70ern und Anfang der 80er alle Kinder von Abstoß zum Schlittenfahren hingegangen ... Die etwas Älteren haben sich dann dort eine kleine Schanze gebaut und wir Kleineren waren schon froh, dass wir den Schlitten dort auf gerader Piste runterfahren konnten. Die Pisten lagen so dann quasi mit einem bisschen Abstand nebeneinander ... Ein Nachbarsjunge (aus der oberen Reihe) gehörte zu den etwas Älteren und war wohl eher einer der „Anführer" ... Das Anführer-Gehabe sollte ihm aber an diesem Tag relativ wenig nützen ... Ein anderer der Älteren (der Älteste aus dem direkten Nachbarhaus) sagte zu mir, wenn ich Lust hätte, dürfte ich mal mit dem Schlitten über deren Piste rutschen ... ich denke, dass es da eine Absprache im Vorfeld gab oder so ... Ich nahm meinen Schlitten und rutschte den kleinen Berg Richtung Minischanze hinunter ... unten auf dem höchsten Punkt der Schanze stand der Junge aus der oberen Reihe und zog mir beim Absprung den Schlitten unterm Hintern weg ... Ich flog durch die Luft und landete auf der gefrorenen Piste. Ich habe mich zum einen sehr erschrocken und zum anderen beim Aufprall und Rutschen ziemlich wehgetan. Schließlich landete ich auf dem tiefgefrorenen Boden und später im Stacheldraht-Zaun am Ende der Piste ... Ich denke, dass ich ziemlich laut geschrien und geweint habe. Der Anführer hatte überhaupt nicht gemerkt, dass mein großer Bruder auch auf der Wiese war und mit unserem kleinen Neffen ebenfalls beim Schlittenfahren war ... Ich habe nicht wirklich viel rausgebracht, es hat aber gereicht, dass mein Bruder diesen Rotzlümmel richtig angegangen hat.

Bei der Auseinandersetzung ging der damalige Bundeswehrparka von dem Jungen irgendwie kaputt. Richtig hat mein Bruder ihm keine runtergehauen. Er war ja auch um einiges älter und überhaupt kein Schläger oder so … Er hat ihn quasi nur heftig geschüttelt und ihm angedroht, wenn er mir noch mal was tut, setzt es richtig was … er hat wohl nicht wirklich zugehört … Das nur mal so – später kommt vielleicht noch was zu uns drei … Das war das erste von zwei Malen, wo mein Bruder (der jüngere von beiden) mir „körperlich" beigestanden hat, weil es aber auch anders nicht gegangen wäre, es sei denn, man hätte es auf sich beruhen lassen … Allerdings gäbe es dann die Gefahr, wovor mein Opa immer gewarnt hat … man wird vielleicht ungewollt zum Opfer …

Jetzt kommt ein wichtiger, vielleicht der wichtigste Satz aus meinem Leben, der von meinem Opa stammt:
„Fang niemals Streit an, Michael!", hat er mir immer mit ernster Stimme gepredigt, „sonst bekommst du von mir mächtig Ärger …" Nach einer deutlich zu merkenden Redepause sagte er aber weiter: „… aber wehre dich deiner Haut, sonst bekommst du von mir noch viel mehr Ärger …"
Da muss man verdammt gut zuhören – es gib zweimal Ärger – gefühlt, egal wie ich es mache … schwierig … ne?? Sein Ansatz war nicht, aus mir einen Schläger oder dergleichen zu machen. Er hat nur unheimlich viel Wert darauf gelegt, sich seiner Haut zu wehren, wenn es haarig wird. Er hat immer gesagt, dass man zum Opfer wird, wenn man sich nicht (**angemessen**) wehrt. Auch hatte er Sorge um mich gehabt, da er ja wusste, dass Mama mit 5 Kindern, ohne Mann, ins Bergische gezogen ist, ca. 100 km entfernt. Er konnte nicht eben kommen und mir beistehen – weder mir noch Mama noch den anderen Geschwistern. Die Großeltern haben in meiner Wahrnehmung meiner Mama und uns Kindern immer viel geholfen und auch Unterstützung geleistet, obwohl sie auch alles andere als wohlhabend waren. Oma und Opa habe ich über alles geliebt … Leider war ich viel zu jung, um von ihnen möglichst viel an Lebenserfahrung mitzunehmen …

Opa war ja später bei uns in der Nähe im Altenheim ... Aber das für mich Elementare habe ich versucht zu behalten und umzusetzen. Es sollten **die Werte schlecht hin** für mich werden ... Es ändern sich ja auch die Zeiten und dadurch auch langsam, aber stetig die Umgangsformen.

Eine andere für mich elementare Philosophie ist: Was ich nicht will, was man mir tut, füge auch keinem anderen zu ... ich versuche, dies mein ganzes Leben so umzusetzen, es ist mir natürlich nicht immer gelungen und auch schon mal im Eifer des Gefechts schiefgegangen, aber ich versuche, jedem in meinem Umfeld die gleiche Wertschätzung entgegenzubringen, das ist ebenfalls ein Wert für mich, ich bemühe mich, es jeden Tag mein Leben lang auf ein Neues zu beherzigen – nicht mehr und nicht weniger ... ob es der eine oder andere auf dem Bürgersteig ist, Freunde, lockere Bekannte, Mitmenschen und Mitarbeitende auf der Arbeit oder, oder ... Ich versuche es ehrlich, authentisch und vor allem glaubwürdig vorzuleben. Es ist mir halt sehr, sehr wichtig. Werte sind und waren immer extrem wichtig für mich: Freundlichkeit, Fleiß, Sauberkeit, Wertschätzung, Hilfsbereitschaft, Demut, Dankbarkeit, Gerechtigkeit, Aufgeschlossenheit, Mut und viel Herz...lichkeit.

Meine Frau sagt immer, dass ein (Vorver)urteilen generell absolut nicht korrekt ist – ich habe es nie so ausgesprochen, aber als Wert so immer oder zumindest meist gelebt, also nicht, dass man mir das ständig predigen musste ... Jeder Mensch hat seine Geschichte ... Oft sind es nur ein oder zwei nicht **soooo glückliche** Entscheidungen, die eine Umkehr zum Besseren schwer bis unmöglich machen. Ich habe früher immer gesagt, dass das Leben wie ein riesiger Baum ist, wir springen von Ast zu Ast, mal elegant und locker leicht, mal wie der erste Mensch, mit Glück und guter Auswahl im Vorfeld trägt uns der nächste Ast, bis vielleicht ein Ast uns nicht mehr trägt, er abbricht oder wir ihn **nur halbherzig** mal eben anvisieren oder **zu locker zupacken** etc. Dann wird es spannend ... Entweder du stoppst den Fall ziemlich zügig oder es geht mächtig abwärts oder du hattest etwas Glück, dass du nicht komplett, durchgereicht wurdest ...

Wer hatte das Gefühl noch niemals im Leben? ... shit ... Jetzt geht es abwärts ... Glück gehört natürlich auch ständig dazu, nicht von der Bildfläche zu verschwinden ... Hier passt jetzt mein „zweiter" Geburtstag gut hin ...

Inmitten der Hauptschulzeit hatte ich dann auch meinen „zweiten" Geburtstag

An dem Wochenende, als mein bester Freund Dirk aus Abstoß mit seinen Eltern wegziehen musste, bin ich parallel schwer krank geworden. Ich kann mich noch erinnern, dass mir nicht richtig gut war an dem Samstag. Von meinem Kinderzimmer aus konnte ich zu Dirks Haus sehen. Ich sah, wie die Eltern den Umzug machten. Ich wurde immer kranker. Dabei habe ich erst gedacht, dass es eine Art Liebeskummer war, da mein bester Kumpel aus Abstoß wegzog und ich eigentlich zu dem Zeitpunkt gar nicht wusste, mit wem ich ab jetzt meine Freizeit verbringen sollte. Wir waren super Kumpels und sind durch dick und dünn gegangen. Dirk war zwar ein Jahr oder zwei Jahre älter als ich, aber wir verstanden uns immer top. Auf dem Bolzplatz zwischen den Reihen haben wir immer Reporter und Fußball gleichzeitig gespielt. Wir gaben uns alle möglichen Namen bei den Aktionen, die wir mit dem Ball durchgeführt haben, es war herrlich zwischen Dirk und mir.

In der Woche, bevor er weggezogen ist, hatte ich noch eine kleine Rauferei auf dem Schulhof. Irgendwie beim Mittagskick mit dem Tennisball, wo wir direkt vor dem Schulhaupteingang immer auf den kleinen Bänken gespielt haben, gab es mit irgendeinem älteren Mitschüler eine kleine Auseinandersetzung. Es kam zum Schlagabtausch und ich meine, ich hätte einen richtig abgekriegt. Vielleicht war auch das der Auslöser für mein Unwohlsein ... aber eher unwahrscheinlich ... letztendlich musste samstagsabends mein Bruder mit mir ins Wipperfürther Krankenhaus fahren. Eine Gesichtshälfte schwoll etwas an und ich hatte so leichte Probleme, aus dem rechten Auge zu gucken. Die Ärzte vom Krankenhaus konnten sich das nicht erklären und haben gesagt, ich hätte wohl eine Erkältung und die Nebenhöhlen seien etwas zu. Sie schickten mich mit meinem Bruder wieder nach Hause. Sonntags lag ich dann den ganzen Tag im Bett und mir ging es immer schlechter. Fieber und eine tierische „Rotznase" kamen hinzu ... Dirk mein bester Freund wohnte wahrscheinlich schon in seinem neuen Zuhause und wusste gar nicht, wie es mir zu dem Zeitpunkt ging. Mama wurde immer unruhiger und bat meinen Bruder, mich noch mal ins Krankenhaus zu bringen. Die eine Gesichtshälfte war dermaßen zugeschwollen, dass ich mit dem Auge gar nichts mehr sehen konnte. Es war mitten in der Nacht. In der Notfall-Ambulanz machte sie ein Rettungswagen klar, der mich nach Köln-Merheim bringen sollte. Dort war eine Kopfchirurgie. Als ich mich im Rettungswagen aufrichtete, sah ich meinen Bruder vor der Notaufnahme stehen. Er guckte dem RTW nach, wie sein kleiner Bruder mit dem Rettungswagen weggebracht wurde. In seiner Haut wollte ich auch nicht stecken ... Es war ja nicht so, dass er mal kurz die Mama anruft und sagen konnte, dass ihr Kleinster echt scheiße dran war. Handys waren ja, wenn überhaupt, was für den übernächsten James Bond oder so ... In der Nacht wurde ich schon in Merheim untersucht bzw. durch ein MRT geschoben. Hier wurden von meinem Schädel sehr genaue Bilder gemacht. Am anderen Morgen sagte man mir – man muss sich vorstellen, ich war 12 oder 13 und alleine in Köln im Krankenhaus –, ich müsste nach Holweide überführt werden, weil man mich sofort operieren müsste. Ich hätte einen Tumor hinterm rechten Auge, der auf den Sehnerv drückte und die ganze Gesichtshälfte zuschwellen ließ. Es wird jetzt knapp ... Es ging ums Erblinden oder im schlimmsten Fall ums Überleben ...

Man müsste sich das angucken und man müsste dieses Etwas entfernen, um dann zu analysieren, ob es ein böser Krebs wäre. Ich hatte ja überhaupt keine Ahnung, was Krebs war ... Ich wusste nur, schöne Scheiße, jetzt gehen die an meinen Kopf dran. An Krebs ist eine meiner Tanten früh verstorben ... so ein

Mist ... Die Operationsmethoden waren damals noch nicht so weit fortgeschritten. Arthroskopie gab es wohl noch nicht ... die Operation durch die Nasenlöcher oder so sollte ja erst viel später kommen. Sie mussten mir eine Vollnarkose verabreichen und durch meine rechte Nasenbeinwand durch, um hinter das Auge zu gelangen. Sie haben alles entfernen können und dabei festgestellt, dass ich wohl eine Nebenhöhle zu wenig hatte. Diese Nebenhöhle, die noch vorhanden war, hatte sich halt entzündet und es ist ein Geschwür herangewachsen. Scheinbar war es gutartig, da es ja dann ansonsten der schlimmere Krebs gewesen wäre. Na ja, die Operation an sich habe ich ganz gut verkraftet. Meiner Mama ging es aber gar nicht gut, sie machte sich sehr starke Sorgen um mich und ist fast täglich mit dem Linienbus von Abstoß bis nach Köln-Holweide zu Besuch gekommen. Ich war ja in der Pubertät und fühlte diesen ganzen „Balihoo" für mich echt übertrieben, ich wollte ja da schon nicht mehr wahrhaben, dass ich fast hops gegangen wäre ...

Mama kam immer fertig wie ein Fischbrötchen zu mir ins Krankenhaus, blieb ein bisschen und weil ich auch keine große Lust zum reden hatte (die hatten mich ja schließlich am Kopf operiert), ist sie dann öfters sehr traurig und „eingeschnappt" wieder gefahren. Klar, sie wollte mir einen Gefallen tun, mir beistehen und mich besuchen. Aber sie hat auch nicht verstanden, dass es so eine schwere Operation war und dass ich überhaupt keinen Besuch brauchen konnte. Auch war ich vom Kopf schon so weit, dass es mir an sich total unrecht war, dass sie für mich, wo ich eh nicht mit ihr reden konnte, so viele Stunden im Bus saß, für den Hin- und Rückweg, jeweils weit über 2 Stunden ... Gerd hat sie ja auch nicht täglich zu mir bringen wollen. Ich glaube, er hat lieber im Holz gearbeitet. Na ja, wie gesagt, nach einer kurzen Genesungszeit bin ich dann am ersten Tag, wo ich wieder zur Schule durfte, kalt erwischt worden. Die Lehrerin kam auf mich zu und sagte: „Wir schreiben heute einen Aufsatz." Ich sagte: „Ich ja dann wohl nicht ... ich war ja jetzt ein paar Wochen krank." Sie sagte zu mir: „Michael, im Aufsatz-Schreiben bist

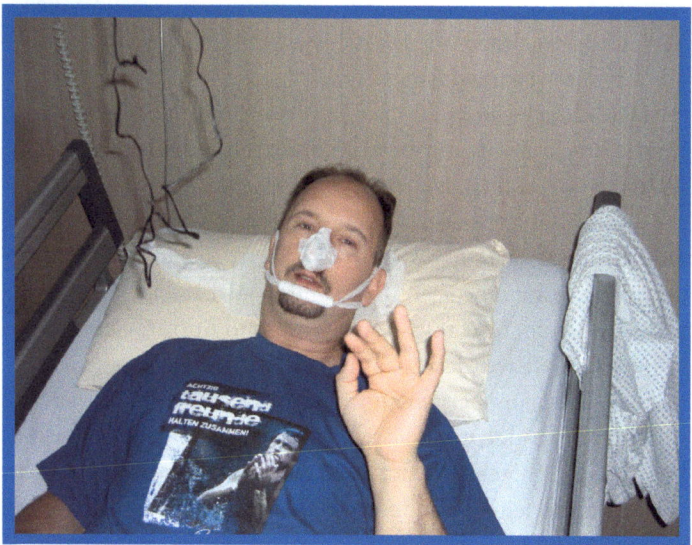

Bild vom Krankenbett nach der OP – ich glaube, dass ich da schon wusste,
dass es einigermaßen knapp war ... regelmäßig müssen Nachwirkungen weg-
operiert werden – schön ist anders ... aber es macht Luft ...

67

du doch immer super ... das packst du schon, es wird eine Bild-beschreibung." Ich dachte: *„Bildbeschreibung? Was soll das denn sein?"* Sie stellte ein Bild auf die Schultafel, auf die Kreide-Ablage, und sagte, wir sollen einfach schreiben, was wir da empfinden und sehen. Nach weniger als einer Woche bekamen wir diese Arbeit zurück und siehe da, meine Arbeit war die beste der Klasse. Natürlich war sie flammenrot ... voller Rechtschreibfehler, aber vom Inhalt her musste sie die Lehrerin wohl komplett begeistert haben.

Die Lehrerin sagte beim Austeilen zu der Klasse nur, dass die beste Arbeit Michael geschrieben hatte und sie (die Lehrerin) diese gerne mal vorlesen möchte, Sie fragte, ob das für mich okay wäre ... Ich konnte mich ja auch nicht mehr erinnern, was ich denn da so geschrieben hatte, also habe ich gesagt: *„Ja, warum nicht, da bin ich mal gespannt, was ich da so hingezaubert habe."* Sie hat es vorgelesen und ich habe gedacht: *„Na gut, okay ... sooo gut war das ja dann auch wieder nicht."*

Die Lehrerin wie gesagt war begeistert und es war eine glatte Eins – ich glaube meine erste überhaupt ... Ich glaube, da habe ich das erste Mal richtig wahrgenommen, dass meine Aufsätze weitaus besser waren, als ich es selbst immer gedacht habe. Durch die Aufsätze habe ich meine Sechs aus der Rechtschreibung immer auf eine Vier im Gesamten ausbessern können. Bei uns war das so. Diktat war eine Note und Aufsätze eine andere ... und beide wurden zusammengezählt und durch zwei geteilt. Das Ergebnis ergab dann die Note in Deutsch. Dadurch habe ich mich eigentlich immer knapp auf die Vier retten können. Meine schlechte Rechtschreibung würde mich ja noch ein „bisschen" begleiten. Mindestens über die Selbstständigkeit und bis zur ersten Beförderung auf der Arbeit ... Erst dann habe ich durch viel Schreiben von E-Mails und durch das Immer-wieder-Lesen von dem, was ich geschrieben hatte, nach und nach meine Rechtschreibung ein wenig verbessern können. Aber ehrlich gesagt, war und ist sie immer noch miserabel. Ich denke, noch zwei bis drei Rechtschreibreformen und dann passt es langsam ... Ich „komme" wahrscheinlich bis zu meinem letzten Atemzug eher über den Inhalt als über die Rechtschreibung. Also für die Politik wäre ich nichts gewesen, die kommen immer über die Rechtschreibung und so gut wie NIE über den Inhalt ... Aber selbst Siegfried aus der Nibelungen Geschichte ... hatte ja einen wunden Punkt. Warum sollte ich nicht auch, **mindestens einen** wunden Punkt haben?

Ein Leben lang - Arbeiten muss erst gewollt und dann gekonnt sein ... Egal was du tust - mach es gut und nicht irgendwie ...

Arbeiten, das können wir irgendwie ja alle ... mit dem zunehmenden Alter fällt das aber dem einen oder anderen immer schwerer, ob körperliche Arbeiten oder administrative Arbeiten in welchen Büros auch immer. Das eine geht ungeheuer auf die Knochen das andere „an die Birne" ... Ich kenne beides extrem gut ...

Wann fing ich eigentlich an zu arbeiten? Lass mich mal überlegen ...

Die Anfänge waren vielleicht bei Oma und Opa. Wenn Oma und Opa Eierkohlen bekommen haben, wurden die immer vor dem Kellerfenster auf der Straßenseite ausgekippt. Da war ich noch sehr, sehr jung, aber ich habe hier und da geholfen, die Kohlen mit einer Schaufel in das kleine Fenster rein zu schieben/schaufeln. Opa hat mir das dann gezeigt, unten im Keller war dann so eine Einkofferung aus Holz, wo dann die Kohlen gesammelt wurden, um sie dann später zu verfeuern. Wenn alle Kohlen im Keller waren, hat mein Opa mir dann gezeigt, wie man die Fläche, wo die Kohlen gelegen haben, sauber kehrt. Als alter Bergmann hat Opa einen „kleinen Anfall" gekriegt, wenn ich als kleiner „Futzi" gekehrt habe und es überall gequalmt und gestaubt hat wie auf dem Kartoffelfeld ... Opa hat dann versucht, mir zu zeigen, wie man „fast" ohne Staub aufzuwirbeln fegen konnte. Bei Oma habe ich dann mal versucht, ein bisschen Unkraut zu jäten ... natürlich war ich bei Oma und Opa noch nicht

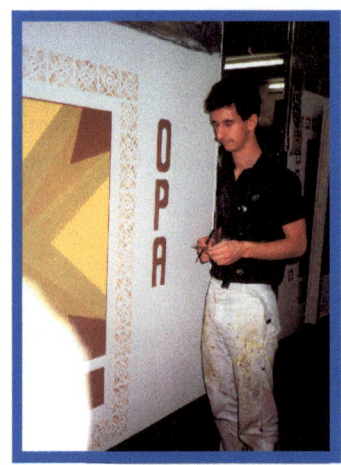

Maler mit Leidenschaft – schon früh das Talent dort drinnen nachgewiesen …
Foto bei der ersten ÜBU, „Posen" auf der Treppe, auf „das Gespann" war ich
schon stolz … Heute nur noch ein Hobby …

der Fleißigste, oft habe ich sie auch mehr aufgehalten, als ich „Nutzen" gebracht habe … Aber das keine falschen Eindrücke entstehen: Bei Oma und Opa war ich selten mit irgendwelchen Aufgaben betraut worden, es war immer eine tolle Zeit bei Ihnen. Ich war Prinz und König in einer Person … Oma und Opa haben sich halt manchmal Sorgen um mich gemacht, weil ich mich nicht länger auf was konzentrieren konnte oder wollte, weil ich keine Lust auf die Schule hatte … sie sagten immer zu mir, wenn ich in der Schule nicht aufpasse, werde ich Straßenfeger oder Müllmann … :- Irgendwie waren das Metaphern, die nicht wirklich dem richtigen Leben entsprachen … wenn sie gewusst hätten, dass Müllmann und städtischer Angestellter mal einen hoch bezahlten und begehrten Beruf darstellen würden, hätten sie DAS bestimmt nicht gesagt … und wie schon mal gesagt kommt es auf die Betonung an … Also alle von der Abfallwirtschaft und von den Bauhöfen … so haben sie das nicht gemeint … Nur noch einmal gaaaanz deutlich … Aufgrund dessen, dass ich immer die Turnschuhe vom Markt bekommen habe und mir selten ein paar gute Fußballschuhe aussuchen konnte, habe ich immer überlegt, was zu arbeiten … meine Schwester hat zum Beispiel Ferienarbeit in der Elektrofirma nebenan gemacht. Ich habe schon gedacht, was DIE kann, kann ich schon dreimal … Obwohl ich ja über dreieinhalb Jahre jünger war (und heute noch bin, komisch, ne???), habe ich mich da früh mal „beworben" … Irgendwann habe ich in der Elektrofirma angefangen Kartons zusammenzukleben, die nachher zum Verpacken von Steckdosen gebraucht wurden. So habe ich mich in der Firma immer weiter hochgearbeitet (ja … so was soll es schon mal geben). Später habe ich sogar schon in der Spätschicht irgendwelche Maschinen betreut, die Steckdosen gegossen haben. Man nennt sie Spritzgießautomaten. Da musste ich schon mal öfter mit so einem Palettenhubwagen Paletten umstellen, wegziehen und, und, und. Wer schon mal mit einem Palettenhubwagen gefahren ist, der weiß, dass das gar nicht soooo einfach ist. Ich war maximal elf oder zwölf Jahre, wo ich das das erste Mal gemacht habe. Heute darf ich sogar zukünftige Staplerfahrer ausbilden …

auch gut ... Bei dieser Arbeit gab es auch einen Lehrberuf, der hieß Industrie und Fachhandelspacker oder so ähnlich!

Bei dem alten Chef der Elektrofirma hatte ich einen großen „Stein im Brett", ich war in seinen Augen wohl sehr fleißig, obwohl ich noch sehr jung war, auch der Meister der Schlosserei fand mich gut ... Ihn kannte ich über meine Mama; er hat mir dermaßen oft meine Hinterachse von meinem Kettcar geschweißt ... Auf diesem nahm ich immer die halbe Jungenschar von Abstoß mit ... immer, bis wieder die Achse gebrochen war ...

Ich hatte fast jede zweite Woche einen Boxenstopp bei ihm ...

Den eigentlichen Lehrling fand er anscheinend nicht so doll – zu mindestens hatte ich manchmal den Eindruck. Zwischendurch habe ich auch noch für die Chefin der Elektrofirma Unkraut gejätet und Rasen gemäht, wie meine Oma und mein Opa es mir beigebracht hatten. Klar, die Frau hatte auch immer noch was zu zeigen und zu kritisieren gehabt ... aber ich habe mich bemüht, das so hinzukriegen, wie sie es wollte. Das fand sie gut ... Andere hätten vielleicht eher die Lust verloren ... ich nehme mir meine Fehler schwer zu Herzen und versuche, Schlechtes beim nächsten Mal besser zu machen und Gutes perfekt ... anstrengend ... aber wenn auch das ein Wert wird, geht es irgendwann so mit ... Das ist vielleicht auch noch eine gute Eigenschaft von mir, nie aufgeben ... es am besten direkt noch mal machen, aber besser und morgen noch ein wenig besser ... Hier gab es auch einen wichtigen Hinweis, den mir Opa mit auf dem Weg gegeben hat ... **Nimm Lehre an und klau mit deinen Augen ...** Meine Frau hat in irgendeinem buddhistischen Buch mal gelesen: Der Kluge lernt aus seinen Fehlern und der Weise vom Klugen ... den Spruch finde ich nicht nur gut, sondern lebe schon, weit bevor ich den Spruch kannte, zumindest einigermaßen so ... Aufgrund der Tätigkeiten in der Firma und bei der Chefin kam der Junior der Firma und wollte, dass ich auch bei ihm Rasen mähe. Dann kam auch noch der andere Sohn und wollte auch, dass ich bei ihm Rasen mähe, und wenn er nicht konnte, sollte ich mit seinem Hund Gassi gehen und ihn füttern – trockenes Hundefutter mit einem rohen Ei darüber mochte der Goldie gerne ... ich hatte nachher so viel zu tun, ich wusste gar nicht mehr, wo mir der Kopf stand. Es war einfach der Hammer. Ich konnte mir dann irgendwann durch das ganze Taschengeld, was ich mir verdient habe, die besten Trainingsanzüge im Sportgeschäft kaufen und ein Paar Fußballschuhe für den trockenen Platz und ein Paar für den nassen Platz ... auch für die Abschlussfahrt der 9. Klasse hatte ich das meiste Geld in der Tasche ... Rasenmähen und Gartenarbeit hat mir immer schon extrem Spaß gemacht. Das war zwar auch harte Arbeit, aber man hat immer einen wunderbaren Erfolg gehabt und es roch immer so schön nach frisch gemähtem Gras. Auch die Leute waren happy, dass sie das nicht machen mussten ... Das war quasi eine Win-win-Situation und ich war mittendrin statt nur dabei. Als ich dann das Praktikum als Maler gemacht hatte, sollte ich während der Gartensaison dann noch Holzfenster mit herausnehmbaren Sprossen streichen. Das konnte ich gar nicht leiden, die Arbeit war „Käse", viel zu unkreativ, und so kann ich Fenster streichen bis heute nicht leiden ... und voran ging es auch nicht ... ich sollte auch mit der Handsense das hohe Gras um die Firma kurz mähen ... sensen, wie man sagte ... Die Arbeit hat mir dann wieder der Senior gezeigt ... Um die Firma herum war eine echt heftige schräge Böschung ... Ich stand beim Sensen bestimmt 7 Stunden wie ein Hanghuhn an der Böschung ... Als ich fertig war, bin ich erst mal ein paar Meter Schlangenlinien gelaufen, soooo krumm war danach meine Hüfte ...) Aber selbst darauf war ich stolz ... das waren noch Zeiten, wo Anerkennung wirklich zum Ausdruck gebracht wurde ... Man sah den Menschen an, wenn man ihnen geholfen hat, wie glücklich sie danach waren!!! Das wiederum machte mich Glücklich und auch etwas Stolz...

Als die Hauptschulzeit zu Ende ging, kam er immer näher ... der wahre Ernst des Lebens: die Arbeit, um es vielleicht mal etwas besser im Leben zu haben ...

Ich musste mir langsam darüber Gedanken machen, was ich mal im Leben werden wollte ... Industriefachhandelspacker wäre für mich eine Option gewesen, die Lehrstelle hätte ich locker im Sack gehabt, obwohl es zu dem Zeitpunkt sehr schwer war, überhaupt eine Lehrstelle zu finden. Bäcker ... fand ich als Kind erst auch ganz toll, weil ich immer sehr gerne Kuchen und Teilchen gegessen habe ... Als ich aber gehört habe, wann ein Bäcker aufstehen muss, war das schon wieder nichts für mich, ich war nämlich gar nicht so für das frühe Aufstehen, aber was heißt eigentlich früh aufstehen ... man hätte ja fast gar nicht ins Bett gehen dürfen ...

Da meine beiden Brüder eine Ausbildung als Maschinenschlosser gemacht hatten, stand das auch kurz auf dem Zettel ... Aber als ich hörte, dass man da tagelang an einem Eisenwürfel feilen muss, war das aber mal gaaaar nichts für mich ... da geht ja wieder nix voran ... Es kam der Tag, als ein Nachbar aus dem Ort, der auf einem angemieteten Bauernhof gewohnt hatte, seine Scheune streichen wollte. Ich bin öfters bei dem Mann und seiner Frau gewesen. Der war auch immer supernett, zusätzlich war er auch ein krasser Schalke-Fan, gut drauf und extrem kinderlieb.

Wenn Schalke (mal) gewonnen hatte (in den 80ern war wenig zu feiern ...), hat er immer die Schalke-Fahne aus dem Dachschober von der Scheune gehängt.

Dann wusste gaaaaanz Abstoß, dass Schalke gewonnen hatte. Das war aber leider in den 80ern zu selten – Weihnachten war fast öfter ... lach ...

Als ich ihn mal besucht hatte und er an der Scheune am Streichen war, hat er mich direkt gefragt, ob ich das nicht weiter machen wollte. Ich habe ihn nur gefragt, was ich denn dafür bekomme. :-) Er sagte mir so einen „Stundenlohn", dass ich nicht lange überlegen musste ... es waren bestimmt 2–3 Mark die Stunde mehr, als ich beim Kartonkleben in der Elektrofirma oder für das Rasenmähen bekommen habe.

Ich kann mich gut erinnern, es war die Zeit, als ich gerade ein Mofa bekommen hatte ... Das Mofa brauchte Sprit und ich etwas Geld für die Ausfahrten in die Teestube nach Wipperfeld ... Das Mofa hat mir eigentlich gut gefallen, aber ich wollte es gerne neu lackieren. Dafür brauchte ich auch noch Geld: für Lack, Grundierung und Kleinkram ... Ich habe mir einfach gedacht, versuch mal die Scheune zu streichen, so schwer kann das ja wohl nicht sein. Die Scheune gibt es heute noch. Vielleicht mache ich irgendwann noch mal ein Foto davon ... Ich habe Farbe in einen Eimer umgefüllt, an einem Wursthaken an die Leiter gehängt und bin dann die Anlegeleiter hoch, gaaanz nach oben ... dann habe ich mit einem Pinsel und mit einer großen Fassadenwalze alles gestrichen ... alles von der Leiter aus ... schön weiß ... Meine Füße haben sich nach mehreren Stunden auf der Leiter selbstständig um die Sprossen gekrallt wie bei einem Piepmatz ... auaaaa ... Als die Scheune fertig war, habe ich einige Mark bekommen. Von dem Geld wiederum habe ich mir die Grundierung und die Lack-Spraydosen gekauft, um mein Mofa zu lackieren. Beide Tätigkeiten waren elementare Komponenten, die man für eine spätere Lehre als Maler gut gebrauchen konnte. Fassadenanstrich und Lackierarbeiten ...

Irgendwie kam mir so schon damals langsam der Gedanke, dass mir der Beruf sehr gefällt ... das Mofa habe ich total zerlegt und habe es dann neu lackiert, den Tank zweifarbig rot und weiß :-), wie den Opel C Coupé von meiner Schwester ... Wie ich auf Rot-Weiß gekommen bin, weiß ich bis heute nicht. Eigentlich war und ist ja Blau meine Lieblingsfarbe und das Mofa war doch auch schon blau, das verstehe ich eigentlich bis heute nicht :-) – aber auch das bin ich, was ich habe oder erreicht habe, ist Schnee von gestern, dann suche ich mir neue Herausforderungen und neue Aufgaben, aber meist nicht gerade die einfachen ... Meist suche ich mir sehr anspruchsvolle Ziele, anspruchsvolle, aber dennoch erreichbare Ziele und Aufgaben sollten es aber schon sein ...)

Anspruchsvoll zur Herausforderung und erreichbare Ziele, um nicht hinter irgendwelchen, unerreichbaren Luftschlössern herzujagen ... denn das ergab und ergibt für mich bis heute keinen Sinn.

Nichtsdestotrotz war das Mofa in Rot-Weiß auch richtig super geworden. Um es noch ein bisschen cooler zu machen, habe ich das hintere Schutzblech ein wenig gekürzt und ein paar andere Stoßdämpfer besorgt. Bevor ich die drauf gemacht habe, habe ich sie vorher noch schwarz lackiert. Es war nachher ein echt geiler Schopper. Dass das blöde Ding nachher kaum noch anging und viel Kummer machte, hatte mit dem Vergaser zu tun. Keiner konnte mir (wieder einmal) helfen, weil ich ja auch keinen hatte, der sich damit gut auskannte ... irgendwie kam ich auch gar nicht auf die Idee, meinen Kumpel von dem Bauernhof anzusprechen, der ein leidenschaftlicher „Benzin-Junkie" war. Der hätte das locker hinbekommen ... Aber dann wäre ich wahrscheinlich mit 100 km/h in Wipperfürth geblitzt worden ... Der Junge hatte echt Ahnung davon ... Aber vielleicht war es mein Glück, dass ich zu dem Zeitpunkt keinen so engen Kontakt mehr mit ihm hatte ... dieser Junge verunglückte leider später mit dem Motorrad tödlich ... und hatte einen Sozius dabei ...

Wie gesagt, die Hauptschule nahm langsam ihr Ende. Ich meine, in der achten Klasse mussten wir uns erstmalig um einen Praktikumsplatz bemühen.

Irgendwie bin ich auf die Idee gekommen, mich in dem ansässigen Malerbetrieb auf der Thier, um einen Platz zu bemühen. Der Malermeister-Chef war früher auch zwischendurch mein Betreuer vom Fußballverein. Mit seinem jüngsten Sohn habe ich früher auch kurz in einer Mannschaft Fußball gespielt. Der Sohn und der Chef waren sehr nett und prima in Ordnung. Auch die Chefin war sehr nett, wie ich mich erinnern konnte. Als ich mich da vorgestellt habe, haben die erst mal nur gewusst, dass ich doch der kleine Charly vom Fußball war. Eine leichte Abneigung hatten sie trotzdem ..., da ich aus Abstoß kam und sie vor mir einige der Lehrlinge aus Abstoß nicht durch die Prüfung bekommen haben. Auch hatte einer mal sogar einen Gesellen in der Garage verdroschen. Da war es wieder dieses Vorurteil: Da ich

aus Abstoß kam, taugte ich sowieso „wahrscheinlich" nichts :-).
Ich weiß jetzt gar nicht mehr, was den Ausschlag gegeben hatte,
aber das Praktikum konnte ich erstmal in der Firma machen.
Dadurch, dass ich meiner Mama auch beim Renovieren zuge-
guckt hatte und die Scheune gestrichen hatte, schien ich mich
gar nicht sooooo blöd im Praktikum angestellt zu haben ... Der
damalige aktuelle Lehrling, der in meiner Praktikumszeit in
der Lehre war, kam auch aus der Nähe. Diesem konnte man anmerken, dass er das Malen nicht unbedingt sooo gerne gemacht
hat, es machte den Anschein, dass er nur Maler gelernt hat, weil
das so schön in der Nähe war ... nach gefühlten 2 Tagen haben
die Gesellen sich schon um mich „fast gekloppt", wer den Praktikanten mitnehmen durfte. Meine Aufgaben waren unter anderem, Baustellen bei der Fassadenrenovierung abzudecken,
so dass die Gesellen den Putz oder die Farbe „nur noch" an die
Wände bringen mussten.

Jetzt kommt ein feiner Klugscheißer von mir ... Viele meiner Kunden, Kumpels oder Bekannte sagten oft zu mir, dass
das Abdecken und Abkleben kein Thema sei ... Kinderkram,
gaaaaaanz einfach ... das bedarf überhaupt keiner Erklärung ...
Manche waren sogar sauer, dass sie mir das vor dem Renovieren nicht abnehmen durften .... ne, Henning??? Weit
gefehlt ... Das Abdecken fängt nicht umsonst mit dem Buchstaben A an ... Es ist das A und O des Malerjobs ... A wie das „Al-
lerwichtigste" und O wie, hmmmm, „Ohhhh je mi neeee"!!! Es
ist der Anfang der Arbeit und es entscheidet maßgeblich über
das Ergebnis. Wer nicht oder schlecht abgeklebt hat, wird jahrelang Spuren der Renovierung finden und gegebenenfalls aus
dem Putzen nicht mehr rauskommen ... Aber dazu noch später
bestimmt mehr ...

Der Chef fand das faszinierend, dass die Gesellen gerne den
Praktikanten mitnehmen wollte. Als das Praktikum zu Ende
war, habe ich erst mal wieder nicht mehr an die spätere Lehrzeit
gedacht. Ich bin wieder Rasenmähen gegangen und habe meine Jugend ausgekostet. Irgendwann rief der Chef aus dem Malerbetrieb mal abends zu Hause an. Meine Mutter gab mir den

Hörer und sagte: „Da ist der Herr Köser für dich am Telefon." Mama guckte mich echt „verwirrt" an ... „*Was ist denn jetzt wieder im Busch?*", hat sie wohl gedacht ... Ich war auch überrascht und bin etwas kleinlaut ans Telefon gegangen ... Er müsste in die Musterhaussiedlung nach Koblenz und er wollte fragen, ob ich Lust hätte, ihm am Samstag ein bisschen zu helfen. Irgendwie war ich stolz wie Oskar, dass er mich brauchen konnte. „**Natürlich**", habe ich ihm gesagt. „Was ist denn zu tun?", habe ich, Profi wie ich war, gefragt ... lach. Von Thier bis Koblenz fahren, das war ja auch immerhin eine Zweieinhalb-Stunden-Fahrt, die habe ich auch voll bezahlt bekommen – die Hin- und Rückfahrt versteht sich ... Auch vor Ort hat er mich selbstständig Arbeiten ausführen lassen und hat nur nachher geguckt, ob ich es einigermaßen hinbekommen hatte. Auf die Tour konnte er sich von mir auch noch ein Bild machen und ich habe mir dann auch damit den Weg zur Lehrstelle geebnet. Zwischendurch hatte ich auch Kontakt zu dem Gesellen, meinem Ziehvater und einem meiner Fixpunkte in diesem Buch und in meinem Leben, Hans-Willi. Der wahrscheinlich beste Maler, den ich kennengelernt habe ... zumindest für laaaange Zeit ... jetzt heißen die besten mittlerweile Bernd & Stefan ...

Die Hauptschulzeit war intensiv und schön - auch wenn es für viele „NUR" die Hauptschule war ... ich war gut mittendrin statt nur dabei ...

Aufgrund von schlechteren Schulnoten in Deutsch und Mathe war für mich maximal die Hauptschule drin. Es stand sogar zur Debatte, dass ich in die Sonderschule müsste. Dafür hatte ich aber wirklich keine Lust. Ich hatte schon etwas Schiss, dass ich es wirklich zu nichts bringen würde, wenn ich da lande. Was natürlich auch Schwachsinn ist, weil der Weg, den man nachher einschlägt, meiner Meinung nach die Summe aus den Wegen ist, die man im Laufe der Jahre gewählt hat ... und es kann auch ganz zum Schluss noch die **richtige** Kurve gekratzt werden. Eigentlich wie bei mir ... und bei unheimlich vielen anderen auch. Wer alles nur von der Herkunft oder der **Schul**bildung ableitet, ist selten ein gaaaanz Schlauer ... Von meinen Schulkollegen aus der Grundschule sind die wenigsten zur Hauptschule gegangen. Die meisten sind zur Realschule gegangen oder manche sogar aufs Gymnasium – Wipperfürth hat ja alle Schulformen und sogar zwei Gymnasien. Ich meine sogar, dass gar niemand außer mir auf die Hauptschule gegangen ist ..., wenn ich recht überlege. Ist aber auch egal ... Das hieß für mich, ein kompletter Neuanfang in der Hauptschule stand an. Meine Schwester, die drei Jahre älter ist als ich, war schon auf der Hauptschule. Wir hatten einen guten, großen Bekanntenkreis, aber wir haben dort wenig miteinander zu tun gehabt. Ich hatte ja da meinen Freund Dirk aus Abstoß noch ... das war schon die halbe Miete ... Ich hatte davon erzählt, dass er irgendwann mit seinen Eltern weggezogen ist, zum genau anderen Ende von Wipperfürth. Dadurch hatten wir uns dann aus den Augen verloren. Aber auf der Hauptschule haben wir UNS ja zu Anfang noch gehabt. Dirk war ca. 1,5 Jahre älter als ich. Als ich auf die Schule kam, habe ich mich so gefreut, dass er ein bisschen auf mich aufpassen konnte, und das hat er gemacht – und wie!!! Ich erinnere mich, dass ich mit einem älteren Mitschüler aneinander geraten bin, ich wusste eigentlich gar nicht warum, vielleicht habe ich ihn irgendwie unabsichtlich angerempelt. Dieser Mitschüler war wesentlich älter und total groß und kräftig, um nicht dick zu sagen ... Erschwerend kam hinzu, dass sein Vater auch Lehrer auf der Hauptschule war. Das hatte sich schon bis zu mir rumgesprochen. Irgendwie hatte er es auf jeden Fall auf mich abgesehen. Eines Tages hatte er mich „am Fraß" und packte mich am Hals, nahm seine zwei Zeigefinger, steckte sie mir angewinkelt an den Halsansatz unterhalb vom Kinn und hob mich hoch. Quasi hob er mich am Kopf mit den Knöcheln seiner Finger hoch und ich strampelte, ohne den Boden zu berühren. Es tat höllisch weh und ich war am Schreien wie am Spieß. Irgendwann später kam mein Freund Dirk und hat mich gefragt, was mit mir los sei. Ich war total verschüchtert und musste echt überlegen, ob es ihm überhaupt sagen sollte ... Was sollte er da machen, dachte ich. Ich habe ihm gesagt, dass der Sohn von Bodo, so nannten alle seinen Papa, mich verdroschen hat. Da fragte Dirk: „Was hat er denn gemacht?" Dann habe ich das meinem großen Freund erzählt. Dirk hatte noch andere Freunde in seiner Klasse, die auch nicht ohne waren. Er ging mit mir zusammen zu seinem Freund Vino, einem Italiener – noch viel stärker als der Sohn von dem Lehrer. Ich sage mal nicht unbedingt nur dick, aber schon sehr, sehr kräftig und stark. Er stellte mich ihm vor: „Vino ... das ist der Charly, ein super Freund von mir ... er ist gerade von Bodos Sohn verdroschen worden." ... der hätte das und das mit mir gemacht ... „Was können wir tun, Vino?" „Wir gehen da jetzt mal hin", sagte Vino. Ich hatte echt Schiss, dass der Typ sich später wieder an mir auslässt, und trotzdem habe ich ihn Vino aber gezeigt, obwohl er ihn natürlich schon kannte. Vino wusste auch, dass das der Sohn vom Lehrer war, aber ehrlich gesagt, war Vino das total egal. Der hat den vielleicht was vermöbelt, der hat dem so lange dazwischen gehabt, bis er gesagt hat, dass er das nie wieder machen würde. Er sagte ihm nur noch: „Packst du noch einmal meinen Freund Charly an, dann bist du richtig fällig, das war jetzt nur Spaß. Dann kannst du auf deinen Zähnen Klavier spielen ... Freundchen ..." Ich kriege jetzt noch unheimlich feuchte Augen, wenn ich nur daran denke, dass ein wildfremder Kerl sich für mich so eingesetzt hat ... das hat noch nie jemand in dieser Form gemacht. Ihm war das scheißegal, ob er auch was abkriegt, ihm war das egal, ob der Lehrer ihn dazwischen nimmt, ihm war das alles egal. Er wollte mir einfach helfen!!! Wer hat das jemals so für jemanden gemacht? Ich werde IHM mein Leben lang dankbar sein und das wiederum strebte ich immer und immer wieder an: Schwächeren ebenfalls beizustehen, wenn sie auf mich zukamen und mir von Ärger berichteten oder wenn ich es, wie und wo auch immer, mitbekam ... Das ist meine allerschlechteste Eigenschaft ... wie ich meine ... ich kümmere mich viel zu oft um was ... was mich nichts angeht ... aber auch gerne ...

Ich habe immer versucht, was zu bewirken, auch mit dem Risiko selbst was abzubekommen ... leider habe ich Vino aus den Augen verloren. Vielleicht ist er wieder nach Italien gegangen, ich weiß es nicht. Aber er hat auch nette Geschwister bzw. Verwandte in Wipperfürth, die ich kenne und die mich kennen. Da kommt vielleicht auch noch die eine oder andere Geschichte darüber. Wie gesagt, Vino war für mich wie mein Schutzpatron. Dadurch, dass ich wusste, dass er mir hilft, hatte ich wenig zu befürchten, aber ich habe es auch nicht ausgenutzt. Klar habe ich mich meiner Haut gewährt, so wie es mein Opa mir gesagt hat, ich war kein Engel, aber dass ich aktiv jemanden angegriffen habe, das ist eigentlich nicht vorgekommen. Das wird aber auch noch später kommen, dieses Thema ...

Bei dem kommenden Gastkommentar hatte ich schon viel Muffensausen und auch einiges zu befürchten, den habe ich als Letztes eingeholt ... Erst passte es zeitlich nie mit uns zwei und gegen Ende schwand immer mehr mein Mut ihn zu treffen ... Aber jetzt ist er da und verdient auch abgedruckt zu werden ...

Hallo Charly!
Du hattest ja im Winter öfters mal angerufen und wolltest dich mit mir auf einen Kaffee treffen. Dann wolltest du mir sagen, worum es sich handelt. Du sagtest, es wäre nichts Schlimmes. Dann hörte ich die ganze Zeit lang doch nichts mehr von dir. Jetzt hast du noch mal angerufen und wir verabredeten uns in einer Bäckerei. Ich hatte meine Frau mitgenommen. Sie war auch etwas neugierig auf dich. Wir haben uns ja nur selten gesehen in der Stadt. Entweder bin ich mit dem Auto vorbei oder du, oder einmal vorm Eiscafé. Als du jetzt in die Bäckerei kamst, hast du dich zuerst bei meiner Frau vorgestellt und dann mich begrüßt. So locker, wie ich dich kenne. Dann hast du gesagt, was du denn möchtest. Du hast kurz erklärt, dass du eine Biografie über dich geschrieben hast und bislang nur Menschen Kommentare hinterlassen haben, die hauptsächlich

positiv über dich berichtet haben. Dann wusste ich schon genau, was du wolltest, und musste lachen. Zu meiner Frau hast du sofort gesagt, dass du mir mal in der Schulzeit, früher vor 40 Jahren, eine geknallt hast. Meine Frau sagte sofort, dann hat er es auch bestimmt verdient ... Auf die Antwort warst du scheinbar nicht vorbereitet. Ich konnte mich auch noch gut daran erinnern. Nichtsdestotrotz hast du mir noch mal geschildert, was damals so ungefähr passiert ist. Ich bin mit ein paar Jungs in einer Schulpause zum Rauchen zum Stadion Düsterohl gegangen. Das an sich war ja eigentlich schon verboten, weil wir das Schulgelände verlassen haben. Du bist entweder mitgegangen oder etwas später dazu gestoßen. Als ich mein Frühstücksbrot gegessen hatte und die Aluminiumfolie, wo es drin eingepackt war, zusammengeknäult hatte, kam mir die glorreiche Idee, dir die schön geformten Bällchen auf die nackten Oberschenkel zu schmeißen. Da du eine kurze Hose an hattest, hatte ich gedacht, da könnte ich dich ein bisschen damit ärgern. Nach dem ersten Wurf wurde es schon ruhig in der Gruppe. Olaf sagte noch: „Lass das besser, das kann böse enden." Ich wusste überhaupt nicht, was er mir sagen wollte. Ich hob die Bällchen noch ein paar Mal auf und schmiss dir immer wieder auf die Oberschenkel. Irgendwann sagtest du: „Lass das, sonst muss ich dir leider eine knallen." Da ich zwei Jahre älter und auch um einiges größer war als du, habe ich das überhaupt nicht ernst genommen. Ich erinnere mich noch grob, dass du irgendwann ein Alubällchen aufgehoben hast, und dann kam von unten eine Faust geflogen. Voll auf die 12. Ich habe in dem Moment nur noch Sterne gesehen. Nachdem ich mich etwas erholt hatte, sind wir wieder zum Schulhof gegangen. Du warst ja schon vorgegangen. Ich muss dazu sagen, dass ich als Kind wegen meiner Sprachstörung – ich „stottere" ab und zu ziemlich doll – von einigen Mitschülern öfter gemobbt und sehr geärgert wurde. Dies wiederum hat mich auch frustriert und mich scheinbar auch mal dazu gebracht, auch andere hier und da mal zu ärgern. Als du mich in der Bäckerei gefragt hast, ob ich, nachdem wir den Streit hatten, noch mal irgendwie eine Auseinandersetzung hatte oder andere Mitschüler weiter geärgert habe, musste ich kurz überlegen. Ich meine, dass ich danach keine Auseinandersetzung oder Rauferei mehr hatte. Ich bin mir nicht ganz sicher, es ist zu lange her. Du hast jedenfalls bei mir einen bleibenden Eindruck hinterlassen und zum anderen wollte ich das Risiko wohl auch nicht mehr eingehen, noch mal so einen gescheuert zu bekommen. Und jetzt kommt das Komische. Ich kann „leider" über dich trotzdem auch nichts „Schlechtes" schreiben, weil ich damals wahrscheinlich ein bisschen selbst schuld war. Auch wenn wir uns jetzt schon so viele Jahre kennen und uns immer nur zufällig treffen, bist du immer freundlich und weichst keiner Unterhaltung aus. Im Kaffee haben wir sogar eine Gemeinsamkeit von uns entdeckt. Wir fahren beide sehr gerne mit dem E-Bike durch das Bergische und haben überlegt, uns auf komoot gegenseitig zu folgen und demnächst ein paar Touren zusammen zu fahren. Ich würde mich sehr freuen!!!

Liebe Grüße

Keule
Gastkommentar Frank F. aus Wipperfürth, Schulkollege aus der Zeit auf der Konrad-Adenauer-Hauptschule Wipperfürth

Obwohl, es gab da einiges und eine Keilerei passt gerade jetzt mal hier rein …
Es war 1982 im Frühsommer – langsam musste ich mich daran gewöhnen, von der Thier in die Stadt zu müssen. Es stand der Sommer mit dem Wechsel zur weiterführenden Schule an. Eine meiner Keilereien war wohl ca. 6–8 Wochen, bevor ich die Schule wechseln musste. Ich wartete mit anderen Grundschülern mittags an der Bushaltestelle an der Kirche von Thier, um runter ins Dorf beziehungsweise zu unserer Haltestelle (Ommerborner Abzweigung) mitzufahren. Meist war ich mit dem Rad hoch zur Grundschule und brauchte deswegen nicht mit dem

Bus runter. Eigentlich ging das auch erheblich schneller, als mit dem Bus und dann noch zu Fuß 1-2 km nach Abstoß zu gehen ... Ich weiß nicht mehr, warum ich mal mit dem Bus fahren wollte ... vielleicht, um mich da einzuführen oder zurechtzufinden, oder der Auftrag kam von Mama ... keine Ahnung ... Als die Bustür aufging, stiegen erst einmal ohne Ende Ältere aus. Als alle draußen waren und ich dann einsteigen wollte, hielt mich einer der Älteren am Parka fest und wollte mich nicht einsteigen lassen. Ich sah in den Bus und keiner kam mir zu Hilfe. Weder jemand der Ausgestiegenen noch jemand vom Inneren des Busses kam. Ich habe in einigen Gesichtern der Mitschüler gesehen, dass sie das Schauspiel genossen, dann habe ich dem, um einige Jahre Älteren, gesagt, er solle mich loslassen ... Der lachte nur und riss mir noch den Parka ein, dass er ziemlich kaputt war ... Jetzt bekam ich richtig Zorn ... und habe ihm dermaßen einen verpasst, dass es ziemlich unschön für ihn wurde ... Ich muss nicht erwähnen, dass ich dann nicht mehr festgehalten wurde und einsteigen konnte ... Als ich in den Bus eingestiegen war, hätte man eine Stecknadel fallen hören können. Ich setzte mich vorne auf einen der Vierer-Sitze und jemand meinte: „Charly, deine Faust wird immer dicker ..." Ich sagte nur, dass ich sie mir bei dem Schlag wohl gebrochen habe ... danach war wieder Stille ... Keiner sagte mehr was und ich hatte auch ziemliche Schmerzen. Mir war auch nicht mehr zum Reden ... Stolz war ich überhaupt nicht darüber, ich war todunglücklich ... Ein Scheiß war das, die Hand gebrochen, der Parka am Arsch und das jetzt der Mama irgendwie vortanzen ... nur weil mir keiner der anderen geholfen hat ... Ich hatte vielleicht Kirmes im Kopf ... nur einer hätte wahrscheinlich gereicht, um dem Kollegen zu sagen: „Lass den Charly bitte los ..." Als ich zu Hause war, ging schon kurz darauf das Telefon. Ich bekam nur mit, dass Mama sagte, dass ich gerade erst reingekommen war. Sie sagte, dass sie erst mit mir mal sprechen muss, bevor sie was sagen könnte. Als sie auflegte, kam sie und fragte, was denn da los gewesen sei. Ich sagte, dass Stefan mich nicht in den Bus einsteigen lassen wollte. Auch sie fragte direkt, ob mir denn keiner geholfen hätte. „Nein,

Mama – keiner ..." Bei der Aktion ist auch meine ziemlich neue Jacke ordentlich eingerissen worden ... Dann habe ich gesagt, dass ich ihn gebeten habe, mich loszulassen und dass ich ihm, als er das nicht tat, geschlagen habe um loszukommen. Außerdem habe ich der Mama gesagt, dass der Junge mindestens 1–2 Jahre älter sei als ich ... Ganz zum Schluss habe ich Mama erst meine Hand gezeigt. Ich hatte mir einen Knochen der Mittelhand gebrochen. Die war dermaßen angeschwollen, dass meine Mama fast der Schlag getroffen hatte. Mama rief den Vater des Jungen zurück und fragte erst einmal, was er denn gesagt hätte ... Dann sagte sie, was vorgefallen sei und dass ich auch erst 11 Jahre alt wäre. Als das Telefonat dann vorbei war, sind wir ins Krankenhaus nach Wipperfürth ...

Dort wurde in der Notfallambulanz die Hand betäubt und zwei kräftige Ärzte versuchten nach dem Röntgen den verschobenen Bruch des Mittelhandknochens des kleinen Fingers zu richten. Ich stand beim Richten des Bruches wahrscheinlich so unter Schock, dass ich dermaßen gelacht habe, wie zwei erwachsene Männer schweißgebadet an meiner Hand am Rumziehen waren ... Meine Mama war draußen und konnte das alles schlecht einsortieren ... die Ärmste.

Da der Junge direkt am Sportplatz wohnte und mir die Heftigkeit der Sache echt leid tat, bin ich irgendwann zu ihm hin und habe mich wegen der Heftigkeit meines Schlages entschuldigt. Das meinte ich auch so ... Es war mir natürlich auch unangenehm. Ich meine, dass es für ihn dann auch so in Ordnung wäre. Ich sagte ihm aber in Gegenwart seines Papas, dass er wieder einen kriegt, wenn er mich noch mal anpackt – so viel Courage hatte ich dann schon ... Die Alternative wäre ja gewesen, dass sich ein Dutzend Jungens „abgeguckt" hätten, dass man das mit so einem kleinen Knirps schon mal so machen kann oder noch Schlimmeres ... Ab diesem Tag hatte ich mehr oder weniger immer freie Platzwahl im Bus. Mein Platz war dann die hinterste Bank, links ... Dieser Platz war der von Charly ... noch heute erzählen Mike und ein paar der alten Freunde, dass um diesen Platz anscheinend richtige Ansprüche angemeldet wurden ...

den wollten nach meinem Ausscheiden aus der Schule scheinbar mehrere haben ... ohne Quatsch.

Gewalt ist wirklich keine gute Lösung, wirklich nicht – sie ist der letzte Scheiß ... Wie oft habe ich mich beschimpfen, verunglimpfen oder gar körperlich angreifen lassen müssen. Es ist mir nicht möglich, das zusammenzuzählen. Ganz, ganz selten, aber doch zu oft, habe ich den Notausknopf beim Gegenüber bis zum Anschlag reingedrückt, um Ruhe zu haben und ein Signal zu senden ... so bitte nicht ...

Es waren dann meist Millisekunden, wo sich eine Art NOT-AUSGANG öffnete ... Es war aber oft und einfach zu doll ... das steht fest und tut mir immer noch leid. Lediglich ein Kontrahent von so einem Erlebnis guckt mich heute noch an, als wollte er mich fressen ... Dieser eine hat sich scheinbar nie weiter entwickelt oder gar zurück-„ge"wickelt ... Von ENTwicklung kann ja da wirklich nicht die Rede sein ... Mensch, wenn selbst ich das geschafft habe, hinter mich zu lassen ... ☺

Einen weiteren K. o. habe ich kurz vorher im Sportunterricht an einen meiner letzten Tage in der Grundschule erlebt beziehungsweise verteilt. Ein Mitschüler und Nachbar aus dem Dorf hat aus irgendeinem Grund mir erklären wollen, was ein Hurensohn ist ... Er hat sich „tollste Mühe" gegeben, mir das genauestens zu erklären, was es bedeutet, ein derartiger Hurensohn zu sein ... da war ich schon am Brodeln ... den Sub-Text brauchte und braucht mir auch heute niemand erklären ... Ich bin der ungekrönte Meister im Verfassen und Entschlüsseln von Sub-Texten ... Ich höre hin, was man mir sagt und weiß, was man mir wirklich damit sagen will ... mir macht man kein A für ein O vor ... das habe ich von meiner Mama ... egal ...

Auf dem Aschenplatz auf der Thier haben wir uns auf die Bundesjugendspiele in Leichtathletik vorbereitet. Da hat dieser Nachbarsjunge mich genau mit diesem Wort tituliert – ein bis zwei Tage nachdem er mir die Bedeutung des Wortes selbst erklärt hatte ... Wieder guckten mich alle nur wie versteinert an, als er „DU HURENSOHN" zu mir gesagt hat ... und zack, gab es einen rechten Uppercut vom Allerfeinsten. Der Knirps – in meinem Alter, aber um einiges kleiner – landete in einem mittelprächtigen Bogen auf der roten Asche ... Das war wirklich das einzige Mal, dass ich, ohne über Los zu gehen oder im Klassenflur irgendeine Türklinke runterzuhalten hatte, nach Hause sollte. Ich wurde des laufenden Sportunterrichts verwiesen ... Das war einerseits nicht schön und ich habe der Lehrerin auch gesagt, dass der Junge mich Hurensohn genannt hätte, aber ihre Entscheidung stand fest ... ich musste gehen ... Es war gerade die Kirmes auf der Thier aufgebaut und ich war der Erste an der Schießbude ... ätschhhh. Dabei war ich an sich auch noch „fein pünktlich zu Hause", weil ich ja die Zeit an der Schießbude gut „überbrückt" hatte ... Ich meine noch die Mitschüler gesehen zu haben, als sie vom Sport an der Kirmes vorbei mussten ... Zu Hause habe ich mich dann, in diesem einen Fall, eher getraut zu outen ... Ich habe der Mama erzählt, dass sie wahrscheinlich von der Lehrerin angerufen werden würde ... „Mama ... ich habe dem ‚Trallala' eine geknallt", sagte ich ihr ... Sie sagte nur: „Oh je ... warum denn das?" Sie kannte den Jungen auch und der hatte es auch faustdick hinter den Ohren ... wie wir alle in dem Alter ...

Ich erzählte ihr, dass er mich Hurensohn genannt hatte und er mir das einen Tag vorher noch erklärt hatte, was das bedeuten würde ... Da war der Fall klar. Sie fragte nur: „Schlimm?" Ich sagte nur: „So, wie ich sehen konnte, unblutig ..." „Nicht schön, aber okay", sagte sie dann ... „Die Lehrerin kann gerne anrufen ... Wie kommt ein 11-jähriger ‚Kumpel' aus dem gleichen Dorf dazu, wenn er so lehrerhaft einem so etwas erklärt ...???" Ich konnte mir das einigermaßen zusammenreimen, mit 11 Jahren ... und das konnte ich absolut nicht durchgehen lassen ... früher hatte ich schon mal eine ziemlich kurze Zündschnur ... auch das habe ich stets versucht, zum Positiven zu verändern.

Aber wer hat sich denn früher nicht gerauft ...??? Eigentlich nur Weicheier, oder!?? Lach ... Unpädagogisch ... bitte streichen ... Farbton ... Egal ...

Ich war ja meiner Meinung nicht immer alleine an allem Schuld ... Außerdem war ich ja so schmächtig ... Wenn ich vor einem Teelicht rumgeturnt habe, konnte man alle meine Rippen zählen … so dürr war ich immer … auch das motivierte vielleicht den einen oder anderen, mir es mal so richtig zu zeigen. Auf der Kirmes in Hückeswagen stand so ein Ding, wo man für 50 Pfennig, seine Schlagkraft messen konnte … Drumherum standen zig halbstarke Jungens aus HW und meine Kumpels aus Abstoß wollten auch mal da draufhauen … Ich hatte da erst keinen Bock drauf, ich wollte ja nicht provozieren oder einen auf dicke Hose machen … bis meine Jungs mir zu doll auf den Sender gingen …

Ein Kumpel hatte schon gelöst und ich knallte dermaßen einen auf den Ball, dass mir danach das Handgelenk echt weh getan hat … Danach löste sich der ganze Spuk an dem Gerät auf. Das Gerät wäre fast „getillt" … Meine Kumpels fragten, ob ich das nochmal machen könnte!?? Vielleicht wollten sie, dass ich mir noch doller weh tue … Ich stellte mich davor und kickte den Ball mit dem Vollspann dermaßen in die Halterung, dass die ganze Kiste fast „ein Rad" geschlagen hätte … So was reicht auch schon mal, um sich einige unnötige Duelle zu ersparen …

Die Grundschulzeit ging langsam zu Ende … Echt tolle Freundschaften wurden etwas auseinandergezogen wegen der unterschiedlichen Schulen, wo wir alle hin durften … oder mussten. Zum Ende der 4. Klasse kamen dann ja noch die Bundesjugendspiele in Leichtathletik. Meine ersten in der Art … Was war ich heiß darauf … So heiß wie das Fritten-Fett von „Anton", unserer Kult-Pommesbude in Wipperfürth … Doof war nur, dass ich ja noch den Gips trug … von der Sache mit dem Jungen bei der Busfahrt … Die Klassenlehrerin sagte noch, dass ich damit nicht mitmachen könnte … Ich war da aber ganz anderer Meinung, ich musste einfach mitmachen und habe dann mit meinen Markt-Schuhen und dem Gips an der starken rechten Hand trotzdem teilgenommen … der 100- oder 60-Meterlauf, oder wie lang die Strecke damals war, ging ja noch gut mit dem Gips, Weitsprung war schon etwas gefährlicher und Schlagballweitwurf war dann richtig doof mit dem Gips … ging aber auch … Das Ergebnis konnte sich sehen lassen. Ich bekam meine erste

Ehrenurkunde. Nur mein Kumpel Markus hatte auch eine Ehrenurkunde aus unserer Klasse, selbst Siegerurkunden hatten nicht alle der Mitschüler. Hierüber wuchs mein wirklich ramponiertes Selbstbewusstsein endlich mal ein wenig an ... Wurde aber mal Zeit, dass ich es einigen und auch mir mal gezeigt habe ... Jeder hat Talente ... man muss sie nur finden und dann idealerweise fördern. Das eine oder andere Mal haben wir dann noch in der Hauptschule im Turnen oder in der Leichtathletik die Bundesjugendspiele gehabt. Das Turnen habe ich immer traurigerweise „verpasst". Das war gar nichts für mich. Ich war, wenn man so will, total unsportlich mit so was ... Die 2 weiteren Leichtathletik-Events habe ich dann jeweils nochmal mit Ehren abgeschlossen ... Bei meinen letzten BJS hat der Lehrer aber noch ca. zehnmal nachgerechnet, weil ich einen Punkt über der Schwelle zu Ehren gelandet bin ... das konnte der Lehrer damals nicht glauben – war aber soooooo – Ich habe dem beim Rechnen dermaßen auf die Finger geguckt ... Der führte was im Schilde ... warum hat er denn sonst so oft nachgerechnet? ... hmmm ... Egal, hier sind die DINGER!!!!

Die Ehrenurkunden von 1982, 1985 und 1986 – Scheinbar war ich doch nicht in allem völlig talentfrei ...

Die Hauptschule fand ich gar nicht schlecht, es liegt ja wie gesagt an jedem selber, was man draus macht. Mit den meisten Lehrern kam ich wirklich gut aus, es gab immer den einen oder anderen, wo es wirklich überhaupt nicht zwischen uns klappte. Z. B. gab es einen Lehrer, der aus Wipperfeld kam – übrigens war Wipperfeld mit Lehrern „gesegnet", da waren ziemlich harte Knochen dabei. Den einen auf jeden Fall hatte ich im neunten Schuljahr. Das war mein letztes Schuljahr, da ich im neunten seinerzeit abgegangen bin und die Lehre angefangen habe. Diesen Lehrer hatte ich in Mathe und seine Frau hatte ich schon in der Grundschule in Textil und Kunst. Die Lehrerin hatte in der Grundschule wahrscheinlich dermaßen Stress mit mir, dass ich wohl scheinbar jeden Abend Thema bei denen war. So jedenfalls kann ich es mir nur erklären, dass der Lehrer mich absolut nicht mochte. Er hat sogar an einen der letzten Schultage mir vor der ganzen Klasse prophezeit, dass ich es im Leben zu nichts bringen werde ... ich würde in den ersten 2–3 Wochen der Lehre rausfliegen und als „Penner" enden, das wäre seine absolute felsenfeste Überzeugung über mich. Den Schulkollegen stockte wirklich der Atem, weil es noch nie einen gab, der sich das getraut hatte, mir nur halb so Freches, vor ausverkauftem Haus, an den Kopf zu schmeißen – auch kein Lehrer. Er ließ einfach nicht von mir ab ... gefühlt dauerte die Predigt EWIG... Klar war es ein Lehrer ... aber es gab auch einige Lehrer, die vor mir „stramm standen", weil ich vor niemandem richtig Angst hatte und Schüler haben doch auch das Recht auf angemessene Kritik und nicht sowas wirklich erleiden zu müssen !? Ich traf noch vor kurzen einen der Mitschüler, der mich genau darauf angesprochen hat ... Auch hätte ich zum Rektor gehen können, aber ihn wollte ich damit nicht belasten...

Unseren Rektor habe ich verehrt ... er war einmalig ... ihn hätte ich mit meinem Leben verteidigt ... von diesem habe ich wirklich (fast) alles befolgt.

Respekt, Respekt hatte und habe ich vor jedem Menschen, und das wird immer so bleiben. Aber nur vor denen, die auch vor mir ein gesundes Maß an Respekt hatten und haben. Wertschätzung ist keine Einbahnstraße ... Ich denke, das sieht jeder so! Wer vor mir auch gar keinen Respekt hatte, vor dem hatte ich auch weniger Respekt und Angst und Geld habe ich eh noch nie gekannt. Auch das ist vielleicht meinem Sternzeichen Steinbock geschuldet. Und dazu stehe ich auch. Nicht falsch verstehen, für jede Rangelei von damals schäme ich mich heute noch ein bisschen – aber sie waren nötig für den Weg zum heutigen Sein ... auch das waren Astgabeln im Lebensbaum ... Astgabel, wo vielleicht viele auf den Sturz gewartet haben!?

Diesem Lehrer auf jeden Fall, dem konnte ich ES irgendwann noch einmal zeigen das aus mir vielleicht doch noch etwas draus wird.

Das erste Zwischenzeugnis und das erste Abschlusszeugnis des ersten Lehrjahres habe ich ihm mal vorbei gebracht. Dieser Lehrer hat sich immer im Dorf gut engagiert, Ich habe gesagt: „Mit einem gescheiten Lehrer klappt es auch mit dem Unterricht." Irgendwie komisch, dass er mich scheinbar so verabscheute, weil ich ihn mit seinen Philosophien, was die Dorfgemeinschaft, sein Engagement und das Gesellige betrifft, eigentlich gut finde ... aber es kann ja auch so was geben ...

In der Berufsschule hatte ich eine Eins in Mathe oder eine Zwei, ich müsste nachgucken, mein Gerechtigkeitssinn und mein Hang, Schwächeren helfen zu müssen, würde mir jedenfalls in meinem Leben noch einigen Stress einbringen ...

Dazu fällt mir noch eine Geschichte aus der Grundschule ein. Im ersten Schuljahr bin ich ja zurückversetzt worden. Das hieß, ich musste das erste Schuljahr wiederholen. Als ich in die Grundschule kam, als i-Dötzchen, waren die Älteren wirklich noch mies zu den Jüngeren. Ein Junge von der Thier hatte es auch mir nicht einfach gemacht. In einer meiner ersten Pausen auf dem Hof nahm er meine Mütze und schmiss sie von Schulkollegen zu Schulkollegen, ich musste immer wieder dahinlaufen, um sie vielleicht zurückzubekommen, und da er sie mir als Erstes vom Kopf genommen hatte, bin ich 2–3-mal hinterhergelaufen und dann bin ich zu ihm hingegangen, als er sie hatte, da habe ich ihm gesagt, er solle sie mir jetzt wieder geben, sonst würde ich ihm hauen. Er griemelte mich an und zack ... hatte er einen sitzen, von mir, einem i-Dötzchen. Irgendwie hatte ich dann meine Mütze wieder und mehr Ruhe in der nächsten Zeit auf dem Schulhof. Natürlich gab es auch die Klassenkameraden aus meiner Schulklasse, die auch nicht nett waren. Mit denen bin ich aber noch etwas einfacher fertig geworden und ich war ja bei leibe auch nicht immer NUR Nett... Auf einem Heimweg von der Schule auf der langen Straße Richtung Ortsausgang sah ich von Weitem, wie meine 4 Schul- und Fußball-Kollegen ein Mädchen aus dem Dorf rumgeschubst haben. Ich war wirklich noch an der Schule und die waren schon weit die Straße runter, ich bin mit meinem kleinen Rädchen dahin gedüst und habe dem Mädchen geholfen. Ich habe den Kumpels gesagt, sie sollen sie in Ruhe lassen oder sie kriegen es mit mir zu tun. Ich bin mir ziemlich sicher, dass sie es dann direkt gelassen haben und sie in Ruhe ließen, zur Sicherheit habe ich das Mädchen noch nach Hause gebracht.

Sie war die Schwester von dem, der mir in einer der ersten Pause die Mütze geklaut hatte. Das wusste ich natürlich auch schon vorher, aber ich habe ja nicht dem Jungen geholfen, sondern der Schwester. Damit will ich eigentlich auch nur sagen, dass es nicht wichtig ist, wer mit wem irgendwie verwandt oder was er von der Nationalität her ist, oder welche Hautfarbe jemand hat, oder ob jemand reich oder arm ist, ob er Männlein oder Weiblein ist, ob er alt oder jung ist ... für mich ist wichtig, wenn jemand Hilfe braucht und niemand in der Nähe ist, der auch nur ansatzweise diese zur Verfügung stellt, dann ist es meine verdammte Pflicht, das zu übernehmen, irgendwie weiß ich nicht, von wem ich das habe, ich kann es mir nicht erklären, aber so wird es mein Leben lang sein. Aber auch dazu wird es noch einige Storys geben, die sich alle so zugetragen haben, wie ich es hier schildere ... Zwischen Bengel und Engel liegt manchmal nur ein Schreibfehler ... und die habe ich ja gut drauf ...

Als Opa ins Bergische kam ...

Nachdem Oma verstorben war und beerdigt wurde, hatte meine Tante noch versucht den Opa zu Hause zu pflegen. Aus mir nicht bekannten Gründen wurde das aber irgendwann der Tante zu viel. Ich konnte es damals nicht verstehen, war aber auch noch viel zu jung für solche Themen ... Meine Mama überlegte, was man tun könnte. Ich glaube, man hat damals eine kleine Krisensitzung veranstaltet und Opa dann in ein Altenheim ins Bergische nach Wipperfeld gebracht. Wipperfeld war ja nicht weit von Abstoß weg, ich konnte nach der Arbeit in der Lehre immer so um 17 oder 18 Uhr mit dem Fahrrad zum Opa fahren. Fahrradfahren war eh eines meiner liebsten Hobbys und Opa freute sich immer, wenn er mich sah.

Ich denke heute noch daran, wenn Oma sagte: „... gehst du mit mir hoch schlafen oder mit OPA?" Ich wusste ja, dass Opa bis zu den letzten Nachrichten und bis zum Umschalten auf das Testbild ferngesehen hat ... quasi bis zum Sendeschluss ... Das gab es da noch ... Ich habe dann oft auf Opas Sessellehne gesessen und an seinen riesigen Ohren rumgespielt ... Opa war der Beste zu mir ... Und das habe ich ihm im Altenheim immer gespiegelt ... in meiner Wahrnehmung war niemand annähernd so oft bei ihm ... Der Besitzer vom Altenheim war allerdings nie begeistert, wenn ich so spät (nach 18 Uhr) noch gekommen bin. Er wollte mich immer vor der Tür abwimmeln und sagte: „So spät kann man hier nicht stören; das ist ein Altenheim." Damals war ich schon nicht auf den Mund gefallen und habe den Besitzer nur zurück angepflaumt: „Wir können ja gern zum Opa gehen und ihn fragen, ob es ihn stört, wenn ich ihn jetzt noch kurz besuche. Da werden Sie mal sehen, was er Ihnen antwortet." Da mich der Besitzer dann zum Opa gebracht hat, habe ich den Opa direkt gefragt: „Opaaaa, der Herr Tralala... sagt, dass ich dich nicht so spät stören darf!!!! Opa stört es dich, wenn ich dich jetzt noch um diese Uhrzeit besuche?" Opa Gustav war früher ein Bergmann und damals noch ein Berg von einem Mann ... er sagte dem Chef: „Wenn mein

Enkel mich besuchen will, dann kann er das machen, und wenn das mitten in der Nacht ist, dann haben Sie bitte die Tür aufzumachen, um meinen Enkel reinzulassen. Sonst ziehe ich nämlich sofort hier wieder aus ..." Das hatte gesessen. Ab dann hatte ich keine Diskussionen mehr, auch nicht, wenn ich es wegen der Arbeit erst geschafft habe, um 19 Uhr vorbeizukommen. Vielleicht war das jetzt nicht die nette Art von mir, aber ich habe das so direkt geklärt bekommen. Ich war gerade 16 oder 17 Jahre alt und habe es so gemacht, wie Opa es mir beigebracht hatte ... und mir dabei gedacht: *„Wer sich als Schnitzel anbietet, wird auch als Schnitzel gegessen ..."* Opa ist nachher noch von dem Besitzer in den Altenheimen ein bisschen hin und her verlegt worden, mal war er in Wipperfeld, mal in Egerpol und mal in Gummersbach. Seine letzten Tage hat er meiner Meinung nach in Gummersbach verbracht, ich bin mir aber nicht mehr ganz sicher. Erst habe ich Opa immer mit dem Fahrrad besucht, das war ja wie gesagt kein Problem für mich. Ich bin gern Fahrrad gefahren. Ich meine, dass ich ihn auch mit dem Mofa besucht habe und später, als ich dann ein Auto hatte, bin ich auch gerne mit dem Auto hingefahren. Ich habe mir nichts vom Opa erhofft. Ich wusste ja, dass sein ganzes Geld, und wer weiß wie viel noch, für das Heim draufging ... ich war immer froh, wenn ich ihn besuchen konnte und mit ihm ein bisschen über Fußball sprechen konnte. Opa hat auch immer wieder nach seinen Tauben gefragt und nach seinem Sohn, der die Tauben in Essen versorgt hatte und auch dort im Elternhaus wohnen geblieben ist. Ich erinnere mich, dass ich sehr oft gesagt habe: „Ja, den Tauben geht's gut und dem Onkel geht's auch gut, es ist alles in bester Ordnung." Allerdings wusste ich es gar nicht wirklich. Ich wollte Opa nur nicht aufregen und habe ihm gesagt: „Es ist alles in Butter und ich soll dir schöne Grüße bestellen." Mein Empfinden nach hat er wenig von den anderen Besuch bekommen, aber ich habe ihn nicht hängen gelassen ... mein Opa ist auch sehr viel für das verantwortlich, was ich heute bin, in mir steckt mehr Gustav als Ernst, das steht fest ... Mit Opa bin ich als kleiner Junge viel spazieren gegangen, auch in Abstoß, wo ich die meiste Zeit verbracht habe, sind wir immer durch die Wälder gegangen oder über die Waldwege. Er hatte oft ein Fernglas mit und hat mir dann die Rehe auf den Weiden gezeigt. Wenn wir bei Opa und Oma in Essen spazieren gegangen sind, habe ich als kleiner Junge immer Probleme mit Schwindel gehabt. Irgendwie habe ich beim Spazierengehen immer auf meine Füße geguckt und dabei ist mir immer ganz schummrig geworden. Wenn man weiß, wie einem zumute ist, wenn einem schwindelig wird … Das ist nicht angenehm, als Kleinkind sowieso nicht, man weiß überhaupt nicht, was los ist. Ab und zu sind wir dann zum Arzt der Großeltern nach Essen gegangen. Dieser hatte immer auf seinem Schreibtisch eine Keramik-Schale mit Weingummis. Die hatte er mir immer gegeben und mich dann immer Plattfußindianer genannt … Ich denke aber, dass ich später noch mehr von Oma und Opa schreiben werde. Irgendwie war das jetzt das erste Kapitel in meinem Buch, was mir eingefallen ist und was ich zu Papier gebracht habe … Aber der Chronologie wegen kommt es dann erst jetzt … Opa und Oma haben mir sehr viel bedeutet. Leider habe ich sie nicht allzu lange gehabt. Ich kann mich daran erinnern, dass sie für mich schon immer sehr alt waren. Ich bin ja auch erst spät von der Mama zur Welt gebracht worden … Andererseits ist meiner Meinung nach auch der Zeitraum zwischen dem 2. und dem 8. oder 9. Lebensjahr ein wichtiger Zeitraum für die Prägung eines Menschen. Und diese Zeit habe ich mit ihnen dermaßen genossen … Es gab nichts Schöneres, als über die Ferien zur Oma und zum Opa zu dürfen … Heute haben meine Frau und ich, seit Jahren, ein paar Tauben in Hausnähe wohnen … Ich habe wegen des Taubenkots mir von Markus ein paar Balken am Haus mit Blech verkleiden lassen müssen. Damit sie mir die Fassade nicht ständig bombardieren …, aber ich liebe diese Tauben und ihre Nachzucht trotzdem sehr … Wenn ein Taubenpärchen oben auf dem Dach sitzt, sage ich immer zu Moni: „Die hat der Opa runter geschickt …" Wie gesagt, für das eine habe ich leichte Maßnahmen ergriffen, aber missen möchte ich unsere Tauben auf keinen Fall …

Hey Micha,
ich wollte dir ein paar Zeilen schreiben für dein Buch.
Mhm, ich weiß gar nicht, wo ich anfangen soll, aber ich versu-
che mal meine Erinnerungen an unsere Jugend aufzuschreiben.
Ich denke mal, es war so Ende der 70ger, als wir uns durch dei-
nen Opa kennenlernten. Da mein Vater und ich Tauben hat-
ten und dein Opa bzw. Onkel auch und wir gegenüber wohn-
ten, dauerte es nicht lange, bis wir in Kontakt kamen. Ich
glaube, wir haben draußen auf dem Platz beim Jesus Fußball
gespielt und du bist dazu gestoßen, da Ferien waren und du
bei deinem Opa zu Besuch warst. Ab da warst du immer mit
oben an der Ecke zum Schießkampf und du hast auch mitge-
spielt, wenn das sogenannte „Negerdorf" gegen die anderen
gespielt hat. Ansonsten haben wir in den Ferien immer auf
der Wiese bei „Auf der Reihe" Fußball gespielt mit dem Cars-
ten M. und dem Dirk M. Auch bei jedem Streit mit den ande-
ren haben wir uns gegenseitig geholfen. Da fällt mir ein, dass
wir den Briegel (Torsten M.) auch im Sand eingebuddelt ha-
ben und dann weggelaufen sind, als er sich befreit hatte. Da
haben wir uns schnell versteckt. Da wir den gleichen Verein
hatten, unseren S04, stimmte bei uns immer die Chemie und
wir waren richtig gute Freunde. Ich freute mich immer, wenn
Ferien waren und du zu Besuch kamst. Bei schlechtem Wet-
ter waren wir immer bei deinem Opa in der Laube bzw. Win-
tergarten und haben Tippkick bzw. so was Ähnliches gespielt
oder Fußballbilder getauscht. Wir haben mal in den Ferien
bei deiner Mutter angerufen und haben gesagt, dass Schal-
ke am Telefon ist und wir dich in den Verein holen möchten.
Ansonsten fand ich es eine Superzeit mit dir, da du sehr ehr-
lich warst und jeden Blödsinn mitgemacht hast. Selbst als ich
umgezogen bin, hatten wir Kontakt und ich habe dich abge-
holt und wir sind mit dem Fahrrad einen Berg runtergefah-
ren ohne Bremse (du auf dem Gepäckträger). Wir kamen leider
an die Bordsteinkante und stürzten richtig übel. Ich glaube,
du bist abgesprungen und wir hatten uns voll die Knie aufge-
schrammt mit richtig viel Blut. An dem Tag hattest du dein

erstes neues Schalke-Trikot an und du hattest nur Angst, dass da ein Tropfen Blut drankommt.

Da waren Zeiten. Auch danach hatten wir noch Kontakt z. B. im Revierpark, wo wir uns zum Fußball getroffen haben. Dann ging es in meine Lehrzeit und der Kontakt brach ab (es gab ja damals kein Handy). Irgendwann habe ich dich dann auf Stayfriends angeschrieben und ich glaube, wir konnten beide die Nachrichten nicht lesen, da keiner Mitglied war. Du hattest dich extra angemeldet und wir haben uns vor einem Schalke-Spiel am Sportparadies getroffen und halten bis heute Kontakt. In meinem Leben ist sehr viel passiert (schwerer Autounfall in Bitburg). Deshalb freue ich mich, ein Teil deiner Jugend gewesen zu sein. Du warst immer ein richtig geiler Typ und Kumpel, der sehr geradeaus war und auch keine Angst vor Konflikten hatte. Beim Fußball war ich der bessere Feldspieler und du der bessere Torwart.

Zum Abschluss möchte ich noch schreiben, dass du mein bester Jugendfreund warst und auch derjenige bist, mit dem ich noch Kontakt habe. Es sind viele aus dem damaligen Negerdorf auf die schiefe Bahn geraten und wir haben unseren Weg gemacht, auch wenn alles nicht einfach war. Einen Satz möchte ich dir noch widmen: Ich sage nicht, dass Charly der beste Fußballer ist, aber ich kenne keinen besseren.

Ich hoffe, ich konnte dir mit den Zeilen ein paar Erinnerungen wiedergeben für dein Buch.

Glück auf, mein Freund. Viele Grüße aus GE. Bleib GEsund!
Thomas Galus

Gastkommentar von meinem Freund, Thomas Galus aus Essen, mit dem ich meine Sommerferien bei Oma, Opa, Onkel und Tante am liebsten verbracht habe.

Thomas auf dem Weg zu einem Auswärtsspiel mit S04, am HBF Essen, für Schalker ein heißes Pflaster

Oft habe ich auch meiner Mama gesagt: „Das sage ich alles Oma und Opa, wenn ich wieder daaa bin …" Ich dachte immer, dass Mama dann Schimpfe bekommt, wenn wir uns mal nicht einig waren … Bei den Nachbarskindern von Oma und Opa in Essen, war ich eigentlich immer der Michael Schulz, Schulz hießen meine Großeltern. Manche meinten, dass Oma und Opa meine Eltern wären. Oft wurde auch meine Tante für meine Mama gehalten. Ich muss auch sagen, dass Onkel und Tanten sich immer super um MICH gekümmert haben. Ich glaube, diese Zuneigung hat wirklich kaum jemand aus meiner Familie so in der Form erhalten. Nicht dass es übermäßige materielle Dinge waren, klar, die gab es auch … mein Kettcar, ein Rennrad zur Konfirmation, wobei ich meine, dass es von Mama gekauft worden war oder von allen zusammengelegt worden war, aber das weiß ich nicht mehr so genau … Die tollsten Geschenke gab es aber immer gegen Ende der Sommerferien. Zweimal gab es nämlich ein Schalke Trikot)von Sport Wedding. Einmal ein weißes mit

Trigema Werbung (ca. 1982) und einmal ein königsblaues mit Paddoks Werbung, dieses komplett mit Stutzen und Hose, wie es im Laden hing ... Ach, war das toll ... Oma, Onkel oder Tante gaben mir immer gegen Ende der Sommerferien 5 Deutsche Mark (Heier Männchen...) für den neuen Jahreskicker ... Dann bin ich immer zum Kiosk „an der Grenze" gedackelt und habe eiskalt zugeschlagen ... Bei dem war die Tinte noch nicht trocken, da konnte ich den schon auswendig ... Nicht, dass einer meint, ich hätte nur Schalke studiert ... nein, vom Vorwort bis zur letzten Statistik war ich für „Höheres" bereit ... Kein Erwachsener hätte sich mit mir messen können. Wenn ich doch nur 10 % von diesem Interesse in die Schule gesteckt hätte ... Ach was ... dann wäre ich jetzt hier niemals am Schreiben, wäre wahrscheinlich nie Malermeister geworden und nie beim WDR ... Alles GUT ... Heute finde ich unheimlich viel Zufriedenheit, wenn ich Tiere im Zoo oder noch besser im Leben, in der Natur beobachten kann ... Das habe ich wohl auch vom Opa. Für Tiere hatte ich immer ein riesiges Herz, das war so und mit zunehmendem Alter wird das auch immer extremer ... Aber schön ... Tiere haben mich schon immer begeistert und fasziniert. Irgendwie hatten wir auch immer ein Haustier, zumindest irgendeiner in der Familie hatte eines ... in meiner frühesten Kindheit hatten wir eine Katze, ich meine, sie hieß Morle. Bei meiner Oma in Essen wohnte auch unser Onkel, er hatte zwei Hunde und einen großen Zwinger im Garten. Der eine Hund war, meine ich jedenfalls, ein Schnauzer und hieß Jana, der andere war ein Deutscher Schäferhund und hieß Naro. Darf man DEUTSCHER Schäferhund überhaupt noch sagen!? Ich weiß gerade nicht ... sollte ein Scherz sein ... sorry ...

Der Onkel ging mit den Hunden, sooft er konnte, auf den Hundeplatz. Wie gesagt, früher waren Hunde meist Hofhunde oder wurden im Zwinger gehalten, anders als heute. Heute sind unsere Hunde unsere tollsten Freunde und Begleiter, die wenigsten halten ihre Hunde heute noch in einem Zwinger, sondern sie nehmen richtig viel Platz im Leben einer Familie ein, wohnen mit ihr in der Wohnung, lümmeln sich auf die Couch oder sogar schon mal ins Bett ..., allerdings nur, wenn eine Tagesdecke drauf ist, versteht sich – lach ... Eines Tages waren die Hunde von meinem Onkel weg, das heißt nicht mehr da. Ich war viel zu klein, um drüber nachzudenken, warum und wieso?? Auch war ich zu klein, dass es mir jemand erklärt hätte. Kurz darauf gab es auf einmal einen kleinen Dackel mit Namen Whisky bei Oma und Opa. Ich weiß jetzt nicht, ob der Dackel schon immer gehumpelt hat, aber ich kann mich daran gut erinnern, dass irgendein Mensch den Dackel getreten hat, so dass er den Rest seines Lebens mit einem Hinterbein humpelte. Was mit den beiden großen Hunden passiert ist, weiß ich nicht offiziell. Ich kann mich nur ganz dunkel an eine Sache erinnern. Für mich ist das so, als wenn ich es träumte oder tatsächlich erlebt hätte. Ich bin aber **der festen Überzeugung, dass das wirklich passiert ist** und dass das auch der Grund war, warum die Hunde auf einmal nicht mehr da waren. Ich habe ja sehr, sehr viel Zeit bei Oma und Opa verbracht. Ich muss sagen, wohl meine schönste Zeit in meiner Kindheit. Oma und Opa waren einfach super. Das Dorf wo Oma und Opa wohnten oder die Siedlung, wie man es nennen will, nannte man „Negerdorf" – angelehnt an die Menschen, die unter Tage arbeiteten und schwarz vom Kohlenstaub nach der Schicht ans Tageslicht kamen. Also, bitte keine Entrüstung ... bitte. Heute, im Zuge der Umbenennungen, wo aus fremdenfeindlichen Gründen das Zigeunerschnitzel jetzt besser Paprikaschnitzel heißt und aus dem Negerkuss ein Schokokuss wurde, würde man zu der Siedlung wohl „Darknet" sagen. Wie gesagt. Ich mache mich im Generellen nicht lustig darüber, sondern es ist nur so, dass vieles früher „überwiegend" nicht immer so böse gemeint war, wie es sich angehört hat. Negerdorf oder Negerkuss, Zigeunerschnitzel oder, oder ..., ist eigentlich immer nur von schlechten Menschen als was Schlechtes interpretiert worden. Ich habe ein Zigeunerschnitzel mit Pommes und doppelt Majo geliebt ... Niemals wäre ich im Traum darauf gekommen, das mit Menschenfeindlichkeit zu assoziieren ... Es ist leider aufgrund von Minderheiten viel Unsinn passiert, aber das ist ja ein anderes Thema – dann sollte man doch lieber mal darüber nachdenken, dass Abstoß vielleicht in Unterflossbachtal oder Anstoß oder wie auch immer umbenannt werden könnte ... also der Onkel hat immer gesagt, wenn ich das ganze „Darknet" angezündet hätte, hätten Oma und Opa gesagt: „Was ist das für ein tolles Feuer ... das der Kleine da gemacht hat ..." Das mal nur als kleine Anekdote, was der Onkel GEmeint hat ist, wie hoch ich bei Oma und Opa im Kurs stand ... ich lach mich heute noch drüber schlapp. Ich habe es extrem genossen, aber meiner Meinung nach auch nicht bis zum Letzten ausgenutzt.

Der Onkel war sowieso ein weiterer Held meiner Kindheit, immer einen dermaßen coolen Spruch auf Lager, und das in (s) einem feinsten Kohlenpott-Dialekt ... der Onkel war der Beste ... Er war Fernfahrer bei Müllers Mühle oder so ähnlich ... Was bin ich ihm in den Ferien auf den Keks gegangen, um ab und zu mal mit ihm fahren zu dürfen ... Er hat mir Lieder gedichtet und wir haben die Nummernschilder von entgegenkommenden Autos erspäht ... Wer es zuerst lesen konnte und den Ort wusste, hatte gewonnen. Auch die Erlebnisse waren herrlich ... Zurück zu den Hunden. Ich bin mir sicher, dass ich irgendwann, in sehr jungem Alter, vielleicht war ich fünf oder noch jünger, den Zwinger geöffnet habe und mich bei den zwei Hunden in den Zwinger gesetzt habe. Ich saß zwischen dem Schnauzer und dem Deutschen Schäferhund und habe mit ihnen geschmust ... ich meine, in meinem Träumen zu erleben, dass Oma und Opa fast der Schlag getroffen hat, als sie mich da drin gesehen hatten. Die Tür hätte doch abgeschlossen sein müssen ... Die Hunde waren wohl anscheinend gut erzogen, aber es waren trotzdem noch Zwingerhunde und früher wurde mit Hunden nicht geschmust. Wenn das so war, wie ich es ab und zu soooo deutlich vor meinen Augen sehe, wäre es für die Hunde ein kleines gewesen, mich schwer zu verletzen, oder Schlimmeres hätte passieren können. Ich meine, das war der Anlass, warum die Hunde weichen mussten. Leider, leider hat man mit mir niemals darüber gesprochen. Seitdem wir selber einen Hund haben, habe ich immer öfter über die beiden Hunde nachgedacht.

Und irgendwie wurden die Bilder in meinem Kopf immer schärfer. Wie gesagt, es konnte eigentlich nur einer jetzt bestätigen oder dementieren, der damals dabei war. Meine Mama lebt ja nicht mehr. Von daher hätte zum Beispiel der Onkel nichts mehr zu befürchten, wenn er es mir heute sagen würde. Das war damals so oder so gewesen ... Ich denke mal, dass das nie thematisiert wurde, weil meine Mama sonst „Amok" gelaufen wäre. Man kann sich ja eigentlich nicht vorstellen, dass ein unabgeschlossener Zwinger für ein Kleinkind zu öffnen wäre und sich da drin zwei große Hunde befinden, die doppelt so hoch sind, wie das Kind, und wo man nicht weiß, wie die reagieren, wenn auf einmal so ein kleiner Kacker wie ich damals sich neben ihren Fressnäpfen hingesetzt hat, um zu schmusen. Da mir da scheinbar nichts passiert ist, habe ich so den Eindruck, dass sich Tiere generell zu mir hingezogen fühlen. Eindruck ist an sich falsch ausgedrückt ... Es ist einfach sooo. Ich merke das heute noch, dass fremde Hunde und Katzen sich mir sehr vertraut nähern ... was mir auch immer wieder schöne Glücksmomente beschert – ich lächle schon jetzt wieder beim Schreiben ... Bei Kindern war das eigentlich auch immer der Fall, auch die haben mich immer interessant und lustig gefunden, selten dass sich Kinder, die auf irgendwelchen Feiern anwesend waren, nicht zu mir gesellt haben oder an mir rumgezuppelt haben oder ... Unsere Katze Morle jedenfalls, die wir in Abstoß hatten, ist leider auch früh gestorben. Mit ihr habe ich unter der Eckbank gesessen und habe auch ab und zu von ihr tierisch eine geknallt gekriegt. Ich meine nicht mit Krallen, aber trotzdem ganz schön heftig, und unter der Eckbank war es ja so eng, dass ich auch nicht viele Fluchtmöglichkeiten hatte ... Auch die Katze war irgendwann nicht mehr da. Es wohnten ja zwei Parteien in unserem Haus in Abstoß Nr. 7. Wir wohnten in der oberen Etage, also musste unsere Katze immer durchs Treppenhaus, um zu uns in die Wohnung zu kommen. Angeblich soll sie mehrfach ins Treppenhaus gemacht haben. Die Nachbarn, die unter uns wohnten, verlangten von meiner Mama, dass sie ... sie war ja mit uns Kindern noch alleine ... sie hatte ja noch keinen neuen

Partner ... Meine Mama jedenfalls wurde angehalten, „das" mit der Katze zu klären ... Scheinbar gab es Mitte, Anfang der 70er noch keine Tierheime oder sonstige Ideen, wie man das hätte anders lösen können. Man hätte die Katze vielleicht auf einem der Bauernhöfe in der Umgebung abgeben können. Ich will jetzt nicht zu viel sagen, aber ich hätte es 100%ig anders gelöst. Wahrscheinlich hätten die Nachbarn mit einer „Klärung" rechnen müssen ...) Aber dazu, wie ich manche Sachen löse und gelöst habe, kommen wir noch und ich gebe zu: Ich habe nicht immer den 100%ig biologisch abbaubaren oder salomonischen Weg genommen. Oft bin auch ganz schön pragmatisch und rationell vorgegangen. Sehr oft habe ich kurze Fuffzehn gemacht ... aber das, einem Tier ein Haar zu krümmen, weil es angeblich in einen Flur gemacht hat ... das wäre und wird mir nie in den Sinn (ge)kommen. Früher war vieles ja auch anders ... In der Nachbarschaft, bei der Großmutter von der Holzfirma, gab es einen Hund, einen Langhaardackel oder so ähnlich, der war dermaßen schlecht erzogen und hatte einen dicken Hals auf Fahrradfahrer. Zusätzlich war er nie angeleint und lief draußen auf der Straße rum. Der Hund hieß Backo; jedes Mal, wenn wir Kinder mit den kleinen Rädern vorbeigefahren sind, ... Ich spreche davon: Kleine Kinder fahren mit Rädern im Dorf und ein unangeleinter, bissiger Hund rennt hinter den Kindern auf dem Rad her und beißt sich in ihren Hosenbeinen fest. Keiner von uns kam da irgendwie damit klar. Die Oma hat sich auch irgendwie nie damit auseinandergesetzt, um das zu klären, den Hund an die Leine zu nehmen oder festzubinden. Ich bin einige Male fast hingefallen, mit dem Hund am Bein. Es gab eigentlich nur die Möglichkeit, sein Bein hochzuheben und aufzupassen, dass man sich nicht „löffelt", oder den Hund mit einem gezielten Sidekick vom Rad fernzuhalten. Beides irgendwie totaler Käse ... Mit dem heutigen Wissen wäre ich besser mit dem Hund ab und zu mal Gassi gegangen. Ich hätte den schon hinbekommen ... Aber ich war ja noch zu klein ...

Tierische Geschichten kommen noch einige ... ich werde noch von meinen treusten Begleitern berichten ... Kimba zum Beispiel hat einige Mamas gehabt … jede wollte sie mitnehmen, wenn mal wieder eine bittere Trennung anstand … Aber da kannte ich nichts, da habe ich lieber auf Möbel oder ganze Autos verzichtet … aber Kimbi hätte ich niemals abgegeben … Kimba war die treuste Freundin, die MANN haben konnte …

Lehrzeit war keine Herrenzeit, aber ehrlich gesagt war die Lehre trotzdem toll

Wenn man bedenkt, habe ich mein „erstes, festes eigenes Geld" verdient. Nicht dass ich vorher immer mit Bitcoins oder Hosenknöpfen bezahlt wurde … Ich habe mein erstes Konto bei einer Bank eröffnet und habe einen Job gefunden, der mir wirklich viel Spaß machte. Er wurde nach und nach meine BERUFUNG. Ich würde mich nicht als Naturtalent im Malerhandwerk bezeichnen … alles muss wie gesagt stetig trainiert werden, mit Engagement und Fleiß, mit Wissbegierde und Übung, Übung, Übung … Ich sage mal so: Meine schlechte schulische Aus-Bildung und mein schlechtes Selbstbewusstsein konnte ich damit immer ein bisschen mehr in den Griff bekommen. Schon in der Grundschule hatte ich den Hang zur Kreativität. Auf einem Treffen von den Ehemaligen der Grundschule, Klasse 1–4, in der Penne – das muss so um 1988/89 gewesen sein –, tauchte ein Foto auf, wo wir eine Ente – ich meine eine aus Blech mit Rädern – mit Fingermalfarben aufhübschen durften … oder besser gesagt verunstalten. Auf einem Foto trug ich, total unpassend, ein hellblaues Rüschenhemd und hatte die Hände komplett voll mit Farbe … Die Lehrerin, fragte, was wir denn alle so geworden sind bzw. welche Ausbildung wir denn machen!??? Als ich sagte, dass ich eine Malerlehre angefangen hatte, kam sie mit dieser Geschichte und einem Foto und meinte so in der Art, dass keiner einen Pinselstrich setzen durfte, wenn er nicht von mir genehmigt wurde … Dies ist natürlich im Malerberuf wirklich eine tolle Voraussetzung. Wenn man dann auch nicht scheu ist, dreckig zu werden und hart zu arbeiten, dann ist man da genau richtig. Die Schulbildung ist vielleicht in dem Beruf nicht primär. Toll ausgedrückt – neeee?? Die Berufsschule während der Ausbildung habe ich irgendwie als Urlaub von der Arbeit angesehen. Wenn man bedenkt, dass ich die Schule nachher gehasst habe, kurz bevor ich in der Hauptschule „den Abschluss" gemacht habe, ist das schon sehr verwunderlich. Auch stilecht Steinbock halt … Auch dazu hatte ich eine einfache Erklärung. Zur Schule haben mich Mama und Oma hingeschickt. Meinen Beruf habe ich mir komplett alleine ausgesucht. Dafür und für die Ergebnisse bin ich größtenteils komplett selbst verantwortlich gewesen. Und so bin ich das dann auch angegangen. Eigentlich hätte ich zur Berufsschule irgendwie nach Gummersbach-Dieringhausen kommen müssen. Ich habe von meinem Meister gehört, dass man sich nach Bergisch Gladbach versetzen lassen konnte, wenn … Es bedürfe nur gute Argumente, die da waren, entweder mit **einem Bus** innerhalb von 35–40 Minuten nach Bergisch Gladbach durchzufahren oder wie ein Bäcker aufzustehen und mit 2 bis 3 Bussen nach GM-Dieringhausen … Ist ja klar, wie ich das geregelt habe … Der Start in der Berufsschule in Bergisch Gladbach war allerdings alles andere als glücklich. Unsere Lehrer machten alle einen sehr netten Eindruck. Als die Mathematik-Lehrerin aber zum näheren Kennenlernen einen Test für die Grundlagen angesetzt hatte, guckte ich blöd aus der Wäsche.

Oh weia, sie hatte die Grundrechenarten verlangt – Multiplikation, Division, Addition und Subtraktion, schriftlich, **mitohne** (eine meiner liebsten Wortkreationen, um sogar ernste Themen ein bisschen runterzubrechen…), also **mitohne** Taschenrechner. Oh, oh, oh … Für viele war das natürlich kein Problem, aber da ich in Mathe eine ziemliche Niete war, habe ich gedacht: *„Oh weia … da gehe ich jetzt aber schön baden."* Gesagt, getan … Als der Test abgegeben wurde, hat die Lehrerin meinen kurz überflogen und mich mit großen Augen angeguckt. Sie ist zu mir zum Platz gekommen, hat mich in den Arm genommen und gesagt: „Damit hast du aber wirklich starke Probleme … aber wir beide

kriegen das schon hin ... Ich helfe dir dabei, wo es nur geht ..."
Wieder so eine Abzweigung in MEINEM Leben: Wenn sie mich
auch fertiggemacht hätte, dann hätte ich bestimmt nicht nur in
Mathe Probleme in der neuen Umgebung bekommen. Es wäre
zu befürchten gewesen, als eine Art Opfer oder als „blöd" angesehen zu werden, in der neuen Umgebung. Das galt es unter
allen Umständen zu vermeiden.

In den letzten Jahren in der Hauptschule durften wir Taschenrechner benutzen. Ich stand in der Hauptschule in Mathe immer
auf einer Fünf ... irgendwann hatten wir in Mathe mal mitten in
der „Saison" unsere Lehrerin durch Krankheit verloren. Sie ist
ziemlich lange krank ausgefallen. Ich denke, wir waren noch die
Harmlosesten, aber sie war uns und wohl ihren anderen Klassen nicht mehr gewachsen. Auf einmal geht die Tür auf ... und
der Kon(rektor) kam rein. Er sagte nur kurz, dass er uns ab jetzt
in Mathe übernimmt und wir uns „am Riemen" reißen sollten ...
sonst gäbe es Ärger. Das war eine Ansage von einer wirklichen Re-
spektsperson oder wie ich sage einer Natürlichen-Autorität – eine
gaaaanz tolle Autorität ... Dem habe ich von der ersten Stunde an
den Lippen gehangen. Der war super – speziell zu mir war er einmalig – ohne ihn hätte mein Leben eine 180-Grad-Wendung zum
Schlechteren genommen ... 100 „Brot" ... Wir haben bei ihm als
Erstes Flächen- und Umfangberechnungen durchgenommen, das
war genau das, was ich später in der Malerlehre am dringendsten
bräuchte. Aber ich wusste ja noch nicht, dass ich 2–3 Jahre später
Maler werden wollte ... irgendwann haben wir über die Flächen-
und Umfangberechnungen eine Arbeit geschrieben und ich bekam eine Zwei+ oder sogar eine Eins zurück. Ganz genau weiß ich
es nicht mehr. Es war aber eine der besten Arbeiten in der Klasse. Als der Konrektor dann die vorhandenen Noten mit der jetzigen Arbeit abgeglichen hatte, ist er zu mir hergekommen und hat
mir gesagt: „Hör mal zu Michael, du bist nicht blöd und du hast
hier eine Super-Arbeit geschrieben. Was ist denn da mit dir los?
Ich setze dich jetzt erst einmal auf die Note Drei ... und wenn du
die versaust, kriegst du mit mir Ärger." Ich guckte, als hätte ich
Klaus Fischer persönlich vor mir gehabt ... Das war besser wie

Weihnachten, Ostern und Sommerferien zusammen … Irgendwie habe ich das zu schätzen gewusst. Ich hatte meine erste Drei in Mathe, das war ja Wahnsinn … ich hatte das, glaube ich, direkt meiner Mama erzählt – sie hat gedacht, sie hört nicht richtig!!! Sie konnte es auch nicht glauben …

Der Rektor

Es war mindestens 25–30 Jahre nach der Hauptschulzeit … Ich ging einer meiner Lieblingsbeschäftigungen nach … Ich fuhr mit dem Rad von Wipperfürth über die Trasse nach Marienheide … entlang der Trasse kam mir ein älterer Herr entgegen, mein damaliger Rektor, ich hatte einen Helm und eine Radsonnenbrille auf … kurz nachdem ich an dem Herrn vorbei war, dachte ich: *„Das war doch mein Rektor … von damals …"* Er hatte sich wenig verändert. Ich rief: „Haaaaalllllllo Herr Strauf …" Er rief: „Hallo Michael …" Ich schwöre, ich wäre fast ohnmächtig vom Fahrrad gefallen … ich wurde langsamer, überlegte kurz und bin die paar Meter zurück.

Ich nahm den Helm runter und die Brille ab und sagte: „Ach du heiliger Strohsack, Herr Strauf. Jetzt bin ich aber sprachlos." Da sagte er: „Oh, das ist selten bei dir …" Er lachte dann etwas. Ich habe ihn direkt gefragt, ob ich dermaßen schlimm gewesen wäre, dass er sich nach soooo einer Ewigkeit an mich und sogar noch an meinem Namen erinnern konnte … Er sagte voller Überzeugung und sehr glaubwürdig, dass er sich dann an mich niemals zurück erinnern könnte, wenn dem so wäre … Er hat es bestimmt versucht zu erklären … aber ich war so von den Socken, dass ich nicht mehr aufnahmefähig war … wir plauschten noch ein wenig und ich bin dann weiter …

Während der ganzen Radtour ließ es mich nicht mehr los, dass ich ihm Danke sagen wollte und er bei mir eine richtig große Renovierung GUT hätte … er war mit das Wichtigste, was mir im Leben passiert ist … Er war eine DER wichtigsten Spurrillen in meinem Leben ... Aber ich sollte noch einmal die Gelegenheit bekommen, ihm DANKE sagen zu können ... man ... nasse Augen und nicht am Regnen ...

... nun aber wieder zurück zur Lehre. Wie gesagt, Mathe braucht man ja dringend als Maler. Aber dass ich in dem „Kick-Off-Test" keinen Taschenrechner benutzen durfte, hat mir fast das Genick gebrochen. Als wir dann in Mathe eine Arbeit nach der anderen geschrieben haben – die aber dann, Gott sei Dank, mit Taschenrechner –, habe ich nur Einsen und Zweien zurückbekommen. Die Formeln und so weiter konnte ich mir sehr gut merken, auch das räumliche Denken für die Maler-Mathe hatte ich dermaßen verinnerlicht ... Es lief bestens. Zum ersten Zwischenzeugnis hat mich die Lehrerin gefragt, ob ich sie damals bei dem Test veräppelt hätte. Ich hätte natürlich jetzt irgendeinen vom Pferd erzählen können, aber ich habe ihr gesagt, (mit)ohne Taschenrechner wäre ich aufgeschmissen. Sie hat dann gesagt, ja ... das wäre heute ganz normal, jeder in den Berufsschulen würde Taschenrechner benutzen, also ich solle mir keine Sorgen machen, solange der auch immer funktionieren würde. Auch den Subtext hatte ich bemerkt ... Ab diesem Zeitpunkt hatte ich immer einen zweiten Taschenrechner in der Tasche – zu Havariezwecken –, man weiß ja nie ... die anderen Fächer in der Berufsschule fand ich sehr gut. Ich wollte ja unbedingt Maler werden, jedenfalls war ich dafür erstaunlich motiviert. Das war wahrscheinlich der einzige, aber riesige Unterschied ... so ist das schon mal mit so einem Horntier, wie den Steinböckchen.

Als ich ein paar Wochen oder Tage in der Lehre war, kam unsere Nachbarin auf mich zu. Die war wirklich immer superlieb zu mir und auch zu meiner Mama. Sie sagte zu mir: „Michael, du bist doch jetzt in der Lehre. Kannst du mir nicht mein Zimmer tapezieren?" Ich sagte: „Ja klar, ich bin doch schon eine ganze Woche in der Lehre, ich komme am nächsten Samstag, kein Problem." Ich dachte wirklich, dass das doch kein Problem sein kann, ein Zimmer zu tapezieren. Das hat ja selbst Mama immer astrein hinbekommen. Als ich fertig und zu Hause war, habe ich nur noch geheult. Das sah so grausam aus, was ich da tapeziert hatte – unglaublich, die Nachbarin fand das zwar angeblich gut, aber vielleicht hat sie es auch nur so gesagt, weil sie mir nicht weh tun wollte. Ich habe zwar auch etwas Taschengeld bekommen und habe es auch angenommen, aber in Wirklichkeit habe ich mich dafür geschämt.

Montags in der Firma habe ich erst mal jeden Gesellen und den Chef gefragt, wie man überhaupt tapeziert!? Mein Chef sagte: „Wieso? Willst du denn etwa schon schwarz arbeiten?" Ich dachte: *„Was will der jetzt? Wer lässt denn sein Zimmer schwarz tapezieren? Dann kann man ja direkt das Licht auslassen …"* Na ja, ich fragte, warum man in den Raumecken so Trömmelchen hat, wenn das getrocknet ist? Willi, mein Vorarbeiter in der Firma, sagte: „Wieeee … hast du denn durch die Ecken tapeziert?" Ich sagte: „Ja klar, was soll ich denn sonst machen! Immer schneiden oder was?" Willi hat sich erst mal nicht mehr eingekriegt vor Lachen, er sagte dann aber: „Nein, du darfst doch nur bis in die Ecke tapezieren plus einen halben Zentimeter um die Ecke und dann die andere Bahn in der Waage wieder an die Ecke ansetzen!" Ich habe nur Koffer klauen und Bahnhof verstanden. Er sagte mir: „Beim nächsten Mal zeige ich dir, wie das geht … Mensch, was war ich jetzt beruhigt …"

Aber ich sollte ja noch Gelegenheit bekommen, bei dem Neubau meiner Schwester das Tapezieren und Malen zu üben. Ca. 120 Rollen Tapete und 15 Eimer Farben sollten doch dazu reichen … oder? Auf jeden Fall war es DIE Entscheidung meines Lebens, die Maler- und Lackierer-Ausbildung zu machen. Sie war DIE Basis für mein aufgewertetes Selbstbewusstsein und wenn man so will, für ein eigentlich nicht wirklich erträumtes, sorgenfreies Leben – finanziell und vom Wohnambiente her gesehen. „So, wie ich wohne", sagte mal ein Arbeitskollege, „so wohnt kein Bankdirektor in Köln …" Ich denke, dass er etwas übertrieben hat, aber nicht viel … Aber man soll sich nichts vormachen. In dem Beruf geht es auch, wie in den meisten anderen Handwerksberufen, nur mit Perfektion und unbändigen Fleiß …

Das in Kombination, dann, wage ich zu behaupten, lässt dich dieser tolle Beruf nie in tiefste Armut verfallen ... Jeder Handwerksmeister wäre heute froh, wenn seine Gesellen täglich ein Stündchen dranhängen würden, soooo viel haben die zu tun ...

Und jetzt kommt das Allerbeste an dem Malerberuf ... Der Beruf des Malers enthält mindestens zwei Dutzend anderer Handwerksberufe ... Jetzt fragt ihr euch ... Was labert der da für einen Müll? ... nix Müll ... Wenn du als Maler autark eine mittlere oder größere Renovierung durchführst und nicht ständig stoppen möchtest, weil wieder irgendeine Kleinigkeit oder „Großigkeit" auftaucht, dann kannst du besser einiges davon selber beheben, oder du läufst Gefahr, den einigermaßen gesteckten Zeitplan nicht einhalten zu können, oder die „lieben Kollegen der anderen Gewerke" haben den/deinen Kunden finanziell so geschröpft, dass am Schluss (für die Malerarbeiten) wieder gespart werden muss ... Den Letzten beißen dann die Hunde ...

Ich zum Beispiel habe zu den üblichen Malerarbeiten Folgendes anzubieten: Trockenbau, Fliesenarbeiten, Teppich- und Bodenverlegungen mit Laminat oder CV-Belägen, kleine Schreinerarbeiten, Silikonarbeiten bzw. Bautenschutzarbeiten, Austrocknungen und Schimmelbekämpfungen und jegliche Art von Fassadengestaltungen plus WDVS und Stuckateur-Arbeiten, ... Ein Steckenpferd von mir waren Deckenbeschichtungen, entweder einfache Anstriche und Tapezierarbeiten oder später die diversen Spritztechniken, die mir mein Meisterschulkollege und Freund Norbert S. beigebracht hat ... R. I. P. Norbert, du warst ein Ass ... und ein Top-Freund ... In Summe habe ich jedenfalls noch nie einen guten Maler schlecht wohnen gesehen ... Allein ein sauberer und ordentlicher Innenanstrich trägt mehr zum Wohlbefinden bei als manch eine Untersuchung beim Arzt. Einen Arzt um sich zu haben, ist hoffentlich selten, deine 4 Wände hast du aber täglich um dich ... Wer einmal einen guten Maler hatte, sollte ihn pflegen und hegen wie seinen Augapfel ... Und denkt daran: Happy Wife, happy Life ...

Die Lehre hatte natürlich, trotz dass es mein Traumberuf war, auch ihre Scheißtage. So Tage, wo man am besten mit dem Hintern im Bett geblieben wäre …

Einer dieser verdammten Tage war … lach … einer der ersten in der Lehre. Mit dem Altgesellen, unserem Kundendienstmonteur, sollte ich in Wipperfürth mit der Leiter eine Fassade ausbessern. Als wir in Wipperfürth ankamen, hieß es erst einmal, zig Ehrenrunden zu drehen, bis man den Bulli einigermaßen vor der Baustelle abstellen konnte. Es musste ja eine riesige Anlegeleiter vom Bulli runtergeholt werden, ohne die Stadt zu sperren … Die Baustelle war das Haus, wo die älteste Eisdiele der Stadt war und heute immer noch ist. Es drehte sich um die Fassade zwischen diesem und dem nächsten Haus. Die Gesellen hatten dort, kurz vorher, einen Fassadenanstrich durchgeführt. Hier gab es einige Reklamationen in seeeehr luftiger Höhe … natürlich erst, als das Gerüst bereits abgebrochen war … Und zwar sind von den Fehlstellen, im glatten Putz, auf der Fassade einigen (schon mehr als 2 oder 3 Stück) nach dem Beiputzen (Beischmieren … für Nicht-Fachleute) nicht mit einem Schwamm oder Pinsel an den Ansatzstellen auf den Leib gerückt worden. Das Ergebnis war, trotz anschließender 2–3 Anstriche, hässliche Landkarten mitten auf der Wand. Der Plan des Chefs war, dass der Altgeselle und der frische Lehrling mal eben dahin fahren und dass wir das mir nichts, dir nichts wegzaubern … Als die längste Anlegeleiter so grob in Position stand, merkte ich, dass sie so im un-ausgezogenen Zustand nicht annähernd bis zu den Schadstellen gereicht hat … Ich dachte: „Jetzt, jetzt bin ich mal gespannt, wie der Altgeselle das hinkriegen will …" Ich guckte ihn an und er guckte mich an. Ich wurde immer nervöser und er begann rumzustottern, zum einen sah er nicht gut, das war relativ schnell klar, da er eine ziemlich dicke Brille trug, zum anderen hörte er sehr schlecht, was an den Kassenhörgeräten der 80er liegen konnte. Er sagte dann zu mir: „Michaaaaa, geh mal die Leiter hoch und versuche, sie mal noch um einiges auszufahren … so ungefähr, dass du fast bei den Flecken bist." Ich dachte, er hatte jetzt auch noch „Ich" und „Du" verwechselt … Als er aber mich so anguckte und sagte: „Am besten jetzt …", war mir klar, wer die Leiter hochmusste. So eine Circus Roncalli Nummer direkt zu Beginn der Lehre … das fing ja bombig an, dachte ich. Als ich die Leiter im stehenden Zustand etwas höher hinauf bekommen habe, war ich schon klatschnass geschwitzt wie sonst was, ich triefte wie ein Kieslaster und meine Beine schlotterten nicht schlecht … Als ich dann erst einmal wieder auf dem Boden war, kam es noch dicker … Der Geselle holte eine Kabeltrommel aus dem Wagen und einen großen Trennschleifer. Im Fachjargon: eine große Schleifhexe mit einer 23-cm-Schruppscheibe. Ich sollte in der einen Hand die Kabeltrommel mit mir führen und in der anderen Hand den RIESIGEN Winkelschleifer … Ich dachte noch, womit ich mich denn in 6 Meter Höhe festhalten sollte. Nach kurzem Überlegen wusste ich, dass das Festhalten mangels eines dritten Arms keine Option war. Ich bin die Leiter hoch und habe mich dermaßen anstrengen müssen, um einigermaßen „am Stück" oben anzukommen. Dann brüllte schon der Geselle unter mir, er hielt zur Sicherheit die Leiter fest: „Michaaaaa, wenn du Angst hast, komm bitte runter …" Ich dachte: *„Jetzt spinnt der komplett …"* Ich dachte weiter: *„Wenn ich schon mal oben bin, kann ich es ja mal versuchen …"* Ich schmiss das Monstrum der Schleifhexe an und durch die Zentrifugalkraft riss es mich fast von der Leiter … ohne Quatsch … drehte sich die Flex mit der Scheibenkante hefig in meine Geschichtsnähe. Das Teil war mordsmäßig schwer, in der anderen Hand die Kabeltrommel, unten der Altgeselle am Hyperventilieren … und ich oben bei den Engelchen … Alles fallen zu lassen, war auch keine gute Option. Da wäre der Geselle nicht heil davongekommen und ich berühmt … Ich brachte die Schruppscheibe mehr schlecht als recht auf die Wand und schliff ein bisschen auf der Fassade rum. Dabei löste ich mich langsam in Salzkristalle auf … Ich dachte noch, dass das Baden und Duschen mit elektrischen Geräten auch nicht gesund sei … nach wenigen Sekunden habe ich die Flex wieder irgendwie ausbekommen und habe mich langsam zum „Abstieg" bereit gemacht. Zum einen war ich fast taub, zum anderen hatte ich ohne Ende Fassadenstaub gefressen und hatte

meine neue Malerhose mit einem Bremsstreifen eins a eingeweiht … Ich war so was von fertig. Der Geselle und ich packten
alles ein und sind dann zur Werkstatt gefahren. Die Firmenwagen fuhren immer um das Haus zur Werkstatt. Die war hinten
im Hof, im Souterrain. Der Chef sah uns schon beim Ankommen. Er kam uns lächelnd entgegen und war guter Dinge, dass
die Reklamation ausgebessert war. Wir standen da wie begos-
sene Pudel. Er merkte schnell, dass da was nicht „optimal" gelaufen war. Der Geselle sagte leise: „Chef, wir haben das nicht
hinbekommen, das war dermaßen hoch und es waren etliche
Stellen, die wir hätten machen müssen und so … Das war unmöglich …" Der Chef sagte nur noch, dass wir für morgen laden sollten und dann wäre Feierabend. Der Geselle war etwas
eher weg als ich. Ich habe ja von der Mama beigebracht bekommen, „Tag" beim Ankommen zu sagen und „Tschüss" vor dem
Gehen … Das hätte ich ausnahmsweise, dieses Mal wenigstens,
besser nicht gemacht. Der Chef sagte zu mir: „Michael, das ist
aber ein Ding, dass du Höhenangst hast … wenn ich das gewusst hätte, hätte ich dir die Lehrstelle vielleicht besser nicht
gegeben." Bums, das saß … Ich war wie benommen. Ich fand den
Chef wirklich megaklasse und habe ihn ja ab dem Praktikum
immer mal wieder zu den Musterhaus-Siedlungen begleitet. Ich
war traurig, erschüttert, wütend und geschockt zugleich. Zum
Verständnis: Ich war 17 … und mein Traum drohte zu platzen …
Ich sagte ihm: „Und wenn ich gewusst hätte, dass ich eine Vo-
rausbildung vom Zirkus bräuchte, wäre ich auch lieber Bäcker
bei Fahlenbock geworden." Das saß auch … Ehe er noch was sagen konnte, füllten sich meine Augen mit Wasser, ich sagte nur
noch, er solle doch mit seiner Frau in die Stadt fahren, ein Eis
essen. Und wenn sie schon mal da sind, können sie sich das ja
mal angucken. Ich würde das auf jeden Fall von den „Verursa-
chern" beseitigen lassen … Sonst würden die das ja nie lernen.
Dem Chef viel nix mehr ein … gar nix mehr …

Dann packte ich meinen Rucksack und bin mit dem Rad nach
Hause … Ich hatte die Nase gestrichen voll und das, ohne viel
gestrichen zu haben …

Am nächsten Montag kam der Chef noch einmal auf mich zu und sagte, dass er in der Stadt war, um ein Eis zu essen. „Michael", sagte er, „ich habe mir das mal angeguckt. Das können die Gesellen mal schön selber machen. Das ist mir völlig egal wie ... und wenn die das Gerüst wieder aufbauen müssen ... da hast du völlig recht ..."

Ich muss wirklich sagen, der Chef und die Chefin waren super korrekt zu mir. Auch er hat mir zwei unheimlich wichtige Philosophien mitgegeben ... Sie kannten mich schon sehr lange durch den Fußball oder aus dem Dorf oder dem Linienbus. Als ich noch Hauptschüler war und mit dem Linienbus heimmusste, stieg die spätere Chefin auch mal zu. Der Bus war ziemlich voll und die Frau bekam keinen Sitzplatz. Da sie ja um einiges älter war und auch Gehhilfen zu der Zeit benutzt hat, bin ich aufgestanden und habe ihr meinen Sitzplatz überlassen, für mich selbstverständlich, aber für sie scheinbar eher eine Heldentat. Aber mit jemanden arbeiten zu müssen, ist halt anders, wie mit jemanden ein Bierchen oder ein Käffchen zu trinken oder generell privat zu verkehren ... Auch das ist jedem bekannt.

Auch ein Highlight war, dass mein ältester Bruder mir empfohlen hat, in die Gewerkschaft als Azubi einzutreten. Ich dachte, wenn mein großer Bruder das sagt, dann wird das schon so okay sein. Als Lehrling kostete das damals nichts, auch das war gut. Als Begrüßungsgeschenk habe ich einen Zimmermannsbleistift und einen Zollstock bekommen ... schön in Knallorange ... die Farben der IGBSE, der „IG Bau Steine Erden", wie die Gewerkschaft damals hieß.

Als mein Chef mir die Sachen der ersten Maler-Werkzeugkiste gekauft hatte, sagte ich ihm, dass ich keinen Zollstock und keinen Bleistift bräuchte ... Er sagte: „Toll!" ... bis er sah, welche schönen Sachen ich da hatte. Meinem Chef fielen wieder einmal die Augen aus dem Kopf und er sagte mit großen Augen: „Was hast du denn da? Bist du etwa in der Gewerkschaft? Was willst du denn da bitteschön drinnen?"

Ich sagte, dass mein Bruder mich angemeldet hätte und es für Azubis gratis sei. Er sagte: „Naaaa tollll!", aber sein

Gesichtsausdruck sagte was anderes. Dann sagte er: „Michael ... aber mach mir hier nicht die Gesellen rebellisch." Ich wusste ja da gar nicht, was er dagegen hatte und sagte nur: „Ne Chef, ich behalte das für mich ... außerdem sind Sie ja nett ... da haben Sie ja nichts zu befürchten ..." Das konnte man auch als Botschaft verstehen ... war aber mit 17 so nicht gemeint ...ehrlich...

Meine erste „große-kleine" Liebe ...

Also, ehrlich gesagt fand ich mich schon dermaßen früh zu Mädels hingezogen, keine Ahnung wieso und warum, war halt so ... Ob zum „Bussieren", als Kumpel, als Beschützer oder einfach nur für die Unternehmungen in egal welchem Alter ich war ... Meine Sandkastenliebe war die Tochter eines total netten Landwirtes aus Abstoß, dort war ich ständig und deshalb ergab es sich, dass wir auch dermaßen oft zusammen rumhingen ... Dann in der Grundschule gab es zig Mädels, wo entweder ich oder sie etwas Interesse hatten ... alles im völlig akzeptablen Bereich, wie ich meine. Mit einem Mädel habe ich dann im Schwimmunterricht den ersten Kuss getauscht, aus Scham natürlich unter Wasser ... es sollte ja keiner sehen ... Ich war ja der Coolste – und das sollte ja auch so bleiben. Ich weiß nicht, ob sich „die liebe Kerstin" daran noch erinnern kann, aber wenn ich die Hungenbergrunde mit dem Hund mache, komme ich immer an ihrem Haus vorbei ... wirklich lustig, dass ich heute noch daran denken muss. Ich habe sie aber nie gefragt, ob sie sich auch noch erinnert oder erinnern möchte ... lach. Ihrem Griemeln zufolge denke ich, dass sie das auch noch auf dem Schirm hat ... In Abstoß gab es auch echt tolle Mädels, natürlich waren alle (leider) außer Reichweite, weil älter ... tendenziell kein Hindernis, aber weil wir ja noch „auf Putz" unterwegs waren, war daran nicht zu denken, höchstens davon zu träumen ... war alles halb so wild. Damals sind wir noch regelmäßig zelten gegangen, da wurden wir nicht soooo beobachtet von unseren Eltern und den anderen. Wir mischten uns dermaßen und besuchten uns in den anderen Zelten ... Es war auch eine tolle Zeit. In der Hauptschule hatte ich ja von der 5. bis 7. Schulstufe eine Klasse und durch meine Ehrenrunde im 7. Schuljahr von der 7. bis zur 9. Schulstufe eine zweite, andere Klassengemeinschaft ... In der 5. Klasse hat mich an sich nur ein Mädchen interessiert, sie kam aus Kreuzberg, nicht aus dem Kreuzberg von Berlin. Nö, aus einem Ort bei Wipperfürth. Von ihr habe ich nachher eine mächtige Sammlung an Körben in allen Kategorien besessen ... ... war halt so. Klar gab es auch Mädels, die mich auch vielleicht nett und cool fanden, aber mein Selbstbewusstsein war allein durch meine schlechten Schulnoten ziemlich down ... Zusätzlich galt ich ja als vorlaut und nicht gerade als „leichte Kost" ... auch war ich nicht schlank, sondern dürre, auch das war vielleicht nicht so trendy ... die Mädchen hätten sich an mir blaue Flecken geholt.

In der zweiten Klassengemeinschaft gab es dann etwas mehr Mädels, die ich gut fand, da war ich aber auch noch zu Sport und Fußball „verstrahlt", um hier was zu riskieren. Ein Mädel muss ich aber hier dennoch hervorheben. Die war echt speziell, mal gab sie mir ein Bussel und mal hatte ich von ihr einen hängen, ganz aus dem nichts ... Ich fand sie immer toll und ich habe heute noch ein Foto von einer Klassenfahrt, wo wir beide im Stadttor „von Rothenburg ab der Tauber" Arm in Arm standen. Ich weiß noch nicht mal, ob wir da auf der Klassfahrt mal zusammen geknutscht haben ...!? ... keine Ahnung. Wie gesagt, mochte ich sie wirklich doll. Irgendwann war sie vom „Markt" ... und mit einem Älteren zusammen. Kurz darauf wechselte ich auch in die Lehre und wir verloren den Kontakt. Eines Tages hörte ich von unserer Nachbarin, der jüngsten von unter uns, aus dem Haus in Abstoß, dass meine ehemalige Schulkollegin auf dem Heimweg von der Disco (oder dem Hinweg) bei einem fürchterlichen Autounfall ums Leben gekommen sei, kurz vor der Ortschaft Hämmern. Quasi kurz nach den Sommerferien nach meinem letzten Schuljahr ... Auf die Beerdigung habe ich mich damals nicht getraut. Ich hatte unheimlich getrauert um sie und hatte durch meine vielen Kontakte viel schlimmes darüber gehört...

Selten, aber ab und zu, bin ich zu ihr auf den Friedhof gegangen. Selbst Monika ist immer mitgegangen ... Das Foto steht heute noch eingerahmt in einem meiner Schränke ... Aus mir unerklärlichen Gründen hing dieses Foto bei Mama in Duisburg im Esszimmer, obwohl ich mit Ulrike nie annähernd zusammen war und meine Mama sie auch nie kennengelernt hatte ... an sich komisch ... dass Mama das Foto so toll fand.

Meine Nachbarin aus dem Haus fand ich auch immer ganz gut ... Sie war vielleicht 2–3 Jahre älter als ich. Als Kinder haben wir uns auch gut gedatet ... lach ... aber als sie dann älter wurde, war ich raus aus der Verlosung ... Ich erinnere mich noch daran, dass sie mal eine Party gegeben hat, wo ich nicht daran teilnehmen durfte, weil Kinder ja nicht auf Partys gehören ... grrrrrrr ... durch die laute Musik war an Pennen auch nicht zu denken gewesen ... Power of Love ... oder so ... lief auf „Repeat all and ever" ... das war dann die Zeit, wo ich von einigen Mädels eher ein stiller Verehrer war. Irgendwann hatte ich dann meine erste „Perle" in der 7. Klasse, das dauerte aber nicht lange, ich meine ein langes Wochenende oder zwei ... Heute sagt ihr jetziger Mann noch, dass ich der erste Freund von seiner Frau war ... ich sehe das ein wenig anders ... Für Händchen-Halten gab es die Auszeichnung bei mir nicht ... Auch so bin ich schon mal. Man muss nicht aus einer Mücke einen Elefanten machen ... ☺ In dem Fall war ich aber die Mücke ... Meine erste große Liebe war aber immer noch nicht meine erste richtige Freundin ... Ihr versteht!? Erst nach dieser wurden dann meine Erlebnisse etwas intensiver in Sachen Partnerschaft ... war kein Drama, aber langsam wurde ich ja auch nervös. Mit dem dritten Mädchen merkte ich aber auch, wie kompliziert es zwischen Mädels und Jungens zugehen kann ... Auch manche Ansichten des Mädchens schreckten mich echt ab. Für sie, aus gut situiertem Hause und beruflich in der Einrichtungsbranche tätig, war es zum Beispiel nur eine Küche, wenn diese mindestens 60–70 Tausend DM kosten würde ... Ich meine, dass das Mädel gerade mal Wasser aufkochen konnte, und jetzt schwang sie solche Sprüche ... Das Mädel war aber auch eine Liebe von mir... Und

auch „die Aktuelle" bei der Vereidigung ... und in Center Parcs...
Demnach alles gut ...

Das Thema Mädels werde ich am besten in „Stilepochen" einstreuen, sonst ist das bestimmt zu langweilig ... Hier aber bitte auf die Schreibweise achten, bevor sich jemand wieder unnötig aufregt ...lach

Ich muss nochmal zurück zur Schulzeit ... als ich im 7. Schuljahr noch mal die Klasse wechseln musste

Als ich im 7. Schuljahr zum ersten Mal die neue Klasse betrat, grölten die Jungens alle: „Super ... wir gewinnen das nächste Stufenturnier!!" Fußball war gemeint.

Die Mädels buhten sich die Seele aus dem Leib: „Ohhhhhhhhhhhhhh, bloß nicht der Spinner ..." Herr Rusteberg, der Klassenlehrer, dachte er würde spinnen ... So ein Tumult, weil ein einziger Typ die Klasse betritt ... Er musste dermaßen einen Brüller lassen, damit es wieder einigermaßen ruhig war. Er schaute auf seine Liste und ich stand gar nicht drauf. Er kannte mich von der Donnerstagsnachmittags-AG: Hausaufgabenbetreuung. Er sagte: „Michael Ilchmann, du stehst nicht auf meiner Liste. Bitte geh ins Sekretariat ..." Ich sagte: „Da komme ich gerade her, ich bat darum, dass ich zu Ihnen darf, weil ich Sie doch kenne von der AG." Er sagte: „Da musst du mich nicht daran erinnern, du bist ja schlimmer zu hüten als ein Sack Flöhe." Alles war am Lachen und dann sagte ich dem Lehrer, dass es Konfliktpotenzial in der ursprünglichen Klasse zu befürchten gäbe. Dem Rektor hatte ich vorher gefragt, in welche Klasse ich müsste. Als ich die Liste einsehen durfte, entdecke ich erstens jemanden, wo mindestens 2–3-mal im Jahr die Fäuste geflogen wären, und zweitens, dass mit den vorhandenen Jungens kein Blumentopf im Stufen-Fußball-Turnier zu holen gewesen wäre ... In Sachen „ewiger Zweiter" im Stufenturnier hatte ich aus der vorherigen Klasse genug ... Dann habe ich den Rektor gezielt nach meinem Superkumpel Olaf gefragt, er war in der 7C, meine ich. Der war ähnlich gut im Fußball und ich sagte: „Ja, okay, ich würde gerne in diese Klasse." Der Rektor sagte noch, welcher Lehrer es wäre. Ich sagte: „Prima, den kenne ich doch von der Nachmittags-AG, der mag mich … eventuell … vielleicht, zumindest ein bisschen … aber kennen tut er mich …" Der Rektor dachte: „*Prima, dann kommt er ja mit dem Lehrer schon mal gut aus.*" Der „zukünftige" Klassenlehrer war wirklich super, auch wenn ich erst mal nicht seine „Wunschbesetzung" war … Ehrlich gesagt hat er wirklich alles versucht, um mich wieder zum Rektor zu schicken, aber die Jungens sind alle, wirklich alle, für mich eingestanden … Aber er sollte sich ja an mich noch gewöhnen … Er war später mein Lieblingslehrer, ich wahrscheinlich nicht sein Lieblingsschüler, aber umgekehrt war es schon so … Aber ich glaube, dass er mich auch mochte. „Michael!", brüllte er ein ums andere Mal. Ich sagte dann immer: „Tschuldigung!", was ihn wiederum noch rasender machte. Oder wenn ich mal wieder sagte: „… größer, schneller, weiter, wie …", rief er immer wieder: „… ALS … bei Verwendung eines Komparativs ist ALS zu verwenden … wann kapierst du das endlich mal …" Ich wieder: „Tschuldigung!" … war das ein Schauspiel, die ganze Klasse war am Grölen und unser Lehrer dann meist auch. „Du bist ein bekloppter Vogel, Michael", sagte er oft. Ein toller Spruch von ihm war auch: „Doof geboren, nichts dazu gelernt und die Hälfte wieder vergessen …" Herr Rusteberg, ich danke **SIE** … lach …

Zurück zu den Mädels: Ab der 7. Klasse, ich konnte ja gerade Auto fahren …

Halloooo … Das war ein Scherz …

Es kam das Thema Mädels immer stärker auf … Klar, unsere Mädels trugen alle Gürtel und Hosenträger gleichzeitig und hatten Rollkragenpullis bis zu den Ohren an … Aber wir kannten es ja nicht anders … lach …

Wenn ich das heute sehe, wie manche Töchter in die verschiedenen Schulen gehen … Gott sei Dank musste ich das nicht durchmachen, ich wäre absolut nicht aufnahmefähig gewesen.

Unmöglich wäre das für mich geworden, da wäre ich auf dem Prinz-Eugen-College in der 6. Klasse freiwillig abgegangen ... Egal ... Ab dem 8. Schuljahr gingen dann die Klassenfahrten los, die nicht direkt nach dem Einsteigen schon das Aussteigen hatten. Ich meine, die mal weiter weggingen als Lindlar ..., mit Übernachten und so ... Die armen Lehrer ... Da ging dann schon mal was, wenn, ja wenn nicht die ersten Kontakte mit dem Alkohol losgegangen wären ... aber alles im normalen Rahmen, zumindest haben wir uns aus unserer Klasse niemals wegen der Mädels gekloppt. Der Zusammenhalt in der zweiten 7. Klasse war top. Egal, ob man Jungens oder Mädels von damals heute noch trifft, wir freuen uns dann immer echt und absolut ehrlich, uns zu sehen. Ganz, ganz toll ist das. Übrigens war ich in fast allen Klassen der Klassensprecher, eine Schulkollegin war auch meist meine Vertretung und einmal ich auch ihr Vertreter ... das, obwohl ich eher einer der schlechteren Schüler war. Aber die Klassengemeinschaft konnte immer auf mich zählen, das wussten auch immer die meisten zu schätzen. Ich war mir nicht zu bange mal einem Lehrer verbal Kontra zu geben, wenn dieser zum Beispiel leicht handgreiflich wurde oder uns auch mal Gegenstände wie Schlüsselbund oder Volleybälle an die Birne geschmissen hat ... oder die Wilden in unserer Gruppe wieder einzuordnen. Mit mir haben sich wenige gerieben, sehr wenige, und wenn, dann habe ich es denen schön muckelig warm gemacht ...

Apropos geschmissen ... Im Sportunterricht war mal ein Lehrer, der genervt war von unserem Getuschel auf der Bank. Der Lehrer war dabei, sich zu präsentieren, ein braungebrannter Sonnyboy vor dem Herren ... Als es ihm zu unruhig wurde, nahm er seinen Schlüsselbund (Marke Knast Schlüsselbund) und schmiss ihn einem Mitschüler voll vor den Kopf, aus mindestens 6–8 Metern. Wie gesagt ich war ja seinerzeit Klassensprecher. Der Kollege hatte ein mächtiges Hörnchen und tierisch Glück gehabt, dass es nicht ins Auge ging. Ich fragte den Lehrer, ob er sie noch alle auf der Reihe hätte? Wortwörtlich ... Ich war außer mir, ehrlich gesagt mochte er mich nicht und ich ihn auch nicht … Er betreute einige Jahre die Donnerstags-Fußball-AG und ließ meine Bewerbungen immer schön außen vor, obwohl ich in der Halle eine Granate war. Wie dem auch sei: Ich hob den Schlüsselbund auf und fragte erst einmal den Kollegen, wie es ihm denn geht. Dann bin ich zum Lehrer hin und habe ihm den Schlüsselbund in die Hand gegeben und ihm gesagt, dass ich mir als Klassensprecher vorbehalte, mit dem Kollegen heute oder morgen zum Rektor zu gehen … Ich wusste nicht, das Bräune so schnell verschwinden konnte. Die anderen Mitschüler hatten schönes Kino, es war mucksmäuschenstill … Nach dem Sport fragte der Lehrer, ob wir drei in den Kartenraum gehen könnten, er wollte sich entschuldigen. Wir willigten natürlich ein und der Lehrer fragte, ob wir die Sache nach seiner Entschuldigung auf uns beruhen lassen könnten. Der Kollege, mit dem Hörnchen, hatte sehr selten Sportsachen mit, das hieß eigentlich „Nicht teilgenommen", gleich Sechs. Für ihn gab es die Sonderregelung, dass er auch „ohne Sportsachen" mitmachen durfte und so um die Sechs drumherum kam. Ich dachte: *„Frag mal nach, was ich denn so davon hätte?"* Der Lehrer sagte, er würde mir eine Zwei in Sport geben. Da ich aber meist immer eine Zwei in Sport hatte, hatte ich die Idee, dass wir immer kicken durften – an sich wollten sowieso fast alle kicken, aber ab und zu stand auch mal Volley- oder Völkerball auf dem Plan … Ab jetzt wurde immer gekickt und alle waren zufrieden … auf jeden Fall meine Gang und ich.

Zurück zum Thema Mädels und sooo:

Mein wiedergefundener Freund aus der früheren Kindheit, Dirk, ging schon an den Samstagen in Wipperfürth in die Disco – eine Tanzschule, die samstagabends immer Disco machte. Mein Kumpel Dirk fragte, ob ich nicht auch mal langsam mit dahin wolle. Wir könnten uns ja da treffen. Ich erinnere mich noch zu gut, dass ich die ersten Male lieber zu Hause geblieben bin. Samstags hatte ich so mein Ritual, ich durfte bei meiner Schwester im Zimmer pennen, weil sie einen kleinen

Buntfernseher mit Fernbedienung hatte und selber schon an den Wochenenden auf Tour war ... Entweder sie kündigte ihr Nach-Hause-Kommen noch an, oder sie hat auswärts geschlafen, dann konnte ich in ihrem Bett bleiben ... Das war cool und kostete auch nix. Erst stand dies und das an den Samstagen auf dem Programm, dann Fußball im Radio – Pay-TV war ja noch nicht geboren ..., dann die „Sportschau" im Ersten, dann „Sport im Westen" im WDR und dann meist „Wetten, dass ...?", „Der Alte", „Ein Fall für zwei" oder was auch immer. Dann übers Bad am Kühlschrank vorbei und sich auf „Das aktuelle Sportstudio" langsam vorzubereiten ... das war mein Samstag, wo andere schon in meinem Alter in der Disco hinter den Mädels her waren ... Klar, ich sagte ja bereits, dass ich reichlich Körbe gesammelt hatte und auch befürchtet habe, dass es da draußen den ein oder andern „Meister" gab. Irgendwann dachte ich mir, dass ich dann halt doch mal langsam mitgehen sollte, fast alle Mitschüler hatten montags was über die „Disse" zu erzählen und ich konnte nur vom Wettkönig berichten. Ich frage mich, wie ich der Mama das vorgetanzt habe ..., dass ihr Jüngster nun langsam auch mal samstagabends vor die Tür wollte. Ich konnte ihr ja immerhin berichten, dass Dirk auch da war und schon auf mich aufpassen würde. Dirk war ja wirklich friedlich ohne Ende. Ich war noch nicht wirklich in der Disse angekommen und merkte langsam, wie sich das Erwachsenwerden anfühlte. Nicht dass ich kein Interesse an Mädels mehr hatte, ich hatte aus mir unbekannten Gründen irgendwie noch nicht deren Interesse geweckt ... Neben Dirk waren in der Disco zig Leute, die ich, wer weiß woher, kannte ... Ein paar Typen kannte ich nicht, sie kamen aus Bergisch Gladbach. Eine ca. 10-köpfige Gruppe gewaltbereiter und auch aktiv suchender Schläger. Ich saß mit Dirk in einer der Sofa-Rundecken, die um die Tanzfläche platziert waren, als einer der Anführer, ein Deutsch-Italiener, auf Dirk zu tanzte. Dirk saß ja mit mir quasi in einer ungünstigen Ecke ... und der Typ tänzelte mit seinem Oberkörper zu Dirk runter. Erst dachte ich, Dirk würde ihn kennen und der Typ wollte Dirk was zuflüstern. Dirk sagte dann: **„Suchst du Kontakt?"**, und schon flogen die Fäuste. „*Na suuuper*", dachte ich. Ich kann mich ja wirklich an sehr viel aus meiner Vergangenheit erinnern, aber hier weiß ich wirklich nur noch, dass ich unter den Tisch gerutscht bin, Dirk war ja auch nicht schlapp, er war Dachdecker, ich jedenfalls weiß absolut nicht, ob und wie die Klopperei zu Ende gegangen ist. Ich war jedenfalls unversehrt und auch nicht wirklich involviert. Ich weiß heute auch nicht, wie ich noch nach Hause gekommen bin. Wipperfürth liegt ja auch ca. 5–7 km je nach Route von Abstoß entfernt ... Aber es ist auch um die 40 Jahre her ...

Sonntags fragte jedenfalls Mama, wie es denn gewesen wäre ... auch das kann ich nicht mehr sagen, ob ich Mama nur die Best-of-Geschichte oder die reale Geschichte erzählt habe. Mama sagte nur: „Nächste Woche ist die Disco aber erst einmal gestrichen!" Farbton war mir in dem Fall egal ...

Diese Gang aus Gladbach hat sich aber mal irgendwann den Falschen geschnappt, einen Landwirtssohn haben sie zwar ins Krankenhaus geprügelt, aber zwei Wochen später kamen sein Papa und sein Onkel und haben die Rotzlümmel aus BG allesamt verdroschen wie bei dem Film „der Seewolf" ... Die Diskothek wurde danach von den Besitzern nicht mehr geöffnet ... das hatten die als Tanzschule nicht wirklich nötig, das war schade, aber auch echt verständlich.

In der Hauptschule war unsere (die zweite Klassengemeinschaft von mir, die von der 7. bis 9. Schulstufe) Klassengemeinschaft wirklich super. Egal wen man von damals noch heute trifft, wir freuen uns immer wie Bolle, wenn man sich mal über den Weg läuft. Selbst die Mitschüler von der 5. bis 7. Klasse freuen sich, wenn sie mich sehen. Ich erwähne das gerne erneut, weil ich schon eine Art „King" war, in jeder Klasse und auf dem Schulhof. Mit mir haben sich die wenigsten angelegt und von unheimlich vielen Jüngeren war ich eine Art „Beschützer" ... wie Vino seinerzeit von mir ...

Zur Erinnerung an eine ganz besondere Schulzeit mit dir
„Charly".

*Zu meiner Person, kurz erläutert, kann ich sagen, dass ich sehr
große Ängste hatte, als mein Schulwechsel zur Hauptschule
bevorstand. Ich war nicht gerade ein sehr selbstbewusster,
vielmehr ein sehr schüchterner und kleiner, schmächtiger Junge, dessen körperliche Entwicklung noch ausstehend war. Als
die Schule begann, war mein Gefühl stetig mit Bauchschmer-
zen und Unwohlsein behaftet. Ungerechtigkeiten begegneten
mir fast täglich in diesem Kontext und zugleich war in meiner
Erinnerung niemand da, der mir hier helfend zur Seite stand.
Dieses sollte sich bald ändern, als du, „Charly", zu meinem
Klassenverbund dazustoßen solltest. Warum wir uns so schnell
anfreundeten, wusste ich damals erst nicht, doch wir hatten
schnell eine gemeinsame Sprache gefunden. Fußball war unsere Leidenschaft und wir nutzten viele Gelegenheiten, diese zu zelebrieren. FC Schalke war hier schon ein Teil von dir
und auch dieses Hobby teiltest du mit mir. Mein überhaupt
erstes Bundesliga-Trikot, natürlich vom FC Schalke, schenk-
test du mir. Ich kann mich noch sehr gut erinnern, dass dein
Schuss nur für uns „Alle Mann in Deckung!" hieß. Da war
Dampf drin und keiner wollte diesen geschossenen Ball an
seinem Körper spüren. Du warst ein rundum guter Fußballer
mit Technik, Übersicht und Kampf bis zur Erschöpfung. Ich
hatte immer so viel zu lachen mit dir, denn deine Schlagfer-
tigkeit und dein Witz waren grandios. Rückblickend möchte
ich sagen, dass meine Einschätzung bzgl. der damals entstan-
denen Freundschaft sicherlich mehrere Gründe hatte. Deine
Werte waren immer Gerechtigkeit und Nichtdiskriminierung
und so behandeltest du alle in deinem Umfeld. Freundschaft
bedeutet jedoch bei dir auch etwas anderes, und zwar Familie. Wurde diese Familie bedroht, wurde dein Beschützer-In-
stinkt geweckt. Auge um Auge, das war hier dein Prinzip mit
voller Konsequenz bis zur Klärung oder ggf. auch bis zur hand-
festen Auseinandersetzung. Für deine Gegner war Letzteres
mit schlechtem Ausgang behaftet. Meine Schulzeit mit dir,*

Charly, war ein sehr familiäres Miteinander. Mit viel Distanz und eigener Entwicklung kann ich sagen: „Du machtest meine Schulzeit zu einem sicheren Ort".

Lieber Charly, ich bin froh, dass es dich gibt und kann nach so langer Zeit behaupten, dass sich nichts an deinem Charakter geändert hat, und das ist was ganz Besonderes.

Deine Werte sind leider Werte, die in der heutigen Zeit nach und nach verloren gehen und oftmals nur noch daher gesagte Worte sind.

Dein alter Freund, Mario Mele

Gastkommentar von meinem kleinen Bruder im Herzen aus der 7.–9. Klasse

Ich habe bis zum heutigen Tage keinem mehr **eines MEINER Schalke-Trikots** geschenkt, außer dieses Jahr unserem FPZ-Trainer Oliver Tissen auf der Arbeit. Dieser ist zwar nicht so schmächtig wie wir früher, aber wie du ein fantastischer junger Kerl …
Vielen Dank Mario

Irgendwann kam mal ein kleiner Knirps und sagte mir, dass er von der Schulaufsicht mit dem Gürtel ins Gesicht geschlagen wurde. Der Gürtel war ein weißer Ledergürtel, der auf der guten Seite viele Stempel der Schule hatte. Die Aufsicht hatten meist Schüler der oberen Klassen, der 9. und 10. Klassen. Sie waren der verlängerte Arm der Lehrer, um auf dem Schulhof für Frieden zu sorgen …
Nur wie das schon mal oft ist im Leben: Gib jemanden Macht und schau gut hin, was er daraus macht!
Ich bin dann jedenfalls mit dem kleinen Jungen zu dem „Aufseher" hin und habe ihn direkt zur Rede gestellt und ihm sein Ergebnis gezeigt. Er wurde auch zu mir blöd und hat gesagt, dass der Kleine frech geworden wäre. Ich sagte, dass er das vielleicht

aushalten müsse, wenn er den Gürtel zu Recht tragen würde. Ich sagte: „Höre ich das noch einmal, ‚verschluckst‘ du diesen blöden Gürtel ... Ist das klar?“

Ich meine, dass er noch mal was aufgemuckt hat und ich ihn einmal quer über den Hof in eine Holzwand befördert habe, sodass diese ziemlich zerdrückt war ... bis dann Lehrer kamen und fragten, was da los sei. Als ich denen das erklärt hatte, war er „seinen Nebenjob“ als Schüler-Aufsicht los. Die Strafarbeit habe ich jedenfalls nicht gemacht, da ich meiner Meinung nach der falsche Adressat war. Auch da haben Lehrer und Rektor es meist auf sich beruhen lassen. Meist konnten sie meiner Argumentation folgen und ich wurde dann in der Berufungsverhandlung doch noch frei gesprochen ... lach ... Die Hauptschule habe ich dann im 9. Schuljahr mit einem Abschlusszeugnis abgeschlossen. Im 9. Schuljahr gab es entweder ein Abgangszeugnis (wenn man von den Noten her eh nicht in die 10. Klasse gekommen wäre) oder dieses Abschlusszeugnis, wo noch ein Jahr drin gewesen wäre ... Ich hatte wenigstens das kleine, weniger bedeutsame Abschlusszeugnis ... obwohl ...

Hier noch ein Erlebnis mit dem ich sehr lange nicht klar kam ... In die schlimmste Schlägerei, die ich in der Schulzeit erlebt habe, war ich gar nicht körperlich involviert ... genau das war aber wahrscheinlich das Blöde daran.

Als wir im 8. Schuljahr in einer kurzen Pause auf den nächsten Lehrer warteten, war es wie immer etwas unruhig unter uns Schülern. Nichts Außergewöhnliches an sich ... Einer meiner besten Buddys fing an, eine Mitschülerin zu kitzeln. Das war dann meistens so, wenn man sich zum Landeanflug zu den Mädels bereit machte ... Dem Mädel ging es wohl aber nicht so gut, sie musste Unterleibsbeschwerden gehabt haben, hieß es im Nachhinein. Mein Kumpel meinte es nicht böse und wusste auch gar nicht, warum die Klassenkameradin so durchhing ... also begann er, sie zu kitzeln... sie fing irgendwann wirklich an, etwas hysterischer zu werden. Ich hatte das alles aus der Entfernung beobachtet und mein Kumpel hörte dann auch ziemlich direkt auf. Er dachte nur: *„Mein Gott, ich habe sie doch nur gekitzelt ...“*

Als der nächste Lehrer reinkam und das Mädchen am Weinen war, fragte er, was denn los sei. Dann fing die Kollegin an, noch mehr zu heulen. Sie brachte nur noch den Namen von unserem Mitschüler heraus. „Der Tralala ... hat ... heul, schluchz ... der ... hat ..." Letztendlich hatte der Lehrer nur Weinen und den Vornamen zu hören bekommen ... keinen Grund und nichts. Was dann geschah, habe ich diesem Vollidioten von Lehrer nie mehr verziehen. Er sprang auf unseren Kollegen los, riss ihn an der Jacke, schubste ihn bis zur Klassentür und schlug mit Fäusten auf ihn ein. Das Letzte, was ich noch sah, war, dass er ihn vor die offene Tür schmiss und diese mitsamt dem Kollegen auf dem Türstopper abprallte. Beim Abprallen schlug der Lehrer meinen Kameraden noch einmal volles Programm in den Magen. Alles, wie bei Bud Spencer ... nur in echt. Ich war ja Klassensprecher und nicht unerfahren in solchen Sachen, aber so was habe ich noch nie vorher gesehen oder hätte ich für möglich gehalten. Ich rannte nur noch Vollgas die Treppen runter zum Sekretariat ...

Ich weiß noch haargenau, wer da war ... Herr Vorhut und unser Rektor waren mit zwei Sekretärinnen im Vorzimmer. Beim Reinlaufen brüllte ich schon, dass der Lehrer XY den Schüler YZ verdrischt, und wenn das hier jetzt Praxis sei, würde ich ab jetzt mitmischen ...

Ich rannte wieder, so schnell ich konnte, zu meiner Klasse. Ich war außer mir ... 4 Stufen pro Schritt war mein Rekord beim Treppen-Hochlaufen. Als der Rektor und der Lehrer ins Klassenzimmer reingelaufen kamen, war der ganze Spuk vorbei. Unser Kollege saß mit zerfetzter Jacke leichenblass auf seinem Platz. Keiner sagte mehr Piep ... Der Rektor und der andere Lehrer nahmen unseren Lehrer mit raus ... Ich weiß noch, dass mir mein Kumpel verboten hat, weiter etwas dagegen zu unternehmen. Er wohnte quasi im selben Dorf wie der Lehrer und seine Eltern hatten sich gerade selbstständig gemacht ... Ich befolgte natürlich die Ansage von ihm. Er meinte ... es wäre gut ... In mir hat diese Sache viel kaputt gemacht, auch war ich noch 100-mal mehr auf Empfang, egal wo und wer so in meiner Nähe war. Mein Kumpel ist im 8. Schuljahr dann als Erster von der Schule abgegangen, hat eine Lehre angefangen, ist jetzt zweifacher Meister bzw. hat zwei tolle Berufe und hat echt was draus GEmacht.

Offiziell hatte er keine Böcke mehr auf die Scheiß-Schule ... ohne ihn hielt ich es auch nur noch 1 Jahr aus ... diesen Lehrer, ich will mal so sagen, den konnte ich nicht mehr leiden, und unser Rektor war, glaube ich, ziemlich erleichtert, dass ich es darauf beruhen ließ ... Und mein Freund konnte sich auch in diesem Fall auf mich 100 % verlassen.

In die Zeit passt jetzt noch einmal etwas von meiner damaligen Lieblingsbeschäftigung ...

Vorher aber noch ein Gastkommentar meines Kumpels und Nachbars, Mike König, aus längst vergangener Zeit ... 1983–1989

Lieber Charly!
Erst mal finde ich schön, dass du mich gefragt hast, ob ich einen Gastkommentar für dein Buch schreiben würde.
Ich bin damals 1983 mit meinen Eltern und meiner Schwester nach Abstoß gezogen oder wie es auch bei allen anderen geheißen hat: Klein-Moskau. Ich kann mich noch gut an unsere erste Begegnung erinnern.
Du standest mit einigen anderen Jungs bei uns auf der Straße und hast dich bei mir mit den folgenden Worten vorgestellt: „Ich bin der Charly und das ist der Hugo (Nachbar, ebenfalls aus Abstoß)." Für mich warst du, Charly, immer der Fußballer mit den etwas mehr O-Beinen als die anderen. Du hattest für mich immer die dicksten Waden und Oberschenkel und warst der Junge mit dem festesten Schuss beim Fußball und einfach der große Coole.
Deinen Charakter würde ich so beschreiben: freundlich und gelassen. So habe ich dich die meiste Zeit erlebt, aber wenn

jemand, den du magst, ungerecht behandelt wurde und wird, stehst du für die Sachen und die Menschen ein. Früher auch schon mal mit Fäusten, aber das ist lange, lange vorbei. Was dich auch noch ausmacht, ist deine Zielstrebigkeit und dein Ehrgeiz, Sachen erreichen zu wollen, die dir wichtig sind. Ich habe überlegt, was für Geschichten oder Erinnerungen ich so aus unserer gemeinsamen Zeit in Klein-Moskau habe. Da sind mir einige Sachen eingefallen, an die ich mich gerne erinnere, z. B. dass du mir Mofa-fahren beigebracht hast. Wir haben sehr viel Fußball gespielt, in allen Varianten, die uns so eingefallen sind. Ob es Köpfen mit dem Tennisball auf euer Garagentor war, oder den Fußball den Wald hochschießen, was auch immer in meinem Kopf bleiben wird, ist deine Sammlung an Spielzeugautos, die du immer fein säuberlich in einem Koffer hattest, dann natürlich deine große Leidenschaft für Schalke 04 und deine passenden Poster in deinem Zimmer. Du warst und bist in vielen Sachen im Leben ein Vorbild. Mit Ehrlichkeit, Fleiß und deinem starken Willen kannst du erreichen, was du möchtest, vergiss aber nicht die Menschen um dich herum und wo du herkommst. Das alles hast du mir, glaube ich, schon früher vermittelt.
Schön dich zu kennen, mein Freund! Was mir noch eingefallen ist: Als du Hugo die Palette Eier (20 Stück) aus der Hand geschossen hast, weil wir noch kein Netz in unserem selbstgebauten Tor hatten … oje … schöne Zeiten waren das … ich hoffe, du kannst damit etwas anfangen.

Liebe Grüße, Mike König

Der kleinen Seite geschuldet, dass ich nur 0,4 % der tollen Freunde und Bekannten abbilden konnte ... den anderen gehört das nächste Buch ...

Als ich fast halbjährlich die Mannschaft gewechselt habe … vier Jahre A-Jugend lagen vor mir … im Fußball natürlich …

Am Anfang fragte ich, ob ich nur mittrainieren durfte. Die vorherige A-Jugend ist damals noch Meister geworden … Einige haben aufgehört oder sind gewechselt. Wochenlang habe ich mittrainiert. Mitspielen habe ich mir wirklich nicht zugetraut. Ich wog keine 60 kg, außer dass ich dicke Beine hatte, war ich ziemlich schwächlich. Nach und nach gewöhnte ich mich an die Zweikämpfe und langsam war ich ja auch nicht … zumindest konnte ich schnell (weg)laufen …

Irgendwann fragte der Trainer (Wolfgang oder Rainer Kern, welcher genau, weiß ich nicht mehr, da es ja Zwillinge waren und die beiden sich als Trainer in den Jahren auch abgewechselt haben), ob ich es nicht mal versuchen wollte.

„Linker Verteidiger", meinte der Trainer. Ich dachte: *„Wow, Wahnsinn, als mit Abstand Jüngster …"* Das erste Spiel war gegen Linde als Gelb-Schwarze, genau in meinem Beuteschema. Bei der ersten Ballberührung im gegnerischen Strafraum bekam ich so einen vor die Birne, dass ich voll weg war. K. o. in der ersten Runde war das. Der Schiri zeigte direkt auf den Punkt. Als ich wieder gerade gucken konnte, stand es 1 : 0 für uns. Der Beste von denen war Achim, den die meisten „Wesi" nennen … wie auch immer … schnell wie die Sau, absolut einer der ALLERBESTEN die ich je auf Achse erlebt habe…, mein Nachbar aus Abstoß lieferte sich einen Wahnsinnsfight mit dem Spargeltarzan, bis der Nachmittag für meinen Nachbarn in einer Tätlichkeit endete. Ich meine, dass wir mit einem Mann weniger noch verloren haben. In der A-Jugend kam ich auch immer öfter mit Bier in Kontakt. Quasi nach jedem Training trank ich ein bis zwei Flaschen Bier. Wir nahmen die Pullen sogar mit in die Duschen … unglaublich. Sonntags nach den Spielen notierte ich jeweils akribisch die Aufstellungen, vergab Noten und notierte alles Wissenswerte, nur für mich … quasi mein „Kicker für Arme" … Unser Bester in der Mannschaft war eindeutig der Klaus Pfeiffer, auch Charakterlich ein Super Typ, mit dem ich heute noch gelegentlich Mountainbike fahre und unheimlich „ausgiebige" Gespräche führen kann.

Durch das Training mit den Älteren war ich Ende der zweiten Saison, quasi immer noch B-Jugendlicher, schon ganz gut dabei, auch an manchen Toren beteiligt oder auch an manchen Auswechslungen der Gegner ... Lindlar avancierte zum Lieblingsgegner. In einem Pokal-Spiel kamen sie auf die Thier, wie immer im Pokal abends.

Mir gelang das beste Spiel mit der A-Jugend, ein Fernschuss und ein Tor Marke Burgsmüller – der Abwehrspieler wollte den Ball unvorbereitet zum Torwart zurückspielen, ich tat unbeteiligt, aber ich merkte es und ging dazwischen, umkurvte den Torwart und stand mit dem Ball fast im Toraus, von mir aus links, ich dachte noch: *„Wie soll ich denn den jetzt von hieraus rein machen?"* Ich weiß nur, dass der Ball so was von souverän rein ging, so gut, dass alle es für voll normal ansahen, nur ich nicht ... Lindlar spielte mit „der Ersten" immer Sonderstaffel und wir immer ... unterste Staffel. Wir verloren 3 : 2 und der Trainer sagte nach dem Spiel, warum ich nicht noch ein oder zwei Tore gemacht hätte ... dann wären wir auch weitergekommen ... grrrrr.

Als mein Opa ins Altenheim nach Wipperfeld kam, überlegte ich, dass ich vielleicht bei der DJK Wipperfeld anfangen sollte, Fußball zu spielen. Ich war in der Lehre und hatte gedacht, dass ich den Opa besuchen könnte und danach dann zum Training nach Wipperfeld fahren könnte. Ich war schon immer ziemlich praktisch veranlagt. Die meisten der Jungs in Wipperfeld kannte ich über die dortige Teestube, dort war ich immer mit meinem besten Freund Ingo. Dort sind wir immer freitagabends zum „klönen" und zum Bierchen-Trinken hingegangen. Es war die Zeit, als ich mit dem Mofa in der Gegend rumgurkte. Die Mannschaft in Wipperfeld hatte für meine Verhältnisse die besten Spieler, die es im Kreis gegeben hat, jeder von ihnen hätte weit höher in der Klasse spielen können. Es war der Wahnsinn. Nur, man muss dazu wissen, dass Thier und Wipperfeld absolute „Erzfeinde" waren. Im Dorf mochte man sich überhaupt nicht. Mein Wechsel von Thier nach Wipperfeld war natürlich für viele meiner Kumpels auf der Thier ein Riesen-Schock. Ich habe ihnen das erklärt, dass ich die Sache mit dem

Opa verbinden wollte, und so war das dann auch. Das verstanden die Kumpels von der Thier ... Fußballerisch merkte ich ziemlich schnell, dass ich in Wipperfeld mit einer der Schlechteren war. Da muss man ehrlich sein ... Aufgrund dessen, dass wir immer gerade genug zum Spielen hatten, war ich auch immer in der ersten Elf. Ich hatte genug Spielanteile, ohne aber glänzen zu können. Ich meine sogar, dass die Jungens ein wenig um mich herum gespielt haben ... Aber Opa war das locker wert ... Irgendwann bekam ich mit, dass meine ganzen Kumpels von der Thier nach der DJK Niederwipper gewechselt sind. Ich hörte davon, dass sie unwahrscheinlich viel Spaß beim Training hatten und auch eine mordsmäßige Truppe zusammen hatten. Der Torwart war ein Klassenkamerad aus der Hauptschule, Walter Milone. Auch seinetwegen habe ich mir überlegt, dorthin zu wechseln. Hier fällt mir noch ein, dass Mark, unser Kapitän, und Thomas mich vor der Saison gebeten haben, das Zimmer von Thomas zu renovieren. Eigentlich wollte ich ja noch nicht „auswärts" malern, aber für die Fußballkumpels habe ich damals mal eine Ausnahme von einer Ausnahme gemacht. So haben wir drei Strategen uns auch so mal getroffen, bevor es zu Niederwipper ging ... und nicht nur zum Zocken ... Der Wechsel nach Niederwipper sollte nach Saisonende erfolgen, ganz sauber, ohne dass die Kollegen aus Wipperfeld einen Groll hegen könnten. Wie es sich so ergab, gab es ein Turnier der besten Mannschaften im Kreis in Wipperfeld. Ich weiß nur, dass wir mit Niederwipper als erstes Rot-Weiß-Olpe ausgeschaltet haben, und im Endspiel sind wir auf den großen VfR Wipperfürth getroffen. Die hatten meine ehemaligen Kollegen von Wipperfeld aus dem Weg geräumt. Ich spielte in der neuen Mannschaft im Mittelfeld quasi auf der 6 oder auf der 8, ich war zwar nicht der lauffreudigste Spieler, aber meinen Gegenspieler, Michael T. vom VfR, kannte ich seit meiner ganzen Jugend. Wir waren zusammen beim Judo und er hatte Verwandtschaft oder Freunde in Abstoß, so dass man sich daher auch kannte. Auch auf der Hauptschule machte er den Schulhof unsicher. Er war einer der größten Rotzlöffel, den man sich vorstellen konnte. ☺ Ihn auszuschalten, war mir eine wahre Freude. Wir brachten den höherklassigen Gegner Wipperfürth schier zur Verzweiflung, wir waren auch gespickt mit hervorragenden Fußballern, aber uns kannte keine Sau in der Kombination. Als wir alle auf dem Platz waren, liefen die blass an, die uns alle so einzeln kannten. Das war schon eine fantastische Auswahl ... wir haben aber mehr oder weniger wirklich als Hobby und aus Freude, miteinander kicken zu können so gut gespielt. Das war echt nochmal herrlich. Wir waren alles WIRKLICHE Kumpels. Als ich gegen Wipperfürth ein echt starkes Spiel ablieferte, staunten die ehemaligen Kollegen von Wipperfeld nicht schlecht. Ich kann mich noch erinnern, dass der Beste von ihnen, mein Schalker Kumpel Markus Materne, mir zurief: „Charly, du Sack, so gut hast du bei uns nie gespielt." Ich habe nur zurückgerufen: „Ihr habt mich ja nicht wirklich mitspielen lassen.", und war am Lachen ... Markus ist nach und nach immer mehr ein verlässlicher Freund geworden, nicht nur weil er Schalker ist ... oder doch ... weil er Schalker ist. Oft war ich ja nie in Mannschaften, mit denen ich Turniere gewonnen habe, obwohl der Großteil aus unserer Jugendmannschaft von Thier dabei waren ... manchmal fehlen ja nur wenige Zahnrädchen und schon wird aus einem Absteiger eine Meistermannschaft, siehe FCK in der Bundesliga oder Leicester City in England seinerzeit. Ich war jedenfalls echt stolz auf die Jungs und ein bisschen auf mich, so einen Start im neuen Klub hingelegt zu haben.

Die Zeit in Niederwipper war wirklich super, man muss sich vorstellen, der eine oder andere wurde langsam 18 und konnte schon mit dem Auto fahren und wir waren ein verschworener „Sauhaufen". Wir tranken auch ab und zu mal ein Bierchen und hatten wirklich immer Spaß miteinander. Wir hatten mit die besten Stürmer, wir hatten den besten Torwart und wir hatten Super-Mittelfeld- und Super-Abwehrspieler. Unser Trainer ist manchmal verzweifelt, weil wir wirklich nur Spaß-Fußball gespielt haben. Herr Fey hatte uns damals trainiert und wollte uns gerne weiter hochbringen. Potenzial war bei den meisten durchaus gegeben ... Wir wollten aber wirklich nur kicken und haben schon gemeutert, wenn wir vier Runden um den Platz zum Aufwärmen machen sollten. Der Coach war aber immer ziemlich schnell ruhig zu kriegen und wir durften dann meist das ganze Training über spielen. Ich war wirklich, meines Erachtens wieder mal, fußballerisch überhaupt nicht ansatzweise fähig, mit manchen Jungs richtig mitzuhalten. Das, was ich konnte, brachte ich voll ein und ich war damit zufrieden und die Mannschaft konnte sich auf mich voll verlassen. Meine Aufgabe war es, Eckstöße von rechts und links auszuführen, im Mittelfeld so gut es geht zu spielen und gelegentlich die Spitzen einzusetzen und Schüsse aus der zweiten Reihe abzugeben oder Freistöße aus ungefähr 20 Metern oder größerer Entfernung zu machen. Meine Ecken kamen immer an. Ich kann mir nicht erklären, wie ein Profifußballer trotz angeblichen ständigen Trainierens nicht einmal 20 % der Ecken in den Strafraum kriegt. Ich kriege als Fan auf Schalke regelmäßig einen Tobsuchtsanfall, wenn ich sehe, dass die den Ball nicht in den Strafraum kriegen, für mich unbegreiflich. Ich hatte niemals zwei Ecken hintereinander verschossen. Ich wusste, wenn ich zur Ecke antrete, ging schon mein Kopf und meine Blickrichtung zu den Mitspielern im Strafraum. Ich habe mir nur noch überlegt, ob ich auf den Elfer schieße, auf den Fünfer lang, auf den Fünfer kurz, oder auf die Fünfer-Mitte ... ich habe das immer davon abhängig gemacht, wer sich wie platziert hat. Quasi habe ich meine Kollegen bald wirklich „angeschossen“, es war eigentlich schon so, dass ich, während der Ball noch flog, mich langsam auf den Weg zur Mitte aufgemacht habe, weil ich wusste, ... der schlägt gleich ein, und wir können wieder dem Gegner beim Anstoß zugucken ... Klar, da waren im Strafraum nur Asse von uns ... aber Bundesliga Spieler haben auch nur Asse im Strafraum und die bekommen, gefühlt zu 99 %, keinen Ball in den Strafraum ... Dies ist keine riesige Untertreibung oder Übertreibung, vielleicht ein bisschen ... das ist tatsächlich die Wahrheit und vielleicht wird der ein oder andere Gastkommentar noch davon berichten.

Lieber Charly,

meine Frau und ich haben uns sehr gefreut, dass Du uns so unverhofft besucht hast, und dann auch noch verbunden mit Deinem sehr spannenden Vorhaben.

Obwohl wir uns ja jahrelang nicht gesehen haben, war es ein sehr schöner Abend, zudem meine Frau sinngemäß meinte: „Auch wenn es ‚Dein‘ guter alter Bekannter ist und ich ihn aus der gemeinsamen Kindheit gar nicht kannte, hatten wir zu dritt einen sehr kurzweiligen Plausch über Gott und die Welt!" Es gibt Menschen, die man ewig nicht gesehen und von denen man auch wenig bis nichts gehört hat, und trotzdem ist da eine Verbundenheit, die man daran erkennt, dass man im Gespräch sehr schnell wieder eine gemeinsame Ebene findet und die Zeit im Nu vergeht und die Themen nicht ausgehen. Man fragt sich dann oft, woran das liegt bei diesem Menschen. Meine Vermutung ist, dass es daran liegt, dass der liebe Mensch, bei dem es einem so ergeht, diejenigen Werte teilt, die man selber für wichtig und richtig hält.

Wir beide sind in sehr unterschiedlichen familiären Verhältnissen aufgewachsen und trotzdem haben wir, vor allem durch den Fußball, unsere Gemeinsamkeiten erkannt: Es hat sich gelohnt, authentisch, offen und ehrlich zu sein und für ein gemeinsames Ziel zu kämpfen. Charly, Du hast Dich in Deiner Kindheit und frühen Jugend sicher nicht immer mit den richtigen Methoden mitgeteilt (was man z. B. an einer stark geschwollenen eigenen Hand erkennen konnte) aber die Nachricht war auch für den Empfänger trotzdem richtig und wichtig und auch für Dich selbst, um Dir zu beweisen, dass man sich nicht jede Gemeinheit gefallen lassen muss und auch Du jedes Recht hast, Deine Ziele zu erreichen! Zum Glück hast Du früh genug erkannt, dass sich die Methoden ändern mussten. Vielleicht ist die folgende kleine Geschichte, als wir uns als Erwachsene wieder getroffen hatten, bezeichnend für unsere Verbundenheit. Dafür muss ich kurz erwähnen, dass ich handwerklich nahezu einsatzunfähig bin und war. Im Rahmen unserer Familienplanung stand irgendwann die Entscheidung

für ein eigenes Haus mit genug Platz an und schließlich die
Auswahl der Handwerker. Und da stellte sich die Frage, wem
man das anvertrauen könnte und schnell kam die Idee, Dich
zu bitten, uns zu helfen. Du hast nicht nur mit tollen Ideen
geholfen, sondern auch in der Ausführung alles tipptopp um-
gesetzt und sogar noch – nach unserer Bitte – einen weiteren,
ebenfalls sehr guten und netten Handwerker für die Holzbö-
den empfohlen sowie viele wertvolle Hinweise im Umgang mit
den anderen Handwerkern gegeben.
Kurz: Du warst genauso, wie ich Dich als Kind kennen und
schätzen gelernt hatte – und wie sich gestern Abend gezeigt
hat, bist Du immer noch ein sehr wertvoller Mensch!

Liebe Grüße Thomas

Thomas Fahlenbock – ein Begleiter, Freund, Fußballkollege,
„Kunde"; über mein ganzes Leben lang, seine Eltern führten die
Bäckerei im Ort und Thomas, seinem Bruder und seinen Eltern
konnte ich einiges in Form von Malerarbeiten zurückgeben, für
das, was sie mir und meiner Mama immer an Wertschätzung
entgegen gebracht haben … Schön, dass du und deine Frau mir
auch in eurem Eigenheim das Vertrauen geschenkt habt … die
süße Danksagung von eurem Sohn hängt nun schon fast 20
Jahren in meinem ehemaligen Büro … Geld verrinnt, wahre
Werte und ein gemaltes Dankeschön bleiben ein Leben lang …

Nach der A-Jugend mit Niederwipper hörte ich erst mal wieder auf mit dem aktiven Fußball, ich war zwar noch kurz für
das erste Jahr Senioren gemeldet, aber ich muss sagen, dass ich
aufgrund einiger Verletzungen und meiner ersten großen Liebe
plus der Lehre die Freizeit nicht mehr für den Fußball komplett
opfern wollte. Meine erste große Liebe hatte nur jeden zweiten
Sonntag frei und mittwochs oder donnerstags, ich weiß das gar
nicht mehr genau, das hieß, wenn ich spielen musste, hatte sie
frei, am einzigen Tag, wo ich sie sehen konnte. An sich war das

der Hauptgrund, warum ich mit dem Fußball aufgehört habe. Das würde ich wahrscheinlich so nicht mehr machen, einem Partner das Hobby, sagen wir mal, etwas mies zu machen ... ist nicht nett ... Das gilt aber auch absolut in beide Richtungen ...

Nach der aktiven Zeit spielte ich noch in zwei Betriebssport- und bzw. Thekenmannschaften, zuerst bei der SG Neumarkt und später bei der SG Bierfass. In einem Turnier mit der SG Bierfass in Hückeswagen habe ich mir in dem letzten Vorrundenspiel beim Stand von 0 zu 5 und 3 Sekunden vor dem Abpfiff ... grrrrr ... das Kreuzband gerissen und das ganze rechte Knie nahezu komplett zerstört. Da es die Zeit während der Bundeswehr war, war ich dann deswegen ein Jahr lang bei der Bundeswehr krankgeschrieben. In der Zeit habe ich immer gedacht, dass das Knie bestimmt irgendwann einmal wieder besser wird. Das Knie wurde nie wieder, wie es vorher war, noch nicht mal ansatzweise. Ich habe noch in einigen Vereinen versucht, Fußball zu spielen, aber zum einen war die Geschmeidigkeit beim Laufen gar nicht mehr gegeben, zum anderen war die Stabilität des Kniegelenks als solches überhaupt nicht vorhanden. Ich habe es nochmal fast bis in die Kreisliga A geschafft, mit dem TSV Hämmern. Aber die dermaßen harte Spielweise in dieser Liga ... Gefühlt ging es nur auf die Knochen und es ging auch wirklich, wirklich sehr, sehr schnell und hart zur Sache und das noch auf Asche ... Durch die vielen Spiele auf der Asche waren nachher meine Hände so kaputt, dass ich beim Spiel, zum Schutz Fahrradhandschuhe anziehen musste. Der leichteste Flug auf die Hand war gleichbedeutend mit einer 5-Mark-Stück großen Fleischwunde im Handballen ... Als Maler konnte ich mir das auf Dauer nicht erlauben, ständig die Hände kaputt zu haben. Ich musste mein Werkzeug mit Wasser auswaschen und, und, und ... ich musste tapezieren ohne Blut auf den Tapeten zu hinterlassen und so weiter und so weiter. Ich habe dann irgendwie aufgehört mit dem Fußballspielen. Ab dann blieb mir nur noch Schalke und passives Fußballschauen, wobei das auch manchmal echt auf die Kondition geht, sprich auf die Pumpe. Ein- bis zweimal habe ich noch in der „Alten Herren von Wipperfürth" mittrainiert ... Aber dieses Kapitel scheint vorbei zu sein ... und das fällt mir echt schwer ... und kribbeln wird es immer ... gerade wo es mittlerweile überall die besten Kunstrasenplätze gibt ...

Abstoß ist ein beschaulicher Weiler, am Rande des kleinen, ebenso beschaulichen Dorfes Thier, unweit von Wipperfürth, im Bergischen Land. Hier verbrachte Michael Ilchmann, den alle nur Charly nennen, seine Kindheit und Jugend und hier machte er auch seine ersten Erfahrungen mit dem Fußball. In diesen Zeiten, ohne Smartphone und Social Media, traf sich die Jugend noch zum Fußballspielen auf der Wiese, gegen die Konkurrenten vom Nachbarweiler. Abends ging man dann gemeinsam zum Training des SV Thier. So hat sich in dieser Idylle langsam die Leidenschaft von Michael für den Fußball entwickelt. Er selbst spielte viele Jahre für den SV Thier und war als flinker Stürmer bekannt, wenngleich es für höhere Weihen leider nicht gereicht hat, aber in diesem Verein steht ohnehin die Kameradschaft im Vordergrund. Der Fußball hat ihn also nicht mehr losgelassen, aber neben der Begeisterung für diesen Sport ist es vor allem seine soziale Haltung und sein Sinn für Gerechtigkeit, die ihn prägen und die er – verbunden mit seinem eigenen Humor – leidenschaftlich vertritt. Neben dem FC Schalke war Michael auch dem SV Thier immer sehr verbunden und hat ihn, im Rahmen seiner Möglichkeiten, tatkräftig unterstützt, sei es in Form von Trikot- oder Trainingsanzugsspenden oder zuletzt beim Bau des neuen Kunstrasenplatzes. Dies war ihm ein besonderes Anliegen, wissend aus eigener Erfahrung, wie wichtig dies in einem kleinen Dorf für die Jugendlichen ist.

    Auch seine handwerklichen Fähigkeiten als Maler stellte er regelmäßig in den Dienst des Vereins, zu tun gibt es schließlich immer etwas. Sichtbares Zeugnis ist seine wunderbare Applikation des SV-Thier-Logos, auf Wassertropfentechnik, welches seit Jahren einen festen Platz im Vereinsheim des SV Thier hat.

Gastkommentar unseres langjährigen Vorsitzenden vom SV Thier/ früher DJK Thier
Christoph Sprenger, Thierer Torwartlegende, erster Vorsitzender und Kunde von damals als selbstständiger Malermeister.

Ich war ja auch zum Ende meiner „Fußballkarriere" noch ohne Führerschein unterwegs ... das sollte sich ja dann irgendwann mal ändern

Ich war ja ziemlich lange Fan von Modellautos und Spielzeugautos.

Wie ich erwähnte, bekam ich auch irgendwann mal zu Weihnachten eine Carrera-Bahn, und zwar die neu herausgekommene Carrera Servo ... Diese wurde wirklich über einen längeren Zeitraum immer weiter ergänzt.

Als Modellautos bzw. zum Spielen habe ich unglaublich auf Majorette-Spielzeugautos gestanden. Matchbox war was für Loser ... Die Majorette-Autos hatten dermaßen gute Federungen ... Jeder Reifen konnte zur Hälfte im Radkasten einfedern, ohne dass die Federung ausleierte. Mein Test war immer mit Daumen und Zeigefinger, den Wagen auf dem Schreibtisch an einer Achse anheben und „ditschen" lassen ... Meine Karren ditschten am schönsten und am längsten, auch darin war ich detailverliebt ...

Als ich dann älter wurde, bin ich gerne Autos von den Älteren aus der Umgebung angucken gegangen ... Opels waren meine Favoriten.

Manta A, Ascona A, und Kadett C Coupé waren meine absoluten Traumautos, irgendwie auch heute noch. Um da aber mal mitreden zu können, wäre es gut gewesen, selbst mal zur Fahrschule zu gehen. Trotz einiger Bedenken, dass ich die Theorie nicht packe, habe ich mich angemeldet. Ich glaube, die Anmeldegebühr habe ich auch von Mama und Papa bekommen. Es war die Zeit, wo wir noch zusammen wohnten ... heul ... Meinen Recherchen nach sollte der „Lappen" damals ca. 1400–1800 Mark kosten. Das allein war schon bei allem Fleiß für mich utopisch.

Angemeldet hatte ich mich zum Auto- und Motorradführerschein. So war der Plan. Mein ältester Bruder fand das allerdings viel zu riskant mit dem Motorrad. Er hatte auch Angst um mich, ich glaube, er war schon gerade mit seinem Studium fertig und verdiente schon gutes Geld. Irgendwann sagte er mir, dass er mir den Rest vom Führerschein bezahlt und mir auch mein erstes Auto kauft. Ich sollte mir nur das mit dem Motorradführerschein noch einmal überlegen. Wenn ich den unbedingt machen wollte, wäre der Deal gescheitert ... Ich fühlte mich absolut nicht erpresst, wir hatten ja im Dorf, lass mich überlegen, 1, 2, ... 3, 4, 5 Jungens die schwer mit Mofas oder Motorrädern verunglückt sind, 3 davon leider tödlich. Demnach und weil ich ja auch echt schon öfter mal eine „Wildsau" war, stimmte ich dem Deal zu. Ich nenne das Mischungsverhältnis zwischen finanziellen Antrieb und Vernunft 70 zu 30 oder 60 zu 40 ... so in dem Dreh. Die Fahrschule ging ganz okay los. Bei dem Fahrlehrer hatte ich 2–3 Jahre vorher die Mofa-Fahrerlaubnis gemacht. Die habe ich auch im ersten Versuch geschafft ... Jetzt kam ich ja vom Land, war 17 und bin eigentlich niemals „schwarz" mit einem Auto gefahren. Leider sind auch noch welche Jungens aus der Umgebung bei Autounfällen tödlich verunglückt. Auch einer meiner Brüder, ist einmal heftig bei einem Unfall in Mitleidenschaft gezogen worden, aber das war ewig her und er hatte sich, Gott sei Dank, gut davon erholt.

Mit diesem Bruder hatte ich bei einem befreundeten Bauern etwas mit dem alten Kadett Kombi geübt. Wir beide waren dermaßen nass geschwitzt, er um Sorge für sein Auto und ich, weil ich mich echt saudoof angestellt habe. Aber heiß war es auch noch ... zu meiner Ehrenrettung. Na ja. Als ich dann in der Theorie langsam Richtung Prüfung kam, fing es dann mit den Fahrstunden an.

Bei der ersten Fahrstunde meinte der Fahrlehrer, ob ich ihn veralbern will.

Ich würgte den Wagen ca. 100-mal beim Anfahren am Berg ab, direkt bei meiner Hauptschule, Gott sei Dank, abends. Da waren die meisten Lebewesen schon in Sicherheit und zu Hause ... lach ... Irgendwann sagte der Fahrlehrer, ich solle die Kupplung mal langsam schleifen lassen und dann langsam mehr Gas geben, quasi die Kupplung langsam kommen lassen, und wenn ich was merke, wieder die Kupplung treten, um mal ein Gefühl dafür zu bekommen ... ahhh, jetzt viel der Groschen, bei mir echt in Pfennigen ...

Irgendwann habe ich dann doch das Auto vorwärts gebracht. Ich denke, die Kupplung hatte ich gekillt, aber der Fahrlehrer war dermaßen top. Einer der besten Menschen, die mir auch je begegnet sind ... ehrlich. Bei zig Stunden bemerkte ich bei meinem Fahrlehrer einen „Tick" ... immer, wenn wir so am Fahren waren und eine Situation rechts vor links kam, ging sein Bein deutlich zu seinem Bremspedal. Trotz dass ich gut konzentriert war, merkte ich das immer im Blickwinkel. Nachdem ich das für mich so festgestellt habe, wurde ich immer ein bisschen sicherer beim Fahren. Autobahn und Nachtfahrt haben wir dann kombiniert.

An der Autobahn-Hotel-Raststätte Remscheid haben wir dann Rückwärts-Parken in der Parktasche geübt, auch das klappte an sich okay bis gut. Ich dachte selbst, dass das pures Glück war, wie das klappte. Irgendwann kam dann die Prüfung.

Einer meiner besten Kumpels ist ein- oder zweimal durch die Prüfung gedonnert, obwohl er super fahren konnte, ob Traktor oder Auto ... Ich hatte jedenfalls Muffe ...

Als dann die Prüfung war, war ich ja auch schon in der Lehre und mein Chef setzte große Hoffnungen auf mich, da ich ja dann schon mal Kleinigkeiten alleine hätte machen können. Schade, dass er mir nichts zum Führerschein beigesteuert hat ...

Wie dem auch sei, am Tag der Prüfung wartete ich am Busbahnhof Wipperfürth im Café Journal ... unsere Lieblingslokalität, Kneipe, Café ... alles in einem ...

Das Café war auch bei den meisten Fahrlehrern angesagt. Als ich dann dran war, standen alle oben am Fenster und wollten gucken, ob ich die „Karre" direkt abwürge. Ich meine, das wäre damals schon das Aus gewesen. Ich bin aber gut vom Start weggekommen ... lach ... Mein Fahrlehrer saß neben mir und hinten der Prüfer. Ein recht alter Herr mit knallrotem Kopp, zusätzlich hatte er noch irgendein Kopfwackeln ... Ich denke, eine körperliche Einschränkung, wie man heute sagt ... Mit knapp über achtzehn half mir das gerade gar nicht wirklich weiter. Immer, wenn ich in den Rückspiegel gesehen habe, sah ich einen Prüfer mit tierisch roter Birne und Kopfschütteln ... Mann, was fährst du für einen Scheiß ... warum sagt der nicht einfach: „Komm Junge, hör auf und komm in 4 Wochen noch mal vorbei ..."

Ich bin fast bekloppt geworden. Als wir dann von Kreuzberg unten auf der Bundesstraße Richtung Wipperfürth abbogen, fuhr ein Mofa auch in diese Richtung. Ich dachte mir da noch nichts bei ... erst mal schön anhalten, gucken, ob von links nichts kommt, und dann vorbildlich auf die Landstraße Richtung Wipperfürth abbiegen.

Nach kurzer Zeit holten wir das Mofa ein. Da es aber genau im Bereich von mehreren S-Kurven eine durchgezogene Linie gab, zockelte ich erst mal hinter dem Mofa her. Als ich dann hervorragend weit gucken konnte, so mindestens 4 bis 500 Meter machte ich den Schulterblick, setzte den Blinker und überholte das Mofa in einem tollen Abstand. *„Perfekt"*, dachte ich ... Wieder merkte ich, dass mein Fahrlehrer am Rumzappeln war ... und der Prüfer saß hinten immer noch mit rotem Kopf und war mit seinem Kopf am Wackeln. Ich dachte: *„Mann, jetzt nerven die beiden aber echt."* Ich guckte noch mal in den Rückspiegel und vergewisserte mich, dass der Mopedfahrer noch auf seinem Bock saß. *„Alles prima"*, dachte ich. Als wir wieder in Wipperfürth angekommen waren und ich das Auto ausmachen sollte, sah ich zuerst meinen Fahrlehrer an. Der sah auch auf einmal so rot aus, auch seine Augen verdrehte er, als wollte er sagen: „Das war wohl nichts." Dann sprach der Prüfer und sagte: „Herr Ilchmann, Sie sind ja an sich toll gefahren, aber ... können Sie mir sagen, was Sie falsch gemacht haben?" „Hmmmm", sagte ich, „ich bin ddddddddaaa hinten ... über die durchgezogene Linie gefahren ..." „Ja, richtig..." Ich dachte: *„Na prima ... das war es ..."* Oben im Café waren alle schön am Gucken. Meine Schwester kellnerte da und der Wirt war auch ein toller Typ. Auf jeden Fall guckten einige runter ...

Dann fragte der Prüfer: „Und Herr Ilchmann, warum haben Sie das denn gemacht?"

„Ich weiß", sagte ich, „das war eigentlich blöd, aber ich konnte sehr weit gucken und konnte trotz der durchgezogenen Linie gut und sicher überholen. Ansonsten würden wir morgen noch nicht hier sein ..." Meinem Fahrlehrer fielen die Augen aus dem Kopf, und der Prüfer sagte: „Ja, gute Antwort ... Ich fand das extrem gut und sicher. Ansonsten wäre uns vielleicht jemand,

Gott weiß wer, hinten rein gedonnert in den engen Kurven bei dem Schneckentempo." „Jaaaa genau", sagte ich.

„Herzlichen Glückwunsch, Sie haben bestanden ..."

Ihr glaubt nicht, wie ich mich gefreut habe. Ich war stolz wie Oskar und mein Fahrlehrer auch, er konnte es wahrscheinlich erst nicht glauben, er blieb kurz stehen und rührte sich kaum ... Oben im Kaffee hat meine Schwester erst einmal dem Prüfer, meinem und auch ihrem früheren Fahrlehrer von damals einen leckeren Kaffee ausgegeben. Dann fragte der Fahrlehrer noch meine Schwester, ob ich ihr kleiner Bruder wäre. „Der ist einmalig, der Kerl ...", sagte der Fahrlehrer.

Und zack ... da war wieder so ein Chaot auf der Straße ...

Jetzt durfte mein Bruder dann mir schon mal den Führerschein bezahlen und mein erstes Auto bekam ich von den älteren Herrschaften, wo Papa und ich einmal die Hecke im Sommer geschnitten haben. Es war ein Ascona A 1,6 S Automatik ...

Favorit war damals ein Ford Fiesta RS mit Alufelgen und extrem guter Optik ... Der war allerdings meinem Bruder als erstes Auto für mich um einiges zu teuer ... absolut verständlich ... Aber genau dieser Traumwagen würde doch irgendwann mal meiner sein ...

Mein dritter Geburtstag: Diesmal mitten im Sommer - herrlich ...

Mein erster Wagen, meine erste große Liebe (zweite Freundin) ... ich wurde langsam erwachen, aber vollends vernünftig ... Gott sei Dank, bis heute noch nicht ...

Das erste Auto, mein Ascona A war ja zu der Zeit eher uncool, weil Automatik ... An sich war ich aber nur dem Trend mal wieder einige Jahre voraus. Mit dem Automatik-Wagen konnte ich auch immer eine Hand der Freundin reichen. ☺ ... und schalten konnte ich auch, wenn ich wollte, ich nahm die ersten zwei Gänge zum Beschleunigen und dann schön in D, D wie Dauerfeuer ... Es war perfekt.

Bei einer der ersten Ausfahrten habe ich damals einen ersten, kleinen Unfall gehabt.

Leider ist mir auf der Landstraße eine Katze ins Auto gelaufen. Mit der Erfahrung von heute wäre ich zu 90 % in der Lage, die gleiche Situation zu meistern. Damals hätte ich fast das Auto aufs Kreuz gelegt. Gar nicht auszumalen, da der Ascona nur Einpunkt-Gurte hatte ... Es ist so weit alles gut gegangen ... aber der Abend war für mich dennoch gelaufen. Mir tat es unglaublich leid um die Katze ...

Nach wenigen Monaten stand der erste TÜV Termin für mein Auto auf dem Programm. Ich war ja in der Lehre und Gespartes hatte ich nicht. Es ging immer alles bündig drauf, um meiner ersten großen Liebe was bieten zu können. Im Nachhinein kann ich mich absolut nicht erinnern, dass mein Mädel MIR auch mal einen ausgegeben hat ... egal ... so weit ging die Emanzipation dann wohl damals doch noch nicht ... Mein Kollege und Freund Willi war gerade dabei, den Riesen-Bauernhof seiner angeheirateten Familie zu renovieren. Da durfte ich etwas helfen, um dann eventuell über das Trinkgeld das Geld für den TÜV zusammenzubekommen. Als die Fenster auf der To-Do-Liste standen, dachte ich: „Das schaffe ich ja nicht nach Feierabend ... dann ist ja immer nur ein Fenster fertig pro Abend." Es sollte ja auch ordentlich werden. Da ich ja gut in der Berufsschule zurechtkam – richtig gelesen, liebe Lehrer ... ☺ –, dachte ich, ich schwänze mal einen Tag und mache mal 6–8 Fenster ... in einem Rutsch ...

Es war sehr heiß an dem Tag. Als ich zwischendurch mal zum Auto bin, um was zu gucken oder zu holen, dachte ich mir, ich mache mal schon die Fenster runter, damit ich keinen Hitzeschlag bekomme, wenn ich dann um Viertel vor 5 zur Autowerkstatt wegen der TÜV-Voransicht fahre.

Als ich mich ins Auto setzte, dachte ich: „So ein Mist ..." Hunderte Fliegen waren im Auto ... ach, was sage ich, die ganze Karre war am Summen. Ich habe einige vor der Fahrt noch rausgescheucht und bin dann los. Ich sollte nicht weit kommen.

Es war noch so viel Getier im Auto, dass ich während der Fahrt noch einige aus den offenen Fenstern geschubst habe. Ich war gerade vom Hof auf die Landstraße gefahren, um die erste Linkskurve und dann die Gerade entlang ... eine Art Allee mit einigen, recht neuen, Bäumen ... aber keine Sträucher.

Ich merkte nicht, dass ich leicht von der Straße abkam beim Versuch, die Insekten aus dem fahrenden Auto zu verscheuchen. Ich hörte nur noch etwas ans Auto kommen und gucke nach vorne ... durch den Schreck, dass ich von der Straße rechts abkam, habe ich vielleicht zu doll versucht, wieder auf die Fahrbahn zu kommen.

Der nächste Baum war mir ... Es knallte dermaßen, ich sah nur noch Sterne ... Ich habe mich nach dem Aufprall selbstständig durch die zerstörte Windschutzscheibe oder durch die Seitenfenster ins Freie gebracht ... Ich dachte trotz schwerster Verletzungen, dass die Karre gleich hochging ... so wie in den Filmen immer ...

Ich lag dann bewusstlos auf der Straße. Als die Rettungssanitäter mit dem „Gulaschwagen" ankamen, machten sie mich direkt mal wach ... Sie zählten sich gegenseitig auf, was ich hatte ... Ich dachte: *„Jetzt höre ich mal besser zu."* „... Nase gebrochen, Schlüsselbein stark geprellt oder gebrochen, Beine stark geprellt, Becken vom Gurt schwer geprellt, 2 Zähne vorne rausgeschlagen, unten alle lose, und ... Mist ... der Junge hat sich die Zunge abgebissen ..." Zack ... weg war ich wieder ... ohnmächtig.

In Wipperfürth im Krankenhaus gingen sie direkt daran, mir die Zunge wieder anzunähen. Sie war zu zwei Drittel ab. An einer Ecke hing sie noch ein paar Millimeter dran ... Es muss ziemlich schlimm ausgesehen haben ... Ich konnte ja nichts davon sehen, ich war ja die halbe Zeit k. o. In der Nacht blutete ich mehrere Nieren-Pappschalen voll. Da stimmte was nicht dachte ich. Ich versuchte in den sehr wenigen wachen Momenten, der Krankenpflegerin klar zu machen, dass da was nicht stimmen würde. Sie sagte erst: „DAAAAASSSS ist ganz normal nach so einer schlimmen Verletzung." Als ich aber immer weiter blutete, wie ein abgestochenes Schweinchen, holte sie doch mal den zuständigen Arzt. Dieser guckte in meinem Mund und sagte:

*Ohne Worte ... oder vielleicht hat der liebe Gott gerade in der Delling
(Kirche zur Konfirmation) ein Meeting gehalten und mir beigestanden ...*

„Scheiße, die Zunge ist wieder aufgegangen ... ab in den OP. Wir müssen wieder nähen." Ich war ja noch ziemlich vollgedröhnt mit schmerzstillenden Medikamenten. Auf dem Weg in den OP sagte der Arzt: „Sie müssen aber jetzt noch einmal stark sein, wir können nicht noch einmal betäuben ..." Ich konnte ja nicht sprechen. Ich dachte nur: *„Auaaaa, das hört sich schmerzhaft an."* Der Arzt erklärte, dass sonst die Zunge mir im Schlaf in den Rachen fallen könnte und ich eventuell ersticken könnte ... Auch doof ... Na ja ... was sollte ich darauf auch noch sagen ... ohne Zunge ... Zwei Pfleger hielten mich an den Armen und einer hielt meinen Kopf, dann ging das Nähen los ... Ich muss nicht erwähnen, dass es unglaublich weh tat ... nach den ersten zwei Stichen wollte ich die Zunge reinziehen. Der Arzt zog sie aber wieder raus und übte Kreuzstich oder so ... Danach viel ich k. o. ins Bett und siehe da, das restliche Blut blieb dann auch drin.

Ich brauchte noch einige Tage, bis ich aus dem Krankenhaus entlassen wurde. Danach wurden direkt die Zähne ersetzt und so hatte ich mit unter 20 Jahren die ersten künstlichen Zähne. *„Immer ich ..."*, dachte ich noch.

Die Zunge tat es dann auch langsam wieder, zumindest klappte es dann irgendwann wieder mit den Knutschen. Das einzige Gute an dem Unfall war, dass der Ascona mich „nackig" gemacht hätte, ihn durch den TÜV zu bekommen war unmöglich ... Er war mistefaul, wie man so schön sagte ... Um an das nächste Auto zu kommen, habe ich bei meiner Tante die halbe Wohnung gestrichen, inklusive Zimmertüren und Rahmen. Ich konnte mir aber Zeit lassen. Genau zu meiner Führerscheinzeit wurde das mit den Nachprüfungen eingeführt ... Alle Erklärungen, dass ich an sich nicht unangepasst gefahren bin, verpufften ... ich musste für ein paar Hundert DM noch obendrein eine Nachprüfung absolvieren. In Summe war der Unfall echt kein Schnäppchen ... ☺, aber mit ein bisschen mehr Pech, hätte er mein Leben kosten können. Ich würde nicht sagen, dass ich streng gläubig bin, dennoch glaube ich an den lieben Gott und weiß im tiefsten Inneren, dass er mir ab und zu beisteht und beigestanden ist, aber er hat auch viel um die Ohren und kann nicht überall sein ...

Vom Schwager einer Schwester habe ich einen weißen Ascona B bekommen, ca. 1200 DM mit 2 Jahren TÜV ... Aber dann kam etwas wesentlich Schlimmeres als so ein läppischer Autounfall ...

Als Mama in Duisburg noch einmal „NEU" anfangen wollte

Meiner Mama ging es von ihrer Psyche her immer schlechter. Sie war einfach zu gut für diese Welt und hatte es ja auch absolut nie einfach in ihrem Leben. Auch dass sie lieber für sich war, kam ihr nicht zugute ... Entweder du lästerst mit im Dorf und machst dich nicht vollends rar, oder über dich wird gelästert. Jedenfalls hatte meine Mama starke Schwankungen und war mitunter sehr depressiv und unglaublich unglücklich. Ich war in die Lehre gekommen und habe schon ziemlich zeitnah versucht, mich in unserer Wohnung malerisch nützlich zu machen. Ich habe immer gedacht, dass ich mit schönen Zimmern auch Mamas Inneres „renovieren und aufhübschen" könnte. Eines Tages war Mama in der Küche und bereitete Schnitzel zu. Sie konnte einmalig gut kochen ... zumindest das, was mir schmeckte ... lach ... außer Rosenkohl, den konnte mir bislang noch keiner schmackhaft machen. Da meine Mama durch lange und starke Rückenschmerzen gefühlt immer kleiner wurde, habe ich mich hinter sie gestellt, sie in den Arm genommen und gesagt: „Na, mein kleiner ‚Kuduppel' (eine eigene Micha-Wortkreation ohne Hintergrund oder Boshaftigkeit)."

Da merkte ich, innerhalb von Millisekunden, wie unglaublich fuchsig Mama wurde ... es ging in Bruchteilen von Sekunden ... Mama knallte das Küchenmesser auf den Tisch und nahm ein rohes Schnitzel ... Ich rannte aus der Küche Richtung Wohnungseingangstür, drehte mich noch mal um (ich glaubte immer noch an Spaß in dieser Situation) und sah, wie was auf mich zugeflogen kam ... Ich schaffte es gerade noch, rechts ins Bad zu kommen und dann knallte etwas mit dermaßen Schmackes gegen die Wohnungseingangstür ...

Ihr könnt euch nicht vorstellen, was ich gefühlt habe. Meine Mutter schmiss mir ein rohes Schnitzel nach ... meine Mutter, die beste Mutter der Welt, die keiner Fliege was hätte tun können ... Ich kann mich noch erinnern, wie ich sie gefragt habe, ob's noch geht ... Ich packte notdürftig ein paar Sachen und bin dann zur Schwester nach Kürten gefahren. Mama sollte mich am Wochenende echt nicht mehr sehen.

Mit dem Wissen von heute glaube ich, dass sie da schon am Überlegen war, noch mal ins Ruhrgebiet, in die Nähe der ältesten Schwester, zu ziehen ... Es war das einzige Mal, dass Mama bei mir so die Kontrolle verloren hatte ... Und ehrlich gesagt, gab es bestimmt einige andere, viel passendere Gründe ...

Es hat erst einmal einen nicht allzu kleinen Riss hinterlassen. Ein Kulturschock ist nichts dagegen gewesen. Auch das bin ich ... wenn du schaffst, einen Riss reinzubekommen ... das ist zwar schwer hinzubekommen, aber machbar...

Als Mama mir sagte, dass sie mit Gerd nach Duisburg ziehen wollte, fragte sie kurz und halbherzig, ob ich mit wollte ... Hier war wieder eine riesige Astgabel in meinem Lebensbaum ... auf der ich mich befand. Klar, nicht allzu hoch vom Startpunkt ins Erwachsenenleben, aber eine sehr, sehr schwierige und wegführende Entscheidung stand jedenfalls an. Ich wollte absolut nicht weg aus dem Bergischen. Ich bin doch „ne Bergische Jung" mit Schalker Wurzeln, war in der Lehre und meine Freundin wohnte hier und meine ganzen Freunde. Das war absolut keine Option. Wenn sie Gelsenkirchen gesagt hätte, wäre ich vielleicht ... hat sie aber Gott sei Dank nicht ...

Außer mit der ältesten Schwester besprach ich mich mit allen Geschwistern. Jeder hatte seine eigenen Ansichten, was zu tun wäre, und Ideen, wie ER mich unterstützen könnte. Teilweise war auch Stille bei den Gesprächen. Keiner fand das gerade so gut von Mama und Gerd, aber nur ich wohnte noch zu Hause. Wie gesagt, ich war im zweiten Lehrjahr ... Dieses Kapitel geht auf einer anderen Seite weiter – ich muss gerade mal etwas runterkommen ...

Ach, weiter geht's: Es muss ja weitergehen, immer weiter ...

Mein damaliger Chef wollte mir für den Umzug, nach langem Überlegen, den Firmenbus doch nicht zur Verfügung stellen. Er sagte mir, dass er nicht helfen möchte, da er es unmöglich fand, mich quasi mitten in der Lehre ziemlich knallhart vor so gravierende Tatsachen zu stellen. Einerseits musste ich ihm recht geben, andererseits habe ich gehofft, dass es Mama dadurch wirklich langsam besser gehen würde ... Ich würde das schon irgendwie schaffen, irgendwo und wie auch immer ... zurechtzukommen. Ich musste ja nun auch überlegen, wie und wo ich unterkommen könnte und vor allem, wie ich das bezahlen sollte ...

Eines muss ich zugeben: Beim Umzug nach Duisburg habe ich so gut es ging mitgeholfen, aber in der Wohnung habe ich nicht einmal meine malerischen Fähigkeiten gezeigt. Irgendwie hatte ich die ganze Sache auch nicht ganz verdaut.

Wie gesagt, alle waren aus dem Haus, nur ich war noch zu Hause ... in der Lehre.

Vielleicht wäre es gegangen, in Abstoß zu bleiben ... aber Quatsch. Die Wohnung wäre ja mit allem Drum und Dran viel zu groß für mich alleine geworden.

Ich meine, Mama und Gerd wohnten ca. 10–12 Jahre in Duisburg. Gerd fand eine Beschäftigung in einem Reitstall und verdiente zu seiner Rente etwas Geld. Fleißig war er ja eh wie kein Zweiter, aber das brachte meiner Mama wahrscheinlich immer noch nicht den dringend benötigten Effekt für ihre Psyche ...

Einer meiner besten Chefs im WDR hat mal gesagt: „Man nimmt sich immer mit, wohin man auch geht ..." Unrecht hatte er damit nicht – ein toller Chef für mich.

Ich war sehr oft bei den beiden in Duisburg zu Besuch, selbst wenn ich nur mal auf Schalke, zum Fanshop oder zu einem Spiel gefahren bin, habe ich einen Abstecher nach Duisburg gemacht. Wenn ich sonntags mal dahin gefahren bin, hatte ich immer meist das ganze Auto voll. Dann wollten alle gerne mit ... Heute würde ich mal die Geschwister fragen, ob sie nicht mal was beim Sprit beisteuern wollen würden ... Damals war ich viel zu zurückhaltend, das zu fragen. Eigentlich habe ich das ja auch gerne gemacht, ich wollte eh gerne zur Mama. Nur von Luft und Liebe ging aber auch der Tank schon damals nicht voll ... Wie gesagt, ging es Mama dadurch auch nicht wirklich besser. Jetzt hatte sie „nur" die älteste Tochter und ihre 3 Söhne in der Nähe. In Wipperfürth hätte sie die anderen zwei Töchter, drei Enkel und mich um sich gehabt. Ich ahnte früh, dass ihr das nicht dauerhaft helfen würde. Ich erwähnte meine Befürchtungen aber nicht ... Fortsetzung folgt ...

Der Grundwehrdienst musste halt sein, ob ich wollte oder nicht

Vor jeder Bundeswehr-Zeit stand ja bei jedem die Musterung an. Dort wurde die körperliche und „geistige" Eignung überprüft, die bestätigt oder eben nicht bestätigt wurde. Bei mir war die Musterung in der Nähe von meinem Heimatort, in Marienheide – quasi dort ganz in der Nähe, wo wir nach meiner Geburt zuerst ins Bergische hingezogen sind. Ich hätte auch mit dem Fahrrad hinfahren können, was aber für mein eigentliches Ziel, das falsche Signal gewesen wäre ... Die Kaserne beziehungsweise das Kreiswehrersatzamt war ca. 12–15 km von Abstoß entfernt – irgendwo gab es da auch einen Stützpunkt der Bundeswehr, wo mein damaliger und langjähriger Kumpel als Funker oder so, seinen Wehrdienst absolvieren konnte. Also quasi war er Heimschläfer – das hätte ich auch schon mal so angenommen. Ich habe aber versucht, aufgrund von damals schon wirklich heftigen Rückenbeschwerden, und ehrlich gesagt auch mangels Motivation, der Bundeswehr irgendwie zu entrinnen. Aber mein Eignungsgrad war gut genug, um zumindest bei den Kampftomaten anfangen zu können. Kampftomaten waren die Funker, angelehnt an ihre rote Kopfbedeckung.

Als ich dann „endlich" zur Bundeswehr anrücken sollte, wohnte ich schon bei meiner Schwester in Kürten. Mein Schwager hatte laut eigenen Erzählungen eine schöne Zeit bei der Bundeswehr.

Er hat immer ganz tolle Geschichten davon erzählt. Er war in meinen Augen einer der harten Sorte und deshalb war die Bundeswehr für ihn auch genau das Richtige. Ich hingegen hatte irgendwie nicht so richtig Bock drauf, Räuber und Gendarm zu spielen. Klar, als Kind musste es im Karneval immer was mit Pistolen sein, ob Pirat, Cowboy oder Sheriff, das war egal … Hauptsache was mit Knallerei … Dann sind wir mit den Nachbarskindern verbotenerweise immer in die Holzfirma nebenan und haben uns vom Allerfeinsten duelliert … Karneval mit einer Waffe war richtiger Karneval … ohne hatte es eher so einen Erntedankfest-Charakter … Aber Karneval über 12 Monate … Ohhhh, bitte nicht …

Einen Krieg konnte ich mir sowieso irgendwie nie vorstellen, weil wir ja Gott sei Dank wirklich in einer friedlichen Zeit aufgewachsen sind. Krieg sollte sich bei meinen Gedanken genau wie im Film „Schindlers Liste", nur in Schwarz-Weiß, abspielen. „Lediglich" das kleine Mädchen **im roten Mantel** war in Farbe bei diesem Film … So dass es die Brücke zu realen Handlungen widerspiegelte … Na ja, schlimm solche Gedanken … schnell weg damit …

Als ich dann Post von der Bundeswehr bekam und ich nach Neuwied zum Grundwehrdienst musste, war das nun mal halt so. Lust hatte ich jedenfalls nicht dazu, aber extrem traurig oder ängstlich war ich auch nicht deswegen.

Ich bin auch irgendwann mit dem Auto vorher mal dorthin gefahren, um den Weg rauszufinden. Irgendwie habe ich gedacht, dass ich das sonst nachher nicht finden werde und schon am ersten Tag zu spät kommen könnte, das wollte ich tunlichst vermeiden. Auch das und schon weniger haben Papas schon 1000-mal mit ihren Kindern gemacht, bevor sie, wo auch immer wohin mussten … Nachdem die Wehrdienstzeit angefangen hatte, habe ich mich dort schnell zurechtgefunden. Da kam es mir zugute, dass ich nicht so schüchtern war und auch eher wirklich ein lustiger und geselliger Vogel war – ohne aber alles ins Lächerliche zu ziehen –, ich schwöre … Allerdings hatte ich

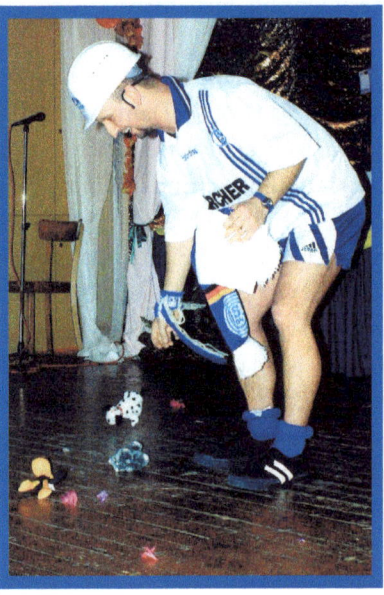

Als Mama kein Geld für Pistolenknaller hatte, war ich der traurigste Clown der Welt – danach kamen erst die Pierrot-Clowns raus – Oma wusste früh, was mir gefällt, wochenlang hat sie mir das Sheriff-Kostüm genäht – auf der Thier als Büttenredner „Der Schalk" – in der Drahte als Bad Pärchen – „Propper" sahen wir aus …

dort meine Probleme mit dem „gekünzelten Getue", irgendwie hieß ja jeder da ganz „düchtig" ... und grüßen und tralala, ob im Dunkeln oder bei Tageslicht, am besten mit Dienstgrad und so ... man, man, man, könnte ja ein Oberst sein, der einem entgegenkommt ... oder, oder hieß es dann. Unser Feldwebel hieß vom Strauch oder so. Ich kann mich gut erinnern, er sah aus wie der jüngere Bruder von Saddam Hussein, aber echt ... mit dem schwarzen Schnäuzer. Die Ähnlichkeit machte mir schon echt etwas Muffe ... Ich meine, dass er Panzergrenadier war. Er hatte immer ein grünes Barett auf. Die Panzergrenadiere waren die Härtesten, so hieß es jedenfalls. Er hat uns, seine Funker, so richtig strammstehen lassen ... uns nannte er nur „seine Funker" ... na besser, als wenn er uns „Funke Mariechen" genannt hätte ... Die Grundausbildung, die drei Monate oder so dauerte, habe ich nicht ganz geschafft, weil ich gesundheitliche Probleme kriegen sollte, aber die Anfangszeit war wirklich extrem anstrengend und trotzdem lustig. Nur wenn das Stuben- und Revierreinigen angesagt war, gab es regelmäßig Stress, ansonsten war wirklich Ordnung und Pünktlichkeit angesagt, sonst gab's auch echt Ärger. Die Offiziere sind wirklich mit dem Finger über den Schrank gefahren, haben dann den Finger vor deine Nase gehalten, gepustet und gefragt, ob man sie noch sieht. Dann ist mir schon mal rausgerutscht: „Man kann sich auch anstellen, so sauber hat noch nicht mal meine Mama geputzt – Hier können wir ja am offenen Herzen operieren ..." Das wiederum hatte zur Folge, dass wir draußen auf dem Exerzierplatz in Windeseile antreten mussten. Manchmal haben sie mir das auch durchgehen lassen, ich meine, dass die Vorgesetzten mit meiner Art sehr gut konnten ... Die hatten schon Spaß an mir ... ☺ Irgendwann stand mal der Gefechtsmarsch mit vollem Gepäck auf dem Plan. Ich meine, das waren so 15 oder 18 km, wenn ich mich recht erinnere. Wie gesagt, mit vollem Gepäck ... Ich fragte Feldwebel vom Strauch: „Wann gehen wir denn Wandern?" „Wandern?", brüllte er. „Ich werde es Ihnen zeigen ... wandern ..." Er hat mich beladen wie einen Packesel, ich hatte mein ganzes Gerödel dabei, ein ziemlich großes MG3 und noch mein G3 ... Rambo war ein Chorknabe gegen mich ... Als wir die Kaserne schon einigermaßen wieder sehen konnten, kam er zu mir und fragte, ob ich mit dem Gewicht Probleme hätte. „Ne", sagte ich, „wenn ich noch eine Hand frei gehabt hätte, hätte ich noch was von Ihnen mitnehmen können ..." Zack schon wieder gab's Ärger; er hängte mir noch einen Mungürtel um und sagte: „Jetzt alle Mann laufen, bis zur Kaserne ... und schneller ..." und dann hieß es natürlich mit dem Gerödel, dem MG3, dem G3 und meinem 20-Kilo-Rucksack hinten am Rücken zu laufen, bis die Schuhe qualmten – bis zur Kaserne. Es war die Hölle und an dem Tag ähnlich heiß wie in der Hölle, obwohl es Januar oder Februar war ... Vom Wetter her perfekt zum Wandern halt ... lach ... Aber ich glaube, unterm Strich habe ich ihm imponiert, ich habe nicht groß rumgejammert, ich hab's (ihm und mir) einfach gemacht. Ich fand die Offiziere eigentlich nicht schlecht. Ich glaube, dass es wirkliche Kumpels hätten werden können ...

Apropos G3, wir hatten eine Übung in Mayen, auf dem Truppenübungsplatz. Das war ein riesiges Truppenübungsgelände. Als so eine Übung fertig war, haben wir alle im Bus gesessen. Es hieß ja immer, dass das G3 die Braut des Soldaten sei ... Sie darf man niemals alleine lassen – verständlich, wenn dein Gewehr in die Hände des Feindes gelangt, bist du und deine Kameraden im Arsch ...

Als wir alle im Bus saßen, entdeckte ich – von meinem Sitzplatz im Bus aus – draußen am Baum ein einsames und verlassenes G3. Ich dachte: *„Das darf doch wohl nicht wahr sein."* Ich wurde echt leicht panisch. Ich fragte in den Reihen vor und hinter mir, ob irgendeiner sein G3 draußen vergessen hätte. Ich konnte ja nicht aufstehen und sagen: „Hallo, hört mal! Wem gehört denn das G3 da draußen?" Der Feldwebel wäre AUSGERASTET!!!! Weil keiner mehr im Wald war und irgendwie alle Plätze im Bus besetzt waren, erinnere ich mich noch, dass jeder seinen Nachbarn leise gefragt hat, ob er sein G3 dabeihat. Irgendeiner von uns, ein wirklich klitzekleiner Kerl mit unwahrscheinlich lustigen Augenbrauen, Marke Theo Waigel, sagte: „Scheiße ... das ist meins!" Er wollte sich schon beim Feldwebel vom Strauch melden, dass er kurz sein G3 mal eben draußen holen wollte. Ich rief ihm nur zu: „Halt's Maul ... (meistens bin ich ja der Einleitungs-Hauptteil-und-Schlusssatz-Typ, in dem Moment war nur der Hauptteil gefordert ...), das müssen wir anders machen." Er guckte mich fragend an und sagte: „Ja, wie sollen wir das denn jetzt machen?" Ich sagte zu ihm, er solle jetzt einfach rausgehen und sagen, dass er noch mal kurz pinkeln müsste. Er machte das, ging am Feldwebel vorbei und sagte, er müsste noch mal kurz pinkeln. Allein das nervte den Feldwebel schon tierisch. Als er wieder reinkam, hatte er auf einmal (s)ein G3 dabei. Der Feldwebel war nicht blöd, er fragte den Funker: „Wo um Himmels willen kommt auf einmal Ihr Gewehr her? Sie sind doch ohne IHR G3 rausgegangen!!!???" Er sagte: „Das war draußen, das stand noch am Baum." Ich weiß nicht mehr, was dann genau passiert ist ... aber Feldwebel vom Strauch hat dermaßen gebrüllt, dass uns die Baretts nur so vom Kopf geflogen sind. Wir waren noch nicht in der Kaserne, da hieß es erst mal Stuben- und Revierreinigen. Danach waren unsere Buden wirklich pingelig sauber ... Putzen konnten wir jedenfalls dann bald alle. Dann mitten im Stuben- und Revierreinigen hieß es: „Auf dem Exerzierplatz antreten!!!!" Dann ging das wieder hoch und runter: Rein in die Zimmer, raus aus den Zimmern ... Der Feldwebel wollte uns wirklich fertig machen. An sich hatte er ja auch irgendwie recht, dennoch gab es dann noch das ein oder andere Wort, dass ja noch mal alles gut gegangen wäre, aber er war einfach auf 2000. Weitere Strafarbeiten waren den Exerzierplatz zu fegen und die bleischweren „Mun"kisten von A nach B zu schleppen. Aber wir haben das alles gut überlebt.

Es gab auch irgendwie immer mal so Sport-Tests zwischendurch. Da ich im Oberkörper sehr schwach unterwegs war und ich bei den Klimmzügen nicht einen einzigen hinbekommen habe, musste ich mir was einfallen lassen bzw. musste ich irgendwie dringendst wieder „etwas Respekt" zurückerobern. Das mit den Klimmzügen wurde nie mehr was. An einem meiner Schlüsselbeine habe ich eine deutliche Erhöhung, irgendwie sieht das aus, als hätte ich mal das Schlüsselbein ausgekugelt gehabt und keiner hat's bemerkt. Aus irgendeinem Grund habe ich auch 3 heftige BSV in der HWS, deswegen habe ich auch wahrscheinlich in den Bizeps keine annähernd normalen Muskeln. Dadurch war natürlich an Klimmzüge nicht zu denken. Diese Geschichte mit dem Schlüsselbein brachte mir auf jeden Fall mal irgendwann eine kurze Dienstunfähigkeit ein. Vorher gab's aber noch ein paar Super-Erlebnisse bei den Übungen und so ...

Bei einer Übung haben wir irgendwie „Tarnen" im Wald geprobt. Es hieß dann, wir sollten uns im Gesicht anmalen, die Uniform ein bisschen mit Gestrüpp vollmachen und vor allem den Helm mit Gestrüpp schön „dekorieren" – ach ne, tarnen hieß das ja –, so dass man ihn im Wald nicht gut sehen konnte. Ich habe meinen Helm dermaßen hübsch dekoriert, dass er den ersten Preis beim Floristen-Wettbewerb gemacht hätte ... und als er da so im Gebüsch lag, griff ein Kollege voll rein und riss mir die ganze „Deko" runter. Er hatte ihn scheinbar echt nicht als Helm gesehen ... Ich guckte den Kollegen nur blöd an und war stinksauer. So gut habe ich meinen Helm natürlich danach nicht mehr hinbekommen. Mein Helm sah bei der Übung aus wie ein ausgeräubertes Straußennest ... peinlich sah das aus.

Auch eine andere Übung auf dem Truppenübungsplatz war nicht schlecht. Es hieß irgendwie durch den Wald zu pirschen ... keine Ahnung und dann hieß es auf einmal Attacke ... da mussten wir wie bekloppt rennen und ich rannte mit meinem ganzen Gerödel mit Vollgas eine Wiese runter und genau in dem Moment, als Feldwebel vom Strauch brüllte: „Deckung!", trat ich gegen einen Maulwurfhaufen und flog im hohen Bogen in ein Gebüsch rein. Der Feldwebel war vor Begeisterung aus dem Häuschen, so eine Deckung hätte er noch nie gesehen, ... Hecke auf, Funker rein, Hecke zu ... super. Durch die ganzen Kratzer von der Dornenhecke, die ich im Gesicht hatte, sollte ich auch bestimmt noch zwei Wochen Freude dran haben. Aber beim Feldwebel kam das seeeehr gut an. Er sagte: „Astrein gemacht, so einen Flug habe ich noch nie gesehen." Und ich konnte mich nicht erinnern, jemals so auf's Mündchen gefallen zu sein ...

Hauptsache, der „Chef" war happy. So hatte ich wieder 2 bis 4 „blöde" Kommentare gut …

Eine der wichtigen Sachen in der Bundeswehr war und ist die Vereidigung – das feierliche Gelöbnis, dem deutschen Volk zu dienen, und so weiter.

Meine erste **feste Freundin**, ich meine damit hm, hm, hmmmm … und meine erste lockere Perle und mein Kumpel Olaf haben an meiner Vereidigung teilnehmen wollen, im Kopf gerechnet waren das 3 Personen, 2 Mädels und ein Junge. Die Vereidigung war nicht weit weg von Neuwied und fand in Koblenz auf einem riesengroßen Schotterplatz statt. Die drei haben es pünktlich dorthin geschafft. Ich fand es echt stark, dass sie dorthin gekommen sind und meine damalige Freundin mitgenommen haben. Es waren immerhin gute 2,5 Stunden Fahrt und ca. 140 km pro Strecke …

Ich war natürlich mit dem ganzen Zug unterwegs und wir haben dann die Vereidigung ziemlich weit auseinander erlebt. Es hat auch alles hervorragend geklappt. Keiner der Rekruten ist ohnmächtig geworden beim langen Strammstehen während der Zeremonie. Als ich meine Freunde und meine Freundin verabschieden wollte und mich noch bedanken wollte, dass sie extra meinetwegen nach Koblenz gekommen sind, habe ich nicht auf die Uhr geguckt. Als wir uns verabschiedet haben und die drei Richtung Auto aufgebrochen sind, stellte ich fest, dass mein gesamter Zug weg war. Ich habe gedacht, *ich spinne … die haben nicht auf mich gewartet … das konnte doch wohl nicht wahr sein.* Ich hörte und sah mich auf dem riesigen Platz um und war völlig geplättet. Man lässt keinen Kameraden zurück, niemals, das war § 1 der Bundeswehr … dass alle von meiner Kompanie weg waren, war der Hammer. Ich wusste überhaupt nicht mehr, wie ich jetzt in die Kaserne kommen sollte. Auch hatte ich dermaßen Schiss, dass der Feldwebel mir den Kopf abreißen würde, obwohl ich eigentlich fest davon ausgegangen war, dass man auf den letzten Kollegen wartet. Quasi seinen Soldaten zurückzulassen, war mir noch ungeheuerlicher als sein G3 zurückzulassen ... Beim Rumdackeln über den Riesenplatz kam mir Oberstleutnant Schmallenberg entgegen. Oberstleutnant ist wirklich schon ziemlich hoch in der Bundeswehr ... auch habe ich ihn wirklich nur einmal, kurz vorher gesehen, als er uns mal vorgestellt wurde. Er hat mich wahrscheinlich auch ein bisschen wahrgenommen, weil mich nimmt man einfach wahr ... oder man lässt es halt ... lach.

Als ich ihn gesehen habe, habe ich gesagt: „Hallo Herr Oberstleutnant."

Er sagte: „Hallo Jung, was machst du denn hier? Wo ist denn dein Zug?"

Ich habe gesagt: „Ich glaube, die haben mich hier zurückgelassen ... ich habe noch kurz meine Freunde, die mich hier besucht haben, verabschiedet und irgendwie haben die nicht auf mich gewartet. Ich finde die nicht mehr, ich glaube, die sind schon ohne mich weg." Der Oberstleutnant sagte nur: „Das glaube ich jetzt nicht ... Das ist ja das Allerletzte ... Ich weiß gar nicht, wie ich jetzt in die Kaserne kommen soll. Und außerdem habe ich jetzt Schiss vorm Feldwebel vom Strauch, der reißt mir bestimmt den Kopf von den Schultern." Oberstleutnant Schmallenberg hatte einen eigenen Fahrer mit eigenem Jeep. Er sagte kurzerhand: „Weißt du was, Funker Ilchmann, wir fahren dich in die Kaserne, kein Problem." „Ja ehrlich?", sagte ich. „Bekommen Sie dann keine zeitlichen Probleme mit dem Rest des Tages? Ich kann auch ein Taxi nehmen. Ich will Ihnen bloß keine Umstände machen." „Ne, Jung, kein Problem, bis zum Abendessen bin ich dicke zu Hause." Auf einmal saß ich beim Oberstleutnant im Jeep, der Oberstleutnant vorne rechts als Beifahrer und ich hinten drinnen. Wir fuhren dann Richtung Kaserne, als wir an der Kaserne um die Kurve kamen, war unser Bus von der Vereidigung auch gerade erst eingetroffen. Die ganzen Rekruten standen auf dem Exerzierplatz und vom Strauch hat scheinbar durchgezählt. Als er den Jeep vom Oberstleutnant entdeckte, brüllte er: **„AAAlle, stilllll gestanden!"** Und alle grüßten und auf einmal ging die Tür vom Jeep auf und wer kam raus: Oberstleutnant Schmallenberg und Funker Ilchmann, ich lachte mich innerlich kaputt. Natürlich hatte ich immer noch Schiss, dass der Feldwebel richtig sauer werden würde, aber da ich Oberstleutnant Schmallenberg schon über meine Sorge eingeweiht hatte, dass er mir wahrscheinlich den Kopf abreißen würde, hat er zum Feldwebel gesagt: „Sie haben Funker Ilchmann auf dem Gelände zurückgelassen. Er hat nur kurz die Familie und Freunde nach der Vereidigung verabschiedet …" Aber der Oberstleutnant gab auch sehr deutlich zu verstehen, dass es überhaupt nicht korrekt wäre, ohne den Kameraden Ilchmann einfach abzuhauen.

„Zählt ihr denn nicht durch, wenn ihr im Bus sitzt? Sollten wir das mal üben!? Das kann doch nicht wahr sein. Das sollte bitte nicht mehr vorkommen. Und bitte: Funker Ilchmann hat nichts zu befürchten … **damit das klar ist** … rührt euch!"

Ich glaube, der Feldwebel war wirklich von den Socken. Da lässt sich der Funker vom Oberstleutnant nach Hause kutschieren und der Feldwebel darf ihn noch nicht mal einen überbraten. Einmalig diese Geschichte, wenn ich drüber nachdenke, könnte ich Tränen lachen und bin gleichzeitig tief bewegt, wie ich schon damals, selbst schwierigste Sachen gemeistert habe … lediglich durch meinen geraden Auftritt und meine Gabe, mich mitteilen zu können …

Eine weitere Geschichte war, dass wir bei einem gemütlichen Abend mit den Stabsunteroffizieren, einer hieß Stuffz Reus, einen wunderbaren Zugabend erleben sollten. So richtig trinkfest war ich eigentlich nie, aber da wurde richtig gebechert … Ich habe den ganzen Abend versucht, nur bei Bier zu bleiben, ich merkte wie Stuffz Reus sich immer wieder zwischendurch einen Maria mit Cola oder so genehmigt hat. Bier hat er auch reichlich getrunken. Irgendwann war er so betrunken, dass ihm schon immer wieder ein Auge zufiel. Dann habe ich schon zu den anderen Funkern gesagt: „Den werde ich jetzt mal ein bisschen hoch nehmen …" Gesagt, getan, ich guckte den Stabsunteroffizier an und fragte ihn, ob er denn schon langsam „abkaspern" würde. Der Stabsunteroffizierriss riss beide Augen auf und brüllte mich an: „Funker Ilchmann, wollen Sie sich mit mir messen? Da habe ich ja nur drauf gewartet, dass einer von euch Grünschnäbel das riskiert." Er machte ein Kasten Bier klar, zog diesen zu uns hin und machte für jeden fünf Flaschen auf. Ehrlich gesagt, glaubte in dem Moment keiner mehr an mich … Ich ehrlich gesagt auch nicht … Er sagte: „Wer die 5 Flaschen als Erstes weg hat, hat gewonnen." Der Einsatz war, so wie ich mich erinnere, die Ehre. Der Stuffz setzte die Bierflasche an und kippte die erste Halbe auf ex runter … ich hatte auch die erste auf ex gut angetrunken … aus dem Blickwinkel habe ich ihn aber beobachtet … Ich habe mir die ganze Zeit gedacht: *„Der kann nicht die ganzen fünf Flaschen runter bekommen, unmöglich."* Er hatte ja vorher Bier und zig Maria mit Cola getrunken. Nach einem Viertel der ersten Flasche verdrehte er ganz doll die Augen, stieß den Kasten Bier weg und rannte mit dicken Backen raus. Ich hörte nur noch, wie er irgendeine Mülltonne draußen aufriss und in sie hinein gegö… hat. Die Kollegen, die noch ein bisschen fitter waren, standen an der Tür, beziehungsweise am Fenster und beobachteten das Schauspiel … zwei andere meiner Kollegen haben drei Flaschen schnell genommen und im Waschbecken ausgekippt und wieder in den Kasten reingestellt. Ich nahm mir einen Eimer und übergab mich ebenfalls in diesen … alles im Raum, alles vor den Kameraden … Offiziell hatte ich natürlich nicht schlapp gemacht … keiner sagte etwas, irgendwann kam Stuffz Reus wieder rein und ich hatte die Flasche Bier noch, oder eher wieder in der Hand, eigentlich war das immer noch meine erste Flasche Bier, die anderen haben die Kollegen ja ausgekippt. Als Stuffz Reus reinkam, habe ich ihn gefragt, ob wir weitermachen würden. Ich habe wieder die Flasche Bier angesetzt und so getan, als trinke ich noch mal einen kräftigen Schluck. Das alleine reichte dem Stuffz um wieder nach draußen zu rennen und sich wieder zu übergeben. Für den war der Abend gelaufen, wir haben ihn nicht mehr an dem Abend wieder gesehen … Am anderen Tag sagte er zu mir: „Funker Ilchmann, du bist eine richtig coole Socke, Mensch, kannst DU bechern, unglaublich. Das hat noch keiner geschafft, mich so unter den Tisch zu saufen." Allein dadurch hatte ich bei ihm schon einen gehörigen Respekt ertrunken … Das hätte ich mir besser für mein späteres Leben mal merken sollen … es gibt Gegenden, da kommst du besser klar, wenn du feierfest bist, als wenn du nur gut bist, in dem, was du tust … Dann gab's ja noch die Sportveranstaltungen, wo ich auch ziemlich gut drin war. Fußball hat der Stuffz auch gern gespielt und konnte mit mir gut was anfangen. Alles in allem war es eine gute Zeit. Als die Grundausbildung zu Ende war, musste ich eine Kaserne weiter nach Andernach. Andernach war uns allen ein Begriff. Neuwied war die kleine Kaserne und in Andernach, in der größeren, waren die Fahrbereitschaft und der Bundeswehr-Arzt. Den habe ich ja schon kennengelernt wegen meiner Schulter Geschichte.

Eine der letzten tollen Sachen bei der Bundeswehr in Neuwied war freitags – immer das Gewehr reinigen, um dann um 12:45 Uhr, Richtung Heimat abdüsen zu dürfen. Beim Gewehrreinigen ist seinerzeit etwas vorgefallen. Ein Kollege hat das irgendwie falsch verstanden, es hieß immer, aus dem Bündel Dochte, die man durch den Lauf ziehen musste, mussten zwei entfernt werden und mit dieser Bleikette zog man die übriggebliebenen Dochte dann durch den Gewehrlauf, bis er sauber war. An sich einfach … Irgendeiner hat gedacht, er würde zwei- bis dreimal weniger ziehen müssen, wenn er versucht würde, die Dochte in voller Anzahl durchzuziehen. Es passierte, was passieren musste. Die Dochte blieben mit der Kette im Lauf stecken. Ich war mit meinem G3 beschäftigt, es sauber zu machen. Es war eigentlich immer ziemlich knapp von der Zeit und das wurde auch nachher pingelig genau kontrolliert, ob alles sauber geworden ist, sonst hätten wir nachsitzen müssen. Als ich mitbekam, dass die Dochte von einem Kameraden klemmten, habe ich mich erst nicht drum gekümmert. Da waren zig Leute am Werk. Als aber einer diese Metallkette um die Heizung wickeln wollte, um sich dann mit den Füßen auf dem Rücken liegend an der Heizung abstoßen wollte, um die Dochte wieder rauszubekommen, habe ich mich dann eingeschaltet. Ich habe gesagt, dass wir das so nicht machen könnten, da würden wir gleich die Heizung, wie bei „Werner der Film" abreißen (ich weiß gar nicht, ob Werner da schon überhaupt gelaufen ist) und dann hätten wir die Arschkarte, dann könnten wir das ganze Wochenende dableiben und die Kaserne renovieren ... Da ich aber bei den Klimmzügen wirklich der aller, aller, alllleeeerrrr Schwächste war, haben alle blöd geguckt, dass ich versuchen wollte, die Dochte aus dem Lauf zu kriegen. Die Alternative wäre nur die Fettpresse gewesen. Die Fettpresse bedeutete, dass man das Gewehr nachher stundenlang reinigen musste, und bis das Gewehr sauber war, mussten alle anderen auch dableiben. Das war so eines der wichtigsten Gesetze bei der Bundeswehr. Ich nahm das Gewehr, wickelte mir die Kette um die Bundeswehr Stiefel und die Sohle, ging in die Knie, packte das Gewehr am Lauf, an Kimme und Korn, und ging aus den Knien in den geraden Stand ... wie ein Gewichtheber, es knarzte ohne Ende (ich meine im Rücken und im Lauf des Gewehres) und mit einem Rutsch war die Kette draußen ... ich glaube, ich habe mir dabei wirklich alle Bandscheiben gequetscht und die Finger bald abgerissen vom Festhalten an Kimme und Korn, aber die Kette war draußen und der Lauf war sauber. Wir konnten alle einpacken und nach Hause. Das ganze Wochenende hatte ich Rückenschmerzen ohne Ende ... ich werde das nie vergessen ... keiner hat mehr einen Piep gesagt, als ich das gemacht habe. Alle haben mich nur noch mit riesigen Augen angeguckt und haben gesagt, wie ich denn das hingekriegt hätte, ich wäre doch noch nicht mal in der Lage, einen Klimmzug zu schaffen. Ich habe dann nur gesagt: „Wenn es drauf ankommt, lege ich mich mit jedem an, selbst mit einer Kette, einer Heizung oder einem Panzer, kein Problem." Der allerhöchste Respekt von allen Anwesenden war mir sicher, selbst vom Feldwebel und vom Stuffz. Kurz nach der Grundwehrdienst-Zeit und dem Umzug nach Andernach habe ich mir privat beim Fußballturnier in Hückeswagen mit der Thekenmannschaft SG Bierfass ja das Kreuzband im rechten Knie abgerissen. Diese Verletzung brachte mir KZH bis DZE ein. Mein Schwager, bei dem ich wohnte, lachte sich immer wieder kaputt, wenn ich wieder von Koblenz kam und vom Bundeswehrarzt eine neue Krankmeldung hatte. Er hat gefragt, ob ich KZH habe und ob ich KZH bis DZE schaffe. Da ich nicht wusste, was das ist, hat er mich aufgeklärt. KZH bis DZE ist: Krank zu Hause bis Dienstzeitende.

Bei der OP ist auch etwas Skurriles passiert. Ich weiß nicht, welche Strategen da am Werk waren ... Ich konnte zwischen Vollnarkose und Spinale wählen. Bei Spinale bist du bis zum Bauchnabel gelähmt, bekommst aber sonst alles mit. Als die Spezialisten mir die Hälfte der Patellasehne demontieren wollten, für die spätere „Plastik", haben sie mit einem Hammer und was auch immer rumgehämmert und waren guter Dinge. Ich rutschte nur bei jedem Schlag ein Stückchen weiter rückwärts vom OP-Tisch. Keiner der Anwesenden merkte das ... so einen Spaß hatten die ... Irgendwann rutschte mein Kopf weg, weil der schon über die OP-Tischkante hing ... „Idioten" waren das ... Ich zuppelte dem, der auf mich achten sollte, am Kittel und dann rief er: „STOPPPPP!" Sie schoben mich noch mal in Position und erhöhten die Narkose zur Vollnarkose ... Unglaublich, aber auch wahr ...

Natürlich war das eigentlich nicht mein Ziel, KZH bis DZE, wer hat schon ein Ziel, so lange krank zu sein. Aber leider hatte eine „uralte" Physiotherapeutin im Bundeswehrzentralkrankenhaus gemeint, mir die Verklebung im Knie nach der OP brachial lösen zu müssen. Ich saß längs auf einer Massagebank und sollte die Beine strecken. Nach einer Kreuzband-OP kann man aber das operierte Knie nicht wirklich strecken. Auch das Beugen geht nicht wirklich. Dafür werden in der heutigen Zeit Orthesen ans Bein angepasst und so wird ein Strecken und Beugen von der Orthese vorgegeben. Damals gab es das wohl noch nicht ... egal. Des Weiteren hatte ich trotz der langen Gipszeit von sechs oder neun Wochen immer noch kräftige Waden. So konnte die Kniekehle eigentlich rein technisch nicht wirklich auf der Bank ankommen. Die Wade verhinderte es so, dass eine Streckung schon erreicht war, obwohl die Kniekehle noch leicht schwebte. Die Physiotherapeutin sah das ganz anders ... sie meinte, ich würde schauspielern. Sie nahm mein Knie und drückte es mit aller Gewalt, volles Rohr, auf die Massagebank. Ich schrie wie am Spieß, sie hat mir quasi das komplette Knie überstreckt und das zwei Tage nach Entfernen des Gipses. Es krachte und schepperte. Alle im Saal hörten wegen meines Schreiens mit ihren Übungen auf. Die Physiotherapeutin war mindestens 65 bis 70 Jahre alt. Sie guckte sich um, kriegte einen roten Kopf und sagte nur noch: „Da haben sich **nur** ein paar Verklebungen gelöst." Leider war ich viel zu jung und schon zu lange im Krankenhaus, um einem Arzt zu sagen, dass die Frau mir vielleicht mein Knie wieder kaputt gemacht hatte, ich hatte auch Angst, dass ich noch mal operiert werden müsste. Das Ende vom Lied war, dass das Knie leider nie wieder richtig gesund wurde. Ich wurde weit nach der Bundeswehrzeit noch dreimal daran operiert, mir ist noch zweimal ein Kreuzband erneuert worden und auch noch Metall eingesetzt worden. Durch viel Fahrradfahren und Reha-Sport bzw. Muckibude habe ich mein Knie einigermaßen selbst stabilisieren können, aber es ist nie wieder wie vorher geworden. Eigentlich bin ich dadurch allein schon schwerbehindert.

Um den Kollegen, während der Arbeitsunfähigkeit von der Bundeswehr, aber ein bisschen beistehen zu können, habe ich ab und zu und trotz Krankenschein von dem einen oder anderen Kameraden mal den Wochenenddienst GvD übernommen. Klar, ich war krankgeschrieben und ich habe die Kollegen in der Woche nicht mehr gesehen, aber die, denen ich den Dienst mal abgenommen habe, waren wirklich dankbar dafür. Auch ich bin irgendwann trotz der Krankheit noch Gefreiter geworden, aber aufgrund meiner Kniebeschwerden bin ich nicht mehr zur Reserve eingezogen worden. Also quasi bin ich im Nachgang nach der Bundeswehr ausgemustert worden, das war aber auch das Mindeste. Eigentlich hat die Bundeswehr mein Knie auf dem Gewissen gehabt, zumindest die eine Physiotherapeutin. Nichtsdestotrotz möchte ich die Bundeswehrzeit nicht missen, der Zusammenhalt und manche tolle Geschichten waren wirklich einmalig. Aber ein, zwei kommen noch...

Das Erdbeben 1992 ... erlebte ich im Bundeswehrzentralkrankenhaus von Koblenz

Es war ja bis jetzt das heftigste Erdbeben, das ich miterlebt habe. Miterlebt ist vielleicht etwas übertrieben, ich habe es fast verpennt ... Meine Schwestern sagten eh immer, dass ich pennen kann, wie ein Toter. Neben mir konnte eine Bombe hochgehen ... Jedenfalls hätte ich fast dieses Erdbeben verschlafen. Lediglich die Alu-Beschattungsanlage vor unseren Fenstern weckte mich auf. Im Halbschlaf fragte einer meiner 2 Zimmerkollegen, was das für ein Lärm und für ein Gewackel ist. Ich sagte ihm nur mit geschlossenen Augen: „Wahrscheinlich ein Erdbeben ..." Dann machte ich auch die Augen auf und dachte: „*Ach du Scheiße ... ein Erdbeben ...*" Da war ich dann auch wach ... Kurios war, dass ALLE Patienten, die etwas laufen und aufstehen konnten, austreten mussten ... wirklich alle.

Auf den Zimmern gab es noch keine Toiletten, meine ich wenigstens. Im Flur war dermaßen eine Schlange von Patienten – unglaublich. Alle mussten anscheinend Pipi ... Ich denke, dass wir noch ein bisschen beim Frühstück darüber geredet haben ... aber es ist ja noch mal „jut jejange" ... Privat war diese Zeit während der Bundeswehrzeit dann aber wirklich nicht schlecht. Ich wohnte ja, nach dem kurzen Intermezzo bei der Freundin in Wipperfürth, wieder bei meiner Schwester und meinem Schwager in Kürten. Mit dem Wehrsold und dem Verpflegungsgeld kam ich irgendwie verhältnismäßig gut zurecht. An den Wochenenden waren Freunde mit mir fast immer in einer Disco in Hückeswagen. Als ich den Gips hatte, war ich die meiste Zeit nur an der Bar. Tanzen konnte ich mit und ohne Gips gleich schlecht ... Zumal die Bedienung hinter der Theke eine dermaßen süße Maus war ... bildhübsch und irgendwie ein Fan von mir ...

Wie ich darauf komme!? Wenn einer meiner Kumpels eine Runde bestellt hatte, knipste sie die Verzehrkarte haargenau ab ... wenn ich eine Runde bestellt habe, knipste sie maximal ein Getränk ab ... das merkte ich direkt beim ersten Mal ... als ich ihr sagte, dass sie was vergessen hätte, „kniepte" sie mir mit

dem Auge zu und meinte, dass das schon so okay wäre. Ich war
ja mit Gips und mangels finanzieller Masse zu schüchtern, sie
mal einzuladen oder so ... irgendwie was essen zu gehen (hum-
peln) oder mal ins Kino ... Des Weiteren fand ich sie auch so
hübsch, dass ich dachte: *„Die gibt mir eh eine Abfuhr."* Es vergin-
gen Wochen und Monate, wo die Süße mich quasi mit ein paar
DM immer hat davonkommen lassen. Meine Kumpels fragten
nachher schon, ob ich nicht immer bestellen könnte ... und ich
solle die doch mal endlich einladen ... Irgendwann habe ich sie
dann wirklich mal gefragt, ob ich mich bei ihr mal revanchieren
könnte mit einem Essen. Ihre Antwort war total unverständlich. „Nö", sagte sie, „geh doch mit deinen Kumpels essen, ihr
hängt doch eh immer zusammen rum." Das war mal ein Korb
ohne Dekoelemente. Heute würde ich dann die nächsten drei
Male alleine in die Disco gehen, um ihr zu zeigen, dass ich auch
ohne die Jungs zurechtkomme ... damals habe ich nur Bahnhof
und Koffer klauen verstanden ... Ich habe es als 100%ige Abfuhr gesehen ... und direkt aufgegeben.

Ach ja, ein Erlebnis gibt's auch noch von der Bundeswehr.

Wir hatten G3-Schießen auf dem Truppenübungsplatz. Ich
weiß nicht, welche Entfernung das war. 200, 300 oder noch
mehr Meter ... und unsere G3 waren ja wirklich alte Hunde.
Beim Rumtragen und Putzen merkte man ja nicht wirklich, ob
die was können, aber bei der Schießübung stellte sich heraus,
dass mein G3 richtig verzogen und krumm war. Es hieß dann,
man schießt dreimal auf die Mitte der Scheibe und wenn der
Schuss unten rechts landet, dann muss man oben links in der
ca. gleichen Entfernung ansetzen, um die Mitte zu treffen. Das
nennt man dann, Bestimmung des Haltepunktes oder so ... Gesagt, getan. Irgendwie habe ich versucht, die Scheibe zu treffen.
Ich habe sie zum Verrecken nicht getroffen. Es war der Hammer, ich habe wirklich auf der Kirmes immer gut geschossen,
mit den komischen Gewehren da. Auf jeden Fall habe ich mit
meinem Gewehr bei der Bundeswehr weder die Tafel getroffen,
noch konnte ich den Haltepunkt irgendwie bestimmen. Ich musste oben eine Wolke anvisieren, um gegebenenfalls wenigstens

die Scheibe zu treffen. Da die Wolken aber schon 1992 nicht stillstanden, war ich am Arsch … Fast alle Kollegen waren mit dem Schießen schon fertig und waren unten in einer Aufenthaltshütte. Sie haben auf die gewartet, die noch am Schießen waren. Also mindestens auf mich … so ein G3 hatte ja auch wirklich einen heftigen Rückstoß. Ich hatte nachher schon ein grünblaues Jochbein vom ganzen Schießen. Ich habe mindestens 50 Schuss gebraucht und habe die Übung nicht geschafft. Irgendwann habe ich zum Feldwebel gesagt: „Ich möchte jetzt ein anderes Gewehr, das kann doch wohl nicht wahr sein, einem so ein Ding mitzugeben … Kann doch gar nicht sein, dass ich zu blöd bin, dieses stehende Ziel zu treffen." Er grinste ein bisschen und gab mir ein Gewehr von jemandem, der die Übung ziemlich zügig geschafft hatte.

Ich habe mit dem Gewehr dann nochmal versucht, den Haltepunkt zu bestimmen. Dreimal auf die Scheibe … war direkt erledigt, dann zielen … und mit weiteren sechs Schüssen habe ich dann die Übung geschafft. Ich habe dem Kollegen das Gewehr zurückgegeben und mich bedankt. Dann habe ich dem Feldwebel gesagt: „Mit meiner ‚Möhre' schieße ich nicht mehr, das macht keinen Sinn, da trifft man noch nicht mal einen Elefanten, wenn man davor steht." Feldwebel vom Strauch guckte mich mit großen Augen an und fragte: „Womit trifft man nicht?" Ich sagte: „Mit dieser Möhre hier." Stabsunteroffizier Reus und Feldwebel vom Strauch lachten sich danach halb tot, sie haben ab dann nur noch gesagt: „Funker Ilchmann … ist Ihre Möhre gereinigt?" Sie haben sich nicht mehr eingekriegt, ich glaube, die mochten mich wirklich. Es war einmalig und vier Wochen bin ich mit dem blauen Auge rumgelaufen, alles wegen des Rückstoßes. Na ja, wie gesagt, die Bundeswehrzeit war schon gut und lehrreich fürs Leben … aber Zuckerschlecken ist auch anders …

Nach der Bundeswehr änderte sich enorm viel ...

Als ich mit der Bundeswehr durch war, bin ich jobtechnisch wieder in meinem ehemaligen Lehrbetrieb eingestiegen. Es war dann sozusagen das erste Gesellenjahr.

Hier bekam man einen Tarifecklohn minus 10 %, da man ja bekanntlich nach der Lehre erst richtig anfängt zu lernen ... zumindest wird dann an der Praxis gefeilt.

Durch diese lange Zeit des „Krank-Feierns" wegen des Knies, habe ich einige wenige Malerarbeiten für Freunde oder Bekannte erledigt. So Kleinigkeiten, die so gerade mit dem ramponierten Knie gingen ... so, um wenigstens etwas drin zu bleiben in der Praxis als Maler und nicht von der Rest-Fitness so viel einzubüßen.

Mädelstechnisch kam ich mit Simone S. zusammen. Ich lernte sie über Freunde kennen ... So war das schon mal ... über Freunde lernte man andere, neue Freunde kennen, manchmal halt auch eine Freundin.

Wir lernten uns auf der Wipperfelder Kirmes kennen.

Eigentlich bin ich von Kürten aus mit einem anderen Mädel, die auch an mir Interesse hatte, zur Kirmes. Ich meine sogar, dass das Mädel aus Kürten gerade mit ihrem langjährigen Freund Schluss gemacht hatte ... Ich meine und befürchte, wegen mir ... hmmmm, doof war das von mir ... Auf der Kirmes traf das Mädchen aber auch direkt wieder auf ihre gesamte Clique aus Kürten. Irgendwie dachte ich mir, dass die mit mir nicht so kompatibel wären. Mein gesamter Freundeskreis kam eher aus dem Wipperfürther Raum ... ganz merkwürdig war das damals.

Ich habe das Mädel aus Kürten dann auch nicht mehr gedatet und auch selten gesehen. Ich schämte mich auch etwas, sie mehr oder weniger nicht genommen zu haben. Nicht dass sie nicht hübsch war oder irgendwas Konkretes nicht gepasst hätte ... Ich denke, dass ich kein bisschen um sie kämpfen musste, war es wohl ... das wäre mir irgendwie zu einfach gewesen ... Ich war ja nie oder selten ein Mann für eine Nacht – soooo viel Zeit hatte ich ja eh damals nie ...

Als ich mit Simone zusammenkam, hatte ich den mit riesigem Abstand größten Freundeskreis in meinem Leben ... Sie kam aus Wermelskirchen, ich war migrierter Wipperfürther in Kürten und spielte doch noch mal etwas Fußball in Hämmern.

Gearbeitet habe ich dann ab November 93 in Köln beim WDR ... Allein die neue Arbeitsstelle im WDR mit damals schätzungsweise ca. 250–300 engen Arbeitskollegen war gigantisch ... aber der Reihe nach.

Raus aus dem Zuhause, aber rein in die Familie ...

Ich erwähnte, dass ich ja bei meiner Schwester und meinem Schwager einziehen durfte, als Mama mit Gerd nach Duisburg umziehen wollte. Ich war ja noch in der Lehre. Es hatte gerade das 2. Lehrjahr begonnen ... Obwohl meine Schwester und mein Schwager schon einen 5-köpfigen Haushalt hatten, schlugen sie vor, dass ich zu ihnen ziehen könnte ...im Keller gab es noch einen ungenutzten Raum. Das hörte sich fantastisch an...

Leider hatten wir damals diesen Raum kein bisschen mitrenoviert. Er war noch nicht einmal verputzt oder hatte Steckdosen etc. Lediglich eine feuerfeste Kellertür und einen Lichtschalter neben der Tür waren vorhanden ...

Mein ältester Bruder war erst einmal nicht sonderlich begeistert darüber, dass ich zum Schwager und zur Schwester ziehen wollte. Er sprach mir finanzielle Unterstützung zu, wenn ich es mir überlegen würde, irgendwie zu einer EIGENEN Unterkunft, einem Zimmer oder kleinen Wohnung ohne Familienanschluss zu kommen. Ich wusste die Gründe nicht haargenau, aber ich spürte, dass ihn was dazu trieb ... Es war völlig okay. Mein großer Bruder hatte ja mir bereits den Führerschein und das erste Auto „gesponsert". Ich war ab einem gewissen Budget nicht vom „Stamme Nimm" und mein Stolz stand mir in meinem Leben auch schon oft im Weg ... Ich hatte ja früh das Arbeiten und Geldverdienen als die ehrlichere und irgendwie bessere Lösung angesehen. Ich erklärte meinem Bruder, dass ich doch erst einmal lieber mit Familienanschluss weitermachen wollte ... Meine erste große Liebe hat auch genau in der Zeit mit mir Schluss gemacht, als alles so wunderbar über mich zusammengebrochen ist ... Ich bin heute noch davon überzeugt, dass sie sich mit mir keine sorgenfreie Zukunft vorstellen konnte. Meine schon damals so fragile „soziale Herkunft", mein zweites Auto nur unter größten Kraftanstrengungen für sage und schreibe 1200 DM hart erarbeitet und dann noch Eltern, die mich mir nichts, dir nichts mitten in der Lehre quasi in die freie Wildbahn katapultiert haben ... Ich hätte da als Mädel auch vielleicht etwas Angst bekommen ... hätte ich zwar nicht ... aber wir stellen uns mal vor, ich hätte ... ne, doch nicht ... so wäre ich nie gewesen ... aber egal ...

Das Zimmer herzurichten war meiner Meinung nach allein schon ein Jahr Mieterlass wert ... Ihr ahnt, was passiert ist!? Ich erzähle mal weiter ...

Mein Schwager wollte die Wände verputzen. Vorher mussten aber noch erst einmal gefühlte 100 Meter Schlitze für die Steckdosen gestemmt werden. Mit Fäustel und Meißel – nicht mit einem elektrischen Bohr- und Stemmhammer ... Wenigstens hatte der Meißel einen Gummischutz, damit ich mir nicht die Hand beim stundenlangen Stemmen zertrümmerte. Als das fertig war, kam ein Freund von meinem Schwager und meiner Schwester für den Strom. Er verdrahtete schon damals das ganze Haus. Dann verputzte mein Schwager die Wände ... gut war anders ... aber ich nahm eine schön dicke geschäumte Vinyltapete für die Wände. Vor den Wänden war noch die Decke fällig. Die habe ich mir absolut alleine nicht zugetraut, im 2. Lehrjahr.

Mein ehemaliger Vorarbeiter, Willi, ist ja ziemlich in der gleichen Zeit von unserem Malerbetrieb auf der Thier zum WDR nach Köln gewechselt. Er war ja in meinen Augen der beste Maler unter Gottes Sonne. Wir kamen ja auch sehr gut aus und ich wäre ihm auch bestimmt gefolgt, wenn er Platz in seiner Brotdose für mich gehabt hätte ... ☺ Ich habe ihn dann zu Hause mal angerufen und ihm von meinem Dilemma erzählt, dass Mama nach Duisburg ziehen würde und ich zur Schwester nach Kürten Hohenstein gehen würde. Ich weiß es nicht, aber ich bin überzeugt, dass er sich auch Gedanken darüber gemacht hat, wie er mir wohntechnisch hätte helfen können. Ich fragte jedenfalls, ob er mir anhand meiner neuen Zimmerdecke zeigen könnte, wie man Raufaser unter die/eine/meine Decke bekommt ... am besten, ohne dass „die Perle" dann vom Bett aus die Bahnen zählen könnte, wenn ... ja ... wenn nichts im Fernsehen läuft ...

Willi sagte direkt zu und in derselben Woche kam er noch mit seiner Kleistermaschine und klebte mit mir die Decke ... eins a ... ohne dass man nur eine Naht erahnen konnte, so, wie sich das halt gehört ...

Ich muss sagen, dass ich das Willi wirklich nie vergessen habe, wie man ja auch hier sieht ... Jetzt war das Zimmer aber immer noch nicht fertig, Steckdosen, ein Teppich (4 x 6 Meter) und der Anstrich fehlten noch ... nur woher nehmen, wenn nicht stehlen? Mein Schwager jedenfalls war nicht sonderlich motiviert, mir da was beizusteuern. Der älteste Bruder hatte ja sein Statement bereits abgegeben.

Mein anderer Bruder schenkte mir den Teppich, die größte und teuerste Position war vom Tisch ... Mensch, war ich erleichtert ... Meine jüngste Schwester hatte wenige Zeit vorher bei einer riesigen Firma in Radevormwald angefangen. Die machten auch in Steckdosen und Lichtschalter ... wie damals die wesentlich kleinere Firma, wo Mama nach unserer Ankunft in Abstoß arbeiten durfte. Auch dieser „Posten" mit den Lichtschaltern und Steckdosen war schon echt groß ...

Die Fensterwand habe ich seinerzeit mit einer weißen Klinkertapete tapeziert, schön auf Muster ... vor der Wand habe ich zwei Teppichkerne mit dem Bodenbelag ummantelt und als Säulen vor die Wand platziert ... Es war 1989, als die Mauer fiel ... Die Wand bekam noch ein Graffiti „The Wall" – ich fand es cool und passend.

Eine Einweihungsfeier gab es auch, mein Freund Olaf aus der Hauptschule und seine Freundin, meine Ex (also ein und dieselbe Person war wieder gemeint), und noch ein bis zwei

Freunde tranken mit mir hier und da was ... Hermännche war
es aber bestimmt nicht ... Das vertrug ich nicht mehr nach der
Abschluss-Zeltparty von der Hauptschule ... Ich meine, es war
Amaretto-Apfelsaft ... jedenfalls zu viel davon ... Ich sage nur,
dass die leere Apfelsaft Tüte ihr Revival an dem Abend hatte ...

Grund hatte ich auf jeden Fall, mich zu betrinken ... Als das
Zimmer mit vereinten Kräften fertig war, bat mein Schwager
mich zum Gespräch. Er kam in mein neues Zimmer und ich dachte: *„Was kommt jetzt?"* Vielleicht wollte er auch mit mir nur ein
Bierchen trinken!? Er sagte: „Charly, wir haben ja noch nicht
über die finanzielle Sache gesprochen, dafür, dass du hier bei
uns wohnen darfst ..." Mir wurde gaaanz anders ... ich sagte,
dass das jetzt aber etwas plötzlich kommt, ich habe doch sogar die Steckdosen und den Teppich nur mit fremder Hilfe gestemmt bekommen. Er meinte, dass ich doch im Sägewerk und
in der Lehre etwas Geld verdiene. Und zusätzlich könnte ich
doch ein oder zwei Zimmerchen im Monat renovieren oder die
Stunden im Sägewerk aufstocken. Begründet hatte er es damit,
dass meine Schwester mir ja auch noch meine Wäsche macht
und ich auch mit ihnen Essen könnte. Klar, alles gute Argumente ... Er fragte, wie viel ich denn als Lehrlingsgehalt bekomme.
535 DM (260 € – nur mal zum Überlegen) waren das im zweiten Lehrjahr. Ich meine, dass er dann 250 oder 300 DM fest-
gelegt hat pro Monat ... Mich traf der Schlag. Ich riss mich so
gut, wie es ging, zusammen und als er aus dem Zimmer war,
schloss ich leise ab und heulte wie ein Schlosshund ... Ich hatte meiner Schwester und DIESEM Schwager monatelang das
ganze Haus renoviert, ohne einen Pfennig Geld zu bekommen
oder einzufordern. Nicht einmal Spritgeld haben sie mir gegeben. Außer Fliesenlegen hatte ich alle anfallenden Arbeiten erledigt. Selbst die Naturholzfenster und die Haustür (erstes Kapitel) hat mein Schwager über den Bauträger UNBEHANDELT
bestellt. Unbehandelt hieß: 3-mal lasieren inkl. ... jeweils einem Zwischenschliff und das innen und außen ... bei einem
Haus, eine Horror-Aufgabe. Ich war so enttäuscht von meinem
Schwager, von meinem Helden meiner Kindheit ... Vor meinem

geistigen Auge tauchte auf einmal mein großer Bruder auf ...
Genau das war es, was er im Vorfeld befürchtet hatte ... Meine
jüngere Schwester und mein anderer Bruder fanden das auch
überhaupt nicht angemessen ... war aber so ... und ich glaube,
sie hielten sich da auch raus. Die ganze Nacht konnte ich nicht
pennen, ich rechnete hin und her, wie ich denn mein Auto und
den Sprit dafür verdienen sollte. Ich fühlte mich ja zum Malen
und Tapezieren immer noch nicht bereit. Es bedarf in dem Beruf ja auch an nicht zu verachtenden Vor-, Rüst- und Nacharbeiten. Nach dem Erlebnis bei der Nachbarin war ich halt, gefühlt,
noch lange nicht so weit. Ich stockte dann halt die Stunden im
Sägewerk auf. Dort gab es dann alle 14 Tage eine kleine Lohn-
tüte ... alles schön sauber ... nicht die Arbeit, die Abrechnung
und so. Ich meine halt, dass es keinerlei Mauschelei war oder
gar Schwarzarbeit und so.

Für mich ist „richtiges" Schwarzgeld eh erst Schwarzgeld,
wenn es dem Kreislauf des Landes entzogen wird ... also wenn
es in rauen Mengen über CumEx und so miese Tricks ergaunert
wird, **und dann das Land verlässt.** Wenn es aber immer wieder in die deutsche Wirtschaft fließt ... dann ... dann hat der
Staat höchstens, ein übers andere Mal, nicht komplett davon
partizipiert ... mehr nicht ... ist aber nur meine Meinung ... ist
aber auch meine Biografie ...

Irgendwie groovte ich mich dann nach und nach ein, wegen
der Finanzen ... Ab und zu dachte ich, wenn ich der Mama vielleicht auch ein bisschen Geld, das ich verdient hatte, abgegeben
hätte ... wäre sie dann in Abstoß geblieben?! Früher hieß so was
Kostgeld ... und das abzugeben war in den vorherigen Genera-
tionen wohl noch gang und gäbe.

Auch heute denke ich ... wie wäre dann mein Leben weiter-
gegangen, wenn das nicht passiert wäre ... Ich hätte den Willi
nie gefragt, ob er mir hilft, die Decke zu tapezieren und er hätte
mich auch vielleicht aus seinem Gedächtnis verloren!? Ergo wäre
ich nie beim WDR angestellt worden ... So ist das Leben ... wenn
du einmal gravierend (oder noch so klein) abgebogen wärst ...
wärst du höchstwahrscheinlich nicht da, wo du heute bist ...

Ob du besser oder schlechter stehen würdest ... man weiß es nicht ... niemand weiß so was.

Irgendwann kam dann das 3. Lehrjahr und mein Schwager hat das „Kostgeld" noch einmal deutlich erhöht, um mehr als ich im 3. LJ als Lohnerhöhung bekommen hatte. Das hieß, noch mehr Stunden im Sägewerk kloppen ... Mein Traumauto von der Zeit vor dem Führerschein tauchte auf einmal wieder auf ... Ich hatte es ja angedeutet ... Und zwar der Ford Fiesta in Silber, der mit den Alus und der XR 2 Optik ... der, der genau so in der Zeit während der Führerschein-Prüfungen beim Autoverkäufer gestanden hat ... ich meine, damals so um die 3500–4000 DM. Als ich dann fast täglich im Sägewerk gejobbt habe, hörte ich, dass ein ehemaliger Nachbar aus Abstoß den Führerschein auf unbestimmte Zeit abzugeben hatte. Er war wohl mit ein, zwei Bierchen zu viel erwischt worden und hat den Wagen wohl irgendwo „auffällig abgestellt" ... Ich dachte, ich frage den Kollegen doch mal, ob er mir das Auto verkaufen würde, wenn er eh nicht weiß, wann er wieder fahren dürfte ...

Er sagte: „Ja klar, Charly ... was gibst du mir denn dafür!" Ich dachte: „*Ist der Wagen denn so am Arsch ... nach dem Einparken.*" Ich konnte mein Glück nicht fassen. Wir haben uns den Wagen bei ihm in der Garage angeguckt. Nix soweit dran gewesen ... keine Beule und so, wie ich sah, gut in Schuss. Dann fragte mich der Nachbar, was ich denn geben würde oder könnte ... Ich sagte vorsichtig: „1000 DM!?" „Ja, okay", sagte der Kollege. Ich dachte: „*Boooo, geil ... den Wagen wollte ich doch immer schon haben ...*" Meinen weißen Ascona B habe ich auch direkt an einen Kollegen aus der Schulzeit verkauft, auch für 1000 DM – hopp auf top hatte ich mit ein wenig Verspätung für die nächsten 2–3 Jahre doch noch mein erstes Traumauto bekommen. Zur Bundeswehrzeit und die erste Zeit danach hat er mir gute Dienste geleistet. Leider hatte ich von dem Auto (und dem weißen Ascona) kein Foto gemacht. Für einen Fotoapparat fehlte damals noch das Geld. Zu dem Zeitpunkt hatte ich ja noch die Freundin nach meiner großen ERSTEN Liebe ... Die erste große Liebe war aber meine zweite Freundin ... nur falls meine Verflossenen sich das Buch auch mal kaufen ...

Als ich meinem Freund und „Altgesellen" zum WDR hätte folgen können …

Während der Gesellenprüfung nahm Willi mal mit mir Kontakt auf. Im WDR, in der Malerei würde eine Stelle frei sein … ob ich nicht dahin kommen wollte, er würde für mich ein gutes Wort einlegen. Zum einen war ich ja noch in den letzten Zügen der Lehre und zum anderen traute ich mir da überhaupt nicht zu, wieder so viel in meinem Leben zu ändern. Booo, das war mir echt zu kriminell und ich hatte ja auch echt Muffe, dass ich Willi da mit dem bisschen „Können" blamieren könnte … Ich sagte dankend ab … auch in Anbetracht dessen, dass die Bundeswehr noch kommen sollte …

Der Malerberuf kann schon gefährlich sein …

Genau zwischen der theoretischen und praktischen Prüfung während der Lehre ist es zu einem richtig schlimmen Unfall auf einer Baustelle gekommen … Einer meiner besten Altgesellen ist bei einem Außenanstrich (mit mir) verunglückt. Das ganze Haus war im Fachjargon ebenerdig gebaut … hieß es … Zur Sicherheit hatten wir 12er Holz Treppenleitern mit. Es gab eine Seite, wo durch die Abfahrt zur Garage der Keller etwas höher rausguckte … Wir haben da dann eine Treppenleiter aufgestellt. Mein Geselle war um einiges kleiner als ich … Aber mir war das echt zu kriminell … Ich fand im Inneren, ohne dass ich mir zutraute, das auszusprechen, dass wir die Seite besser mit einem etwas besseren Gerüst am anderen Tag machen sollten … Da hätte ich besser mal RICHTIG Position einnehmen sollen. Der Geselle ging auf die Leiter und kam nicht ganz an das Gesimse, um es abzukleben. Dann stellte er **die zweite Leiter auf die erste**!!! Jetzt kam er einigermaßen dran. Irgendwie wieder Zirkus auf der Baustelle … aber das war an sich ständig so …

Ich deckte in der Zeit unten den Boden ab. Unter dem Gerüst lagen einige Reihen Pflastersteine. Mit einmal krachte etwas und das Gerüst gab irgendwie nach ... Ohne Rückenlehne und sonstige Festhaltemöglichkeit viel der Altgeselle bestimmt aus 3–3,5 Meter in die Tiefe, ich bekam die 5 Meter lange Holzdiele ins Kreuz und vor den Kopf. Dadurch bekam ich gar nicht wirklich mit, wie mein Geselle aufschlug. Als ich unter der Diele herkam, sah ich meinen Kollegen schon auf den Pflastersteinen hocken oder sitzen oder so ähnlich. Er war leichenblass. Mir ging es einigermaßen okay, gut aber auch nicht ... Ich fragte, ob ich einen Krankenwagen bestellen sollte. Ich wusste ja immer noch nicht, ob er sich sehr weh getan hätte. Er sagte, dass wir besser Schluss machen sollten für heute ... Ich fragte, ob ich ihn denn besser ins KH nach Wipperfürth bringen sollte. Nein – es würde schon gehen, ich sollte ihn erst mal nach Hause bringen, er würde sich erst mal etwas frisch machen und später dann ins Krankenhaus ... Ich war gerade 20 Jahre ... Ich machte es dann so, wie gewünscht. Ich bin mit ihm nach Hause und habe ihn geschultert in die Wohnung zu seiner Frau gebracht. Dann bin ich zur Firma und habe berichtet, was passiert ist ... unserem Chef traf fast der Schlag, besonders als ich dem Chef gesagt habe, dass der Kollege erst mal nach Hause wollte. Irgendwann sagte mir unser Chef, dass der Kollege lange ausfallen würde ... er hätte einen Trümmerbruch in der Ferse und sein Rückgrat sei gebrochen ... schluck ... Als ich später im WDR angefangen habe, war das Thema Sicherheit am Arbeitsplatz jedes Jahr präsent ... in der jährlichen Sicherheitsunterweisung. Hier wurde jedes Mal davor gewarnt, nach solchen oder schon wesentlich kleineren Unfällen von solchen Krankentransporten Abstand zu nehmen. Der Kollege hätte im Auto kollabieren können oder beim Transport in die Wohnung hätte weiß Gott noch was passieren können. Ich hätte ihm beim Tragen unabsichtlich den „Rest" geben können – gar nicht auszumalen war das ... Der Kollege wurde leider niemals mehr arbeitsfähig und ist später, viel zu früh verstorben ...

Immer wenn er mich gesehen hat, hat er mich „gefeiert", weil ich ihn nicht direkt ins Krankenhaus gebracht habe ... Das hätte ihm gesundheitlich vielleicht aber besser geholfen ... aber nicht finanziell … über den Rest, warum er wohl erst nach Hause wollte, schweige ich mal … schlimm war das …

Einige Jahre später habe ich es aber besser gemacht. Ich habe für einen Freund seine Maisonetten-Eigentumswohnung renoviert. Zwei Mitarbeiter einer Malerfirma waren nur für die mehrstöckige Eisen-Wendeltreppe zuständig. Sie nahmen die Baustufen ab und turnten wie die Äffchen an dem Treppengestell mit Schleifpapier rum … Die wollten mir einen zeigen … bis einer … bis einer der Maler ziemlich weit oben neben einer Stange vom Geländer geparkt hatte … Der Maler stürzte wie bei „Donkey Kong" ab … er schlug ein paar Mal irgendwo auf die Eisen und landete fast flach mit dem Rücken auf dem Estrich …

Ich dachte echt, der ist tot. Sein Kollege, ca. mein Alter oder etwas jünger, wollte ihm direkt aufhelfen … Ich gab einen Brüll: „Flossen weg … Wir rufen den RTW." Der Jung guckte vielleicht erschrocken … Was wir dann auch taten … und danach kam nicht nur ein RTW, sondern auch die Polizei. Eine der Beamtinnen kannte ich von meiner Sandkastenliebe aus Abstoß. Eine echt tolle Polizistin … mit Handschellen, Wumme und so … Da es nicht mein Kollege war, habe ich nicht mitbekommen, was der Kollege hatte … und wie es ausgegangen ist … Hier ein Beispiel, wie man trotz aus so einer extremen Situation, aus so einem Mist, lernen kann … Na ja, ich kann aber drauf verzichten … echt.

Zurück zur Wohnsituation …

Als ich aus der Lehre kam, wurde mein Schwager aber leider dann echt zu geschäftstüchtig … ich sollte, fast die Hälfte meines Gesellenlohnes abgeben, wir zofften uns das erste Mal wie die Kesselflicker. Ab da war erst mal Schluss mit lustig … Ich zog in das Elternhaus meiner damaligen Freundin nach Wipperfürth. Ich glaube, darüber hatte ich schon geschrieben. Dann kam die Bundeswehr und die Freundin war ja kurzer Zeit später

Geschichte. Jetzt kam die schwere Knie-Verletzung und ich zog doch noch einmal zur Schwester und zum Schwager. Unterm Strich war das auch eher ein Fehler ... Mein Schwager war zwar während meiner Knieverletzung etwas „großzügiger" und fast wieder so wie ich ihn kennenlernte, aber es war ja von damals emotional was hängen geblieben. Nach der Bundeswehr und kurz vor dem WDR kam aber sein alter Geschäftssinn doch noch einmal zurück. Ich schaffte es leider wieder nicht, vom Haus des Schwagers in die erste eigene Wohnung zu ziehen ... Zum Auszug musste ich mir starke Hilfe besorgen, einen lieben und sehr starken Freund von meiner Freundin. Er war nur mitgekommen, um mitzukommen, nicht um groß Möbel zu tragen ... Ihr versteht? Mit der Zeit kamen wir aber wieder miteinander aus...und zwischendurch habe ich Ihnen auch wieder malerisch etwas geholfen.

Meine damalige Freundin, Simone, ihre Schwestern und ihre Mama nahmen mich für ein paar Wochen in Wermelskirchen auf. Es war wirklich sehr großzügig und heimelig ... quasi wie bei Mama. Es klappte alles trotz der räumlichen Enge hervorragend.

Vieles, was ich mit Charly erlebt habe, war für mich das erste Mal in meinem Leben. Er war meine erste große Liebe, mit ihm bin ich das erste Mal in einem Flugzeug geflogen, mit ihm bin ich in meine erste eigene Wohnung gezogen, mit ihm war ich das erste Mal in meinem Leben auf Schalke – und das als Bayern Fan! Charly war und ist ein wundervoller Mensch. Er hat bis heute einen festen Platz in meinem Herzen und meiner Familie. Wir haben uns nur selten gestritten und in Frieden getrennt. Bis heute ist er mir ein guter Freund geblieben. Wir haben zusammen sehr vieles erlebt und es fällt mir daher nicht leicht, ein paar Highlights herauszupicken. Das erste Highlight war natürlich unser Kennenlernen. Es war im Jahr 1993, Schützenfest in Wipperfeld. Der Freund meiner besten Freundin Sonja hat mir an diesem Abend einige Freunde und Arbeitskollegen vorgestellt. Darunter war auch Charly – bei mir hat es direkt gefunkt. Meine Freundin war nach diesem Abend völlig überrascht, als ich mich am nächsten

Tag nach Charly bei ihr erkundigt habe. Aber Charlys offene, lustige, herzliche und ehrliche Art hat mich einfach sehr berührt. Für mich als Bayern Fan war ein Zusammenleben mit diesem Hardcore-Schalke-Fan natürlich nicht immer einfach. Jedoch durfte ich mit ihm zusammen die wundervolle Eurofighter-Zeit erleben und als Ersatz ist er sogar einmal mit mir nach München zu einem Bayern-Spiel gefahren. Damals zog in unsere Wohnung auch ein neues Familienmitglied ein: Kimba. Nach meinem Auszug hat er sich weiterhin liebevoll um sie gekümmert, so dass sie es zu einem sehr stolzen Alter gebracht hat. Nie werde ich den Tag vergessen, als er Kimba, die er von einer Arbeitskollegin bekommen hatte, mit in unsere gemeinsame Wohnung nach Kürten gebracht hat.

Es gab natürlich auch nicht so tolle Geschichten. Wir haben uns damals zusammen Mountainbikes gekauft. Er meinte dann, mit meinem Fahrrad zum Bäcker fahren zu müssen. Wenn man nur Brötchen holt, warum sollte man das Fahrrad abschließen?! Das Fahrrad wurde geklaut und ich stand ohne Rad da. Das fand ich damals nicht so lustig – er aber auch nicht. Na ja, dann haben wir einfach ein neues Rad gekauft. Wir sind einige Kilometer im Bergischen Land damit unterwegs gewesen und auch im Urlaub haben wir die Räder hin und wieder mitgenommen. Charly und ich waren gerne gemeinsam draußen in der Natur unterwegs. Wandern, Radfahren... Einmal sind wir jedoch nach Mallorca geflogen. Für uns beide war es der erste Flug in unserem Leben. Der Urlaub war sehr schön. Jedoch war für uns beide danach klar: Die großen Strandurlauber werden wir niemals werden.

Ein Erlebnis werden Charly und ich auch nie vergessen. Es gibt Nachrichten, wenn man die hört, kann man sich auch noch nach Jahren daran erinnern, wo man zu diesem Zeitpunkt war. Für uns war es die Nachricht von dem Tod von Ayrton Senna. Wir befanden uns auf dem Heimweg von seinen Eltern, sie wohnten zu der Zeit in Duisburg. Da hörten wir im Radio die Nachricht, dass er verstorben ist, und im Anschluss wurde ein Lied von den Crash Test Dummies gespielt. Wir fanden das damals ziemlich makaber.

Als unsere Mutter Ende 2019 nach kurzer schwerer Krankheit verstarb, war es für Charly selbstverständlich, zur Beerdigung zu kommen.

So ist Charly eine treue gute Seele – ich bin dankbar, dass sich unsere Wege gekreuzt haben.

Gastkommentar von meiner ehemaligen Freundin Simone Schwandrau.

Mit Simone habe ich dann eine Wohnung, meine und ihre erste, in Kürten bezogen ... Ich würde sagen, dass wir eine sehr intakte Beziehung geführt haben, es war ja unsere erste mit GEmeinsamen Wohnen und so ... Wir trennten uns erst genau nach meiner Meisterschule ... oder während der Prüfungen ...
   In dieser Zeit fiel auch mein allererster FLUG-Urlaub nach Malle und meine treuste Freundin ... meine Katze Kimba zog bei mir/uns ein ...

Kimba hatte viele Fans

Als ich schon eine Zeit lang beim WDR war und schon in Kürten mit Simone wohnte, hatte meine Arbeitskollegin, Heidrun, genannt Heidi, Zuwachs bekommen. Das heißt, ihre Katze bekam Kätzchen ... Willi bekam einen Kater von Heidi geschenkt. Es handelte sich um sogenannte Rassekatzen. Siamkatzen kann man ja so ruhigen Gewissens nennen ... Ich dachte, noch ein Tier würde Simone und mir gut tun. Kurz vor dem Malle-Urlaub haben Simone und ich, uns dazu entschieden, Heidi auch eine Katze abzunehmen ... Heidi wollte weder von mir noch von Willi eine „Schutzgebühr" haben ... ich denke, 300 DM wären pro Katze nicht utopisch gewesen. Heidi ist aber eine durchaus tolle Seele, sie wusste genau, dass die beiden Katzen es in Kürten gut haben sollten. Kimba war die Letzte aus dem Wurf, die noch nicht vermittelt wurde ... quasi genau wie ich immer ... Heidi war sich ja auch sicher, dass ich und Willi gute „Katzenpapas" werden würden ... schreibt man das so? Egal ... Direkt nach dem Urlaub auf Malle kam Kimba zu uns. Ich liebte sie vom ersten Tag an wie bekloppt. Im Kino lief gerade König der

Kimba neben ihrem Beschützer Mufasa – und auf der Vitrine – aufwachen, du Schlafmütze – die Ankunft, schnell unter den Wäscheständer – ihr Lieblingsplatz war an sich immer … auf mir …

Löwen und zu Simba passte Kimba einmalig ... Jeder, der sie kennenlernte, wollte sie entführen ... Kimba hatte mit ihrer Katzenmama vier Mamas und einige „Stiefmütterchen" ... Für Kimba habe ich quasi lieber ganze Autos mitgegeben, als mich von ihr zu trennen. Kimba gab auf Kommando Küsschen und legte sich auf Wunsch auf den Rücken ... Dann war erst einmal Krabbeln angesagt ...

Egal, was ich machte oder wo ich saß und lag ... Kimbi lag innerhalb von Millisekunden auf mir drauf ... Nachts schlief sie oft mit im Bett, am meisten auf meinen Beinen. Nachher hatte ich so eine Technik raus, dass sie liegen bleiben konnte, wenn ich mich vom Bauch auf die Rückenlage drehte. Hierbei habe ich die Beine schon vor dem Drehen vorsichtig unter der Bettdecke über Kreuz gelegt ... Dann habe ich mich gerollt und die Beine waren wieder nebeneinander. Kimbi hat immer fein durchgepennt. Nur ich hatte immer ein Auge auf, damit ich sie nicht platt drückte im Bett ...

Kimbi wollte immer mal gerne vor die Tür. Wir wohnten in Kürten – eine sehr enge Straße, aber die ganzen Bewohner fuhren wirklich gesittet. In der Straße gab es ja auch sehr viele Kinder ... Auch mir gab es wichtige Verhaltensweisen mit auf den Weg, in so einer engen Straße zu wohnen. Für bzw. gegen Raserei jedenfalls wurde ich hier sehr gut sensibilisiert ... Kimba hatte in den 6 Jahren, als wir dort gewohnt haben, nie Schaden erlitten. Heute wäre ich zu solch einem Risiko nicht mehr bereit ... da wäre Kimbi eine Hauskatze geworden ... komisch, ne?

Damit wir aber keine fremden Katzen in unserer Wohnung hatten, kaufte ich in der RAIBA eine magnetische Katzenklappe. Das war so 94/95 ... Das war so damals das Neueste vom Neuesten für Katzen ... und billig auch nicht. Es war eine Katzenklappe, die sich automatisch verriegelt hatte, wenn Madam aus dem Haus gegangen ist ...

Durch ihren neuen Haustürschlüssel, einem Magneten, der ans Halsband befestigt werden musste, entriegelte sich ihre Katzenklappe und Kimba konnte herein ... wann und wie sie wollte.

Nur ab der Dämmerung musste mein Mädchen zu Hause bleiben ... da kannte ich nichts ... Dann habe ich die Tür verriegelt.

Ab dann nannte sie mein Freund Ingo immer Schickimicki-Katze ... Ingo ist ja nie so der „Schmuserle" gewesen ... aber der Kimbi konnte keiner entrinnen. Wer mein Freund war, war auch ihr Freund ... so war Kimbi. Nur ein Nachbar aus der Straße kam mal vorbei und fragte, ob die beige Katze meine sei. „Ja", sagte ich. Er sagte, dass er gesehen hätte, dass sie sich einen Vogel gegriffen hätte. „Hmmm", sagte ich empathisch, „aber das ist leider die Natur. Der Vogel tut mir leid, er hätte besser wegfliegen sollen..." Dann sagte der Mann, wenn er die Katze noch einmal dabei erwischen würde, dann würde er sie beim nächsten Mal platt fahren, wenn er mit dem Auto kommen würde. *Upsss, jetzt wird es interessant"*, dachte ich mir. Ich wechselte sofort in den „Klein-Moskau"-Stil ... ich sagte zu dem wirklich viel älteren Herren: „Und wenn Kimba nur einmal eine abgerissene Kralle hat, wenn sie nach Hause kommt, fahre ich Sie auch platt, auf dem Bürgersteig, wenn das sein muss. Haben Sie mich verstanden?" Der Opa kippte fast aus den Latschen. Dem fehlten alle Worte ... Ich drehte mich um und machte die Tür zu. Mensch, war ich sauer ... Am anderen Tag traf ich unseren Vermieter. Er druckste ein wenig rum ... und ich sagte dann, das so ein Opa mir gedroht hätte, Kimba platt zu fahren, wenn dies und das ... Da mein Vermieter erstens mich so nicht kannte und zweitens auch eine Katze hatte, war das Thema schnell vom Tisch. Aber hier ins Buch hat dieses Erlebnis, es trotzdem geschafft ... Eigentlich bin ich ja ein Einleitungssatz-Hauptteil-und-Schlusssatz-Typ mit guter Rhetorik, Mimik und Metaphern ... Aber manchmal gibt es auch nur das Hauptgericht von mir ...

Kürten war für Kimba eine schöne Zeit. Mit dem eigenen Haustürschlüssel hatte es aber auch schon mal was Nerviges auf sich. Manchmal saß sie drinnen oder draußen auf der eigens gebauten Katzenrampe und überlegte, was sie denn alles so tun könnte ... immer wieder machte diese Verriegelung ritsch, ratsch, je nachdem wie weit sie so von der Tür weg war. Manchmal ging das so lange, bis Simone oder ich sie rein gerufen haben. Das nervte echt tierisch … Simone ging meistens am Samstag für uns einkaufen. Ich putzte lieber die beiden Autos und saugte sie aus und so … In Kürten Eichhof zum Supermarkt waren es nur wenige 100 Meter, nur über die Hauptstraße und zack, war man da … Eines Samstags war Simone gerade mal 10– 15 Minuten weg, da war sie auch schon wieder da … Ich dachte, sie hätte was vergessen, den Einkaufszettel, Geld oder was auch immer … Sie sagte, dass Kimba ihr nachgelaufen sei. Sie war schon fast da und hat sie dann hinter sich her tapsen gesehen … Als sie sie dann zu Hause abgeliefert hatte, ist sie erneut los und ich habe halt in der Zeit ihren Ein-/Ausgang verrammelt. Als ich mit Simone auseinander war und noch ein bis zwei Jahre alleine in Kürten gewohnt hatte, habe ich bei meinen Nachbarn, ein paar Häuser entfernt, das Badezimmer gestrichen … Irgendwie ist mir Kimba dann gefolgt und hat sich auf den Klodeckel gesetzt. Erst habe ich sie nicht bemerkt, aber dann habe ich gedacht: *„Ich bin eh gleich fertig und nehme sie dann wieder mit nach Hause.“* Dies blieb den Nachbarn natürlich nicht

Unser letztes gemeinsames Bild, einen Tag vor ihrem Tod … da war mir absolut noch nicht klar, was da auf uns zwei zukommt … puuhhhh

verborgen. Die waren von den Socken, dass Kimba gucken wollte, wer die Schmusezeit so GEmein reduzierte.

Kimba ist, Gott sei Dank, noch weitere 15 Jahre mit mir GE-
meinsam durchs Leben gegangen ... Fortsetzung folgt ...

Mein Meisterwerk??? Der Meisterbrief ... ich bin mir nicht ganz sicher ...

Was ist der Unterschied zwischen Schalke und einem Handwerker?
Ein Handwerker kann ... werden. Sehr, sehr witzig ... noch so ein
Spruch und du kannst morgen aus'm Rollstuhl grüßen ... Ich bin
insbesondere 2001, 2005, 2007, 2018 und noch einige Male mehr
so oder so ähnlich aufgezogen worden ... wenige, aber manche,
haben es dabei auch wirklich übertrieben ... grrrrrrrr. In Anbetracht meiner eher schlechten Schulergebnisse hat wahrscheinlich
kaum jemand daran jemals gedacht, dass ich mich mal zu einer
so zeitintensiven und auch teuren Meisterausbildung anmelden
würde, schon gar nicht, dass ich die auch noch erfolgreich absolvieren würde. Wann der Gedanke dann richtige Formen annahm,
dass ich mich in der Handwerkskammer zu Köln zu einer Weiter-
bildung mit so einer Dimension anmelden wollte, kann ich nicht
wirklich mehr sagen. In unserer Familie bin ich weit und breit der
einzige Handwerker ... Mein großer Bruder ist Ingenieur ... und
ein Onkel auch ... die anderen waren anderweitig berufstätig. Das
erste Mal kam es mit meinem damaligen Ausbildungsmeister zu
einem Gespräch, wir waren zu seiner Kundschaft nach Abstoß
unterwegs – meinen Nachbarn vom Sägewerk –, als er fragte, ob
ich nicht mal vielleicht den Malermeister machen möchte? Ich
sagte ihm, dass ich das doch jetzt noch nicht wüsste und ich mal
darüber nachdenken werde... unheimlich viele der Gesellen aus
meinem Lehrbetrieb haben später Ihren Meister gemacht und
eigene Firmen gegründet ... Die Firma war sozusagen wirklich
eine Talentschmiede ... Als ich dann beim WDR einige Jahre arbeitete und ich wirklich bei jeder internen Stellenausschreibung

nicht „berücksichtigt" wurde, kam der Entschluss, dass ich mich irgendwie durch eine derartig hohe und auf der Arbeit auch anerkannte Zusatzausbildung anbieten wollte. Entschuldigung, viele, die diverse Zusatzausbildungen in Angriff genommen haben, wollten ausschließlich nur noch mal gerne zur Schule gehen und sich weiterbilden ohne feste Absichten und so ..., quasi wie ein Fußballer, der nur noch mal eine andere Sprache lernen wollte ... bei mir war das anders. Ich wollte die Ausgangsposition für mich bei den nächsten Bewerbungen jedenfalls gerne verbessern. Auch hatte ich noch mit mir selber und auch mit manchen Kritikern eine Rechnung offen. *„Kann ich nicht, gibt es nicht (mehr)"*, dachte ich mir. Vor der eigentlichen Schulmaßnahme sollten die angenommenen Bewerber noch einen kostenpflichtigen Vorbereitungskurs durchlaufen. Dieser war einmal in der Woche ebenfalls in Köln. Da ich ja eh in Köln-Bocklemünd arbeitete, war die Anreise schon mal okay. Ich hatte noch die Möglichkeit, vor der Schule was zu essen, und musste nicht wie viele meiner Kollegen eine größere Anreise machen. Zum Start der Meisterschule bzw. schon zum Vorkurs wollten die Kollegen einen Klassensprecher wählen. Da mich keiner kannte und ich einer der Jüngeren war, habe ich versucht, mich zurückzuhalten, und habe mich „unsichtbar" gemacht. Es wurde ein durchaus offensiver Mitschüler gewählt. Er bedankte sich für die Wahl und sagte dann, WER sich so oder so verhalten würde oder Stress machen würde, würde tierisch Ärger mit ihm bekommen ... Bums, da war erst mal Funkstille in der Klasse. Mein Verständnis für eine Dankesrede war komplett anders ... UNSEREN Klassensprecher habe ich mir irgendwie anders vorgestellt. Für mich stand erst einmal die Klassengemeinschaft im Vordergrund. Eher war ich immer bedacht, dass sich die Lehrer uns Schülern gegenüber korrekt verhielten. An meinen Mitschülern habe ich im Vorfeld nie gezweifelt ... In meinem Leben kommt jeder mit einem dicken Bonusheft rein ... Jeder genießt erst mal so 1000 Bonuspunkte ... wie schnell er die abarbeitet liegt an jedem selbst ... Dieser junge Kerl war dann schnell in den Miesen ... Als es mir nach der „Danksagung" zu lange zu ruhig war und ich zwei, drei Mitschülern ins Gesicht geguckt habe, musste ich doch noch was sagen. Ich sagte sinngemäß: „Und wenn du deine Rolle hier fehlinterpretierst und uns nervst, bekommst du mit mir fett Ärger, nur dass du das mal gehört hast!“ Doppel Bums ...

Unser Klassensprecher kam nicht mehr wirklich oft und beim Hauptkurs konnte sich kaum jemand noch an ihn erinnern, man fragte dann direkt, ob ich das machen könnte mit dem Klassensprecher ... Nachdem die auch wirklich um einiges älteren Kollegen das so zum Ausdruck gebracht haben, stimmte ich dem etwas skeptisch zu ... Es war ja auch nicht so, dass es viel zu regeln gab. Wir waren ja auch schon älter und ziemlich vernünftig. Alle waren sehr motiviert und fokussiert ... auf unser Meisterwerk. Meine größten Buddys waren unsere zwei Norberts und Stefan. Norbert Koch aus Bergisch Gladbach und Norbert Sindermann aus der Nähe von der Thier. Man müsste meinen, dass der Norbert Sindermann und ich uns schon länger kennen müssten. Ich kannte ihn absolut nicht, ob er mich kannte, kann ich heute nicht mehr genau sagen. Ich meine, vom Hörensagen hat er mich gekannt. Wir wohnten vielleicht 2 km auseinander. Beide Norberts waren auch um einiges älter als ich. Wir drei haben uns nach der ersten Einarbeitung 1- bis 2-mal pro Woche zu „unserer Lerngemeinschaft“ getroffen. Unser Norbert aus der Nähe von Thier bot immer an, dass wir uns bei ihm treffen könnten. Seine Frau Regina versorgte uns immer mit reichlich Kaffee und Gebäck. Wir mussten „nur“ noch lernen ... Norbert Koch aus Bergisch Gladbach nannten wir Kochi und den anderen Norbert halt Norbert. Ich bin ja der Charly ... unsere 3er Kombo war wirklich einmalig, super und spitzenmäßig. Ich kann mich an keinen einzigen Disput erinnern, wir waren den anderen gegenüber überhaupt nicht abgeneigt, aber unsere kleine Gruppe war extrem starr und fixiert ... selbst für die Praxis haben wir die Köpfe zusammengesteckt oder waren für diverse Aufgaben der Praxis in der Eifel unterwegs oder in Köln Ossendorf bei der Farbindustrie. Mit den anderen Kollegen habe ich ein- oder zweimal eine MTB-Tour durchs Bergische gemacht, einmal um die bzw. an der Müngstener Brücke in Solingen und einmal bei mir in den Wäldern um Kürten herum.

Ich würde behaupten, dass wir eine extreme und hochbegabte Klassengemeinschaft waren, wirklich Top-Maler und -Lackierer. Manche waren auch schon in einigen theoretischen Gebieten manchen Lehrern voraus. Auch diese Qualität brachte einen gewissen Ehrgeiz bei allen mit sich, alles im extrem gesunden Rahmen ... Schlechte Klassengemeinschaften können auch einen Abwärtstrend über die Praxis und Theorie fördern ... Wir waren aber ALLE positiv motiviert.

Die Ausbildung zum Malermeister dauerte ca. 9 Monate in der Ganztagsschule. Dies bedeutete, dass man in der gesamten Zeit nicht erwerbstätig sein konnte.

Auf der Arbeit wurde ich zum einen mit etwas Bildungsurlaub und zum anderen über ein FREISTELLUNG quasi für die Zeit der Zusatzausbildung „frei" gestellt.

Der Vorteil war, dass ich nahtlos wieder in meine Funktion beim WDR einsteigen könnte und konnte. Ich war immer sehr stolz, dankbar und demütig auf meinen Arbeitgeber in Köln und deshalb gab es auch nie eine Überlegung, nicht wieder in Köln weiterzumachen. Im Nachhinein nahtlos war es dann doch nicht ... Kurz vor dem Antritt zur Schule sollte ich noch in der Personalabteilung eine Zusatzvereinbarung unterschreiben. Diese hat mein EINTRITTSDATUM im WDR für die Dauer der Freistellung nach hinten versetzt. Das hieß: Aus November 93 wurde Juni 94. Mit 27 Jahren und in einem so tollen Betrieb habe ich das natürlich unterschrieben. Ich war ja kein Jurist und ansonsten wäre vielleicht das Projekt Meisterschule in Gefahr gekommen oder wäre vielleicht komplett geplatzt. Wie gesagt, ich glaube erst immer an das Gute im Menschen, Zweifel kommen, wenn überhaupt, erst später. Ich werde mir aber noch mal überlegen, der Sache auf den Grund zu gehen. Es geht dabei auch vielleicht um Fristen in der Zukunft die eventuell dadurch „ungünstig" verlaufen könnten ... aber alles schön der Reihe nach.

Finanziell war es schon hart seinerzeit, weil: Ganztagsschule = kein Verdienst. So war das nun mal ... Wer duschen will, darf auch nicht wasserscheu sein.

Selbst samstags konnte man nicht irgendwie etwas Geld verdienen, da einige Fächer wie Aufmaß oder Pädagogik oft auf den Samstagvormittag disponiert waren.

In meinem Fall muss ich sagen, dass meine damalige Lebensgefährtin, Simone, das meiste finanziell beigetragen hat. Wenig Gespartes und etwas BAföG konnte ich beisteuern. Trotz allem hat sie mir das nie vorgehalten. Vielleicht auch deswegen, weil ihr zweites Auto größtenteils von meinem Ersparten angeschafft werden konnte. Das Auto war übrigens auch das erste Auto, das erstens nagelneu war und zweitens komplett ohne eine Zusatzfinanzierung bezahlt werden konnte. So was konnte ich meiner Mama damals bald nicht erzählen … selbst das war mir unangenehm und hätte ihr vielleicht falsche Signale gesendet. Es hätte den Eindruck erweckt, dass ich schon sehr wohlhabend war, obwohl wirklich alles, was reinkam, auch und sehr locker komplett wieder rausging. Diese Beziehung mit meiner Freundin sollte allerdings, leider, die 9 Monate Meisterschule nicht (komplett) überstehen, obwohl wir schon einige Jahre zusammen waren … Da unsere kleine Wohnung nicht für so eine Schulmaßnahme ausgelegt war, schlug mein bester Freund Ingo vor, dass ich eines seiner vielen Zimmer in seiner Maisonetten-Wohnung in Kürten Eichhof als Lernzimmer nutzen dürfte. Die Wohnung lag nur etwa 300 Meter von unserer entfernt. Dies war wirklich eine astreine Idee. Ein damaliger Kumpel hat mir über einen Bekannten einen Computertisch und einen Zeichenschreibtisch besorgt. Meine jüngste Schwester hat mir Geld für einen etwas zeitgemäßen PC mit Drucker vorfinanziert. Große Teile meines Ersparten ging dann noch für Zeichenutensilien und Spritzpistolen für die Praxis drauf. Vom Equipment her war ich immer top aufgestellt – selbst heute Fragen noch manche: „Was hast du eigentlich nicht?" Aber Ausleihen fand ich immer eher suboptimal … das war nie meins … im wahrsten Sinne des Wortes.

Durch das Lernzimmer hatte ich den Vorteil, in Ruhe lernen zu können, oder auch mal das Lernen einfach abbrechen zu können, ohne alles auf- und wegzuräumen. Durch den PC konnte ich absolut alles, was wir in der Schule gelernt hatten, abends oder am Wochenende in Word ins Reine schreiben. Durch meine **miserable** Rechtschreibung, habe ich alles, was ich in den Computer eingetippt habe, noch gefühlt 200-mal Korrektur gelesen, um es dann nur noch mit „1000" Schreibfehlern abzuspeichern ... Klar, ging mir meine Schreibschwäche auf den Keks ... aber vielleicht war es in dem Moment auch nicht „nur" schlecht ... die Dateien waren ja auch nur für mich gedacht, keiner sollte sie sehen und durch das viel fache Lesen lernte ich annähernd das auswendig, was ich zumindest vom Sinn nicht direkt kapiert hatte. Die Dateien habe ich heute noch abgespeichert ..., außer dem Programm, das ich zu Berechnung der Lohnminute geschrieben habe ... Das alles zählt auf keinen Fall zum Datenmüll ...

Mein Freund Ingo machte ca. ein bis zwei Jahre vorher den Raumausstatter-Meister und der Kollege, der die Schreibtische besorgt hatte, hat den Gas- und Wasser- oder Lüftung-Installateur-Meister absolviert. Ingo war ja ab dem 7. Schuljahr bis zum heutigen Tag durchgängig mein Freund. Meist der beste, aber immer unter den Top Drei ... Ab und zu hat man ja auch mit anderen sehr guten Kontakt, aber es ist nie vorgekommen, dass wir uns länger als 1 oder 2 Monate nicht gesehen oder gesprochen haben. Damals, vor der Meisterschule, hatte ich ihm die Wohnung super aufwendig renoviert. In großen Teilen der Wohnung wurde Anaglypta-Tapete in Riffelblech-Optik tapeziert und die Wände silbern lackiert bzw. patiniert. Ingo wollte unbedingt einen Industrie-Charakter erzielen. Für mich durch meine WDR-Erfahrung einfach hinzubekommen und für alle anderen total bekloppt ... Im Wohnzimmer hat der andere Kumpel von uns noch 200 Meter Kupferrohr-Aufputz auf die Wände geschraubt ... so sah es für Ingo einigermaßen wohnlich aus ... lach ... Ingo hat mich beim Lernen wirklich absolut in Ruhe gelassen.

Ich würde den Meisterbrief auch zu großen Teilen ihm zuschreiben und meiner damaligen Freundin, aber lernen und verstehen musste ich das schon alles selbst, und das war auch nicht wenig. Ingo hat aber auch manchmal echt gute Sprüche gehabt, zum einen sagte er immer: „Watt schreibst du denn da die ganze Zeit am Computer? Das hältst du doch nicht 9 Monate durch!!!???", zum anderen meinte er gegen Ende der Meisterschule, mit seinem Lehrmädchen wetten zu müssen, ob ich die Meisterprüfung überhaupt schaffe … ohne Scheiß … Ingo wettete gegen mich und sein Lehrmädchen tippte auf mich … Das war schon speziell, aber voll okay, weil es mich nur noch zusätzlich anspornte …

Norbert brachte mir und Kochi unglaublich viel bei, er war dermaßen verbissen und ließ absolut nicht locker, wenn wir auf dem Schlauch standen. In der Praxis waren wir alle ganz gut. Aufgrund von den sehr künstlerischen Tätigkeiten beim WDR war ich schon ziemlich kreativ unterwegs. Beim WDR haben wir ja auch aus Spanplattenoberflächen Marmor oder weiß Gott was für Edelhölzer gemacht bzw. gemalt. Auch Beton nur mit Farben zu imitieren, war für mich eher einfach. Im Verhältnis zu den alteingesessenen Malern im WDR war ich zwar eher unter dem Durchschnitt, aber in der Schule sah das anders aus ... Ist ja auch klar, „draußen" wurde damals so ein Spielkram auch nicht verlangt. Wie sage ich immer: Meiner Meinung nach hat aber auch das Fernsehen oft den Trend für die private Raumgestaltung gesetzt ... Das ist einfach so ...

Hallo mein lieber Charly,

ich habe dich 1998 auf der Meisterschule kennengelernt. Die Chemie zwischen uns beiden hat direkt gestimmt, ich denke, weil wir irgendwie ziemlich gleich gestrickt waren.
Wir haben uns schnell zusammengefunden und mit dem Norbert eine Lerngemeinschaft gegründet, die uns viel gebracht hat. Die Lerngruppe hat gut funktioniert und auch viel Spaß gemacht. Du warst immer bemüht, das Beste für unsere Klasse rauszuholen und konntest gut mit den Lehrern verhandeln, dafür haben wir dich ja auch als Klassensprecher gewählt. Wir zwei hatten es am Anfang in der Schule nicht einfach, aber ich wusste, dass wir das zusammen schaffen würden. Eine Sache bleibt mir auch in Erinnerung, dass du bei der Prüfung den Prüfern manches Mal die Antworten so schön herauslocken konntest und selbstverständlich unsere Abschlussfeier zur bestandenen Prüfung, die bis zum frühen Morgen dauerte, und wir bei mir übernachtet und gemeinsam noch gefrühstückt haben.

Was nicht zu vergessen ist, dass wir auch noch nach 25 Jahren immer noch einen sehr guten Kontakt miteinander haben, das freut mich sehr.

Gruß, dein Meister Freund
Norbert

Gastkommentar von Norbert Koch,
Malermeister-Jahrgang 1998

Die Kollegen der Meisterschule haben mir aber immer wirklich tolle Feedbacks gegeben. Für manche war ich da schon eher ein Vollkünstler. Beim Thema Vergoldung haben wir unsere spätere Prüfungsarbeit ein-, zweimal durchgeführt. Des Weiteren durften wir auch schon mal was Kreatives ausführen. Ich habe als Erstes das Gemeinde-Wappen von Kürten vergoldet und meiner Schwester und meinem Schwager, wo ich vorher gewohnt hatte, fürs Treppenhaus geschenkt. Als Zweites wollte ich schon mal gewappnet sein, falls Schalke im UEFA-Cup richtig weit kommen würde ... genau zur Meisterschule tourte Schalke nach 24 Jahren Abstinenz mal wieder durch Europa ... Auf eine schalke-blaue Lacktafel von 1 Quadratmeter Größe habe ich ein S04-Emblem von ca. 60 cm Durchmesser aufgebracht ... Allein die Menge vom benötigten Blattgold war da nicht wirklich billig ... ich meine so 300 DM oder etwas drüber ... Erwähnenswert: Neben den Themen in der Meisterschule war es, dass ich zu jedem Heimspiel im UEFA Cup hin wollte oder besser musste ... Auch meine Schalker setzten zum einmaligen Husarenritt an. Das jeweilige Spiel war ja immer nach 20 Uhr. Diese Spiele konnte ich mir ja erlauben – man muss sich ja auch was gönnen ... auch wenn es jedes Mal sehr spät wurde bis ich wieder zu Hause war. Jetzt kam aber der weitaus schwierigere Part: Eigentlich glaubte kaum jemand, ähnlich wie bei meiner Mission zum Malermeister, dass Schalke im UEFA-Cup sonderlich weit kommen würde ... Nach jeder neuen Auslosung dachte ich: *„Jetzt ist aber bestimmt Endstation ... denkste ... GEil.“* Jede Runde wurde „gemeistert“. Der Vorverkauf startete immer wieder direkt morgens nach dem Spieltag. Ich habe wirklich keinen damit beauftragen wollen, am Morgen, in aller Früh, nach GElsenkirchen zu düsen und an der Geschäftsstelle schnell die Karten für die nächste Runde abzugreifen ... also machte ich das selbst ... dann nach Köln zur Meisterschule, um dann, gut verspätet, am Unterricht teilzunehmen. Bei keinem Unterricht wurde dann das Thema Schalke außen vorgelassen. Ich wurde immer direkt interviewt, ob es wieder „hart“ war. Dass ich morgens schon wieder dahin bin, um die nächsten Karten zu ergattern, konnte ich ja keinem erzählen ... Nur Norbert wusste Bescheid, wegen der Fahrgemeinschaft. Ich glaube, wenn selbst **Nicht**-Fußballfans bzw. Menschen, die mich kennen, was von Schalke hören, müssen sie wahrscheinlich „kurz“ an mich denken ... ich bin schon als ein bisschen fanatisch zu bezeichnen ... zumindest ein bisschen ...), das ist natürlich kein Alleinstellungsmerkmal, weil alle Schalker grenzwertig bekloppt sind, aber ich gehöre wohl etwas dazu. Schalke gewann ja in dieser Saison tatsächlich diesen wunderbaren Pokal, der größte Erfolg in der Vereinsgeschichte, bei beiden Finalspielen war ich im Parkstadion mit dabei. Das Heimspiel habe ich meinem Freund Hilti zu verdanken. Da ich nach dem Halbfinale eine Prüfung in der Meisterschule hatte musste irgendein anderer, von denen, die ich die ganze Zeit mit Karten versorgt habe, diese WICHTIGE Aufgabe übernehmen. Hilti ist mit seiner damaligen Freundin dann in aller Herrgottsfrühe nach Gelsenkirchen gefahren und konnte wenigstens zwei Karten ergattern ... Er konnte es nicht übers Herz bringen mir diese vorzuenthalten ... auch das vergisst man nicht ...Beim Rückspiel gab es, meiner Meinung, nach überhaupt das erste „Ruddelgucken“ in einem Stadion wo gar kein Spiel stattfand ... Da bin ich wie so oft mit meinem Freund Olaf hingefahren ... Das Elfmeterschießen hat er und die andern 45.000 Zuschauer mir quasi kommentiert, da ich es mir nicht angucken konnte...ich habe die ganze Zeit Olaf angesehen ... Mein Herz schlug

*Die erste Gruppe der Malermeisterprüfung
in der „Praxis" und die Eurofighter
Vergoldung mit allen Autogrammen der
Sieger von San Siro 1997*

fast aus der Brust... und meine Tafel mit der Vergoldung wurde später noch von bzw. über Huub Stevens mit den ganzen Autogrammen der Eurofighter versehen ... und wer Huub ein bisschen kennt, weiß, dass er für so was eher schwer zu begeistern war ... aber dazu später mehr ... Rudi erlaubte mir dann noch, überall Fotos zu schießen. Von Rudi und mir habe ich zwei tolle Bilder, wo ich mich aber nicht traue, sie zu teilen, wegen der Thematik um seinen Nachlass ...

Mein lieber Charly!
Wie habe ich dich kennengelernt?
Natürlich durch unseren gemeinsamen Meisterkurs in Köln.
Du warst immer ein netter aufrichtiger Kollege, der bei Ungerechtigkeiten gerne mal Laut gab!
Doch ich habe dich besser kennengelernt, weil ich, glaube ich, der Einzige im ganzen Kurs war, der vielleicht die Bedeutung deines Spitznamens kannte.
Denn nur Schalker kennen Charly Neumann!
Die Geschichte mit deinem „Meisterstück", der Platte mit dem goldenen S04-Emblem auf königsblauem Grund, erzähle ich immer wieder gerne.
Ich kann mir heute noch vorstellen, als du stolz im Parkstadion gestanden hast und sich Rudi Assauer deiner angenommen hat, um schöne Fotos zu machen (die ganze Geschichte kannst du besser beschreiben).
Auch für deinen Einsatz beim Thema „Treffen der alten Recken" danke ich dir.
Glück auf!!!

Gastkommentar, Rolf Wischolek, Malermeister-Jahrgang 1998 und Schalker Verbündeter in Köln

Um einigermaßen die Fahrtkosten in den Griff zu haben und uns auch austauschen zu können, bin ich immer mit Norbert zusammen zur Schule gefahren, unglaublich schnell wurden wir Super-Freunde. Wir sind immer einigermaßen zeitig losgefahren und sind dann vor der Schule in eine der vielen Bäckereien in Köln zum Frühstück gegangen. Manchmal war Norbert auf dem Weg zur Schule so am Sprudeln, über die Theorie, dass ich ab und zu entweder einen Riesen-Bello (Kopfschmerzen) hatte oder ich dermaßen deprimiert war, über das, was ich alles anscheinend noch nicht wusste, so dass ich keinen Piep mehr sagte, als wir in Köln ankamen. Ich dachte dann zu Anfang: *„Das packst du nieeeeeemals ...“* Auch habe ich mir ab und zu mal alle Ordner auf den Schreibtisch gestellt, um dann zu sagen: „Wenn ich bedenke, was ich alles noch nicht weiß, dann wird mir echt übel.“ Das waren locker 1,5 Meter Ordner. Ingo lachte sich dann immer schlapp, wenn ich das machte. Wirklich drei oder fünf Wochen vor den Prüfungen nahm es Ausmaße an, dass ich irgendwann etwas genauer bei Norbert zugehört hatte. Ich war Norbert ja immer extrem dankbar, dass er uns so gut gecoacht hat. Dann sagte ich zu Norbert aber mal im Auto: „Das kann unmöglich von den Prüfern alles abgefragt werden. Das ist so dermaßen tief in der Materie drin ... das können sie und auch die Kunden niemals von uns wissen wollen, weil es auch kaum einen gibt, der das annähernd kapieren würde ... bleib mal etwas mehr auf der Oberfläche in der FACHkunde ...“ Norbert verschlug es die Sprache und er meinte nur, dass er der Meinung war, dass genau das von einem Meister erwartet werden würde ... Böse war er mir nicht, aber ich hatte da halt eine andere Meinung.

Gegen Ende der Meisterschule war ein Schulkollege irgendwie abwesend und wurde irgendwie auch etwas rebellisch. Nach dem Unterricht bin ich zu ihm hin und ich fragte ihn, ob er Kummer hätte, weil er so einen „lustlosen“ Eindruck machte. Er sagte dann, dass er sich um mich auch Sorgen machen würde, er meinte, bemerkt zu haben, dass das Gleiche auch auf mich zutreffen würde. Da war ich erst mal baff ... *„Ja, genau“*, dachte ich, *„der hat mich aber gut beobachtet.“* Zu Hause lief es nicht mehr gut zwischen meiner Freundin und mir ... nicht nur, nicht gut, nein, es lief sozusagen eher gar nichts mehr. Dadurch, dass ich meine schwächere

Schulbildung durch einiges an Disziplin und Fleiß beim Büffeln ausgleichen musste, fühlte sich meine Freundin anscheinend vernachlässigt. Zusätzlich waren da noch die Schalke-Termine, die mir den Kopf etwas frei machen sollten und für mich jedes Mal eine „kleine Auszeit" während der Schule darstellten. Sonntags hatte sie dann ab und zu ein Ausweichprogramm (Schlittschuh fahren mit einem meiner „Kumpels" ...), wenn ich lernen musste. Das fand ich an sich okay. So wartete sie ja wenigstens nicht den halben Sonntag auf mich. Inmitten der Prüfungen eröffnete sie mir, dass sie mit mir nicht mehr glücklich sei ... Sie sagte es etwas direkter, aber ich kann mich nicht mehr „genau" erinnern ... Am Abend vor der mündlichen Prüfung wollte sie dann mit mir über die Trennung reden. Da sagte ich ihr nur recht grob: „Geht's noch? Morgen habe ich die Mündliche, dann hole ich mir die ‚Blaue Rolle' ab. Danach bin ich drei Tage lang betrunken... und wenn ich langsam nüchtern werde, können wir gerne darüber reden." Dann versuchte ich einzuschlafen.

Wie gesagt, mit mir das in der Nacht/am Abend vor der mündlichen Prüfung besprechen zu wollen, fand und finde ich heute noch vom Timing komisch und ein wenig unwürdig nach unserer mehrjährigen Beziehung, aber verzeihen konnte ich ihr (einigermaßen) schnell ... Ich war auf „dem Markt" auch kein „Fallobst" ... dadurch, dass ich „frei" wurde, lernte ich auch noch einiges kennen ... In jeden Verlust steckt auch eine Chance ... direkt erkennt man das nicht ... ist aber meist so ... Es war ja auch nicht so, dass bei uns die Fetzen flogen, ich fand, dass wir sehr gut klargekommen sind. Klar, zweimal im Jahr gab es etwas Stress – sie war ja Bayern-Sympathisantin ... und ich etwas Schalke angehaucht ... Fans von denen gibt es ja meiner Meinung nach „kaum" ... Ist natürlich nicht wahr ... aber seit 2001 mag ich sie halt etwas weniger ... Aus der Historie können mich die meisten da sicherlich etwas verstehen. Wir waren ja beide nicht auf Rosen gebettet gewesen ... Aber Trennen und Ent-Scheiden tut halt schon mal weh ... meistens jedenfalls. Meist läuft es ja folgendermaßen ab: Erst hat der eine Kopfkino und kommt nicht in den Schlaf, der sich trennen möchte ...

und nach der Trennung macht das Gleiche der andere durch ... etwas anders ... aber leiden tun meist beide ... Ich möchte aber noch einmal betonen, dass ich mit meinen „Verflossenen" heute noch gut auskomme. Mit Simone ist der Kontakt zwar immer weniger geworden, aber Freunde sind ja wie Engel, man sieht sie nicht immer, aber sie sind an sich immer da ...

In der Praxis bei der Meisterschule ist dann leider etwas vorgefallen, was mir wahrscheinlich die beste Prüfung der gesamten Gruppe gekostet hat. Als unsere Gruppe für die letzte Zwischenprüfung in der Praxis die Praxisräume einräumte, gab es parallel Arbeiten an den Verrohrungen in den Decken. Einige der zig Jahre alten Decken standen offen und es rieselte ständig und ziemlich doll irgendein Dreck und Staub auf unsere Arbeiten. Eine Handlackierung in einem dermaßen staubigen Raum zu machen, war in meinen Augen schwierig und nicht bewertbar. Auch die Kollegen waren sehr böse und man erwartete, dass ich das als Klassensprecher kläre. Ich bin dann zum Schuldirektor und bat um Abhilfe. Unseren Lehrer habe ich etwas forscher angegangen. Ich hatte den Eindruck, er nahm die Sache nicht ernst oder wollte sie aussitzen ... Ich habe da bei meiner Ansprache auch ein bisschen zu doll Gas gegeben. Das sollte er mir nie vergessen und hat mir auch kräftig eine Retoure verpasst ... Die spätere Prüfung ging aber gut vonstatten ... In der Praxis gab es zig Schmuckplatten, die auf MDF Platten in 100 x 100 cm malerisch bearbeitet werden mussten, eine Vergoldung, eine stehende Handlackierung mit einer aufgesetzten Leiste, einen Opel Vectra Kotflügel mit Schriftzug, eine Lasurtechnik auf Holz und eine Hinterglasmalerei.

Paradedisziplin war die gezogene Platte und eine freie Gestaltung, wo die letztendliche Maltechnik absolut frei ausgewählt werden durfte. Ach ja, auch eine gezeichnete Raumgestaltung mit einem Farbplan war auch noch Pflicht.

Der Kotflügel war Sperrfach und entschied zu großen Teilen über die Endnoten oder gar über ein Durchfallen in der Praxis. Mein Steckenpferd war die Stein- bzw. Marmor Imitation. Beim Ziehen der „gezogenen Aufgabe" hatte ich das Glück, genau diese Steinimitation zu bekommen. Hier kam mir zugute, dass ich beim WDR sogar einmal ein Seminar über Marmormalerei absolvieren durfte. Meine Arbeiten waren durchwegs gut und ich musste auch keine Arbeit zwischendurch wiederholen. Alle Platten und Arbeiten waren in einem „ersten Versuch" mehr als nur „vorzeigbar", sie waren eher top. Hier lehne ich mich auch aus dem Fenster ... und rede nicht von meiner Meinung ... ich glaube, das sahen alle so ... außer EINER ...

Bei der schriftlichen Prüfung hatte ich einige Tricks auf Lager ... lach ... Zum einen gab es Sachen wie die Rosttabelle und die Gitterschnitttabelle und einige Themen, die ich mir absolut mit Gewalt ins Kurzzeitgedächtnis gepresst habe, zum anderen Themen, die auch schwere Kost waren ... Die schriftliche Prüfung hatte Aufgaben, die selbst formuliert werden mussten, und auch einige als Multiple-Choice. Beim Start der Prüfung habe ich alle Seiten durchgelesen und die Aufgaben gesucht, die mein Kurzzeitgedächtnis belasteten. Diese habe ich direkt ausgefüllt und mein Hirn von diesem „Shit" sofort befreit. Als Nächstes habe ich wieder von vorne angefangen und nur die Sachen abgearbeitet, wo ich ziemlich sicher war, was die Lösung war. Sachen, wo ich länger als 5 Sekunden überlegen musste, was gefordert war, habe ich liegen gelassen. Jetzt hatte ich schon weit über die notwendigen 50 % der Aufgaben, meiner Meinung nach, gelöst. Das hieße, eine Vier müsste mir schon sicher sein ... Im Endeffekt war ich eh der Meinung, dass ich nicht über eine Drei oder Vier hinaus kam. Zuletzt habe ich mir die Aufgaben vorgeknöpft, wo ich ansonsten wertvolle Zeit verplempert hätte, um die nötigen 50 % abzufrühstücken. Bei kniffligen Fragen hatte ich dann noch was auf Lager, was einigen der Kollegen und mir helfen sollte. Bei nicht wenigen Fragen fragte ich den anwesenden Lehrer, ob die Frage XY so oder so zu verstehen wäre. Wenn sie so zu verstehen wäre, dann würde ja die Antwort XY eher nicht in Frage kommen!? Und dann wäre ja logisch, wenn man das oder das eher ankreuzen würde ... Der Lehrer war hierbei dermaßen irritiert, dass man nur alleine an seinen Gesichtszügen und seinem zaghaften Antworten genau heraushören konnte, was DIE LÖSUNG war ... Im Nachgang wurde ziemlich viel herumradiert und auch hier und da hektisch ausgebessert ... In den kleinen Pausen während der Prüfungen habe ich mich ziemlich versteckt. Ich vermied es, mich in diese Gruppendiskussionen hinein zu begeben, dieses ständige „Was hast du da?" oder „Was hast du hier geschrieben?" hätte mich 100%ig aus dem Fokus katapultiert ... Das habe ich in allen wichtigen Prüfungen in meinem Leben so gehandhabt ... Ich war ja schon fertig genug, da brauchte ich auf jeden Fall keinen anderen mehr dazu ... In der Fachkunde kam dann einer der Lehrer an meinem Platz vorbei und sagte: „Herr Ilchmann, Raufaser wird mit h geschrieben ..." Ich drehte mich um und sagte: „Ja danke ... aber wichtiger ist, dass ich sie auf Stoß tapezieren kann ..." Der Lehrer und Malermeister war einer meiner größten „Fans" Er kam aus Kürten Spitze... und war es auch ...spitze.

Am Tag der Bekanntgabe waren jeweils nur diejenigen aus der GEmeinsamen praktischen Prüfung anwesend. Oder doch alle ... bo, das weiß ich nicht mehr ...

Die Theorie wurde als komplette Gruppe durchgezogen. Die Praxis wurde wegen der benötigten Arbeitsfläche in drei Gruppen eingeteilt. Die beiden Norberts und ich waren in der ersten Gruppe. Gott sei Dank wurden wir nicht getrennt. Die 9 Monate haben uns dermaßen zusammengeschweißt. Keiner von uns wäre ohne die anderen wohl zur Prüfung gegangen. Das wäre, zumindest für mich, der Super-GAU gewesen.

Die mündliche Prüfung war Gott sei Dank nur dafür da, um was bei den Noten nach oben zu korrigieren. Wenn man zwischen 2 Noten stand war es mit einer guten Mündlichen möglich, die bessere Note zu bekommen ...

Jede mündliche Prüfung wurde mit 6–8 Kollegen durchgeführt. Die anderen standen vor dem Prüfungsraum im Flur und warteten. Mündliche Prüfungen habe ich immer sehr ungern gehabt. Zum einen war ich immer extrem nervös und zum anderen konnte ich ja auch nicht unwahrscheinlich gut auswendig lernen ... Aus diesem Grund versuche ich immer, alles zu verstehen und nie auswendig zu lernen ...)

Bei mir kamen Stilepochen und Arbeitsschutzgesetze dran. Die Gotik, der Jugendstil und unter anderem Kündigungen im Ganzen ...

Bei der Gotik war ich noch sachlich und professionell, bei dem Jugendstil erwähnte ich, dass die Bauten in so „Schlüpfertönen" gestrichen wurden ... Ich kam einfach nicht auf das Wort Pastellfarben ... Die Kommission guckte erst etwas irritiert und grölte dann vor Lachen ... Die anderen Kollegen haben wahrscheinlich aufgehört zu atmen, weil sie ja auch angespannt waren und wohl dachten ... *„Dreht der jetzt durch oder was?"* ...

Zum Thema „Fristlose Kündigungen" machte eine Prüferin die Handbewegung des „Trinkens". Dann sagte ich: „Ach jaaaaaa, Alkohol am Arbeitsplatz ist auch noch ein Grund zur fristlosen Kündigung." Alle Prüfer nickten und waren voll auf begeistert ... bis ich noch mal nachlegte und sagte: „Außer ..." Alle guckten mich erschrocken an, weil ja die erste Antwort perfekt war und alles Weitere unnötig war ... „... außer: In ,manchen' Firmen, da werden die Mitarbeiter erst dreimal auf die Fanta-Farm geschickt und dann erst rausgeschmissen ..." Die gesamte Prüfungskommission brach komplett zusammen vor Lachen und die Mündliche für unser Grüppchen wurde spontan für beendet erklärt ... Einer der Prüfer (der Malermeister aus Spitze) rannte mit uns aus der Klasse und drängelte sich an den wartenden Prüflingen eilig vorbei, weil er dringend auf die Toilette musste vor Lachen. Ich nahm das alles nur schemenhaft wahr, mein Adrenalin war dermaßen aus dem Ruder, dass ich wenig bis gar nichts mehr mitbekam ...

Kurze Anmerkung: Ich wollte mich weder über diese schlimme Krankheit lustig machen, noch diese verharmlosen. Ich habe auch immer gerne „gefeiert" und werde auch immer gerne „feiern", aber genau zu diesem Thema hat mir mein erster Chef folgenden Ratschlag mitgegeben. Er meinte sinngemäß: Trinke nie jeden Tag Alkohol und nie alleine, dann wirst du (wahrscheinlich) nie alkoholkrank. Das Zweite schaffe ich nicht wirklich ... gerne mache ich mir auch mal alleine eine Flasche Radler auf ... Wie dem auch sei ...

In diesem Moment hat jedenfalls eine „bunte Mischung" an Prüfern den lautesten Lachkrampf, den ich in meinem bisherigen Leben erlebt habe, bekommen – speziell wenn man bedenkt, dass es eine mündliche Meisterprüfung war ... Die wartenden Prüflinge fragten nur, was denn da für ein Gejohle gewesen wäre. Die anderen Kollegen sagten dann: „Charly war in Hochform ... es lief gerade ‚Charlys Late Night Show' ..."

Als alle durch waren, durften wir wieder reinkommen für die Bekanntgabe. Diesmal alle zusammen: Ich war ja, wie alle anderen auch, immer noch nervös ohne Ende ... Das war dermaßen spannend, so dass alle echt entweder leichenblass oder knallrot waren. Als die Prüfungskommission am Anfang mitteilte, dass alle Anwesenden bestanden hätten, brach ein Riesenjubel aus ... Man hörte riesige Felsen von unseren Herzen fallen. Dann sagte ein Prüfer noch, dass man bei so einem tollen Haufen eigentlich keinen hervorheben würde, aber dass sie es dann trotzdem machen möchten. „Das beste Ergebnis in dieser Gruppe hat ..." Rolf Wischolek, mein einziger Schalke-Buddy in der Klasse, sagte dann recht leise: „Das war der Charly ... eindeutig ... das kann nur der Charly gewesen sein!"

Der Prüfer sagte: „Nein, hier gibt es keinen Charly ... der Beste war Michael Ilchmann."

Wie gesagt „nur" der „Beste" dieses Gruppenteils ... Im Gesamten gab es noch einen Kollegen, der wohl einen Tick besser war ... und einen zweiten, der in der Praxis besser benotet wurde ... Die Kollegen applaudierten jedenfalls dermaßen herzlich und Rolf stimmte an: „Charly Ilchmann, Fußballgott ...", und alle sangen mit ... Da war der Teufel los ... Bei mir öffneten sich alle Schleusen, die Entgegennahme der blauen Rolle und des Zeugnisses erledigte nur noch meine körperliche Außenhülle ... ich war dermaßen fertig und glücklich zugleich ... So eine tolle Wertschätzung bei einer derart hochwertigen Prüfung ... ich war unheimlich stolz auf die Kollegen, die mir so nett waren. Von da aus ging es direkt in die Malzmühle ... wir nahmen alle Prüfer mit und setzten eine ausgiebige Blitzbetäubung in Gange ... es ging Schlag auf Schlag. Nach den ersten ein, zwei, drölf Kölsch sagte ein Kollege, dass er aber nicht verstehen könne, dass ich in der Praxis nur eine Drei bekommen hätte. Ich dachte: *„Was meint der? Meint der mich? Verstehe ich nicht, ich war doch der Beste … angeblich."* Ich guckte mir das Zeugnis noch mal kurz an und konnte nicht glauben, was ich da sah. Ich hatte tatsächlich eine Drei in der Praxis und auf alle theoretischen Prüfungen durchgängig Zweier. Ich guckte noch mal auf den Namen … komisch, das war meins … Ich muss sagen, dass es mir nicht die Feier versauen sollte. Kapiert habe ich es trotzdem nicht … Ein hoch angesehener Kirchenrestaurator aus Köln, einer aus der Prüfungskommission, setzte sich dann noch „bei mich bei" und fragte, wie man denn so superdünne Haarrisse bei der Marmorierung hinbekommen würde. Ich dachte, er wolle sich noch über mich lustig machen wegen der Drei! Ich sagte ihm aber dann: „Mit einem angespitzten Aquarellbuntstift …" Er guckte mich an wie das 8. Weltwunder und sagte: „Ganz toll, dein Marmor. Ich habe selten einen besseren, handgemalten Marmor gesehen … danke dir … Meister Ilchmann." Ich fragte ihn, welche Arbeitsprobe denn für meine Drei verantwortlich gewesen wäre. Er guckte Richtung eines Lehrers und sagte, dass der Kotflügel nicht jedem gefallen hätte, er mir dazu leider nichts sagen könne, es täte ihm auch sehr leid und die Drei sollte ich nicht beachten, ich müsste doch merken, dass die „nicht wirklich" meine Arbeiten widerspiegeln würde … Weh tut diese Scheißdrei mir heute immer noch ein bisschen. Weil sie mindesten 1 bis 2 Noten zu schlecht ausfiel, aber die 3 Zweier waren auch 1 bis 2 Noten besser als erträumt ausgefallen … war halt so … mal gewinnt man, mal verliert man … mal biste Hund, mal Laterne … letztendlich gibt es immer einen oder „zwei" im Leben, die, worin auch immer, besser sind als DU oder in dem Fall ICH …

Norbert hatte, wie schon befürchtet, zu doll in die Tiefe gelernt und war durchwegs ein oder zwei Noten tiefer **bewertet** worden. Er war wegen des Zeugnisses wirklich sehhhhr enttäuscht und traurig … Für mich war er aber mit Burkhard und Alexander der Beste in der Theorie. Wie man immer so schön sagt: Es fragt niemand mehr nach den Noten … Hautsache war,

dass zwei Schalker in Köln die Meisterschaft feiern konnten ...
Als Klassensprecher von damals organisiere ich heute noch alle
paar Jahre immer mal ein Klassentreffen in der Malzmühle ...
Wer kommt, der kommt ... obwohl ich da schon heftig nerve
mit meinen Mails ... Zum 10-jährigen, zum 20-jährigen und
zum 25-jährigen Klassentreffen haben sich einige von uns getroffen. Leider, leider hat unser Freund und Kollege Norbert
Sindermann den Treffen nie mehr beiwohnen dürfen. Er ist bei
Malerarbeiten 2007 tödlich verunglückt und hat bei unheimlich vielen Menschen eine Riesenlücke hinterlassen. Ich denke,
sehr, sehr oft an ihn. Auch ihm gehört ein riesiger Teil meines
Meisterbriefes ...

Norbert, ich vermisse dich sehr ... und deine Meister-Tro-
phäe zum 25-jährigen Jubiläum habe ich dir mit Kochi noch
an dein Grab gebracht ...

Mit einigen der Meister-Kollegen habe ich noch so zwischendurch gelegentlich Kontakt. Wir freuen uns immer sehr, wenn
wir uns sehen oder hören.

Die Einzigen, die wohl 1000%ig an mich geglaubt haben,
waren wohl meine Mama und Teile meiner Familie ... vielleicht
auch mein Freund Ingo und sein Lehrmädchen. Ich selbst war
natürlich schon skeptisch ... Ich überrasche halt lieber, als hoch
zu stapeln und tief zu fallen ... Ich nenne es Demut und im Erfolg nicht die falschen Schlüsse ziehen ... Es gibt immer einen,
der es besser kann – immer!!!

Wie so oft im Leben begegnet man sich meist zweimal!
1998 begann der Meisterkursus „Maler und Lackierer" an
der Handwerkskammer zu Köln und wer war mit am Start ...
Charly Ilchmann!
Charly ist EIN TYP ... ein lebensfroher, hilfsbereiter, ange-
nehmer und charismatischer Mensch!

Kleine Anekdote:

Bei der Meisterprüfung *musste ich eine Technik ausführen, die wir so nicht in dem Kursus gelernt haben. Es drehte sich um eine Stein- und Marmor-Imitation.*

Ich wusste, Charly, unser Bühnenmaler und Künstler, beherrschte diese Technik wie kein anderer und ich rief ihn zu Hause an. Ohne zu zögern, verabredeten wir uns einen Tag später (Samstag oder Sonntag) und er brachte mir die Technik bei seiner Schwester in der Wohnung an ihrem Gaskaminofen im Flur bei! Zwischen dem marmorieren und lackieren haben wir noch mit seiner Schwester sehr lecker und gut gegessen ... Charly war satt, ich konnte Marmor imitieren und Charlys Schwester hatte ein Kunstwerk im Flur ... Win-Win-Win.

Ich erzähle heute noch gerne diese Geschichte meinen Auszubildenden, wenn sie mich nach meiner Meisterplatte fragen, die in meiner Werkstatt hängt!

Charly, ich freue mich sehr, dass ich in deiner Lebensgeschichte ein kleiner Teil sein darf!

Danke, dass du mich gefragt hast!!!! Es war mir eine Ehre.

Viele Grüße Andreas Grassa, Malermeister-Jahrgang 1998 aus Lindlar auch bekannt als einer der ersten Malermeister im TV, bei den Renovierungssendungen mit Enie van de M. ...

Hallo lieber Charly,

Ich habe mich drangesetzt und das, was mir einfällt, noch einmal aufgeschrieben. Ausdruck und Grammatik sind nicht meine Stärke, das darf gerne berichtigt werden.

*Als stärkste Erinnerung ist für mich die schriftliche Meisterprüfung geblieben. Du hast durch deine geschickte Fragestellung in vielen Fächern im Ausschlussverfahren, unseren Lehrer, so in die Ecke gedrängt, dass er im Endeffekt dir **und damit auch uns** die richtige Lösung vorgab. Das ging so weit, dass dieser irgendwann sagte: „Herr Ilchmann, Sie haben jetzt genug gefragt, ich werde keine Fragen mehr beantworten ... dann kann ich Ihnen ja direkt die Arbeit schreiben ..." Was mir auch immer* *in Erinnerung bleiben wird, ist der 22.05.1997. Für uns ein normaler Schultag, für dich ein besonderer, denn Schalke wurde am Abend zuvor Europapokalsieger. Du kamst am Morgen in voller Schalke-Fanmontur zur Schule. Du kamst in die Klasse, hast gekrächzt „Wir sind Europapokalsieger", bist in die letzte Reihe gegangen, hast dich hingesetzt und bist eingeschlafen. Der Lehrer kam rein, sah dich und fragte, was los sei. Wir antworteten: „Der Charly ist gestern UEFA-Cup-Sieger geworden.", worauf der Lehrer sagte: „Okay, dann lassen wir ihn mal in Ruhe…" Aber so bist du, sehr konsequent … nach so einem Abend trotzdem zur Schule gekommen … Das hätten nicht alle gemacht … Lieber Charly, ich hoffe, ich kann dir mit diesen beiden Ereignissen helfen, dein Buch zu gestalten.*

In alter Freundschaft
Stephan Bünten, Malermeister-Jahrgang 1998

Irgendwann muss ich ja mal … Alle, die dachten, der Charly schreibt ein Buch … das kann ja nur ein Schalke-Buch werden, möchte ich ja nicht ganz enttäuschen …) Ein Leben lang …

Dieser Refrain wurde gerade uns Schalkern oft, in der hässlichsten Form überhaupt, in voller Inbrunst entgegengeschmettert …

Wobei das ja absolut nicht stimmt, 1958 wurde („mein") S04 das letzte Mal Deutscher Fußballmeister. „Richtige" Fußballfans wissen, dass es damals, 1958, schon diese hässliche Meisterschale gab. Viele, die meinen, Ahnung zu haben, wissen in der Regel wenig bis gar nichts außerhalb ihres Lieblingsvereins … aber gut … Hauptsache, begeisterungsfähig …

Als Kind habe ich wirklich nicht gerne gelesen, deshalb ist wahrscheinlich auch meine Rechtschreibung sehr schlecht durchtrainiert ... obwohl, ... wenn ich recht überlege ... habe ich doch gerne gelesen. Und zwar die Wunschbibel, also den Otto Katalog, Winter & Sommer, Kartoffeln ... und den Kicker ... Ganz hoch im Kurs stand immer der Jahreskicker, den konnte ich schon zu den Herbstferien immer in- und auswendig ... Montags und donnerstags habe ich mir schon in der Grundschule beide Wochenausgaben des Kickers gekauft ... das Ritual im kleinen Supermarkt auf der Thier war speziell. Besonders für die Kassiererin oder der Chefin des kleinen Supermarkts. Ich war mit 7 oder 8 wahrscheinlich der Allerjüngste, der sich diese wöchentliche Lektüre zugelegt hat ... Auch sind die Hefte nicht weggeschmissen worden, nein, niemals, das hat sich Mama noch nicht einmal getraut, die in den Müll zu schmeißen, wenn ich mal wieder etwas Chaos im Zimmer hatte ... bis zu unserem Auszug aus Abstoß habe ich jeden Kicker verwahrt und archiviert. Die wöchentlichen Ausgaben wurden dann oben auf dem Speicher in der alten Eckbank oder in so einem schrankähnlichen fragilen Gestell aufbewahrt. Regelmäßig habe ich oben auf dem Speicher gesessen und irgendwas extrem Wichtiges nachzuschlagen gehabt ... Irgendwann 1997 begann dann eine etwas ausgeprägte Sammelleidenschaft über Rares von S04. Noch heute bekommt meine Frau Monika ein merkwürdiges Augenrollen, wenn ich wieder was gaaaaanz Seltenes von Schalke auf Ebay finde ... Nicht in Ebay, auf Ebay ... ist klar, ne?? Mein ältester Jahreskicker ist der von 1982/83, leider ohne Einschlag ... den hat es damals mit 11 Jahren zerrissen, als ich am Studieren war ... ich besitze alle Ausgaben des Jahreskickers von 1982 bis heute, alle in dem proppenvollen Schalke Büro in unserem Zuhause, dem Schalke Museum schlechthin ... 2020 oder so bemerkte ich im Kicker eine Änderung. Die Redaktion meiner Lieblingslektüre wollte scheinbar kreativ werden. Sie änderte das Datum von unserem ersten Pokalsieg auf das darauffolgende Jahr ... Erst einmal habe ich alle Kicker rückwärts überprüft, wann dieser „Switch" durchgeführt wurde ... Als ich das eingegrenzt hatte, schrieb ich an die öffentliche E-Mail-Adresse der Kicker-Redaktion und teilte die Änderung und meinen Unmut mit. Jetzt fragt ihr euch ... was kümmert das den Herrn Ilchmann aus Wipperfürth, ob das nun 1937 oder 1938 war oder im Kicker steht??? Ich erkläre es mal ... Schalke hat in der Saison 1937 als erster deutscher Verein das Double mit Meisterschaft und den Pokalsieg errungen ... Damals konnte man noch vom Erringen sprechen ... Dieses Double war pulverisiert, als der Kicker den Pokalsieg auf 1938 umdatiert hat ... Ich bat darum, das zu korrigieren, ich schilderte, dass ich seit 1982 jeden Jahreskicker kaufe, ihn auswendig lerne und das ganze Jahr über griffbereit habe ... auch dass ich alle archiviert habe und so über 35 Jahreskicker im Regal habe ... Ebenfalls machte ich deutlich, dass sie, für mich jedenfalls, in die Fußballgeschichte von meinem FC Schalke 04 eingreifen und so das erste Double in Deutschland aberkennen. Das geht so (4) mal gar nicht ...lach...

Die erste Reaktion war, dass sich das damalige Endspiel, irgendwie auf den Januar 1938 verschoben hatte ... aber dass sie das in der nächsten Redaktionssitzung besprechen würden ... Nach wenigen Tagen kam dann wieder eine Mail vom Kicker, dass sie das im nächsten Jahreskicker wieder korrigieren würden ... Ich muss ja nicht erwähnen, dass ich das noch in der „Tanke", vor dem Kauf des neuen Kickers, überprüft habe ... Mir ist es aufgefallen und mir war es auch wichtig ... Niemand kann die Geschichte ändern ... Und wenn jemand die Geschichte ändert, ändere ich sie zur Not zurück ...

Wie kam es überhaupt dazu, dass ich Schalker geworden bin ... Ich bin in GElsenkirchen geboren ... Punkt ... Ne ... da gehört schon etwas mehr dazu ... Jedenfalls war ich schon Schalker in der Grundschule ... das bestätigen mir heute noch Mitschüler von damals ... Irgendwie spielt das bei den meisten halt mit ... komisch, ne?? Mein erstes Fußballspiel, live auf Schalke, war das erste nach dem ersten Wiederaufstieg 1982. Ich war gerade 11 Jahre und mein Bruder nahm mich da das erste Mal mit ins Stadion. Ganz ehrlich, damals war das für meinen Bruder echt eine heftige Verantwortung, mich mitzunehmen. Ca. 100 km Fahrt in ein proppenvolles Parkstadion ... Aber mein Bruder musste auch die Weichen stellen ... Ich wäre auch nicht abgeneigt gewesen, zu Köln, Leverkusen oder gar zum Biene-Maja-Klub zu migrieren ... Ich hatte zu dem Zeitpunkt zwei Wäscheschränke. Alle von unserem Opa selbst geschreinert ... Im einen hing alles von Schalke an der Innentür und im anderen was vom BVB ... Das wiederum hatte einen kuriosen Grund. Beim BVB spielte damals die halbe Jahrhundertelf von Schalke mit ... Rolf Rüssman und Rüdiger Abramczik waren in der Winterpause vor dem ersten Abstieg, aus Finanznot, dahin transferiert worden. Hans Joachim Wagner, Jürgen Sobieray ... später Ulrich Bittcher, Steffen Freund und sogar Jens Lehmann, doch zuvor noch einer der größten Schalker aller Zeiten; Stan LIBUDAAAA ... aber in meiner Prägephase waren es halt Rüssmann und Abi ... Auf einem Grillfest von dem Fanclub „Der auf Schalke tanzt", aus Stolberg bei Aachen, waren 2022 im Sommer unglaublich viele Schalke Legenden von Reinhold Palm, dem Vorsitzenden, eingeladen worden. Und ich mittendrin statt nur dabei ... Klaus Fischer und Abi waren zu einem Tagesausflug aus Gelsenkirchen extra gekommen ... Huub Stevens war mit seiner Frau da, unser und Huubs Co-Trainer Hubert Neu war auch mit Gattin gekommen ... Ebenfalls dabei waren Didi Schacht und last but not least unser „Quatscher"; Dirk Oberschulte-Beckmann ... der wiederum früher eine Freundin aus Wipperfürth hatte, diese Freundin wohnte im gleichen Haus wie meine erste Freundin ... alleine das ist schon wieder etwas spooky ... Dirk hat auch ab und zu das Wipperfürther Stadtfest moderiert ... Ab und zu haben wir uns auch so schon mal gesehen, bei den Pokalspielen, als Pokalbeauftragter auffe Arbeit ... lach ... und bei manchen Auswärtsspielen wie in Nürnberg ...

Man kennt sich, ein kleines bisschen zumindest ... ist etwas übertrieben... aber zum Angrillen 2023 am ersten Mai war er mit seiner Freundin bei uns Zuhause zu Gast ...

Überraschende Enthüllung in diesem Buch:
Charly – nicht nach Charly Neumann, sondern nach Charly Chaplin!
Charly sagt selber von sich: „In 30 Jahren habe ich mir einigermaßen

das Leben so malen können, wie es mir gefällt." Klar, dass Charly Maler von Beruf ist, und das passt natürlich – wie wir im Pott liebevoll sagen – wie „Arsch auf Eimer". Als Weintrinker habe ich ein Problem mit der Geburtsstätte von ihm, denn er wurde doch tatsächlich im Sankt Marien-Hospital Buer, also oben im Norden von Gelsenkirchen geboren. Ausgerechnet im Norden, obwohl man doch immer behauptet, dass ein wichtiger Faktor für die Qualität eines Weines die Lage des Weinberges ist, und das ist natürlich am Südhang. Der nördliche Standort GE-Buer kann also nur der Dringlichkeit der hochschwangeren Mutter geschuldet gewesen sein, sonst hätte man natürlich unbedingt ganz im Süden, also in GE-Ückendorf entbunden! Charly ist mit vielen Facetten ausgestattet. Ein Parade-Beispiel ist, meiner Meinung nach, sein selbst kreierter Satz, der wie Musik in meinen Ohren klingt: „Ich hatte zwar eine schlechte Schulbildung, aber durch meine ausgeprägte Kreativität und Kommunikationsfähigkeit habe ich noch einigermaßen die Kurve gekratzt!" Beim Wein geht da die Zunge auf Stelzen, denn das darf man gerne mal kurz oder länger sacken lassen: Da ist viel Stoff drin! Charly landete in Wipperfürth, nicht gerade ein sehr verträumter Ort im Bergischen Land. Aber als Schalker mit Kölner Einschlag wurde er dennoch gut aufgenommen, dazu hat die Stadt natürlich auch viele weitere blauweiße Leidensgenossinnen und -genossen beheimatet.

Eine zweite Ehe hat Charly dann auch noch riskiert. Das Ja-Wort gab er sich natürlich am 19.04.2017 in GE-Horst – immerhin ‚fast' im Süden von GE. Unsere VELTINS-Arena war wegen eines Pokalspieles am Vorabend nicht als Trauungsort zugelassen. Charly behauptet von sich selber, dass er „zu allem oder vielem was zu sagen hat, das ist schon mal anstrengend" und das kann auch schon mal sein. Aber dafür ist er stets zuverlässig, verbindlich und erst recht gastfreundlich. Und ich kann versichern: Er hat immer einen guten Weißwein im Kühlschrank. Hier noch ein Tipp an dieser Stelle meines Gastkommentares: Wenn ihr die Gelegenheit bekommt, dann geht doch mal durch die Heiligen Hallen seines Hauses in Wipperfürth – ein Blick in das Schlafzimmer dürfte ein Schock für alle Nicht-Schalker werden – 104%ig!

Unser Buchautor ist ein echter Tausendsassa: Zum S04-Treffen 2022 bei Ex-Schalke-Spieler Marco van Hoogdalem in den Niederlanden *besorgte Charly einfach mal kurzerhand beflockte T-Shirts für alle. In seinem Garten in Wipperfürth ist er Herrscher des Grillfleisches und ganz nebenbei ist er darüber hinaus auch der Hüter des „Heiligen Grals". Das ist die fast „originale" Ausgabe des DFB-Pokals, immer verpackt in dieser unglaublich viel Eindruck schindenden Kiste am Spielfeldrand unserer Arena, wenn wir zu Hause mal ein Pokal-Heimspiel hatten und haben werden. Und manchmal, nur manchmal holt Charly diesen goldenen Pokal auch mal aus dem Koffer raus. Auch ich durfte ihn mal hochstemmen – danke Charly für den erhabenen Moment!*

Lieber Charly, beim nächsten DFB-Pokalsieg in Berlin wirst du den goldig schimmernden Pott mal selber in den königsblauen Abendhimmel recken, versprochen ist versprochen und wird nicht gebrochen!

Gastkommentar von unserem Kultstadionsprecher Dirk Oberschulte-Beckmann oder besser bekannt unter „DER einzigartige Quatscher"...

Vielen Dank, lieber Dirk, halt mal wieder an, wenn ihr wieder in Wipperfürth seid. Vielleicht dürft ihr dann mal im Schalke Schlafzimmer pennen ...))

Die Feier fand auf dem Anwesen (Restaurant & Apartment Hotel) von „unserem" Marco van Hoogdalem statt ... Mensch, war das GEil...

Dirk während des Angrillens in Wipperfürth, 1. Mai 2023,
und während eines DFB Pokal abends in der Veltins-Arena.
Da mussten wir beide „malochen".

Foto mit Huub und Hubert auf dem Fantreffen vom Fanclub DAST in den Niederlanden bei Marco van Hoogdalem – mein Kniefall inklusive.

Ich habe ja schon tolle Erlebnisse vorher und nachher gehabt, aber dieses Wochenende GEhört jedenfalls bei mir auf das Treppchen …

Auf dieser Feier habe ich mindestens 20 einmalige Sachen erlebt. Die Grußbotschaften von Hubert und Huub, die wir aufgenommen haben und per WhatsApp versendet haben. Huub und Hubert so nahe gekommen zu sein, mit Klaus und Abi gegessen und wirklich super vertraut sich unterhalten zu haben, der Gast von Marco gewesen zu sein, die vielen toften Menschen getroffen zu haben, die alle superfriedlich und freundlich dem S04 zugewandt waren … einmalig war das …

Auf dieser Feier habe ich zum Beispiel erfahren, wie es dazu kam, dass Klaus zum 1. FC nach Köln gewechselt war. Und zwar wurde ja Klaus im Abstiegsjahr in der Saison 1980/81 im Spiel gegen Bayer Uerdingen das Schienbein gebrochen …

Man sagt ja meist „Er hat sich das Bein gebrochen" … so was ärgert mich dann schon manchmal echt grandios … nein, IHM wurde das Bein gebrochen – basta …, wahrscheinlich nicht

absichtlich ... wobei Uerdingen auch mit Schalke im Abstiegs-
kampf fett drin hing ... aber ich sage mal, dass es mit Sicherheit
in der Form nicht beabsichtigt war ... egal ... Klaus fiel auf unbestimmte Zeit aus und der damalige Präsident sah nur einen
Ausweg, für Liquidität zu sorgen, indem er Abi und Rolli verkaufen würde ... und das in der Winterpause und das ausgerechnet
an den Nachbarn ...Klaus ging vor den Transfers zum Präsidenten und sagte ihm, dass er das nicht machen soll/darf ... „Ich
bin spätestens Ostern wieder fit und dann holen wir die nötigen
Punkte, um den Abstieg zu verhindern ... 100%ig ... Dazu brauchen wir Rolf Rüssmann hinten drin und vorne Abi, sonst wird
das nix ..." Klaus sagte dem Präsidenten wohl auch, dass er weg-
gehen würde, wenn die Jungs verkauft werden würden und S04
dann tatsächlich absteigen würde ... Obwohl er unglaublich an
Schalke hing und heute noch hängt, wollte er den Gang in die
Zweite Liga damals nicht mitgehen ... Ich konnte diese Haltung
absolut verstehen ... Es ging auch darum, das vom Präsidenten
Geforderte noch einmal ganz klar nachträglich zu formulieren
und durch Taten zu untermauern ... Außerdem war Klaus, trotz
jenseits der 30 und trotz solch einer schweren Verletzung, weiterhin ein absoluter Top-Stürmer mit eingebauter Torgarantie.
Auch stand wieder eine WM im Kalender ... Außerdem hatte er
beim FC auch noch einmal die Möglichkeit, in einer wirklich
tollen Truppe um den Titel zu spielen ... Alleine deswegen bin
ich damals unwahrscheinlich oft mit meinem Nachbarn aus
Abstoß als Sozius auf dem Moped bzw. sehr regelmäßig zum
FC mitgefahren. Sogar das DFB-Pokal-Endspiel 1983 habe ich
mit meinem Nachbarn live miterlebt. Fortuna Köln (mit Dieter
Schatzschneider) gegen die Topauswahl des 1. FC Köln ... Diese
Tickets hatte seinerzeit mein Bruder organisiert, aber mir und
dem Nachbarsjungen zur Verfügung gestellt. Der Nachbarsjunge
war der mit dem Moped. Zum Pokalspiel hat uns jedenfalls der
große Bruder meines Nachbarn gebracht, mit seinem schwarzen Opel Manta B – es lief das Tape von Michael Jackson, Billy
Jean und der andere Gassenhauer, hoch und runter. Jetzt sticht
es sich drum: Hier ist nicht alles mehr 100%ig chronologisch in

meiner Erinnerung. Ich weiß, dass ich mit meinem Bruder das
erste Mal auf Schalke war, zum Heimspiel gegen Mönchengladbach. Das erste BL-Spiel nach dem ersten, direkten Wiederaufstieg aus der 2. Liga ... verstanden!? ... lach ...

Wie ich ja gerade schrieb, hatte mein Bruder mich in dieser
Zeit nur selten mitgenommen. Die Verantwortung bei 71000
Zuschauern, größtenteils gut angetrunken und auch zu der Zeit
heftig gewaltbereit, war ihm wohl immer zu groß ... Das war zwar
auch absolut richtig so ... nur das Risiko wuchs stetig, dass ich
entweder FC Fan werden oder zu den Gelben migrieren würde ...
Außerdem hatte ich jede Menge GUT, bei meinem Bruder, weil
er mir samstags immer Bonanza oder Rauchende Colts ausge-
knipst hatte, wenn die Sportschau anlief. Da war ich immer auf
1904 ... und ich habe mich bei Mama ausgeheult ...) Immer dieser Scheiß Fußball ... ging mir durch den kleinen Kopf ... lach ...
Ich erinnere mich noch, dass ich mit meinem Nachbarn dem FC
sogar nach Düsseldorf nachgereist bin ... Auf der Anzeigetafel
stand damals nur Allofs, Klaus für den FC und Thomas für die
Fortuna. Ich besitze heute noch die Autogrammbände 1 und 2
aus meiner Kindheit, wo ich wie ein Jeck Autogramme von den
Stars von damals ergattert habe ... Endlich hatten Schulhefte
mal einen Sinn für mich ... Als die Abschlusswanderung von der
Grundschule 1982 anstand (Wanderung zu einem Bauernhof
zwischen Thier und Wipperfeld), war da am Vorabend das WM-
Halbfinale Deutschland gegen Frankreich übertragen worden ...
Die erwachsenen Begleiter unterhielten sich und Klein-Charly
wollte alles haargenau wissen, ich durfte ja wegen der Wanderung nicht so lange aufbleiben. Was hat Toni Schumacher denn
da gemacht?? ... Klaus Fischer hatte wieder mal eine „Scheiß-
Vorarbeit" per Fallrückzieher ins Tor gehämmert ... Ich glaube,
den Erwachsenen bin ich damals schon „leicht" auf den Keks gegangen, mit meiner „Schnüss" ... lach ... Genau in der Zeit bekam
ich ja auch mein erstes Schalke Trikot, in Weiß aus Polyester, mit
der Trigema-Werbung auf der Hühnerbrust ... Dieses hatte ich
ständig an, im Sport-Unterricht, auf dem Bolzplatz oder sonst
wo ... Trotz des schmalen Budgets von Oma und Opa habe ich es

bekommen ... Die Tante hat es dann mit mir bei Sport Wedding in GE-Zentrum gekauft ... Dieses Trikot habe ich in der zweiten Klassengemeinschaft der Hauptschule an meinen Mitschüler Mario verschenkt ... Mario stammte genau wie ich, eher aus „einfachen" Verhältnissen, ein super Fußballer, aber auch ein Köddel ... Ihm passte es wie angegossen ... Das war das einzige Trikot, was ich jemals verschenkt habe, weil Mario wie mein kleiner Bruder war, und dem schenkt man schon mal so was ... Zumindest bis ich die „Rettungsaktion" für die Gas-Trikots ins Leben gerufen habe, bis dahin habe ich kaum bis kein einziges Trikot mehr verschenkt ... Hierüber könnt ihr bitte Google befragen ... Dort wird dir GEholfen ... Charly oder Michael Ilchmann, Wipperfürth, dafür möchte ich hier nicht die kostbaren Buchseiten verheizen und die Bergische Landeszeitung und Radio Berg haben es eh bestens niedergeschrieben. Bei Radio Berg gibt es sogar ein Interview davon. Spätestens da, mit dem ersten Trikot, war die Entscheidung gefallen: einmal Schalker, immer Schalker ... Selbst die Relegationsspiele gegen die Pillen von Uerdingen habe ich live mitgemacht ... trotz der bitteren Abgänge in Liga zwei habe ich an der Entscheidung, Schalker geworden zu sein, nie (wirklich) gezweifelt ... Ich habe sogar Tinte als Blutersatz ... Aber mal ehrlich, wie hätte ich das erklären sollen, 1971 in Gelsenkirchen-Buer geboren und dann kein Schalker ... Unmöglich wäre das gewesen ... ein Leben lang ... unmöglich. Es dauerte überhaupt nicht lange, da war ich an Wissen über Schalke und vom Willen her, Schalker zu sein, allen mir Bekannten um einiges voraus. Ich wusste, wann wer zu uns gewechselt hatte, wie viel er wog und woher er kam. Alles, was der Kicker hergab, hatte ich parat ... Wenn ich nur 10 % davon in der Schule investiert hätte, wäre ich Nobelpreisträger von allem Möglichen geworden ...

Aber man muss ja Prioritäten setzen ... (Schul-)Bildung wird eh viel zu oft überbewertet ... Natürliche Intelligenz, soziale Intelligenz, Offenheit, Hilfsbereitschaft, Freundlichkeit und Ehrlichkeit – all das sollte viel mehr vermittelt werden ... Dafür, dass mir der Satz des Pythagoras nie hängen geblieben ist, habe ich noch einigermaßen die Kurve gekratzt ... Werte beherzigen und weitervermitteln ... das ist es, was mir gut gefällt und wofür ich gerne lebe ... Wahre Werte sind der erste Schritt zum Reichtum und das Verrückte ist, dass sie nichts kosten, aber unglaublich reich und zufrieden machen.

2004 zu Weihnachten waren meine erste Frau und ich auf Lanzarote im Urlaub ... Badeurlaub war da nicht möglich ... dabei wärst du echt erfroren ... Also standen auf dieser grauen Insel halt irgendwelche Touren auf dem Programm: Eine war zu irgend so einem Loch im Boden ... wo man quasi über einem Vulkan stand und Würstchen grillen konnte ... Irgendwie komisch, dass der nicht hochgegangen ist ... sonst läuft ja auch einiges nicht immer nach MEINER „Mütz" ... Als wir uns dann langsam zum Kamelreiten aufgemacht haben, rief der Reiseleiter alle angemeldeten Passagiere auf, um sicherzustellen, dass keiner in das Loch GEfallen war ... Auf einmal rief der Reiseleiter Markus Kaya und seine Frau Aylin auf ... Ich dachte: „Den Namen kenne ich doch ... aus dem Kicker, der Zeitschrift vor einigen Jahren ..." Google und Smartphone waren ja noch Zukunftsmusik ... Ich musste echt 19 Sekunden überlegen ... Ich dachte mir, frag den jungen Mann doch einfach, ob er nicht mal auf Schalke GEspielt hat ... Der Mann guckte mich vielleicht mit riesigen Augen an ... Ich dachte noch, ... oder war der in Dortmund?? Er sagte: „Ja, genau ..." „Ahhhh, okay, lass mich noch mal überlegen!? Von 1998–1999/2000 warst du doch da ... Irgendwie hattest du dich schwer verletzt ... Beinbruch oder so – ne??" Die Augen wurden immer größer. „...und dann bist du doch zur Winterpause zu Rot-Weiß Essen gegangen ... zu Klaus Berge, auch ein Ex-Schalker ..." Ich weiß nicht genau, was Markus dann gedacht hat – ich glaube, ich war ihm unheimlich ...) Aber es geht noch weiter ... wir 4 haben echt eine schöne Zeit dort gehabt.

Irgendwann kamen dann die Animateure von dem Ressort an und luden uns zum Fußballtennis ein ... Wie in meinem „Rest des Lebens" trage ich ja 99 % was von Schalke ... auch in diesem Urlaub ... Markus meinte: „Charly, hast du Bock?" „Ja, warum nicht ... kann ja nichts schiefgehen, mit 'nem ehemaligen

Bundesliga Profi ..." Ich könnte mich heute noch totlachen ...)
Bombastisch war das ...

Die Animateure bekamen dermaßen einen über sich ..., weil
die nur Packungen bekommen haben ... nicht wegen mir ... ist
ja klar ... ich musste nur irgendwie die Pille maximal zu Markus
bringen ... und zack – Advantage Gäste ... Spiel, Satz und Sieg ...
Mann, waren die Animateure sickig ... irgendwann fragte einer
wegen meiner täglich wechselnden Schalke-Trikots: „Woher hast
du den denn eingeflogen???? Von Schalke oder was???" Markus
sagte: „Psssssss ... nix verraten ..." Ich war nur am Lachen ...
Da ich aber nach meinem Kreuzbandriss und Totalschaden im
rechten Knie eigentlich nicht mehr für einen Betonboden ge-
eignet war, verdrehte ich mir echt noch heftig das angeschla-
gene Knie ... wir machten noch ein paar Matches und Markus
musste dann den Rest auch noch selbst machen ... Jetzt war er
dann auch mal echt GEfordert ... lach ...

Irgendwann habe ich aufgegeben und Markus hatte ohne
mich auch keinen Bock mehr. Mein Knie sah aus, als hätte ich
den Ball unter der Haut mitgenommen. Markus hat mir bis zu
deren Abreise jedes Radler an der Bar abgeholt ... jedes ... Ich
fand das sehr stark von ihm ... Mensch, was war das für ein
Erlebnis. Er und seine Frau sind dermaßen bodenständig, lieb
und höflich ... Unglaublich liebe Menschen haben wir da mal
wieder kennengelernt ... Markus und seine Frau besuchten
mich nochmal in Wipperfürth zu meinem Geburtstag ... wie
es schon so mal ist, riss der Kontakt etwas ab ... 2017, als ich
mit dem Rad nach Schalke gefahren bin, habe ich mir freitags
mal das Jugendtraining angesehen ... Markus war Co-Trainer
der U17 – das wusste ich gar nicht so genau zu dem Zeitpunkt –
schämmmm ... Als er mich sah, kam er direkt rüber und freute sich, mich zu sehen ... Als seine Jungs das gesehen haben,
hat mich jeder der Jugendspieler per Handschlag begrüßt und
der Cheftrainer ebenfalls. Unglaublich ... Da konnte man sehen, wie viel Demut die Schalker Jugend hat, wenn einer, der
vielleicht „späteren Fans" zuguckt. Ich fand das damals sehr
beeindruckend. Unglaublich war auch Folgendes: Im tiefsten

Winter lag ich im Wohnzimmer auffe Couch und zappte was rum ... Irgendwann rollte irgendwo der Ball in einer Halle ... Ich war in der Halle auch wirklich gut ... ich dachte: „Geil ... Hallenfußball ...“ Es lief ein Hallenturnier aus Oldenburg mit diversen Allstar-Teams ... Ohhhh, noch mal geil ... Schalke ist ja dabei ... Ohhhh, noch geiler ... Markus spielt auch da mit ... Markus war echt gut aufgelegt und auch einer der Jüngsten im S04 Allstar-Team ... Ich guckte auf mein Handy und suchte seine Handynummer ... zack – gefunden ... In der Spielpause schrieb ich ihm: „Markus ... gut gespielt ...“

Es dauerte max. 10 Sekunden und dann kam zurück: „Charlyyyy ... danke dir ...“

Ich dachte mal ... „Markus ... kannst du mal ein Selfie mit Olaf und Martin machen ... ich finde die soooo gut ...“ Zack, da kam das Selfie ... Ich war dermaßen am Flattern vor Freude ... Ich glaube, Markus ist zum Spieler des Turniers gewählt worden und hat einige Tore getreten. Nur meinen Rat, mal mit Bande zu spielen, hat er nicht an- oder wahrgenommen. Vielleicht macht man das als Profi nicht ... – keine Ahnung. Auf jeden Fall bist du dann in der Halle direkt um einen Mann mehr auf dem Feld ... da weiß ich, wovon ich rede ... ... lach ...

Da mein Bruder, als Mitglied, immer den Schalker Kreisel bekam, hatte ich auch immer einige News aus erster Hand ... Irgendwann gab es mal eine Zeit lang Steckbriefe von den Jugendspielern auf Schalke. Zwei Steckbriefe sind mir damals aufgefallen. Der von Michael Skibbe und der von Olaf Thon ... Damals, ich war so um die 11 Jahre oder knapp jünger ... Ich verging mich ja selten an den Kreiseln ... Aber da nahm ich mir eine Schere und schnitt den Steckbrief von Olaf Thon aus. Ich hatte ihn irgendwo an einem besonderen Ort aufbewahren wollen. Ich spürte, der wird mal einer ... Als mir absolut nichts einfiel, habe ich den Steckbrief mit einer Stecknadel an meine Zimmerwand gepinnt ... Mama war schwer begeistert ... Als wir das zweite Mal abgestiegen sind und die 2. Liga Saison freitagabends gegen SC Charlottenburg starten sollte, bettelte ich meinen Onkel an,

Markus Kaya, Martin und Olaf, das „bestellte" Selfie vom Hallenturnier kam frei Haus und prompt ...

mit mir dorthin zu gehen ... Es goss wie aus Kübeln und meinen Onkel nervte es dermaßen, bei so einem Scheißwetter freitagabends so einer Truppe, die schon wieder abgestiegen ist, zuzugucken ... und das gegen irgendeine Berliner Mannschaft, die auch keiner kannte ... Ich war ja 12 ... Wer bezahlte, war auch klar ... Ach ja, zwei Würstchen mussten ja auch noch rein ... Oh je, mein armer Onkel ... Als wir auf dem Weg waren, sagte er noch: „Hörmaaa ... warum fahren wir überhaupt dorthin und gucken uns so „Gurken" an?" Ich sagte: „Onkel ... wie oft soll ich dir das noch sagen, heute spielt Olaf Thon das erste Mal in der Ersten ..." „Wer spielt??? Olaf wer???"

„Oooohhhhh, Onkel ... Der daaaaa ..." „Watt, der Köddel da unnen?" Mein Onkel war ja da schon Lichtjahre hinter mir, was Fußball „Fachwissen" anbelangte. Aber als Olaf die ersten Hacken auf dem Rasen schlug, sagte mein Onkel: „Der Köddel is aber echt nicht schlecht – woher kennst DU den?" Für mich war mein neuer Lieblingsspieler geboren ...

Nach wenigen Jahren war die Zimmerwand dermaßen voll
mit Zeitungsartikeln. Meine Mama bekam echt einen Föhn,
so hässlich fand sie das ... aber ich sammelte ziemlich lange ...
Mike König schrieb ja über die Wand mit den Postern und so ...
Zum Aufstieg in die Bundesliga bekam ich dann mein zweites
Schalke Trikot mit der 10, von Adidas, in Königsblau, mit Hose
und Stutzen ... Ich war wirklich stolz wie Oskar in der neuen
Kluft ... 1988 war dann erst mal Schluss mit meiner Schwär-
merei ... Wir stiegen wieder ab und Olaf wechselte zu den Bayern ... Lattek (hatte auch eine lange Wipperfürther Vergangenheit) wollte ihn ja schon damals nach dem 6 : 6 im Pokal mit ins
Reisegepäck stecken ... Aber das hat er nicht gewagt ... Olaf war
auf Kohle geboren ... nicht MIT Kohle geboren ... An sich wie
ich ... Olaf, dem hatte ich es dann einigermaßen verziehen, dorthin gewechselt zu haben ... wir waren ja abgestiegen, und der FC
Bayern war schon, oder wieder, die alleinige Nummer eins im
Deutschen Fußball – ist zwar Käse ... ist aber nun mal so ... da
war ich dann schon so vernünftig und trotzdem stolz auf den
„Jungen" ... das ging dann für mich jedenfalls und für die allermeisten Schalker auch in Ordnung ... denke ich ... Ich habe
mir ja immer gerne Mannschaften angesehen, wo Ex-Schalker
untergekommen waren.

Wenn Bayern übertragen wurde und Olaf am Ball war, rutschte JEDEM Reporter ständig raus: „Thon am Ball ... was, der kleine Schalker hier ... und was, der Ex-Schalker da ..." Die Reporter waren mit Rudi dafür verantwortlich, dass Olaf immer in
großen Stücken Schalker geblieben ist ... Dass wir den Abstieg
damals schlucken mussten, daran war meiner Meinung nach
wieder die Vereinsführung schuld ... Sie verkauften wieder mir
nichts, dir nichts einen dermaßen elementaren Spieler – Frank
Hartman, ein Model-Athlet und dermaßen GEiler Kicker, wurde an den FCK verkauft ... Ich meine, ohne mit ihm damals darüber gesprochen zu haben!? ... im ersten Spiel auf dem Bet-
ze hat er alle 5 (!!!!!) Tore gegen uns geschossen ... Ich war auf
1000 ... Ich habe das Spiel im Radio gehört ... ständig hieß es
Tor in Lautern. Hartmann, Hartmann, Hartmann, Hartmann

und wieder Hartmann ... war das hart man ..., mit ihm, Olaf, und dem Boxer wären wir niemals abgestiegen – Toni Schumacher nicht zu vergessen ... Er war ja nach seinem Buch bei uns unterGEkommen und konnte aber auch nicht diesen 3 Abstieg verhindern ... Was habe ich den GErne gesehen...schon in Köln war ich ein Riesen Fan von Ihm ... Egal ... Es ähnelte sich halt wie damals mit Klaus, Rolli und Abi ... Sehr oft habe ich das Gefühl, es besser zu können als die ... die es können müssten ... das macht mich manchmal rasend ... *Jetzt kommt noch ein Spruch ... wahrscheinlich hat ihn auch ein anderer schon mal gesagt ... egal. Einmal falsch zu liegen ist Pech ... zweimal gegebenenfalls auch noch. Aber zigmal falsch zu liegen, grenzt an Doofheit oder Ignoranz ...* Das Doofe auf Schalke und im Leben ist meist ... dass sich die Puzzleteile immer leicht ähneln und dass man EIGENTLICH, mit wenig Phantasie, im Vorfeld sagen konnte, was das für eine Scheißentscheidung wird ... manchmal ist es dermaßen einfach, einen Fehler nicht zu machen ... Das hat mich schon öfter genervt, sehr regelmäßig, dermaßen falsch zu liegen ... quasi mit Ansage, eine Arschbombe im Fettnäpfchen zu machen ... ist mehr als ärgerlich ... das konnten wir Schalker schon immer gut ...

Jedenfalls waren es die wahrscheinlich zwei wichtigsten Entscheidungen, die bald getroffen wurden. Diesmal positive Entscheidungen ... Zum einen, dass Rudi noch einmal als Vereinsmanager installiert wurde, und zum anderen, dass er auf die Idee kam, Olaf Thon, den verlorenen Sohn, zu Schalke zurückzuholen ... Fußballfachleute erinnern sich ... Olaf war in seiner Münchener Zeit relativ häufig verletzt. Ihm fehlte eventuell die Emscher ... und wir Schalke Fans ... Nicht wenige waren der Meinung, dass es Olaf körperlich nicht mehr schaffen sollte in der Bundesliga. Ich war aus dem Häuschen und sicher, dass er es packt ... Mein Olaf war zurück ... Mensch, war ich glücklich. Ich wusste, dass Olaf es packen würde ... alleine, dass er mit Abstand der beste Fußballer in der Mannschaft war, sollte ihm die Gewissheit geben, nicht in jedem Training wie ein Berserker rangehen zu müssen, um am Wochenende zu spielen ... Ich sage nicht, dass er sich schonen konnte im Training, aber zwischen schonen und über „pacen" liegt ein himmelweiter Unterschied. Ist aber auch nur meine Meinung ... Des Weiteren änderte sich gerade einiges in Sachen Taktik, Olaf war, meiner Meinung nach, der erste spielstarke 6er, der aufs Feld geschickt wurde ...

Man spielte langsam ohne Vorstopper und Libero ... auf Perlenkette, wie Jörg Berger mal in einem Interview, rumgepoltert hatte ... Diese Kette wurde, meiner Meinung nach, von Ralf Rangnick in Ulm, einem damaligen Überraschungsaufsteiger praktiziert ... Jedenfalls war Olaf nicht alleine ... Die Eurofighter wurden langsam auf die Fußballwelt losgelassen ... Von denen liebte ich jeden Einzelnen, als Marc Wilmots noch dabei kam, war es angerichtet ... Vorher kam aber noch das Superspiel gegen den FC Bayern, als wir mit einem Heimsieg mit Flugkopfball von Andreas „Air" Müller diese Bayern fein abgewatscht haben, dass es bis Mailand geschallt haben muss ... Für das Spiel habe ich ca. 10–12 Karten besorgt ... Wir sind mit mehreren Autos zum Spiel gefahren ... Ältere Herren, Mädels, Arbeitskollegen, Simone und einige Freunde waren dabei ... So eine bunte Mischung habe ich selten auf die Beine gestellt für ein Schalke Spiel ... Die älteren Herrschaften verirrten sich nach dem Spiel dermaßen auf den Parkplätzen ... Herrlich war das ... eher nicht ...

Glück auf, Charly!
Als mich die Frage erreichte, ob ich eventuell einen Gastbeitrag für dieses Buch schreiben könnte, musste ich nicht überlegen, das mache ich sehr gerne. Es ist eine Anekdote, die schon eine Weile her ist, aber immer wieder, zumindest in unserem Fan-Club, erzählt wird.
Meine erste Begegnung mit Charly; und die stand natürlich im Zusammenhang mit einem Spiel unseres S04. Damals konnte man noch nicht ahnen, was da für eine Erfolgswelle auf uns zurollen sollte. Ich beginne jetzt aber mal etwas früher. Es war der 11.05.1996, als wir am vorletzten Spieltag den FC Bayern München im Parkstadion zu Gast hatten. Nach dem 2 : 1 durch

Andi Müller in der 90. Minute stand fest, dass wir in der Saison 96/'97 im UEFA-Cup vertreten sind – EUROPAPOKAL.
Die Auslosung bescherte uns einen Gegner, der noch nicht das ganz große Flair ins Parkstadion bringen sollte. Aber egal, für den Anfang war Roda JC Kerkrade vielleicht genau richtig. Am 10.09.1996 gab es im Heimspiel einen ungefährdeten 3 : 0 Sieg. Auf das Auswärtsspiel freuten sich alle, besonders diejenigen, die eine Karte ergattern konnten. Wir von den Werther Knappen waren mit einigen Leuten dabei.
Mit vielen Bussen ging es am 24.09.1996 im Konvoi von Gelsenkirchen gen Holland.
Das Spiel ist schnell erzählt, eingepfercht in einem mit Ketten verschlossenen Gästeblock erlebten wir ein 2 : 2 Unentschieden. Die erste Runde war geschafft. Auf der Rückfahrt ging es feucht fröhlich her. Mal gut, dass ein Schalker dabei war, der an dem Abend keinen Alkohol zu sich genommen hat, weil er mit seinem silbernen Audi 80 B4 noch eine längere Heimreise antreten musste. Nach der Ankunft in GE leerte sich der Busparkplatz sehr schnell und wir standen mit den Kumpels ziemlich einsam auf dem P6. Wir hatten vorher einen Bus organisiert, der uns nachts von der Fan-Kneipe an der Uechtingstraße abholen sollte. Irgendwie mussten wir nun nur noch dorthin kommen.
2 Taxen zu rufen, war die einzige Möglichkeit für uns.
Die einzige Möglichkeit? Nein, denn es tat sich urplötzlich und unerwartet eine weitere Möglichkeit auf. Wir wurden von einem Schalker angesprochen, ob er uns irgendwohin bringen könne. Nachdem wir ihm gesagt hatten, wohin wir wollten, kam unser Einwand, dass wir natürlich nicht alle ins Auto passen würden.
„Warum nicht", kam vom Schalker. Gefragt, getan; wir haben es dann tatsächlich geschafft, uns alle im Audi zu verstauen. Ich meine zwei Touren plante Charly mit uns ein ...
Die Türen wurden geschlossen und los ging die Fahrt. Nach nicht einmal 100 Metern fand die Fahrt ein jähes Ende. Mist, Polizei. Ein Streifenwagen stoppte „unser" Auto.

Uns war klar, dass damit die Fahrt beendet war. In Gedanken waren wir schon bei einer Sammlung für die erwartete Geldstrafe. Aber nix da, die Polizeibeamten waren sehr freundlich, und nachdem sie festgestellt hatten, dass der Fahrer nüchtern war, durfte der „Schwertransport" tatsächlich seine Fahrt fortsetzen. An der Uechtingstraße angekommen, haben wir uns herzlich beim Fahrer bedankt und ich habe ihm meinen Schal der Werther Knappen geschenkt. Danach haben wir in der Fan-Kneipe GEmeinsam mit dem Quatscher noch ausgiebig den Einzug in die 2. Runde gefeiert.

Das war meine erste Begegnung mit Charly Ilchmann aus Wipperfürth.

Über die Jahre hinweg wurde über diese tolle Begegnung, vorzugsweise auf Fan-Club-Feten, immer wieder sehr gerne angesprochen. Da wurdest du oft erwähnt Charly. Dem Polizisten einfach so zu sagen ... er soll mal ein Auge zudrücken ... dass es besser wäre, von einem Nüchternen im völlig überladenen Wagen gefahren zu werden, als wenn zwei Sturzbetrunkene mit dem eigenen Wagen fahren würden ... Der Polizist war astrein ... Er sagte nur: „Fahrt aber vorsichtig ... Glück auf ..."

Der Kontakt zu Charly brach dann aber ab und wir haben lange nichts mehr voneinander gehört. Einmal noch haben wir uns an einem November Abend in einer Kneipe in London getroffen, zum Champions League Spiel von S04 gegen Chelsea. Aber da war ich nicht mehr so ganzzz dabei ... Das verdammte Guinness war schlecht ... mindestens eins davon ...

Dann habe ich vor nicht allzu langer Zeit einen Bericht bekommen, in dem von der abgelehnten Kandidatur Charlys in den Aufsichtsrat von Schalke 04 zu lesen war.

Der Autor schreibt u. a. darin, dass ein Fan-Club ihm die Stimmen gegeben hätte, die für die erste Hürde nötig gewesen wären ... Ich kann hier sagen, dass auch unser Fan-Club seine Stimmen Charly gegeben hätte. Es sind zwar nicht alle 340 Werther Knappen Mitglied bei Schalke, aber doch eine ganze Menge. Dann hat es sich Mitte des Jahres ergeben, dass wir uns nach über 25 Jahren tatsächlich wieder persönlich

getroffen haben. Auch der Anlass hatte es in sich, es war der 15.05.2022, zum letzten Zweitligaspiel in Nürnberg. Ich habe mich über das Wiedersehen bei strahlend königsblauem Himmel im Biergarten bei Gutmann sehr gefreut.
Charly, wir sollten bis zum nächsten Treffen nicht mehr so viel Zeit ins Land ziehen lassen.

Alles Gute und Glück auf!

Konrad „Konnie" Hübers, Fanclub Werther Knappen und „Polizeibeamter A. D."

Als Schalke dann mitten in der UEFA-Cup Saison unterwegs war, war ich Dauergast auf Schalke. Meist mit Manuela oder Detlef ... auch oft zu dritt oder viert oder noch mehr ...

Training, Karten besorgen oder irgendwas aus dem Fanshop ergattern – das war gang und gäbe. Und „zwischendurch" die

Foto vom Schal der Werther Knappen, ein Geschenk für den „Schwer-Transport" zur Uechtingstraße ...

Meisterschule ... oder umgekehrt!? Die Priorität wechselte stetig ... Kurz vor Weihnachten 1996 war ich mal wieder im Fanshop. Ich wollte nur mal gucken, da sah ich unseren Präsidenten auch durch den Shop gehen ... „Boah ey", dachte ich, „... das ist Schalke ... Hier läuft der Präsident mit den ganz normalen Fans durch den Shop und besorgt irgendetwas für SEINE Lieben ..." Als unsere Blicke sich trafen, kam er direkt auf mich zu, gab mir die Hand und stellte sich vor ... Ich bin zur Schalker Salzsäule erstarrt vor Ehrfurcht ... Der Präsident fragte, was ich denn alles gefunden hätte und ob das die Weihnachtsgeschenke für meine Freundin wären. Hier musste ich ihn etwas enttäuschen. „Meine Freundin kann ich damit nicht erfreuen, die ist Bayern Fan", sagte ich ... „Ach, ist nicht schlimm, die wird auch noch vernünftig werden ...", sagte er dann ... und griemelte etwas ... Nach kurzem Überlegen fragte ich noch: „Wie weit werden wir denn jetzt noch kommen im UEFA-Cup? ... Valencia?" Der Bayernbezwinger aus der ersten Runde wartete direkt im neuen Jahr auf uns ... Herr Rehberg sagte wie aus der Pistole geschossen und mit voller Überzeugung: „Wir holen den Pokal ..." Ich guckte dermaßen irritiert und sagte: „Sie sind der Chef ... und wenn Sie das sagen, werden die Jungs sich bestimmt nicht trauen, Sie zu enttäuschen." Dann trennten sich unsere Wege wieder ...

Als ich zu Hause ankam, fragte Simone: „Naaa, wie war es? Was erlebt?"

Ich sagte: „Ja, astrein war es ... ich habe unseren Präsidenten getroffen ..."

„Und ... was hat er gesagt?" Er hat gesagt, dass wir den UEFA-Cup gewinnen werden ...

Was Simone darauf gesagt hat, weiß ich jetzt aber nicht mehr ... ich meine, dass es nicht „sendefähig" war. Erstens glaubte Sie mir wahrscheinlich nicht 100%ig, mit dem Präsidenten gesprochen zu haben, und zweitens, dass er mir das mit dem Sieg „mitgab". Das ist so eine Sache in meinem Leben ... Egal, was ich erlebt habe und/oder so von mir gegeben habe, es entsprach immer der Wahrheit, gaaaaanz egal, wie bekloppt es rüber kam ... Manchmal nervt es noch heute ... Willi, mein Malerkollege, sagte dann schon mal: „Charlys Märchenstunde geht wieder los ...", oder mein Chef sagte noch etwas frecher, ich wäre ein Mundwerker oder Büttenredner ... vom Willi war es meist lustig gemeint ... vom Chef eher anders ... aber egal ... ich war ja immer mit dabei, wenn mir so was passiert ist ... Auch bin ich nicht in Deckung gegangen, wenn mir eine Berühmtheit entgegen kam ... Ich bin offen und direkt, auch am Anfang etwas zurückhaltend ... bestimmt so 2–3 Sekunden lang ... Aber dann denke ich, was soll's ... es ist ein Mensch wie du und ich ... vielleicht würde ich es auch nicht immer glauben, wenn mir einer so Klöpse erzählen würde ...

Ich hatte damals schon einen PC, einen Amiga 2000, mit einem 24-Nadeldrucker und so ... Hightech pur... Ein Programm war eine Art Fußball Almanach ... Hier habe ich erst einmal den Briefkopf von Schalke aufgepimpt ... ich trug schon mal vorab ein „UEFA-Cup-Sieger-1997" auf und druckte es stolz aus ... Simone verdrehte nur die Augen ... „Ihr Schalker seid Spinner." Sie war ja nicht dabei, als der Chef „das Machtwort" sprach ... Kurz nach dem Sieg gegen Mailand nahm langsam noch so ein Schalker Gehirngespinst Formen an ... Auf dem Berger Feld, direkt unterhalb des Parkstadions, sollte eine neue Heimspielstätte für unsere Mannschaft entstehen, quasi ein Superdome, wie es ihn bislang höchstens in Amerika gab ... den Rasen raus in ca. 4 Stunden, das Dach auf oder zu in 30 Minuten ... Komplett verkleidet der Tempel ... Würstchen essen oder Bierchen trinken in einem riesigen Wintergarten ... Einen Videowürfel unter der Freiluftdecke ... mit Siemens Lufthaken befestigt ... ist klar ... das hat mir dann auch keiner auf der Arbeit geglaubt, als ich davon erzählte ... Charlys Märchenstunde hat wieder angefangen ... Dieser kleine „Poppelsverein", wie Rudi uns immer selbst genannt hat ... der will so ein Ding bauen ... ist klar ... die Proleten aus GE drehen jetzt komplett durch... jetzt gab es den Fantasten, der es erst einmal artikuliert hat und von seinem Traum berichtet hat ... Das war Rudi ... der mit der Zigarre ... und jetzt gab es, zu den vielen anderen, noch den, der das Ganze seriös bei der Politik in NRW vortanzen musste ... Das war

Gerd Rehberg, unser Präsident ... Durch seine unendlich vielen Kontakte zur Politik in NRW (und in der ganzen Welt) und zu riesigen Finanzpartnern, wurde es langsam immer konkreter. Clemens, Josef und Peter ... und wahrscheinlich zig Schwergewichte und Sympathisanten von S04 ließen das Projekt laaaangsam starten ... Das war die Zeit, wo ich kein Fitnessstudio mehr brauchte ... Ich hatte eine Brust wie ein Gockel ... Stolz wie Sau war ich. Bei einer Baustellenführung, die ich über meine Tante mitmachen durfte, traf ich Herrn Rehberg wieder. Er übernahm die Führung anstatt unseres erkrankten Kapitäns Mladen Krstajić ... Einige waren traurig, dass der Kapitän nicht konnte ... Ich hingegen war echt happy, Herrn Rehberg mal wieder zu sehen – *konnte er sich vielleicht an mich noch erinnern!?* dachte ich mir... Ich hing bei seinen Erzählungen zum Rohbau unserer Arena an seinen Lippen ... Ich lernte das alles auswendig, was er erzählte ... Als die Führung langsam zu Ende ging, gab mir Herr Rehberg seine Visitenkarte inkl. privater Adresse und Festnetz-Nummer. Ich war gerade selbstständig als Malermeister und er bot sich an, mir Aufträge zu besorgen, wenn es holperig losging ... oder ich könnte mich melden, wenn ich mal Kummer wegen unseres Vereines hätte ...

Meine Tante sagte dann: „Charly, was hast du denn mit dem Präsidenten ausgeheckt?" Ich zeigte ihr die Karte und mein Onkel und meine Tante waren von den Socken ... Dadurch, dass Herr Rehberg sagte, dass die Vorverkaufszahlen von Dauerkarten schon durch die Decke gingen, wäre es ratsam, sich eine Dauerkarte vorzubestellen. Da ich möglichst mit meiner Perle oder einen meiner Kumpels und Kumpelinen fahren wollte, nahm ich direkt zwei Dauerkarten. Die waren echt kein Schnäppchen und dahinkommen, musste man ja auch irgendwie ... Würstchen, Schals, Trikots und Caps waren ja mittlerweile auch extrem kostspielig ... Bier musste ich ja da selten kaufen – das besorgte meistens Palmi. Dazu komme ich aber noch ...

Wie dem auch sei, bis 2017 hatte ich zwei Dauerkarten in bester Lage ... das waren so um die 16 Jahre ... Das gönnte ich mir dann halt mal ... Man kann ja auch nicht nur malochen. Nach dem UEFA-CUP-Sieg 97 war es ja nicht weit zum schlimmsten Tag vom Rest meines Lebens ... dem 19.05.2001 ...

Vielleicht habe ich die ganze Saison schon zu viel rumgeträumt und rumgesponnen. Wir hatten nach und nach kleine Veränderungen im Kader der Eurofighter vorgenommen ... Schalke spielte wie von einem anderen Stern. Wir waren Weihnachtsmeister 2000 – ein inoffizieller Titel, den ich mit einem eigenen Sweatshirt zelebriert habe ... Im Mittelfeld wurde Rudi aber dann mal so richtig kreativ. Er lotste eines der größten Feindbilder ever nach Gelsenkirchen ... „Andy Möller wird Schalker", sagte ein Postbote unter lautem Gelächter, als wir bei meinem Kumpel Klaus in Wipperfeld am Verputzen der Fassade waren ... Wir waren fleißig dran und auf einmal hielt der Postbote an, kurbelte die Autoscheibe runter und grölte: „Schalke hat Möller verpflichtet ..." Wir zwei Schalker, durch und durch, guckten dermaßen blöd und sagten: „Astreiner Witz – Alkohol vor dem Mittag macht matschig im Kopp – du Blödmann ..." Der Postbote sagte: „Nix Witz, das läuft die ganze Zeit schon im Radio ... ihr Superschalker ... macht mal ein Radio an ..." Tatsache, Andy Möller machte einen auf Kampfsuse ... aber vom Allerfeinsten ...

Leider hatte diese Verpflichtung auch einen Haken ... meine ich zumindest ... Möller kam und Marc Wilmots ging nach Girondins de Bordeaux oder so ähnlich ... leider ... ich erwähne es, weil meiner Meinung nach Andy Möller und Marc Wilmots im Mittelfeld unschlagbar gewesen wären ... ich hätte beiden schon vermittelt, dass sie sich perfekt ergänzen würden ... irgendeiner hat da mal wieder bestimmt gepennt ... da es sehr dramatisch enden sollte, war ich der Meinung, dass wir mit den beiden jegliche Spannung aus dem Wettbewerb genommen hätten ... Dann wäre der Drops für uns gelutscht gewesen, 104%ig ... So wurden wir zum Meister der Herzen. Ich war dabei und habe ehrlich gesagt für lange Zeit nie wieder so einen Scheißtag erleben müssen ... Hätte, hätte, Fahrradkette ... Ich bin heute noch auf den Zahnarzt sauer, was er da fabriziert hatte ... Dem hätte ich am liebsten eine Wurzelbehandlung mit einem rostigen Kittmesser und einem zerschossenen Steinbohrer in einer Handbohrmaschine von 1950 gemacht ... Hätte damals der ehrenwerte DFB Präsident nur Sprit nach Gelsenkirchen gehabt, wäre es wahrscheinlich anders gekommen ... Jedenfalls hat vorher und nachher nie mehr ein Schiri so einen Flutsch-Ball als Rückgabe gewertet ... gezielte Rückgabe ... ein Witz ... aber Schobi hätte ich gerne trotzdem den Hintern versohlt ... da kam halt alles zusammen ... Der Fußballgott hatte eine Magen-Darm-Verstimmung oder so ... anders kann ich mir das nicht erklären.

Ich jedenfalls war mit meinem damaligen Kumpel Klaus bei diesem Spiel. Klaus hatte irgendwie 2 Karten ergattert und seine Frau hat mir und Klaus netterweise den Vortritt GElassen. Es war auch das Abschiedsspiel vom Parkstadion. Auch hier hatte ich meine Finger im Spiel. Wir Schalke Fans wurden angehalten, dem Parkstadion einen Liebes- oder Abschiedsbrief zu schreiben ... Als ich ihn fertig hatte und auf Senden gegangen bin, wusste ich, dass dieser es in den Kreisel schaffen würde ... und er hat es rein geschafft ... Der letzte Parkstadion-Kreisel steht in meinem Archiv ... vom Schalke Museum Wipperfürth ... Nichtsdestotrotz war es ein unendlich trauriger Tag. Ich habe noch niemals so viel Menschen um mich rundherum weinen gesehen ... ich konnte nicht, ich war in Schockstarre ... obwohl ich dermaßen nah am Wasser gebaut bin ... Vor ein paar Jahren hat mir mein Schalker Arbeitskollege, Stephan Tönshoff, eine CD, den WDR2-Live-Mitschnitt von der Radioübertragung, geschenkt – Meister der Herzen oder so ... Ich dachte, auf dem Weg von der Maloche nach Hause könnte ich ja da mal reinhören ... In Leverkusen musste ich von der Bahn fahren ... ich war dermaßen am Knatschen ... Papiertaschentücher konnte ich auswringen ... ehrlich ... ich habe mich kaum noch eingekriegt ... Ich hatte Augen wie ein Albino beim Groß-Machen ... Manchmal denke ich, ob ich mir die CD jemals nochmal antue ...irgendwie fehlt mir dazu jeglicher Mut ... Aber in dem Jahr geriet ja weitaus mehr aus den Fugen ...

Am 11. September 2001 war ich in Köln arbeiten ... Ich durfte erstmalig im WDR meine beiden Chefs vertreten. Beide waren abwesend und ich versuchte meinen Kollegen vom Büro aus, so gut es ging, zuzuarbeiten. Abends stand für Schalke das erste Champions-League-Heimspiel der Vereinsgeschichte an ... Ich hatte natürlich Karten, ich hatte **Schalke total** gebucht ... das beinhaltete jegliche Schalke Spiele in der Arena ... leider keine Länderspiele, aber jeder Wettbewerb, wo wir mitspielten, war mir zweimal sicher ... Irgendwie kam ein Kollege um die Mittagszeit ins Malerbüro und sagte, dass ein Passagierflugzeug in einen der World Trade Tower gestürzt sei ... „Ach du Scheiße", sagte ich. Nach kurzer Zeit sagte ein anderer, dass noch einer dort reingeflogen sei... Ich sagte DIREKT: „Was ist denn da los? Da stimmt doch was nicht!" Mir schwante echt sofort Böses ... Ab dann war alles wieder nur surreal. Irgendwie weiß ich noch genau, wo ich war und was ich in dem Moment dachte ... Aber der Rest ist sehr verschwommen gewesen bis heute ...

Abends bin ich dann total widerwillig auf Schalke gefahren ... Ich sagte ständig, dass das Spiel doch abgesagt gehört ... Ich meine, Herrn Rehberg angerufen zu haben, um herauszubekommen, ob wir tatsächlich spielen müssen.

Es hieß, dass wir spielen müssen ... gegen eine griechische Mannschaft ... absolut keiner hatte Bock auf Fußball. In den Umgängen waren Fans ohne Ende, die auf die Fernseher guckten, um mehr aus den USA zu erfahren. Ich erinnre mich noch zu gut, dass eine Schweigeminute von den Gästen mit lautstarkem Pfeifkonzert gestört wurde ... Dies hat mich auch extrem gestört und erzürnt ... Ich musste meinem Freund „Papagyros" echt erzählen, was seine Landsleute dort abgezogen haben ... Für mich absolut inakzeptabel, und wenn ich die Amerikaner absolut nicht abkönnte ... Das war für mich ebenfalls Schock im Schock ... Das gehört sich einfach nicht – Punkt. Wir haben das Spiel, absolut ohne Gegenwehr, verloren ... Die Spiele für Mittwoch wurden dann alle abgesagt wegen dieser Tragödie oder wie man das auch immer bezeichnen wollte ... Unser Spiel wurde aber trotzdem gewertet ... Klar, scheiße und ungerecht war das wieder mal ... aber letztendlich absolut unwichtig ... Ich weiß gar nicht, wer mich auf meiner zweiten Karte begleitet hat ... ich meine, mein Kumpel aus Wipperfeld. Was soll ich sagen ... ich mache jetzt erst mal Schluss mit Fußball...

Von Kürten ging es dann 1999 wohntechnisch wieder nach Wipperfürth ... mitten in die Stadt - in die Hochstraße über einem Drogerie-Markt ...

Hier passt mein schöner Abend mit ... und Sven Ottke rein ... Eine schier unmögliche Geschichte ist mir am 4. Dezember 1999 passiert.

Nenn mir mal bitte einen der größten deutschen Sportler überhaupt ... drei Versuche gebe ich dir ... Dieser Sportler hatte sogar eine „kleine" Wipperfürther Vergangenheit, sein erstes Kind ist im Wipperfürther Krankenhaus zur Welt gekommen und seine Frau kam aus einem Nachbarort von Wipperfürth. Ich denke, jetzt wisst ihr schon, wen ich meine. Es handelt sich um Michael Schumacher, unseren EINMALIGEN Formel-1-Rekord-Weltmeister, den noch jetzigen Rekordträger mit sieben Titeln, gemeinsam mit Lewis Hamilton. In der Meisterschule zum Maler und Lackierer sind wir seinerzeit in die Eifel gefahren und haben uns Plot-Folien für die freien Gestaltungen besorgt. Da gab es einen Foliensatz, der äußerst anspruchsvoll war, um ihn auf eine Lackplatte zu bekommen. Es war eine bestimmt zehn bis zwölf „schlägige" Grafik für und von Michael Schumacher und Ferrari. Diese Lackplatte haben angeblich die Autolackierer hergestellt und unser Lehrer sagte damals, die Autolackierer wären die wahren Lackierer ... wir wären ja eher so ein billiger Abklatsch und könnten so präzise nicht lackieren und arbeiten ... ich habe dem „Anbieter" zwei Sätze von den Folien abgekauft, um mal zu gucken, ob das eine Nummer zu hoch für mich ist. Ich gebe zu ... das war schon anspruchsvoll ... aber durchaus machbar für mich, da war ich mir sicher.

Für die Prüfung war das aber nichts für mich ... ich wollte und musste meine eigenen Tafeln herstellen ... abkupfern ... das mache ich selten und für meine Prüfung schon mal gar nicht ... So ein bis zwei Monate nach der Meisterausbildung machte ich mich an einen der zwei Foliensätze ... Als ich die erste Tafel fertig hatte, stellte ich fest, sie ist perfekt geworden. Ich habe sie immer mal zwischendurch in den Pausen auf der Arbeit gemacht und nachher, ich sage mal, mit fünf bis zehn Schichten Klarlack in unserer Lackierkabine überlackiert. Mein Arbeitskollege Alan war zu dem Zeitpunkt mit seiner damaligen Lebensgefährtin unglaublich gut vernetzt. Sie hat damals schon einige Berühmtheiten gemanagt und promotet. Sie war immer superlieb zu jedem und wir hatten uns schon früher mal auf einem oder zwei Events getroffen ... Unter anderem hat sie Sven Ottke, der an dem Abend auch da war, als Klienten vertreten. Irgendwie gab es auch zu Michael Schumacher und zu RTL Kontakte. Als ich eines Tages für eine Oma aus meinem Freundeskreis am Streichen einer Küche war, bimmelte das Handy. Als ich rangegangen bin, war am anderen Ende Alan, er sagte: „Charly, du wolltest doch immer mal auf deinem Kunstwerk ein Autogramm von Michael Schumacher haben! Oder? Wir treffen den heute Abend zu einem Event und wenn du es schaffst, mir die Tafel heute noch nach Köln zu bringen, besorge ich dir *wahrscheinlich* ein Autogramm. Ich kann es zwar nicht ganz versprechen, aber ich gebe mein Bestes." Booooo, ich war schlagartig nervös ... Ich sagte der älteren Frau, dass der erste Anstrich jetzt ein bisschen trocknen müsste und ich mal kurz wegmüsste ... Kurz weg bedeutete, in einem Affenzahn nach Wipperfürth zu fahren, dort die Tafel von der Wand zu holen, mit dem Auto nach Köln zu fahren, um in der Nähe vom Funkturm Alan und seiner Frau die Tafel zu überreichen. Als ich in Malersachen gerade in Köln ankam, sagte mir Alans Frau, sie hätte noch eine VIP-Karte für den Abend übrig. Wenn ich ihr versprechen würde, diese nicht verfallen zu lassen, weil sie sehr teuer ist, könnte ich diese geschenkt haben ... dann könnte ich selbst vielleicht dabei sein, wenn Schumi das Autogramm unter das Kunstwerk setzt. Ich musste gar nicht erst überlegen ... Sie wollte mich vor dem Henkelmännchen in Köln in Empfang nehmen, wenn ich es bis dahin schaffe ... Ich sagte nur: „Ich muss ‚nur' noch eine Küche schnell fertig streichen und mich dann fertigmachen und wieder zurückkommen. Kein Problem, ich nehme den Hubschrauber ... den ich nicht habe ... lach ..." Wipperfürth–Köln, das sind ungefähr 54 km pro Strecke. Als ich wieder in Hückeswagen war, meinte die ältere Dame, dass ich aber lange weg war, die Tapete wäre schon längst trocken, ich hätte schon lange fertig gestrichen haben können ... Nöl, nöl, nöl, ich habe ihr nur gesagt, dass ich mich etwas verquatscht habe ... deswegen hat es so lange gedauert. Ich habe dann ruckzuck die Küche fertig gestrichen und bin nach Hause gefahren. Ich wohnte ja schon in der Hochstraße. Da habe ich mir erst mal ein paar schöne Sachen rausgelegt, mich geduscht und dann das ganze Malerwerkzeug in die halb volle Badewanne versenkt. Damit es nicht aufschwemmt und die Kanten von den Walzen nicht trocken werden, habe ich ein Badehandtuch noch mit versenkt ... was für eine Sauerei, so was habe ich vorher noch nie gemacht ... ich dachte, auswaschen kann ich es ja auch am Sonntag noch. Ich musste wirklich dick Parfum auflegen, weil ich schon wieder klatschnass geschwitzt war, als ich im Auto saß. Ich dachte mir: *„Oohhhh, in Köln zu parken, ist jetzt kein so guter Plan, ich fahre nach Refrath zur S-Bahn und dann mit der S-Bahn nach Köln rein ..."* Irgendwie habe ich es dann einigermaßen pünktlich geschafft. Alans Frau holte mich vor der Köln-Arena ab und wir gingen in die Halle ... Mein Herz schlug durch bis zum Hals ... dort war die Car Explosion 1999, ein Cartrennen, wo nur Berühmtheiten am Start waren. Unter anderem Michael Schumacher und noch einige weitere Mandanten von Alans Frau. Sven Ottke, der Boxweltmeister, war auch dabei. Als wir im Fahrerlager auf der Leitplanke saßen, setzte sich Sven neben uns ... auf einmal waren wir umzingelt von Fotografen. Die fotografierten mich und Sven Ottke in Dauerschleife ... Ich sagte zu Sven, dass die Fotografen aufgrund meiner großen, krummen Nase meinten, ich wäre sein letzter Sparringspartner gewesen und er hätte mir gerade frisch einen verpasst. Sven meinte dann zu mir, du bist zwar groß ... aber ich habe schon viel Größere als dich umgeboxt ... da sagte ich: „Na, da bin ich aber beruhigt, heute Abend bleiben wir aber Freunde, bitte versprich mir das." Sven und seine Frau waren echt nett. Als das Cartrennen zu Ende war, sind wir in einem abgeschlossenen Bereich gegangen. Dort war ein Buffet aufgebaut und ich saß direkt neben Willi Knupp, jemand, den man einfach in der Formel 1 kennen musste. Alan sagte mir bereits, dass Schumi meine Tafel schon unterschrieben hätte, und das wiederum bekam dann Herr Knupp mit. Er sagte zu mir, dass Schumi selten so was Tolles unterschrieben hätte, meistens unterschrieb er immer Kappen und T-Shirts, aber so ein astreines Kunstwerk, so was hat noch nie einer angeschleppt. Er fragte, ob ich es selbst gemacht hätte. Ich fühlte mich echt gebauchpinselt ... Ich bin der festen Überzeugung, dass keiner der Autolackierer ein Original-Autogramm von Schumi auf seiner Lacktafel hatte, und ich glaube auch nicht, dass einer die Tafel, rein fachtechnisch, besser hinbekommen hätte ... So mal nach dem Motto, die Autolackierer sind die wahren Lackierer unter uns. Es gibt immer einen, der es genauso gut kann oder sogar besser – alleine durch das Autogramm ist sie jetzt nun mal außergewöhnlich. Als ich zum Buffet gegangen bin, hat Schumi direkt neben mir an der Salatbar gestanden. Er war ja wirklich ziemlich klein und schmächtig. Ich würde sagen, ich war anderthalb Köpfe größer als er, oder wie mein Bruder sagen würde ... länger. Ich dachte mir, wenn ich schon mal neben ihm stehe, bedanke ich mich bei ihm, dass er auf meinem Kunstwerk unterschrieben hat. Schumi guckte an mir hoch und fragte sofort nach, warum er denn nur der zweitgenannte Fahrer auf der Tafel sei. Ich war echt platt wegen der Frage ... was der sich alles angeguckt hat, konnte ich gar nicht glauben. Ich musste selbst erst mal kurz nachdenken, warum das denn so sein könnte ... oben stand Pilota, darunter stand Eddy Irvine, dann stand da drunter Michael Schumacher ... darunter waren dann die Start- und Ziel-Fahnen, links daneben ist ja noch der Riesen-Schriftzug Ferrari und drüber das Emblem mit dem Pferdchen ... aber das Foto könnt ihr euch ja gleich mal genauer angucken ...

Ich habe, wie aus der Pistole geschossen, gesagt, dass es ausschließlich grafische Gründe hätte, dass er an zweiter Stelle stehe ... „Außerdem bist du ja näher an den Zielfahnen dran und somit ja auch der legitime Sieger... also mach dir keine Sorgen, das ist schon alles so top durchdacht hier." Ich sah ihm schon direkt an, dass er erleichtert war. Die Antwort hat ihm sehr gefallen, er klopfte mir kurz auf den Oberarm und sagte: „Sieht super aus ... normal unterschreibe ich so was ja nicht immer, weil die meisten Fans die Autogramme ja immer auf Ebay verkaufen, aber da konnte ich ja nicht anders ... so was Tolles habe ich selten unterschrieben ... schönen Abend noch." Irgendwie waren das zwei, drei, vier, fünf Erlebnisse an dem Tag, wo ich dachte: *„Verdammte Scheiße ... immer passiert mir so was Geiles."* Als die Feier zu Ende ging, wurden wir alle mit einem Shuttleservice heimgefahren. Die Frau von Alan sagte den Security-Leuten und dem Fahrer, sie sollten erst Sven zum Hotel fahren und dann mich ... wohin ich auch müsste ... ist egal, wohin das ist. Die Tafel hatte ich hinten mit im Fußraum vor die hinteren Sitze gestellt. Durch den Autolack war sie natürlich sehr rutschig und ich hätte mich besser enger dabei setzen sollen. Als wir Sven Ottke mit seiner Frau am Hotel abgesetzt haben, sind wir auf die Autobahn Richtung Olpe. Ich hatte ehrlich gesagt leicht einem im Tee. Ich habe ja auch drei bis vier Radler getrunken, um ein bisschen locker zu werden, neben den ganzen Berühmtheiten. Auf einmal tauchte plötzlich die Abfahrt Refrath im Scheinwerferlicht auf und ich sagte den Fahrern: „UPSssss, hier müssen wir rechts ab." Der Fahrer machte dermaßen eine Vollbremsung, dass die Tafel einmal kräftig gegen den Sitz schlug, ich dachte: *„Oh, nee ... ich hoffe, da ist doch nichts kaputt dran!"* Als wir in Refrath ankamen, habe ich die Tafel erst mal ins Auto gelegt und mir eine Flasche Wasser reingezogen. Dann bin ich von Bergisch Gladbach Refrath aus im gesitteten Tempo nach Wipperfürth gefahren. Ehrlich gesagt hätte ich nicht mehr wirklich fahren dürfen, ich war jetzt nicht granatenvoll, aber für eine 4-wöchige Dauerkarte mit dem ÖPNV hätte es wohl gereicht ... Als ich in Wipperfürth angekommen bin, habe ich mitten in der Nacht diese Tafel wieder an ihren Platz gehängt, dann bin ich ins Bett gestiegen bzw. gefallen und erst am nächsten Morgen wieder wach geworden. Beim Wegputzen der ganzen Fettfinger und beim Betrachten von Schumis Autogramm ist mir dann ein heftiger Kratzer aufgefallen. Ich habe irgendwie versucht, den Kratzer mit einem Edding ein bisschen

Foto der Ferrari-Tafel, vom
Autogramm und der VIP-Karte ALL Areas

wegzuretuschieren, aber das gelang natürlich nicht mehr in der richtigen Qualität. Hand anzulegen, kommt für mich nicht in Frage, dieser Kratzer gehört zu der Tafel wie diese Geschichte zu mir … ich muss echt sagen, dass ich heute noch relativ stolz bin, wenn ich die Treppe hochkomme und vor diese Tafel laufe … eines der letzten Autogramme von Michael Schumacher von 1999, quasi noch vor seinem ersten WM-Titel für Ferrari, vielleicht habe ich ihn mit dieser Tafel angespornt, wieder den Zielfahnen etwas näherzukommen … am Anfang der Ferrari-Zeit lief es ja wirklich nicht so rosig, aber nach dem Autogramm räumte er noch fünf Meistertitel ab. Noch dazu, dass er in Wipperfürth im selben Fitnesscenter, dem Lifetime, trainiert hat finde ich auch eine kleine und erwähnenswerte Geschichte …

Vielen, vielen Dank, Alan und …)) das Ihr mir das ermöglicht habt …

Zurück zur Wohnung in der Hochstraße

An die Wohnung zu kommen, war Gott sei Dank weniger das Problem. Der Verwalter von dem Objekt war der Schwager meiner ersten großen Liebe. Ich konnte ihn sehr gut leiden und er mich „anscheinend" auch noch. Die Wohnung war die erste, die man durch das Treppenhaus erreichen konnte. Der Umzug klappte ziemlich gut. Ich war gut organisiert und hatte auch jemanden, der mir die Küche in Kürten demontierte und in Wipperfürth wieder aufbaute … klar, das war nicht ganz billig aber 100%ig jeden Pfennig wert … An der Küche war kein einziger Makel, als sie in Wipperfürth wieder stand. Sie sah aus wie nagelneu. Die Teppiche im Schlaf- und Gästezimmer habe ich über meine Kontakte zur Farben-Industrie besorgt. Das Wohnzimmer bekam einen neuen Laminatboden. Diesen hat mein Kumpel Ingo besorgt und verlegt. Das Laminat zahlte netterweise der Vermieter. Das Tolle an der Wohnung war, dass die Küche zum Wohn-Essbereich mit einer Glaswand mit Tür verbunden war … Ingo hat mir noch silberne Alu-Jalousien auf Maß besorgt und eingebaut. Wirklich nicht schlecht die Wohnung ... wie eine Penthousewohnung ...

Aber ein Problem gibt es ja immer ... Kimbi hatte keinen Ausgang mehr ... Oh jeee, was für ein Käse ... Ich hatte mich echt vertan und die Rechnung ohne meine Kimbi gemacht. Kimba konnte nur im Hinterhof auf eine riesige Art Dachterrasse ... mit Blickrichtung auf einen parkähnlichen Bereich mit riesigen Bäumen ... Unmöglich im Nachhinein ... meiner Süßen so was angetan zu haben ... Das ist so, wenn um mich alle Currywurst mit Pommes und Mayo essen, und ich sitze hinter einer Glasscheibe ... Kimbi hat immer fürchterlich geweint, wenn sie auf der Terrasse war. Gott sei Dank war es von der Terrasse viel zu hoch, um einen Sprung zu wagen. Über meinen Freund Norbert von der Meisterschule hatten wir dann die Möglichkeit eine junggeborene, zweite Katze zu bekommen. Ein Katzenbaby vom Bauernhof ... Ich und meine Freundin dachten, dass Kimbi es mit der anderen Katze weniger langweilig hätte ... und so hatte ich dann zwei Katzen, die mit der Wohnsituation überhaupt nicht klar kamen ... Der Katze vom Bauernhof „stank" es auch gewaltig, nicht rauszukommen ... aber sie hatte noch diesen jugendlichen Leichtsinn ... Die zweite Katze war auch bildhübsch. Wir nannten sie Maggy. Eine sogenannte Glückskatze mit allen Farben ... Sie war wie Kimbi auch unheimlich auf mich fixiert. Das war manchmal nicht einfach, mit beiden Katzen zu schmusen, ohne dass es Zoff gab. Kimbi war ja schon an sich recht schlau ... aber Maggy toppte alles ...Eines Abends rief eine Nachbarin auf dem Festnetz an. Sie wohnte einige Häuser weiter weg. Unsere Häuser hatten aber das gleiche Dach ... 5/6 Etagen hoch ... Die Nachbarin kannte ich von meiner Hausbank und sie fragte, ob ich eine Katze hätte. Ich sagte: „Ja ... zwei ... aber die sind beide hier ..." Dachte ich ...

Ich schaute nach und nur Kimbi guckte mich an ... Als ich Maggy nicht sah, fragte ich: „Wo wohnen Sie denn?" „Hochstraße xy", sagte sie. Ich sagte: „Wie sieht denn die Katze aus, die bei Ihnen ist? Eine recht hübsche mit mehreren Farben ... Hmmmmm, komisch ... Wie kommt die denn zu Ihnen hin? Das kann ich mir nicht erklären. Ich komme mal rüber ..."

Maggy im Körbchen, auf dem Ärmchen,
auf dem Schoss beim Rechnungschreiben
und auf dem Dach in Niedergaul ...

Hier in Niedergaul musste ich an den Hausecken große Lebensbäume fällen, weil Maggy diese als Steighilfe genommen hat, um auf das Dach zu gelangen … Nur runter sollte ich sie immer mit der Leiter holen … Maggy war auch echt der Oberhammer … schnief …

Jedenfalls war meine Katze bei der Nachbarin über den Balkon in die Küche auf die Anrichte und hat sich ein Putenschnitzel von der Abtropfe oder sogar aus der Pfanne gemopst … Nur wie war sie dahin gekommen …? Ich guckte mir den Balkon an und sah ganz da hinten unser Speicher-Dachfenster von unserer Waschküche. Diese war nämlich in der Hochstraße auf dem Dachboden. Maggy ist über eine Waschmaschine aus dem geöffneten Dachfenster gesprungen und gelangte über einige Meter auf den Dächern von Wipperfürth, immer ihrer Nase nach, zur Nachbarin, dann anscheinend auf ihren Balkon und in die Küche und dann erst einmal eine Stärkung … Mensch, war mir das peinlich … Als Nächstes kamen wir eines Tages von meiner Stammlokalität Penne am Wipperfürther Marktplatz heim. Ich fragte meine Freundin: „Hast du die Wohnungstür nicht zu gemacht …?" „Doch, habe ich … Du wahrscheinlich nicht." Ach egal, es gab ja eh nichts zu klauen und irgendwie meint ja eh jeder Einbrecher: „… das ist ein Trick … Da steige ich jetzt mal besser nicht ein … Da wartet ein schlecht gelaunter Ilchmann, der mich dann verhaut … oder so …" Irgendwann, eines Abends, war es auf einmal sooo kalt im Bett … Ich bin dann mal aufgestanden und habe bemerkt, dass sich Maggy selber die Haustür aufgemacht hatte. Jetzt wusste ich, warum ab und zu die Wohnungstür schon mal offen stand … Ab dann habe ich, wie bei kleinen Kindern, die Türklinke senkrecht montiert … So war Maggy erst einmal ausgetrickst. Einige Zeit später hätte ich Maggy aber genau dafür gebrauchen können. Es stand gerade an, dass meine damalige Freundin und ich ein Haus kaufen wollten. Vom Verkäufer kam das Signal, dass er mit dem Gebot überhaupt nicht zufrieden war. Nachkalkulieren mit fast 0 % Eigenkapital war auch schlecht … So sagte ich zu meiner Freundin: „Wir gehen jetzt

245

in die Penne, essen ein XXL Steak und hauen uns ein paar Radler rein ... das wird wohl nichts mit DEM Eigenheim." Als wir im Treppenhaus standen und die Tür ins Schloss fiel, fragte ich noch: „Hast du den Schlüssel?" „Ne, du?" kam zurück ... Ich dachte: „*Naaaa toll ... super.*" Ich rief mit dem Handy den Schlüsseldienst aus der Nachbarschaft an ... der ging natürlich nicht ran ... Als er zurückrief, sagte er, er wäre in Köln und könnte mir nicht helfen. Er sagte aber, dass das ein teurer Spaß werden würde und viele krumme Hunde in dem Metier arbeiten würden ... ich sollte vorsichtig sein. Als Referenz sagte er mir seinen Preis, der schon ziemlich hoch war. Ich sagte zur Perle: „Wir gehen jetzt erst mal essen und was trinken. Hungrig kann ich gar nicht gut überlegen ..."

Als wir in der Penne saßen und satt waren, fragte ich den Besitzer, ob er mir ein Küchenhandtuch und einen der dicken Ascher mitgeben kann.

Der guckte ziemlich verwirrt und sagte: „Ja, aber was willst du damit?"

Ich sagte, dass ich mich ausgesperrt habe. „Und damit schlage ich die Scheibe ein ..." Er sagte: „Tolle Idee ... Ist der Schlüsseldienst nicht billiger?" und lachte die ganze Kneipe zusammen. „Ne, der kostet bestimmt 200–300 DM mehr." Der Wirt gab auf ... ich ging mit meiner Freundin wieder heim und klingelte beim Hausmeister, unserem Nachbarn. Ich sagte ihm, dass ich den Schlüssel vergessen habe und eben die kleine Schlafzimmerscheibe einhauen würde, um reinzukommen. Auch der Nachbar dachte, dass ich nicht sauber ticke ... „Prima Idee, Herr Ilchmann, Applaus, Applaus ..." Jetzt musste ich eigentlich nur noch aufpassen, dass Kimba oder Maggy keine Splitter abbekommen würden ... Es ist so weit alles gut gegangen und als meine Freundin am nächsten Tag vom Spätdienst nach Hause kam, war die neue Scheibe für 50 DM wieder drin ...

Kreativität muss nicht teuer sein ... sage ich ja immer ...

Ich und ein eigenes Haus? Auch das war nicht unbedingt in meinen Träumen vorgekommen. Aber in Summe durchaus vernünftig, wie ich damals fand.

Als ich in der Hochstraße Wipperfürth gewohnt habe, musste ich einige Räumlichkeiten anmieten, um mein ganzes Werkzeug unterzubringen. Bei Willi habe ich ein kleines Stück Stall angemietet und bei jemandem anders noch eine Garage. Des Weiteren lag mein Abstellraum in der Hochstraße im vierten Stock, den habe ich wiederum so ausgestattet, dass ringsum Regale an den Wänden waren. Die Regale waren proppenvoll mit Zeug und das Zeug musste immer halb durch die Stadt geschleppt werden, wenn ich wieder mal etwas davon gebraucht hatte und es kein Parkplatz direkt vor der Tür gab. Dann musste ich das alles noch vier Etagen hochschleppen und vorher in der Badewanne auswaschen. Gerade bei der Tapeziermaschine und den dicken Walzen war das ja eigentlich immer eine Sauerei und vor allen Dingen auch gefährlich, sich irgendwas an der Badezimmereinrichtung zu ruinieren oder was zu verstopfen … Ich wollte auch nichts Gemietetes ruinieren … Was ich nicht will, was mir man tut … und jetzt ALLE IM CHOR …

Allmählich fing ich an, mit meiner damaligen Freundin, nach einem Haus zum Kauf zu suchen. An sich total utopisch. Meine damalige Freundin (meine spätere erste Frau) hatte etwas gespart. Sie hatte allerdings kein Auto, was ich aber hatte. Sie wohnte auch nachher dann mit mir in Wipperfürth in der Hochstraße. Ehrlich gesagt bin ich ihretwegen überhaupt erst wieder nach Wipperfürth gezogen …

Allerdings war es ja auch so, dass mein Vermieter in Kürten einen riesigen Umbau seines Hauses angefangen hat. Im Garten, wo Kimbi schon mal rumdackelte, fuhr ein Bagger nach dem anderen durch. Die Baustelle umgab meinen Eingang, die Terrasse und war direkt vor dem Schlafzimmer. Die Wohnung sah nach kurzer Zeit aus, als wären drinnen die Bauarbeiten … Die Teppiche waren ratzfatz ruiniert. Deshalb wurde es dann eh Zeit, sich nach was anderem umzuschauen.

Der Haushalt in der Hochstraße wurde komplett von mir eingerichtet, inklusive aller Teppiche und sonstigen Sachen. Meine Freundin zog einfach nur mit ein, falls man sich doch noch mal trennen würde, dass es dann nicht so ein Finanzchaos geben würde, wie man das schon mal so gehört hat. Unsere Beziehung schien auch stabil für weitere Schritte zu sein. Ich war echt verliebt und stolz auf die neue Perle ... Wie gesagt, allmählich machte ich Termine mit irgendwelchen Maklern oder angehenden Hausverkäufern, um sich einige Objekte anzugucken. Richtig viele haben wir nicht angesehen. Eines in Kreuzberg und dann haben wir uns an sich nur noch ein weiteres Exposé geben lassen. Dieses Haus in Kreuzberg war von einem Schreinermeister, es war unwahrscheinlich verwinkelt und innen war alles in Holz. Typisch Schreiner halt ... Decken, Wände, keine Ahnung was alles ... waren vertäfelt. Man kam sich vor wie in einem Sarg. Ich wusste immer von Mama und Papa, dass man das eigentlich so machen kann, aber als Maler will man ja sich auch schon mal wieder was kurzfristig umgestalten. Da bist du natürlich mit Holzvertäfelungen komplett falsch. Nicht ein Boden war so, dass man hätte sagen können, der wäre noch tragfähig oder hübsch gewesen. Die Badezimmer waren dermaßen bunt gefliest, aus den 50ern ... das würde wahrscheinlich in den 2030er-Jahren wieder langsam modern werden, aber so lange wollte man ja nicht warten ...lach ... Also dieses Haus kam dann meines Erachtens nicht in Frage, weil es auch erstens zu weit vom Schuss (aus der Stadt) war und zweitens in einer förmlich fremden Ecke war und drittens ein Riesenbudget verschlungen hätte, um es für **unsere** optischen Bedürfnisse, umzurenovieren. Das Einzige, was das Haus hatte, war, dass es von einem Selbständigen war und eine Werkstatt drin hatte, und da hätte man natürlich direkt dran anknüpfen können. Da hätte auch das Amt wohl nicht viel sagen können, weil ich hätte ja maximal ein paar Pinsel da ausgewaschen oder Sonstiges. Ich war ja auch auf dem Sprung, mich als Maler mit meinem Meisterbrief selbstständig zu machen ... Trotz meiner guten Anstellung in Köln, aber mangels Perspektive karrieremäßig, wollte ich einfach mal ausprobieren, ob das für mich was sein könnte. Als dann noch ein Kumpel auf mich zukam, dass seine Eltern ein ziemlich großes Objekt außen saniert haben wollten, wurde es Zeit, mich mal beim Gewerbeamt anzumelden.

Ich merke gerade ... ich drifte was ab ...
Oder eigentlich doch nicht ... Die Selbstständigkeit
begann ja genau in der Hochstraße ...

„Malermeister Michael Ilchmann, Renovierungen jeglicher Art – Kreativität muss nicht teuer sein", das war dann schon mal ein aussagekräftiger Slogan ... so was brauchte ich halt ... Das Auge isst ja auch mit. Wie gesagt, kamen ein Kumpel und seine Eltern auf mich zu. Sie hatten eine echte Mammut-Aufgabe für mich ...

Das neu erworbene Wohn- und Geschäftshaus brauchte megadringend eine Fassaden**sanierung**. Es gab 3 Angebote und die Eltern meines Kumpels hatten Muffensausen, dass die Firmen sie über den Tisch ziehen könnten ... mit Folgekosten und Nachkalkulationen und so. Ich sagte klipp und klar, dass ich so was absolut nicht kalkulieren könne ... da fehlte mir absolut jede Erfahrung ...

Ich orientierte mich an dem mittleren Angebot eines Mitbewerbers.

Ich konnte zusagen, dass ich mir die Arbeiten, für das Budget, auch zutrauen würde und vom Material her aber High End Produkte nehmen würde. Hier kam die Farbe Gelb ins Spiel ... Eher selten bei mir mittlerweile ... Eine Firma, die in Wand-, Decken-und Fassadenprodukte machte ... eine Firma mit 3 Buchstaben aus dem Süddeutschen. Mein Freund Norbert arbeitete unter anderem mit denen seit Jahren schon sehr gut zusammen. Ein paar Produkte kannte ich von denen schon, Dekoperl und Piccollo Look habe ich in guten und großen Mengen in meiner Wohnung und in meiner Familie verarbeitet. Der Fachberater war schnell zu einem richtigen Freund geworden. Wir nennen ihn einfach mal Harry ...)

Er war zwar kein Praktiker als Maler, aber er war dermaßen authentisch und ehrlich bei seinen Projekten und Beratungen ... Bei ihm hatte ich nicht einmal das Gefühl, dass er Stuss erzählte und nur was verkaufen wollte ... Leider ist der Freund und Kollege viel zu früh an irgendeiner Scheißseuche gestorben ... Laut seinen letzten Erzählungen haben sie in keiner Uniklinik oder in keinem Tropeninstitut herausbekommen, was er sich eingefangen hat ... aber dazu vielleicht später noch was ... „Harry" sollte mir bei der ersten Baustelle meiner Selbstständigkeit das Material liefern ... Natürlich zu Topkonditionen ... Ich wollte ja nicht direkt wieder pleite machen ... lach ... Am Anfang lief die Selbstständigkeit nur nebenher ... quasi neben der Hauptarbeit. Mein Freund Peter Scheider hat mir dann mit seinem Gerüst-Unternehmen das erste Gerüst dort aufgestellt – 2 Tage hat er allein nur dafür gebraucht. Es waren ein paar hundert Quadratmeter Gerüst aufzustellen.

Hallo Charly,
vielen Dank für die Einladung, um in deinem Buch ein paar Zeilen zu hinterlassen.
Kennengelernt haben wir uns in der Schule, in der Konrad-Adenauer-Hauptschule Wipperfürth. Aber so richtig hatten wir damals noch nicht miteinander zu tun. Erst als du 2001 nach Niedergaul gezogen bist, lernten wir uns mit den Jahren noch besser kennen.
Klar, als Malermeister konntest du auch immer öfter mich mit meinen Gerüsten gebrauchen und beauftragen. Das erste Objekt, was ich dir eingerüstet habe, wo ich mich dran erinnern kann, war dein eigenes Haus in Wipperfürth Niedergaul. Für uns war die Baustelle auch mal super ... endlich hatte ich mal eine Baustelle in der Nähe und konnte Kleinkram direkt holen. Niedergaul und Nagelsbüchel liegen max. 1–1,5 km auseinander. Irgendwie haben wir uns sehr schnell angefreundet ... Klar, durch unsere Jobs haben wir uns nicht oft gesehen, aber wenn wir uns getroffen haben, konnten wir ohne Ende

quatschen … Wir sind ja quasi beide vom Fach. Du weißt ja: Ich habe dich ja RICHTIG gerne, aber manchmal (an sich immer), wenn du wieder mal eine Fassade fertig hattest, bist du mir richtig auf die Nerven gegangen. Dann hast du immer so ein, max. zwei Tage vorher angerufen und hast gesagt: „Peter, ich bin morgen fertig, das Gerüst muss dann direkt weg, es ist Regen angesagt." Meist warst du noch am Pinseln an irgendeiner Wand und ich musste direkt das Gerüst hinter dir abbauen. Du hattest immer Angst, dass der nächste Platzregen auf die Gerüstböden prasselt und das Wasser dann deine Fassade direkt versaut. Man kann sich auch echt anstellen, dachte ich mir immer. Charly, ja klar … wir sitzen zu Hause und warten nur auf deinen Anruf … Mann, das war immer ein Druck für mich. Klar, meistens habe ich das für dich hinbekommen. Ich muss ja auch bei dir vorbei, wenn ich nach Hause fahre. Du wärst mir sonst bestimmt in den LKW gelaufen. Aber dir kann man ja auch wirklich wenig abschlagen … das ist dein Glück!! Schön war unser gemeinsamer Nachmittag in Dortmund, beim Hallen-Motocross. Vor allen Dingen, dass das Event in Dortmund war, machte dir ja auch Stress. Schöner hast du ja unseren Abend auf Schalke gefunden … da hast du mich dann eingeladen mit deinen Dauerkarten. Auch dass ich Herrn Rehberg, den Ehrenpräsidenten von Schalke, über dich kennengelernt habe, war schon komisch. Ich hätte es nicht geglaubt, wenn ich es nicht erlebt hätte. Aber ihr beide wart bedient, weil der FC mal wieder bei euch gewonnen hatte … Dass ihr eine eurer Gassi-Runden nach mir benannt habt, finde ich auch beispielhaft für unsere Freundschaft. Prinz kennt den Weg schon auswendig, wenn du sagst, dass ihr die Petersrunde machen wollt. Wenn ich dann Zeit habe, komme ich mit unserem Filou gerne mit. Prinz und Filou kommen genauso gut aus wie wir beide…

Wo ich mal nicht schlecht gestaunt habe war, als du den Namen meines eigenen Lehrers wusstest, obwohl du nie auf dieser Schule warst. Du sagtest, dass ein Kollege aus Abstoß auch auf der Schule war und du den Namen 2–3-mal von ihm, vor

45 Jahren oder so, gehört hast. Ich habe echt nicht schlecht gestaunt deswegen ... Bestell Moni liebe Grüße und ich freue mich demnächst auf Gulasch, Pommes, Mayo bei euch im Garten ... danke dir, dass wir so gute Freunde geworden sind ...

Dein Freund Peter

Gastkommentar von Hans-Peter Scheider, Gerüstbauunternehmer und Freund aus Wipperfürth-Nagelsbüchel

Als Harry mit mir die Baustelle angeguckt hat, sagte er: „Charlyyyyy, hast du einen weg? So eine kaputte Fassade anzunehmen als ERSTE Baustelle ... Du bist echt bekloppt ... da bist du aber mal locker ein Jahr dran ...“

Auch Norbert sagte: „Ohhhhh Charlyyyy ...“ Am ersten Tag, nachdem das Gerüst stand, kam schon direkt das Gewerbeamt von Gummersbach. Ich denke, die Mitbewerber haben mal nachhorchen lassen, ob es denn hier mit rechten Dingen zuging, wenn am Tag nichts passierte und am anderen Morgen war dies und das schon etwas weiter fortgeschritten. Der Bauherr war auch deftig und eher ein reiner „Hauptteilmensch“ ... der konnte ziemlich deutlich werden, wenn ihm einer krumm kam. Als das Amt wissen wollte, wer das hier macht, sagte er Malermeister Ilchmann ... „Wer ???“, sagten die Leute. „Ilchmann? Den kennen wir nicht.“ „Der hat sich in diesen Tagen beim Amt in Wipperfürth angemeldet. Der ist nagelneu im Geschäft und ein Freund meiner Söhne.“ Die von der Gewerbeaufsicht sind dann nach der Überprüfung wieder abgedackelt ...

Mein Kumpel, sein Bruder und zig weitere Kumpels haben immer unter meiner Anweisung geholfen, wo sie konnten. Nach weniger als 3 Monaten war die Fassade bis auf ein kleines Stück hinterm Haus fertig. Das Dach und die Vertäfelung des obersten Geschosses wurden auch komplett erneuert. Das Haus sah echt top danach aus.

Peter und ich bei einem schönen Abend,
mein Giebel mit Peters Gerüst, Peter, Filou und
Prinz oberhalb der „Petersrunde"

Normalerweise ist „Vorher und Nachher" immer schwierig auf Fotos darzustellen ... Hier war es der Hammer. Harry war echt begeistert. Die Mitbewerber staunten Bauklötze.

Von Teilen des Umsatzes kaufte ich in Röhnsahl, ganz in der Nähe der ersten Baustelle, einen Kofferanhänger und ließ ihn astrein bekleben. Marketingtechnisch legte ich auch sehr gut los. Der Anhänger war quasi meine erste Visitenkarte.

Einer meiner besten Kumpels hat mir nach und nach eine eigene Internetseite gestaltet.

Kein Kunde stellte sich quer, wenn ich seine Arbeiten bzw. meine Arbeiten ins Netz gestellt habe ... natürlich nicht mit Namen und Adressen, nur die Arbeiten ...

Ich kannte lange niemanden, der so eine tolle Internetpräsenz hatte ...

Dann kamen Visitenkarten und ein 1-a-Rechnungsprogramm ... was allerdings ja dilettantisch, von der Rechtschreibung her, benutzt wurde. Da war er wieder: Mein wunder Punkt ... Na ja, ich wollte für den Kunden ja eins a malen und renovieren und keine Romane an die Wand kritzeln. Kumpels von mir klagten in der Selbstständigkeit darüber, dass sie Horror-Außenstände hätten. Das sollte sich bei mir nicht anhäufen – die Selbstständigkeit lief ja nur nebenher. Spätere Aufträge über 15.000 € wurden mehrfach durchgedacht ... und wenn es mir zu unsicher wurde, auch öfter mal abgesagt. Ich glaube, dass meine Kundschaft nie großen Grund zur Klage hatte. Klar, es ist auch schon mal was schiefgegangen, aber selten.

Ich bot meist schon zu dem Gewünschten und zu dem Empfohlenen von mir noch eine preiswertere Alternative an. So hatten die Kunden im Idealfall 3 Varianten, wo sie sich darüber austauschen konnten. Am liebsten war mir, wenn ich beraten durfte und die Kundschaft mich einfach hat machen lassen ... dann ist es meist top geworden ... Da ich meinen Job als Maler sooooo geliebt habe, fühlten sich meine Kunden bei mir auch wohl. Vor allem nachher in ihren Räumlichkeiten ...

Ich war zwar nie der Schnellste ... aber nacharbeiten oder gar neu anfangen war extrem selten ... Ich wollte auch nie der

Schnellste sein … nur gerne so gut, dass wir beide (Kunde und ich) gleichermaßen glücklich waren. Meine meisten Kunden kamen aus dem Raum Kürten, Bergisch Gladbach – über Barbara und Theo, August und Eva, plus die in Köln über meine Kollegen von der Arbeit und einige aus Hückeswagen und viele natürlich von der Thier … In Wipperfürth hatte ich komischerweise weniger Kunden … War vielleicht auch nicht schlecht … Am Wochenende immer über die Arbeit angesprochen zu werden, gar wenn was hakte … hmmmm, schön ist anders … Nach 2 Jahren habe ich meinen Freund Stefan dazu geholt … wir kannten uns von der Schule, der Thekenmannschaft und sind dermaßen oft zusammen zum Fußball gefahren. Ich fand ihn als Maler in jungen Jahren schon top. Wir waren schon sehr dicke … Als er hörte, dass ich jemanden suche und er noch mal was Neues kennenlernen wollte – eine neue Sprache, oder wie sagen die Fußballer immer …, stellte ich ihn ein, ganztags. Obwohl ich selber nur halbtags bzw. immer nur zwei Monate am Stück in meiner Firma sein konnte und die anderen zwei Monate im WDR gemalt habe … Das war schon eine spezielle Konstellation, aber auch toll. Hier, auf der Arbeit in Köln, waren ich und meine Kollegin Heidi, die mir die Kimba geschenkt hatte, zu je 50%iger Teilzeit angemeldet … Sie kam zwei Monate und ich folgte auf sie … immer abwechselnd … Das war nicht schlecht … Details möchte ich nicht erzählen … Betriebsgeheimnis von der Firma Ilchmann, versteht sich … lach … Stefan hatte die erste Zeit gutzutun, wenn ich in der Ilchmann-Zeit war, waren wir meist zu zweit unterwegs und wenn ich im WDR war, war Stefan entweder alleine unterwegs oder ich hatte ihm einen AÜG-Kollegen bereitgestellt. Stefan hatte natürlich so ziemlich alle Freiheiten und von mir auch den Firmenwagen mitbekommen. Ich denke, er konnte so ganz gut arbeiten … Sehr oft haben wir auch einen Dauerpraktikanten aus einer berufsbegleitenden Schule bekommen. Hier war natürlich auch viel „Ausbilden" von Stefan gefordert … Spätestens alle 2 Wochen sind wir donnerstags immer in die Penne zur Happy Hour mit Steak und Pommes gegangen. Hier fand dann immer unsere Wochenbesprechung statt … Also schlecht war anders ... Manchmal waren die Themen auch mal ernster, aber meistens waren wir sehr gut zueinander ...

Das Jecke war, dass Willi, mein Freund und WDR Kollege, der Lehrling von Stefans Papa war ... und Stefan einige Jahre (2,5) jünger war als ich ... Ich wiederum war ja Willis Lehrling und später der Meister aus unserer 4er-Gruppe und dann Stefans und später auch Willis Chef ... so klein ist jedenfalls die Welt. Stefan war und ist wahrscheinlich heute noch der beste Geselle in Wipperfürth ... ich bilde mir ein, das beurteilen zu können ... Selbst Techniken, die ich ihm vom WDR gezeigt habe, hatte er in kurzer Zeit astrein umgesetzt ... 2–3 Jahre nach dem Einstieg gab es aber eine ätzende Delle in der Auftragslage ... Vielleicht war es auch meine Abwesenheit zwischendurch und wenn ich da war, eine nicht optimale Priorisierung und notwendige Akquise für Folgeaufträge ... und eine etwas schlechtere Auftragslage ... wahrscheinlich alles zusammen. Jedenfalls musste ich Stefan, eines Winters, „stempeln" schicken und traute mich im Frühjahr nicht mehr, ihn zurückzuholen ... An sich wechselte ich nur Geld, als Einzelunternehmer musste ich nur mich finanziell über Wasser halten ... und es war ja eine große Verantwortung, dafür zu sorgen, dass Stefan sein Auskommen hatte, auch wenn manchmal wenig bis nichts übrig geblieben ist ... Sehr schön war es, dass unsere Freundschaft durch die Trennung nicht extrem gelitten hat. Klar war es doof, aber Stefan verstand auch, welche Verantwortung es für mich war, und dass es auch genügend Aufträge bräuchte ... um genügend Beschäftigung für ihn zu haben. Wenn Stefan frei hatte, bin ich ja noch zu Kunden oder ins Büro ... Angebote, Rechnungen, Materialbestellungen etc. ... Es war hart, aber die Erfahrungen konnte man auch nicht imitieren, weder in einer Meisterschule noch im WDR ...Es war halt SELBST und STÄNDIG...

Hallo Charly!
Lass mich mal überlegen, was ich dir genau schreiben könnte ...
da wir ja so viel zusammen erlebt haben. ☺ *Ich fang am besten*

damit an, wie wir uns kennengelernt haben. Wie soll das bei zwei Malern anders sein ... Es hatte was mit unserem Job zu tun – ca. Ende der 80er, Anfang der 90er-Jahre auf einer unserer überbetrieblichen Ausbildungen in Bergisch Gladbach. Die Chemie zwischen uns beiden hat sofort gepasst. Seitdem haben wir arbeitstechnisch und privat sehr viel Schönes zusammen erlebt. Unsere gemeinsame Liebe zum Fußball hat uns dazu gebracht, unheimlich viele Fußballspiele anzuschauen, und das, obwohl wir zu unterschiedlichen Klubs halten, ich zum FC und du zu Schalke. Selbst wenn wir zusammen viel und hart gearbeitet haben, hatten wir stets immer viel Spaß dabei. Das kann sich die junge Generation wahrscheinlich heute nicht mehr vorstellen, hart arbeiten und trotzdem dabei Spaß haben. Zwischendurch, nach der Lehre, haben wir sogar zusammen in der Thekenmannschaft SG Neumarkt Fußball gespielt ... und danach haben wir es in unserer Stammkneipe „Café Journal" richtig krachen lassen. ☺ An ein besonderes Highlight kann ich mich noch gut erinnern. Als wir beim Sparclubfest mit unserem gemeinsamen Freund Olaf als „Die Flippers" aufgetreten sind ... Das Publikum ist bei unserem Ständchen – standesgemäß bei dem Gruppennamen – komplett „ausgeflippt".
Besondere Erlebnisse für mich waren, wenn du mich zur Weiberfastnacht, zum WDR, ins Funkhaus auf die Karnevalspartys mitgenommen hast. Die Partys bleiben mir für immer im Gedächtnis. Abschließend möchte ich sagen, dass ich froh bin, dich als meinem Freund zu haben ... und denke gerne an unsere gemeinsamen, tollen Erlebnisse zurück.

Ich wünsche dir viel Erfolg mit dem Buch und freue mich, das fertige Werk dann hoffentlich bald lesen zu können ...

Dein Freund, Stefan Gerhards,
Freund, Malerkollege, Mitarbeiter und Tippgegner in der Bergischen Landeszeitung.

Stefan und ich, bei Opel Klos,
in schick und in Karnevals-Kostümen
(Das orangene ist von dem Tag,
als ich Moni das erste Mal getroffen habe)

Durch den zweimonatigen Wechsel habe ich im WDR ja auch ab und zu noch tolle und anspruchsvolle Projekte oder Produktionen für meinen Lieblingsarbeitgeber betreut. Mein allerbestes Erlebnis war in Bonn. Wir hatten einige Drehtage im Kanzlerbungalow gehabt. Und als die Kollegen dort raus waren, kam eine Delegation – von welchem Rang auch immer – und setzte eine mittlere Mängelliste auf, Schäden und so, die während der Dreharbeiten im denkmalgeschützten Kanzlerbungalow *entstanden sein sollten* ... Nichts von großer Bedeutung, aber halt Mängel, die angeblich vorher alle nicht da waren. Zum einen beauftragte mich mein Chef, in der Malerei, sich dem anzunehmen, weil ich ja als Selbstständiger auch so ähnlich pingelig privat unterwegs war ... zum anderen war er auch ab und zu froh, wenn er mich schicken konnte ... am besten weit weg ... Wir liebten uns und wir hassten uns ... um es mal nett zu sagen ... Jetzt durfte ich mir ausnahmsweise mal einen Kollegen wünschen, der mit sollte/durfte ... Ich nahm Willi mit. Wir harmonierten immer noch ziemlich gut und wohn(t)en ja nur ca. 14 km auseinander, obwohl ich langsam flügge wurde, durch die Selbstständigkeit und den Meister. Aber machen wir uns nichts vor ... durch einen Meister alleine ist man noch lange nicht automatisch ein besserer Arbeiter ... man hat eigentlich nur das Geforderte aus der Meisterprüfung aufgesattelt ... nicht mehr und nicht weniger ... einen Meister machen oder nur zu haben, ist sozusagen die eine Sache ... ein Meister seines Fachs sein ... bedarf schon einiges mehr ... Aber keine Sorgen, ich sehe mich schon als Meister meines Faches an und das in mehreren Klassen ... ohne großkotzig zu sein. Auf jeden Fall war es einer meiner besten Leistungen im WDR ... in der Praxis jedenfalls ... Wir arbeiteten diese ominöse Liste pingeligst genau ab ... Parallel war Stefan in Wipperfürth am Hexen ... Mittags haben wir, Willi und ich, bei Helmut und Hannelore im Bett ein kleines „Nickerchen" gemacht und unsere Mahlzeiten haben wir – vornehm wie wir waren – am Esstisch vom Bundeskanzler zu uns genommen ...

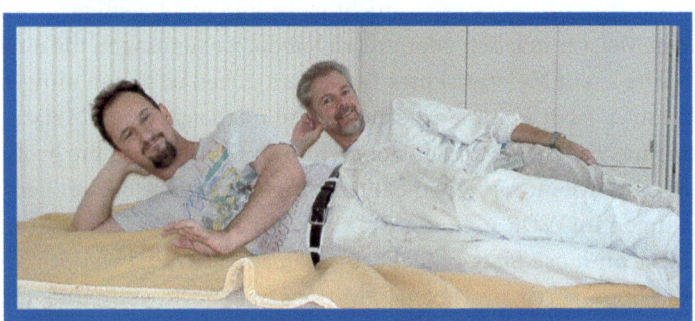

Die Mittagspause im Kanzlerbettchen,
mit Willis Quad den Kanzlergarten inspiziert,
ein Selfie nach dem Nickerchen …

Willi hatte schon sein Faible für ATV Quads entdeckt ... Ich habe immer befürchtet, dass er mit dem Pinsel in der Hand mal stirbt, weil er erstens keine Hobbys fand und zweitens immer „nur" Arbeit kannte. Auf jeden Fall hat Willi dann gefragt, ob wir das Quad mal mitnehmen könnten ... Ich sagte: „Wenn wir hier nicht den Garten damit ruinieren ... und umgraben, können wir das ja mal machen ..." An dem Tag ging natürlich auch die Pause „etwas" länger ... Wir sind gut und gesittet durch den Garten gedüst ... Foto hier, Foto da ... es war zugegeben herrlich ...

Irgendwo hörten wir dann Benzin-Kettensägen knattern. Wir fuhren die Geräusche suchen ... keine Ahnung, wo die herkamen. Das Quad war ja auch nicht gerade leise. Irgendwann standen wir unter einem „riiiiiiiiiieeeeeesigen" Mammutbaum aus dem Amazonas oder wo der her war ... Ganz da oben im Baum turnten zwei Menschen mit Einhandkettensägen drin rum. Hoch sind die mit Seilen gekommen, wie große Äffchen mit Kettensägen ... Als sie dann etwas tiefer waren, fragten wir, was sie denn da anstellen würden ... Das wäre der Mammutbaum, den Konrad Adenauer von seinem amerikanischen Amtskollegen damals geschenkt bekommen hat ... Der müsste alle paar Jahre etwas Pflege bekommen. Das war schon der Hammer ...

Es kommt aber noch dicker. Auf der Terrasse hinterm Bungalow, Richtung Rhein, gab es eine richtig dicke Glasabtrennung ... das war nicht nur zum Windschutz ... zumindest nicht primär ... Das war Panzerglas ... falls es irgendwelche Halunken auf Willi und mich abgesehen hätten ... Quatsch ... für den Kanzler und seine Gäste ... Auf der Terrasse sahen wir dann einen Gärtner mit so einem Golfcart ankommen. Der schnürte die mehrere Hundert Meter lange Wiese ab und fing an zu düngen ... Bahn für Bahn. Auch den musste ich natürlich fragen, warum er das so pingelig machen würde, da der Bungalow doch schon quasi Geschichte war ... Nebenan gab es ja noch eine Villa ... der Name fällt mir aber auch gerade nicht ein. Der Gärtner sagte, dass hier und da nebenan schon noch mal Empfänge stattfänden und dass er so düngen müsse, dass er erstens nicht schräg düngt und zweitens nicht ungleichmäßig ...

Ahhhh, deswegen das ganze Brimborium. Interessant fand ich das allemal ... Am anderen Tag war irgendwas im Busch ... im wahrsten Sinne des Wortes ... Ich bin mal instinktiv auf die Terrasse ... Dann habe ich Willi gerufen. Als Willi rauskam, sahen wir alle paar Meter in den Büschen um die Riesen-Wiese etwas aufblitzen. Dann grollte es am Himmel und ein riesiger, schalkeblauer Hubschrauber landete auf der großen Wiese. Parallel läutete dann noch mein Handy und einer meiner Fachberater wollte mal hören, ob ich für einen Kaffee in Wipperfürth wäre. Wir konnten uns kaum verstehen, wegen des Hubschraubers ... Der Kollege fragte, was das denn für ein Wahnsinnslärm sei. Ich sagte, dass ich auf der Terrasse vom Bundeskanzler stehe und der Bundespräsident Johannes Rau gerade im Garten mit 'nem schalkeblauen Hubschrauber ... piep, piep, piep ... keiner mehr dran ... „Komisch", dachte ich. Als Johannes Rau von mit Gewehren bewaffneten Männern abgeholt wurde und links Richtung Villa verschwand, hielt mich nichts mehr ... Ich bin zu dem Hubschrauber hingelaufen und habe gefragt, ob wir kurz mal reingucken dürfen. Ich schwöre ... ich war dermaßen aus dem Häuschen ... ein Hammer-Erlebnis ... Johannes Rau war einer der Politiker, denen ich gerne zugehört habe, den konnte man noch verstehen und folgen ... Als ich dann abends daheim war, habe ich den Fachberater nochmal zurückgerufen ... Er ging dran und überschlug sich beim Reden. Er sagte: „Charly, du verrückter Vogel, was war das denn heute Mittag ... warst du in Bonn?" „Ja, das habe ich dir doch sagen wollen." „Ja klar, du Knallkopp ... das glaubt man ja auch direkt, wenn dir einer erzählt, dass er im Kanzelgarten steht und der Bundespräsident da mit einem schalkeblauen Hubschrauber landet ... Ich habe ehrlich gedacht, dass du mich veräppeln wolltest oder einen Frühshoppen machst. Als ich aber mittags im Radio davon gehört habe, dass Johannes Rau in Bonn war, merkte ich erst, dass du doch eventuell nicht komplett gesponnen hast." „Sagte ich ja ... absolut der Hammer, dieses Erlebnis ..."

Als wir die Arbeiten im Kanzlerbungalow abgeschlossen hatten, haben wir beim Empfang des Geländes fragen lassen, wer der Herr denn war, der die Mängelliste aufgesetzt hatte. Der Herr wäre in Berlin, hieß es. Ich bat darum, dass er mich mal anruft ... Was er dann auch tat. Ich bat ihn, mit mir die Arbeiten abzunehmen ... Er sagte, dass er sich nur schwer losmachen könnte, nach Bonn zu kommen. Frühestens morgen oder am Freitag ... „Passt, ja", habe ich gesagt, einiges hätten wir noch zu tun und dann wäre er ja vielleicht schon da. Freitags kam dann ein echt mies gelaunter Mann in den Bungalow und fragte, ob ich der Malermeister Ilchmann vom WDR wäre. „Ja", sagte ich. Er war echt sauer, dass er dafür extra aus Berlin kommen müsste ... Das hätte man doch auch anders machen können ... Ich sagte, dass er die Liste aufgestellt hätte und er sie auch mit uns besser abzeichnen sollte ... wenn wir ausgeräumt hätten und er nächste Woche noch etwas bemängeln würde, müssten wir mit dem ganzen „Gerödel" wieder anrücken, das wäre noch viel ungeschickter ... Als er alles zu seiner vollsten Zufriedenheit vorgefunden hat, war er schon besser gelaunt, er bat uns noch den Abgang zum Keller, neben der Küche runter, einmal neu weiß zu streichen. „Kein Problem", sagten wir ... „Bitte Unterschreiben Sie mir, dass alles erledigt ist."

Das hätte mein Chef gerne, damit er einen Haken hinter diesen Auftrag machen könnte. Der Mann unterschrieb und war dann wirklich nett und höflich abgedüst.

Freitags im Büro fragte dann mein Chef, ob wir fertig wären. „Ja", sagten wir. Er fragte, ob denn noch was nachkommen könnte. „Nö", sagte ich, „der Herr, der uns beauftragt hat, war da und hat alles abgenommen." „Habt ihr das schriftlich?" „Ja", sagte ich und gab mein selbst erstelltes Schreiben ab. Mein Chef ließ es sich aber wieder einmal nicht nehmen, mich auf zwei, drei Rechtschreibfehler hinzuweisen. Ich sagte: „Hauptsache, der Mann hat seinen Namen richtig geschrieben." ☺

Mein Chef und ich hatten quasi so eine Art On/Off-Beziehung ... mal wollte er mit mir unbedingt eine Nachtschicht machen und wir verstanden uns ganz gut und mal wollte er mich in die Wurst tun oder nach Düsseldorf transferieren ... an sich wie in jeder Firma ... sage ich jetzt mal, nett wie ich bin. ☺

Zurück zum Hauskauf ...

Letztendlich fand ich in einem Exposé etwas bei einer Maklerin in Wipperfürth. In der Fensterscheibe hing ein interessantes Objekt. Es war ja das Jahr vor dem Euro. Irgendwie war ich wahrscheinlich vom Bauchgefühl wieder einmal genau richtig unterwegs. Im Jahr vor dem Euro wurde ja noch in Deutscher Mark bezahlt und es war auch alles in DM ausgezeichnet. Dieses Haus sollte ursprünglich weit über 600.000 DM kosten, trotz DM ein Wahnsinnsbetrag. Zur €-Zeitenwende wurden ja unglaublich viele Sachen einfach nur mit einem €-Zeichen umetikettiert anstatt sauber umgerechnet ... Der Preis wurde schon ein-, zweimal nach unten angepasst. Es war aber immer noch weit weg von 500.000 DM. Eigentlich musste(n) ich/wir ja eine volle Finanzierung machen. Das Geld von der Freundin wollte ich ja nicht unbedingt mit verjubeln. Zumal es durch eine Aktien-Spekulation, die uns von meiner Schwester als todsicher suggeriert wurde, in kürzester Zeit weit unter 50 % gesunken ist, oder man muss eher sagen, abgestürzt ist. Von ehemaligen 30.000 angelegten D-Mark waren nach kurzer Zeit, ich sage mal unter einem Jahr, höchstens noch 15.000 DM übrig. Ich überredete meine Freundin, die Aktiengeschichte zu beenden, trotz der hohen Verluste. Mir war es äußerst unangenehm, weil es ja ein „Tipp" aus meiner Familie war. Das zweite Mal, dass ich eigentlich besser auf mein Bauchgefühl gehört hätte und wirklich heftig aufs „Maul" gefallen bin. Ich glaube, wenn ich das demjenigen angetan hätte, der hätte mich evtl. gevierteilt ... Was sage ich, wahrscheinlich hätte er mich zu Gehacktes gemacht. Des Weiteren ist ein bisschen Geld von meiner Freundin vorher in mein neues Auto geflossen, ein Vectra Kombi, um mein Maler-Werkzeug ein bisschen besser transportieren zu können. Wie gesagt, sie hatte sich an dem Haushalt nicht beteiligen müssen. Möbel, Küche, alles Mögliche war vorhanden oder wurde von mir bezahlt bzw. auch eingerichtet. Auch habe ich ihr versprochen, dass das mit den 15.000 Mark von dem Aktiencrash, von mir irgendwie wieder ausgeglichen wird. Es stand ja, wie gesagt, an, mich selbstständig zu machen als Maler und beim WDR in eine halbe Stelle Teilzeit zu wechseln. Um dann aber die ganzen Mietverhältnisse beenden zu können und mein Werkzeug endlich einmal zentral lagern zu können und auch die ganzen „Anreisen für Rüstzeiten" einsparen zu können, wollte ich dann unbedingt in ein eigenes Haus ziehen, wo man das alles vereinen könnte. Dieses Haus, was es mir angetan hatte, stand in Wipperfürth Niedergaul, es war 20 Jahre alt und machte den Anschein, dass seit der Erbauung kein Pinselstrich mehr gemacht wurde – ein Renovierungsstau war unübersehbar. Der Garten war überhaupt nicht mehr zu erkennen. Es gab einen Teich, den man eigentlich auch nicht gefunden hat, bis wir durch den Garten gegangen sind und irgendwie auf einmal mit einem Bein im Teich drinnen standen. Der Teich war fast komplett zugewuchert ... Die Terrasse hatte eine unheimlich steile Treppe aus Beton und war komplett aus Waschbetonplatten, auch 20 Jahre alt, und komplett abgesackt. Die Treppenanlage vor dem Haus war komplett windschief gepflastert und das Erdreich hatte die ganzen Steine und Stufen in den Jahren verschoben. Um das Haus herum waren um die 50 Bäume gepflanzt. Grundsätzlich sah das erst mal vom Garten schön aus, aber als wir dann drinnen wohnten und den ersten Herbst erlebten und nur noch überall Laub war, kam mir die Idee, dass das mal ein paar Bäume zu viel waren. Das Haus innen war von der Substanz wirklich nicht schlecht, wichtig war mir ja in dem Fall, dass die meisten Bodenbeläge erst mal OK waren ... Nichts war zwar augenscheinlich irgendwie fertig. Selbst Fliesenböden im oberen Geschoss waren aus unerklärlichen Gründen nur zur Hälfte gelegt. Im ganzen Haus fehlten Fenster und es war stockdunkel, wenn man ohne Licht drin stand. Das Exposé hatte sich natürlich etwas anders gelesen. Es war die Rede von einem freistehenden Einfamilienhaus mit Einliegerwohnung, 180 Quadratmeter Wohnfläche, Kellerräumen, Sauna, Partykeller, Galerie, Marmorböden, vier Badezimmern, Wintergarten, Kamin etc. Das stimmte auch soweit – aber es war auch viel zu renovieren und durch die hohe Räume sehr anspruchsvoll umzusetzen. ... Der Preis hatte es natürlich auch in sich. Irgendwie standen da immer noch fast 600.000 auf dem Exposé. Wie gesagt wir reden ja Gott sei Dank von D-Mark. Ich machte trotz allem einfach mal einen Termin mit der Maklerin, um mir das Exposé mal genau angucken zu können. Vom Exposé und von der Lage habe ich mich dann schon mal überzeugen lassen, einen Vorort-Termin mit meiner Freundin, der Maklerin und dem Besitzer zu machen. Als wir das Haus dann betreten haben, kamen wir in einen hallenähnlichen Vorraum rein, man konnte bis unter das Dach gucken, es war ca. 7–8 m hoch. Dann wusste ich erstmals, was eine Galerie ist …Selbst als Maler der „Schönen und Reichen", habe ich niemals so ein schlossartiges Etwas gesehen … eine Galerie ist in diesem Falle ein halb ausgebautes Obergeschoss. In der Länge des Hauses ist die eine Hälfte mit einer Zwischendecke versehen, die andere Hälfte des Hauses ist offen, so dass man bis unter das Dach gucken konnte. Wir waren echt geplättet, der Boden war wirklich beiger Travertinstein, also brauner Marmor. Zum OG führte eine 16-stufige Marmortreppe hoch. Die ganze untere Etage (ca. 100 qm) war quasi ein Raum, plus ein Gäste-WC und ein Bad. Eine ehemalige Terrassen-Loggia wurde mit einer Schiebetüranlage zu einem Wintergarten umfunktioniert. Die neue Terrasse wurde dann wieder vom Vorbesitzer neu angeschüttet … Das war dann die abgesackte Waschbetonfläche. Der ganze Wohnbereich war tapeziert mit einer superdicken 80er-Jahre-Vinyl-Schaumtapete, die wohl schon x-mal gestrichen worden war. Wir reden von sieben, acht Meter hohen Wänden … überall diese eine, gruselige Tapete dran … alleine dieses zu renovieren, ließ mich etwas erschrecken, auch weil die Küche zu einem Art Esszimmer nur durch ein Gebälk getrennt war. Das Gebälk war offen und hatte einen Türdurchgang … irgendwie habe ich überhaupt nicht verstanden, wie die Aufteilung da entstanden ist … Alles war unlogisch und etwas verbaut in meinen Augen. Ich sah aber schon, dass ich die Küche vom Gebälk her zumachen würde und quasi links neben der Küche ein Schlafzimmer bauen würde. Das hätte ich dann wiederum abtrennen müssen vom neuen Esszimmer. Das Esszimmer war vorher wohl als Tanzfläche angedacht gewesen ... – in der Tanzfläche gab es an der Wand nicht ein Fenster. Also irgendwie war das Haus meines Erachtens zwar hübsch, aber nicht zu Ende gedacht. Andererseits für Leute ohne handwerkliche Erfahrungen schon damals trotzdem durchaus chic. Das Haus hatte dann oben im Dachgeschoss ein Schlafzimmer, ein Kinderzimmer mit kleiner zweiter Ebene und ein Badezimmer mit Dusche. Mir schwebte vor, mein Büro für die Firma im ehemaligen Schlafzimmer einzurichten. Das Kinderzimmer wurde ein Gästezimmer. Das Gästebad blieb das Bad zum Duschen und für morgens ... auf der unteren Etage sollte neben der Küche das neue Schlafzimmer entstehen, so dass man, wenn man mal älter wäre, alles auf einer Etage hätte. Ich fand, das machte Sinn. Ich wurde von vielen Leuten unterstützt während des Umbaus – ich erinnere mich noch an jeden, der geholfen hat und daran, was er gemacht hat ... Diese Arbeiten habe ich auf drei Wochen maximal taxiert – unglaublich eigentlich. Hier rede ich ja von einzugsbereit ... und nicht FERTIG im Sinne von fertig ... Meine Firma, die ich ja kurz vorher GEgründet habe, ruhte halbwegs in der Zeit ... Aber nur halbwegs, da ich ja jeden Pfennig brauchte ...

Für die Malerarbeiten habe ich zwei meiner Maler Kumpels engagiert, die ich auch gut versorgt habe mit Essen und Trinken. Meine jüngste Schwester und mein Lieblingsschwager plus die Zwillinge meiner mittleren Schwester haben auch wirklich tatkräftig mitgeholfen ... Die Mädels haben Tapeten abgerissen ohne Ende, auf der Leiter ganz oben in 8 m Höhe ... unglaublich. Ich muss sagen, da konnte ich mich wirklich auf sie alle verlassen – wie sie vorher immer auf mich ... Als Elektriker hatte ich einen weiteren Kumpel und für das Thema weiterer Malerarbeiten, hatte ich noch meinen Kumpel Norbert von der Meisterschule. Er konnte mir zwar zeitlich nicht selbst helfen, da er einen großen Betrieb hatte, hat aber einen Leiharbeiter zu mir geschickt, der mir mein Gästezimmer tapeziert hat. Allein das Gästezimmer ist schon der Hammer, weil auch viereinhalb bzw. fünf Meter hoch ... ich muss sagen, ich war froh für jede Hilfe. Um die finanzielle Belastung so gering wie möglich zu halten,

habe ich die erste Rate für das Haus um einen Tag „verschwitzt".
Das hieße durch das Verschwitzen war die erste Monatsrate für
das Haus erst nach dem Monat fällig. Da ich aber dann auch aus
dem Mietverhältnis, aus der Hochstraße raus war, hatte ich wiederum keine Doppelbelastung. Wie gesagt es war (k)ein „Verschwitzen" aus Versehen, es war kühle Berechnung. Und ich
habe mir gedacht, die Bank wird das schon überleben und ich
muss die Rate halt hinten dranhängen ... Also quasi in 40-45
Jahren, lach ... Zu dem Zeitpunkt waren die 1000 DM aber ele-
mentar, um ein paar Materialien zu kaufen. Viele meiner Kumpels und Bekannten sollten teilweise große Gehöfte von den Eltern erben oder gar ganze Firmen. Fast jeder meiner Kumpels
musste sich nur in Geduld üben, um irgendwann zumindest am
„Elternhaus" anbauen zu können – klar ... das machten die auch
nicht mit Hosenknöpfen ... aber manche wissen, was ich meine ... Ich war ja 1989 von der mit Holzöfen geheizten Sozial-
wohnung mit einfach verglasten Fenstern über die Schwester
zu zwei Freundinnen und über die erste und zweite Mietwoh-
nung in ein eigenes Haus gezogen ... „fast eigenes" ... bis auf die
fast 500.000 DM, die mir meine Bank geliehen hatte ... lach.
Wie sagte mal ein Freund von Herrn Rehberg: „Er hat mit nix
angefangen, und jetzt hat er 500.000 DM ... Schulden." ... echt
lustig ... Wir schrieben das Jahr 2001 – November ... Unten in
der Souterrainwohnung war es meines Erachtens ordentlich renoviert und ein Bruder eines Kumpels konnte dort, direkt am
ersten Tag, einziehen. Dieser Kumpel wohnte quasi einen Monat eher in unserem Haus als wir. Auch da kam schon mal ein
bisschen Miete rein, um wieder Material für die Renovierung
zu kaufen. Alles an Geld ging spitz auf Knopf und bündig drauf ...
Am Anfang, als ich das erste Mal mit meiner Frau im Haus war,
hatte ich komplett einen „Pfeil" im Kopf ... Ich konnte es nicht
fassen, dass wir das durchgezogen hatten ... ich saß auf dieser
Marmortreppe und Teile meiner Familie standen davor und
staunten ungläubig, was ich und meine Freundin uns zutrauen
würden. Gut, dass wir nicht einen miteinbezogen haben ... Sie
sagten schon alle, jetzt könnten wir ja ohne Ende Kinder

kriegen ... hier ist ja Platz ohne Ende. Da wurde mir noch schwummriger ... Ich bin sooooo froh, dass ich nicht einen Einzigen um Rat gefragt habe wegen des Hauses ... ich befürchte, alle hätten uns davon abgeraten ... Als Erstes habe ich mir die Wohnzimmerecke vorgeknöpft, weil ich mir ja vorher noch Dolby Surround Boxen gekauft hatte ... Ich fing erst mal an, 100 m Schlitze zu stemmen, um die **kleinen Boxenkabel** unter den Putz zu bekommen. Die mussten **natürlich in Leerrohr** gelegt werden, wie ich das mal gehört habe ... ich Idiiiiiiiiiiiiiioooooot. Nach drei Tagen hatte ich die Schlitze gestemmt und die Leerrohre mit den Kabeln verlegt. Die ganze Bude sah aus wie Sau ... und Ertrag war gleich 0 ... dann kam schon auch bald wieder das nächste Wochenende, es wurde auch mal Zeit, mal ein bisschen zu verschnaufen. Nach und nach merkte ich, wie viel Zeit das Renovieren für so ein „Häuschen" brauchte. Es war ja kein Renovieren, es war ja ein Teil-Sanieren. Es war ja ein kompletter Umbau in 3 Wochen ... und eine halbe Woche war schon weg ... Mir ging mein Hintern heftig auf Grundeis ... Aber die weiße Armee rollte ja bald an ... Aus alten Restfarben habe ich für manche Zimmer ein paar schöne Töne angerührt ... schöne in Anführungszeichen ... Fürs Erste waren die in Ordnung ... Als ich das Schlafzimmer abgetrennt hatte und ein Schreiner-Kollege meines Schwagers mir die Zimmer Tür eingebaut hatte, schmiss ich die Tür zu und im Esszimmer war es auf einmal stockdunkel. Es fehlte dem ganzen Raum ein Fenster. Das einzige Licht kam durch die getönten Butzenscheiben der Haustür, etwas durch die offene Küchentür und sehr wenig durch den Wintergarten. Als Lampen habe ich dann erst einmal 2 500 Watt Flutlichter unter die 7 oder 8 m hohe Decke geschraubt, erst mal nur so als Baulampen. Diese sollten tatsächlich bis 2023 dort hängen bleiben. Nicht aus Faulheit ... nein, nur damit aus 7 Metern Höhe noch etwas Licht auf dem Boden ankam ... ein Kumpel war damals privat in den Baumärkten unterwegs und Willi kam mit seiner Frau vorbei. Er wollte das Haus auch mal angucken, also das, was wir uns da zugelegt hätten. Nachdem Willi wieder zu sich gekommen war, meinte er zu mir: „Charly, du musst im Esszimmer noch irgendwie ein Fenster einbauen." Ich sagte: „Ja, irgendwie ist es stockdunkel dadurch, dass ich das Schlafzimmer abgetrennt habe ..." Das jetzige Schlafzimmerfenster war das einzige Fenster im Wohnbereich, das etwas Licht gebracht hat. Das erhellt natürlich jetzt das Schlafzimmer vom Feinsten. Also habe ich erst mal ein Fenster ausgemessen und auf die Wand gezeichnet, so als Testgröße ... und dann meinen Kumpel angerufen, der für sich selbst in den Baumärkten unterwegs war. „Hallo, kannst du mir noch ein Fenster mitbringen? Ein Kipp-Schwingfenster, doppelt verglast, 100 x 120 cm Minimum ... wenn die nichts Ähnliches haben, kauf ruhig ein etwas Größeres. Kleiner soll es bitte nicht sein." Unser Kumpel kam drei Stunden später mit einem Fenster an. Willi war auch schon wieder weg. Montag kam ein selbständiger Maurermeister aus dem Flossbachtal. Ein äußerst feiner Kerl. Ich habe ihn gebeten, sich das mal bei mir mal anzugucken ... am besten zügig ... lach ... mir saß die Zeit so im Nacken ... er kam direkt montags, was mich ungemein beruhigte und freute. Wir klopften die Wände ab ... er sagte, er wollte sich sowieso mal eine Mauersäge zulegen und würde mir ein Loch damit reinschneiden. Dann wüsste er, was so eine Säge kann. Dadurch, dass oberhalb des Fensterloches direkt ein Ringanker saß, meinte er, dass wir auch nicht unbedingt einen Sturz einbauen bräuchten. Wir probierten es erst mal ohne. Er kam dann dienstags und schnitt das Loch in die Wand. Dienstag kam noch mal der Schreiner und wir setzten das Fenster und die Fensterbank ein. Das neue Loch sollte ja direkt wieder zugemacht werden damit ... na egal ... der Einbau des Fensters passierte nachmittags, nachdem der Fensterbauer weg war, war es echt superhell im Essbereich – astrein, wenn man Handwerker ist und mit so vielen so gut auskommt ... dann hatte ich noch die Leibungen mit Rigips beklebt, gespachtelt und alles schnell tapeziert. Der Rest des Raumes war schon von meinen Kumpels tapeziert worden. Mein Freund und zukünftiger Angestellter Stefan strich, am Tag des Einzugs, noch den ganzen oberen Bereich in weißer Dispersionsfarbe – auch das war eine Top-Leistung ... Es war eins der ersten

Häuser, das ich kenne, wo auf das Trägermaterial, Putz oder Rigips, direkt gestrichen wurde. Es waren natürlich gute Vorarbeiten nötig, so dass man keine großen Kittchen in den Wänden nach dem Streichen sehen sollte. Aber da alles jenseits der 2,50 m war, was ich glatt haben wollte, und um nicht noch mal die Aktion zu haben, Tapeten zu entfernen auf 8 m Höhe, entschied ich mich einfach für einen glatten Anstrich auf Gips-Putz. Das gab es bis zu dem Zeitpunkt meines Erachtens noch überhaupt nirgends. Das Minimum war immer noch, Raufaser zu tapezieren. Selbst Makulatur als Untergrund war nicht praktiziert worden. Den unteren Bereich und den oberen Bereich begrenzte ich auf 2,50 m mit einem Stuck-Flach-Profil. Auch hierhin war ich führend in und um Wipperfürth. Ich verkaufte im Jahr einige Hundert Meter Stuck-Leisten. Den Mitbewerbern war es zu altmodisch und zu aufwendig … Stuckleisten geben einem Raum meiner Meinung nach was Edles … Es sind ja, zur Erklärung, Polystyrol-Hartschaum-Leisten und nicht der klassische Stuckgips … Willi hat als einer der wenigen sich den Originalen damals ins Haus eingebaut. Erstens ist der viel schwerer zu verarbeiten, wegen des Gewichts schon alleine, und zweitens war der seinerzeit schon fast unbezahlbar …

Als ich Willi dann auf der Arbeit gesehen habe, konnte ich ihm berichten, dass wir das Fenster erfolgreich eingesetzt hatten … Er war begeistert und noch wirklich extrem „geschockt" von diesem Haus … Beim Renovieren machte ich noch einen ziemlich kostspieligen Fehler. Wir nahmen die Raumthermostate von den Wänden. Das ganze Haus wurde mit Fußbodenheizung geheizt. Weil die Thermostate alt, hässlich und teilweise von Farbe beschmiert waren, sollten die auf jeden Fall nicht mehr dranbleiben … Da ich nicht vom Fach bin, wusste ich nicht, dass ab da die Heizung im Keller, ohne die Sensoren, ballerten, was unten voreingestellt war … Gefroren haben wir jedenfalls nicht … und den Kamin mussten wir auch nie anmachen, wenn wir nicht in Unterwäsche im Wohnzimmer sitzen wollten … bis 2005 sollte es dauern, bis ich mir diese Thermostate leisten konnte. Ich habe seinerzeit gedacht das 350 €

im Monat für Gas für so ein großes Haus normal wären ... Der Energieversorger hatte sich jedenfalls nicht gemeldet, dass sich mit dem neuen Besitzer der Gasverbrauch um das 4 bis 5-fache erhöht hatte. Sehr unprofessionell von den Energieversorgern, wie ich fand ... Wenn ich König von Deutschland wäre ... wären die als Erstes verstaatlicht ... oder als Zweites ...

2005 haben wir dann jedenfalls, programmierbare Thermostate an die Wand geschraubt. Ebenfalls wurde im Wohnzimmer von meinem Freund Detlef noch ein riesiges Dachfenster eingebaut. Mitten im Wohnzimmer über der Couch ...

Jetzt wurde es nochmal ums doppelte heller im Haus ... Durch die 2 x 500 Watt Fluter unter der Decke, war es ja auch immer hell genug ... Aber auch der monatliche Abschlag für den Strom war gigantisch ... Beide Maßnahmen wurden im April 2005 gemacht ... Februar 2006 bekam ich Post vom Energieversorger ... Er fragte nach, ob bei mir was kaputt wäre ... weil wir Gas und Strom mehr als halbiert hätten ... Es gab eine Rückerstattung, dass ich dachte, wir hätten im Lotto gewonnen ... grrrrrrr. Komisch, da meldeten die sich dann. Als wir Niedergaul, im Jahresdurchschnitt, um 2 Grad erwärmt hatten, hat sich keiner vom Versorger gemeldet. Jetzt, wo alles „grob" eingestellt und energiemäßig auf ein einigermaßen gesundes Maß umgestellt war, kamen sie ... Ich war echt verärgert. Firmen, die sich in der Pandemie und in der politisch schwierigen Zeit so mit Gewinnen überfrachten, würde ich zwangsenteignen ... Über „Must-Have-Produkte und -Leistungen" die ganzen Bundesbürger „abzumelken", geht in meinen Augen gar nicht ... Aber der Staat greift auch nur halbherzig ein, weil er ja durch seine Steuern enorme Gelder von denen einstreicht ... ätzend – dieses Land manchmal ...

In den darauffolgenden 2 Jahren waren die Investitionen für das Dachfenster und die Thermostate wieder halbwegs eingespart ... Da freue ich mich heute noch drüber.

Wer jetzt nach 20 Jahren das Haus betritt, meint oft, ich hätte es annähernd so gekauft ... in 20 Jahren ist es nach und nach 2½-mal runderneuert worden. Fast nichts ist mehr so, wie ich es vorgefunden habe. Alles neu, inkl. Dachbeschichtung, Fenster,

Niedergaul im Zeitraffer, bei Übernahme,
nach der ersten Fassadenrenovierung, nach der zweiten
in 2016 und nach dem Bau der Garage, trotz allem, man sieht deutlich,
dass auch dadurch, die Sonne auch nicht immer scheint …

Türen, Fassade, Garten ... eigentlich alles ... Und das gilt es auch, so in die Welt zu tragen ... da reagiere ich schon mal etwas allergisch, wenn jemand meint, dass ich soooo ein schönes Haus mal so eben 1 zu 1 übernommen hätte ... Weil ja mehrere Zigtausend Stunden FACHARBEIT geleistet worden sind ... und tonnenweise Material verschafft wurde.

Lediglich das Wohnzimmerregal ist geblieben ... Es ist ein uraltes Maler Leitergerüst aus Holz. Hiermit wurden bis Mitte der 80er die Fassaden eingerüstet. Für einen Malermeister als Wohnzimmer-Regal perfekt, wie ich finde, aber selbst das wurde 3-mal mit Holzlasur Nussbaum behandelt ... Innen und außen wurde alles bislang mindestens zum zweiten Mal von mir renoviert ... inkl. Fassade, Terrasse und Treppenanlage. Am schönsten wurde das Haus ein halbes Jahr nach meiner Bandscheiben-OP 2015 renoviert ... Hier haben Monika, meine zweite Frau, und ich wirklich ganze Arbeit geleistet. Fast ganz alleine haben wir das diesmal durchgezogen ... Das Dach wurde von einer Firma aus Köln gesäubert und 3-mal beschichtet. Ja, beschichtet mit Farbe ... Hier habe ich mir im Vorfeld zig Referenz-Objekte angesehen und mit den Kunden gesprochen. Die waren alle begeistert. Als Malermeister habe ich mich halt doppelt und dreifach informieren wollen, ob so was gut und haltbar ist ... Es ist wirklich perfekt geworden ... Ein Angebot über ein neues Dach mit neuster Dämmung hätte mich nach 15 Jahren Besitz auf die ursprüngliche Schuld von damals zurück katapultiert ... Wir reden von damals über 30.000–50.000 € für ein neues Dach ... je nach Ausführung.

So kostete das „neue" Dach gerade mal knapp über 5 000 € ...

Klar war es nicht zur Gänze vergleichbar, aber als das Haus fertig war, waren nicht nur wir begeistert ... Ohne Scheiß, es hielten und halten unheimlich viele Leute inne und betrachteten unser Haus ... Jetzt, 8 Jahre später, sieht „der Profi", schon wieder Alltagsspuren ... aber es muss sich noch 4–5 Jahre gedulden ...

Dann werde ich aber nicht mehr kreativ ... Jeder Farbton ist perfekt und wird nur aufgearbeitet ... Ich schwöre ...

Im Garten wurden ja über die Jahre zig Bäume gefällt – alle hatten Fäulnis und Schädlinge ... Schlimm war das ... Auf den ca. 750 Quadratmetern war quasi ein Urwald angelegt oder die Natur wollte sich Territorium zurückerobern ... Wie gesagt: Ich, Freunde aus allen Gewerben und renommierte Firmen haben einige Tausend Stunden hier und da immer mal wieder angegriffen ... Heute ist es fast perfekt ... man könnte zwar schon wieder vorne anfangen ... Es ist halt wie der Kölner Dom ... der wird ja bekanntlich auch nie fertig ... Wenn es mir nicht solch einen Spaß machen würde, müsste ich es halt besser verkaufen ... aber so weit ist es noch nicht ... frühestens in 20 Jahren ... In Niedergaul fühlen wir uns wohl, Moni und ich.

Mein Freund Michael und ich kennen uns schon seit 22 Jahren, denn wir beide sind Nachbarn und wohnen im wunderschönen Wipperfürth. Befreundet sind wir seit circa 17 Jahren. Unsere Freundschaft begann damit, dass Michael mich auf der Wiese, hinter unserem Haus, Fußball spielen sah. Ab und zu kam er rüber, kickte ein paar Bälle mit und wir sprachen über die Bundesliga und vor allem über seinen FC Schalke und meinem Lieblingsverein, den FC Bayern München. Ich kann mich noch gut daran erinnern, dass ich eines Tages im Sommer schulfrei hatte und Michael zu mir rüberkam und sagte: „Komm mal mit Junge, ich zeig dir mal, wie Fußball auf der Playstation funktioniert." Die Playstation war für mich etwas völlig Neues und ich war von Anfang an begeistert. Wir hatten immer viel Spaß zusammen, lachten viel und Michael erzählte mir zahlreiche Geschichten aus seiner Jugend. (Die Story, dass er mal so einen harten Schuss hatte, sodass er sogar Kühe umschießen konnte, habe ich bis heute nicht vergessen.) Wenn wir nicht gerade gemeinsam vor der Playstation saßen, hat uns Michael im Nachbarort, auf Sassenbach, circa einen Kilometer von unserem Haus entfernt, einen kleinen Fußballplatz aufgebaut. Michael mähte den Rasen, wir bauten zwei Tore auf und hatten stundenlang unseren Spaß. In der Sommerzeit, als Michael regelmäßig in den Urlaub nach Kroatien fuhr, haben meine Mutter und ich stets seine Fische im Garten gefüttert, sein riesiges Blumenbeet gegossen sowie auf seine große Liebe aufgepasst: seine Katze „Kimba". Ich erinnere mich gut, dass Michael mir als Überraschung, Fußballtrikots aus Kroatien mitgebracht hat, über die ich mich jedes Mal riesig gefreut habe. Ich bin selbst Fußballfan, seit ich denken kann, habe viele Fußballfans kennengelernt und jahrelang aktiv Fußball gespielt. Aber eins kann ich definitiv heute sagen: Michael ist der fußballverrückteste und mit Abstand größte Schalke-Fan, den ich je kennengelernt habe. Seine Leidenschaft für den S04 ist auch sehr offensichtlich. Schon unzählige Male wurde ich auf Michaels „Schalke-Balkon" angesprochen: „Wohnst du da in Niedergaul, wo der mit dem Schalke-Balkon wohnt?". Auch seine Schalke-Flagge im Garten ist erwähnenswert. Außerdem ist sein Haus, welches fast ausschließlich mit Schalke-Artikeln beschmückt ist, nahezu einmalig und ein echtes Unikat. Immer wieder muss ich über Michaels Schalke-Besessenheit schmunzeln, wenn ich an die Hochzeit (19.04.2018), mit seiner Frau Monika in Gelsenkirchen oder an dessen gemeinsame Schalke-Tattoos denke. Auch heute schätze ich Michael noch sehr. Einerseits, weil er stets versucht, mir gutgemeinte Ratschläge mit auf den Weg zu geben und ich weiß, dass er mir immer seine ehrliche Meinung mitteilt. Zu guter Letzt möchte ich betonen, dass Michael ein feiner, gutmütiger Mensch ist, der immer ein offenes Ohr und das Herz am rechten Fleck hat. Mit seinen 52 Jahren ist er auch heute noch sehr jung geblieben, was u. a. ein Grund dafür ist, weshalb wir auch heutzutage noch sehr gut miteinander auskommen, ich gerne bei ihm, seiner Frau Monika sowie seinem Hund „Prinz" vorbeikomme, wir ein leckeres Radler zusammen trinken und ein wenig über alte Zeiten und die Fußballwelt philosophieren.

Dein Dominik

PS: Wenn ich Dir eins mit auf dem Weg geben darf, dann: Bleib so, wie Du bist!

Gastkommentar von meinem „vielleicht" jüngsten Freund und Nachbarn
Dominik Lennertz, geboren 02.09.1997 – quasi ein UEFA-Cup-Kind ... FC Bayern 1996 und Schalke 1997 UEFA Cup Sieger... nur mal so4: ☺

Nice, Dominik und danke dir – oder wie sagt man heute? ☺
Schön, dass du meine Ratschläge so angenehm aufnimmst ... mach bitte etwas draus ... aber du machst das schon ...!! Wo waren wir stehen geblieben? Apropos Haus (ver)kaufen ... Als meine erste Ehe gescheitert war, gab es ja Stress ums liebe Geld bzw. um die paar Sachen, die in der kurzen Zeit GEmeinsam angeschafft wurden ... Auch stand das Haus immer wieder im Mittelpunkt. Zur Trennung war der Deckel noch fast unberührt ... Auf Grund des schlechten Zinses waren es fast nur Zinsen und sehr wenig Tilgung, die abgestottert wurden ... Plan war immer, über zusätzliches gespartes Geld, zwischen zu tilgen ... Auch um eine gewisse Liquidität nicht überzustrapazieren ... Durch die Trennung wollten meine Frau und ich mal versuchen, das Objekt zu verkaufen. Damals habe ich mir einen Gutachter aus Ennepetal kommen lassen ... Es sollte ja nicht jeder in der Zeitung lesen, dass sich erst die Ilchmanns und dann sie sich eventuell noch vom Haus trennen wollen/müssen. Das Haus war, nach dem ersten Renovierungszyklus und der €-Zeit, schon um einiges mehr wert zu dem Zeitpunkt ... Ich setzte es in gewisse Plattformen rein. Bei dem Betrag war aber komplett tote Hose ... Niemand konnte glauben, dass es so ein Objekt in Wipperfürth gab ... schon gar nicht kernsaniert mit neuen Heizungen etc. bis eines Tages mein Handy klingelte ... Am anderen Ende war jemand mit ausländischem Akzent. Derjenige bot an, dass er unser Haus für den veranschlagten Preis kaufen wollte. Ich fragte, wann er denn mal für eine Besichtigung vorbei kommen

wollte!?. Er sagte, dass ich für ein Vorgespräch erst mal nach
Amsterdam kommen sollte. Da sagte ich, dass sich das nach
Ballaballa anhören würde. So einen Kokolores mache ich nicht
und es hört sich auch unglaubwürdig an ... Das Gespräch beendete ich dann auch zügig.

Ich wollte ja auch mein Lebenswerk nicht UNBEDINGT verkaufen. Gefühlt hatte ich eh alles schon bezahlt in der Zeit, wo
wir es bewohnt hatten. Lediglich die Grundsteuer und die Müll-
gebühren haben wir über das Konto meiner Frau bezahlen lassen. Es gab bei einem Wunschpreis von jenseits der 450.000 €
auch kaum Interessenten ... Ich denke, weil ich ohne Makler unterwegs war ... was aber bei einem Malermeister auch Mumpitz
ist ... Die Makler, die ich kennengelernt habe, waren alle fach-
lich, ich sage es mal vorsichtig, nicht in der Lage einem Handwerksmeister tiefgreifende Fachfragen zu beantworten ... Nach
einer gewissen Zeit rief der angebliche Interessent noch ein-,
zweimal an ... Ich bat einen Kumpel mit mir mal auf einen Kaffee nach Amsterdam zu düsen. Der Treffpunkt war ein großes
Kaffee, wer weiß wo in Amsterdam. Ich habe ein Stenz-Outfit
für mich gewählt – mit Lederjacke und Zigarre ...

Mein Kumpel ist dann an einen anderen Platz gegangen, als der
angebliche Interessent kam. Es war nicht der, mit dem ich telefoniert hatte. Es war ein tipptopp gekleideter Mann mit südländischen Wurzeln. Er trug einen Lederkoffer mit sich. Hatte
einen langen Trenchcoat an und eine Uhr, die wahrscheinlich
teurer war als mein Opel Zafira, Decke, Wände, Leder ... Der
Mann kam direkt zur Sache, war aber extrem höflich. Er bot
an, das Haus so zu kaufen, wie ich es angeboten habe. Ich fragte nur, warum er es sich dann nicht angucken käme ... Er würde
es nicht angucken müssen, da er es ausschließlich als Spekula-
tionsinvestment ansehe. Ich fragte dann, wo das Problem denn
sei. Ich sollte ihm vor dem Kauf aber Geld in großen Beträgen
wechseln ... langsam kapierte ich, was er wollte ... Ich sollte zwischen 50.000 und 100.000 € in Holland abholen und in anderen
Scheinen zurückbringen!? Ich sagte, dass sich das erstens nicht

Der Grund, warum ich das überhaupt alles erleben durfte, Mama und Gerd, mit Lederjacke und Zigarre ging es nach Amsterdam und weitere Schnappschüsse von mir.

ganz legal anhören und zweitens keinen Sinn machen würde, weil ich ja zu dem Zeitpunkt in der Trennung steckte und selbst 0,0 € Kapital besitzen würde ... Ich bot dem Mann an, dass er mir mein Haus für 550.000 € abkaufen sollte, um dann meine

Frau ausbezahlen zu können. Dann hätte ich ja auch „Spielgeld" und wir würden mal überlegen, wie wir das dann mal ausprobieren könnten ... Ich dachte: *„... mal gucken, was jetzt kommt.*" Der Typ bestand aber darauf, dass ich das erst ein paar Mal machen sollte, erst dann würde er das Haus kaufen. Ich wurde etwas ungehaltener und fragte, was er denn nicht verstehen würde ... Wenn ich montags noch plus/minus null auf der Bank hätte und dienstags mit 50.000 € kommen würde, um zu „wechseln" ... im Nullkomma nix säße ich hinter schwedischen Gardinen, wie Opa sie immer genannt hat ... Ich lehnte dankend ab ... Der Mann war Diamantenhändler aus Belgien und ich Charly Ilchmann aus „Köln" ... ein Selfmade-Man ... der hat Nerven ... wie Drahtseile ... Auf dem Rückweg von den Niederlanden haben wir an jeder Raststätte angehalten und haben die Lage gepeilt, ob uns einer verfolgt ... na ja ... was man sich nicht alles für das liebe Geld anhört ... Es wäre auch zu schön, um wahr zu sein ... aber wahrscheinlich auch nicht ungefährlich ... Ich hörte aber auch nichts mehr von den Herren ...

Als die Trennung unausweichlich war, musste ich jeden Zweig meines Lebensbaumes abchecken ... Ich kannte nur Kumpels und Bekannte, die nach Scheidungen fast alles verloren haben. Manche haben wirklich alles verloren. An sich gab es auf beiden Seiten oft nur Verlierer. Das galt es unbedingt zu verhindern. Als Erstes bin ich mit meiner zukünftigen Exfrau zu einigen Wohnungsbesichtigungen gefahren. Unglaublich, was manche Menschen angeboten haben ... Ich fühlte mich, trotz neuer Beziehung, noch sehr verantwortlich, dass meine Noch-Ehefrau gut unterkommt. Es stand so weit fest, dass ich das Haus behalten würde und meine Frau ausbezahlen sollte – ausbezahlen von einem Haus, das vom Kreditvolumen her gerade mal 30.000 € weniger als beim Start auf dem Deckel hatte ... Ergo war der Kredit nach den ersten 10 Jahren immer noch weit über 220.000 € hoch ... Wie dem auch sei, haben wir eine astreine Wohnung für sie gefunden, die ich meiner Frau noch vom Allerfeinsten malerisch hergerichtet habe ... Das war für mich auch enorm wichtig. Sie bekam noch dies und das mit. Ich weiß noch alles und jeden Cent … aber auf die Details möchte ich auch nicht mehr eingehen. Aber trennen tut ja bekanntlich weh, meist emotional und auch schon mal finanziell. Ich wurde zigmal getrennt und nun trennte ich mich … Aber keiner muss meinen, dass es mir leicht gefallen ist … Wer uns zusammen kannte, wusste und weiß noch heute … für meine erste Frau hätte ich getötet, wie man so „schön" sagt … Ich hätte meinen Hintern drauf gewettet, dass wir es schaffen, bis wir alt sind … aber erstens kommt es anders und zweitens als man denkt …

Die Sportlichste aller Übungen sollte aber sein, dass meine neue Lebensgefährtin und ich uns ein neues Leben im alten Umfeld, in meinem Wipperfürth, aufbauen wollten … Ich bin in Wipperfürth bekannter als jeder Bürgermeister … Wenn ich mit dem auf der Rathaustreppe stand, haben die Leute immer gefragt, wer denn der Typ neben dem Charly da ist … Wenn ich mit meiner Frau und dem Hund von Niedergaul bis zur Stadt gehe, ist es wahrscheinlich mitten in der Nacht, wenn nicht mindestens 10 Autos hupen oder grüßen … Mich berührt es sehr mit Stolz, wenn die Menschen mich einfach mögen … Auch grüße ich sehr gerne und freue mich unheimlich, auch gegrüßt zu werden … das habe ich auch schon von Kindesbeinen so gelernt … es ist mir ein elementarer WERT und auch eine Wertschätzung beiderseits, jemanden zu grüßen. Aber so war das neue Leben, im alten Umfeld, unglaublich schwer bis eigentlich unmöglich aufzubauen … Nach und nach haben meine Frau und ich uns damit arrangiert. Einige alte „Freundschaften" haben es nicht überlebt … aber so blieb Monika und mir viel Zeit, uns auf unsere eigenen Bedürfnisse, das Haus und unseren Hund Prinz zu fokussieren. Kimba ist ja dann leider 2012 gegangen, Gott sei Dank zu Hause … Aber so ist das Leben … leider gehen einige, die einem sehr wichtig sind, eigentlich immer viel zu früh …

Das Haus in Niedergaul sucht mittlerweile seinesgleichen … 2018 erfüllte ich mir noch einen der allerletzten „Männerträume" in meiner Männertraumprioritätenliste.

Ich gönnte mir, für meinen Geschmack, den Sportwagen, den ich schon immer mal haben wollte ... Bis dato waren Autos ganz klar danach ausgewählt worden, dass ein Tapeziertisch reinpassen musste ...) Ich kaufte mir über „mobile.de" in Nürnberg einen Opel Cascada 170 PS Automatik, ein Cabriolet ... in Silber mit „dicken Söcken" und Vollleder ... das war mit Abstand das schönste Auto, das ich jemals hatte ... „platt anne Erde" und nachträglich mit 4-fach-Flammenwerfer ausgestattet – Mensch war der GEillllll ... Das bedeutete dann für einige Zeit, ein drittes Auto für uns.

Regen oder Temperaturen unter 15 Grad sollte der Cascada bei mir nie sehen ... Ich übernahm ihn mit 11.000 km, auch der Vorbesitzer war wohl genauso pingelig wie ich ... wie neu war die Karre ... In meinem Haus gab es nur eine Garage zum Hof gerichtet und genau zwischen dem Partykeller/Muckibude und der Ferienwohnung ... Das hieß, dass mein Alltagsauto auch draußen stehen musste ... nicht gut ... gar nicht gut fand ich das ... Auch passte der Cascada mal so gerade in die Garage rein ... Ich suchte über Ebay nach einer Garage für das Cabrio in Wipperfürth. Die Garage, die quer zu meinem Haus steht und sogar durchs Carport angebaut ist, scheint zum Haus zu gehören. Leider ist das aber nicht so... Als ich eine andere Garage gefunden hatte, meckerten wir ständig, dass die mal nicht um die Ecke war, 75 € im Monat kostete und auch in einer etwas windigen Gegend war ... Meine Frau meinte, ob wir nicht eine Garage im Garten bauen könnten ... vor der Haustür. Dort gab es ein Stück Wiese, die wirklich zu nichts nütze war, und es war immer eine Heidenarbeit, dort 2- bis 3-mal im Jahr Unkraut zu zupfen ...Ich schmücke es mal nicht aus ... über unseren Nachbarn, Thomas Hermann, einen renommierten Bauunternehmer, ließen wir uns eine Doppelgarage im Rohbau errichten ... Danach stieg ich mit Innen- und Außenputz plus Fliesenbelag ein ... Ein Bekannter von einem Kumpel kümmerte sich ums Dach, hier hätte ich doch Dirk, Markus oder Mike ansprechen sollen. Beim Vertäfeln der Deckenkante haben wir beide uns angestellt wie die ersten Menschen, über die Herangehensweise und das Zwischenergebnis war ich erschüttert, aber wie meist, zu pingelig und etwas zu ungeduldig ... Nachts bin ich mit der Lösung für eine bessere Herangehensweise schweißgebadet wach geworden ... aber halt zu spät ... sieht jetzt zwar keiner mehr ... na ja, egal, aber ärgerlich war es schon ... ein anderer Kumpel machte uns den Strom. Am Schluss kamen noch die Bürgersteigabsenkung, setzen der Pflanzkübel und die Pflasterarbeiten der Einfahrt wieder vom Bauunternehmer ... Über die Genehmigung der Bürgersteigabsenkung könnte ich auch noch ein kleines Buch schreiben ... das war auch der Hammer ... auch egal, Haken dran ... Ab dann hatten alle drei Autos eine trockene Abstellmöglichkeit ... Ich würde sagen, es ist nahezu perfekt geworden ... innen wie außen. Man erkennt absolut nicht, dass die Garage 40 Jahre nach dem Hausbau angebaut wurde ... Jetzt ist es ein Einfamilienhaus mit kleiner Ferienwohnung und großer Hauptwohnung, 3 Garagenstellplätzen und mit ca. 750 Quadratmetern Grundstück in Stadtnähe. Mama und Gerd haben es ja noch erlebt. Oma und Opa gucken vom Himmel oben runter und klatschen leise Applaus ... Mein Schwiegervater Paul war auch ein Fan von mir ... er meinte oft, dass ich das alles toll hinbekommen habe ... Er konnte unheimlich „jut jönne könne" ... wie schon mal gesagt ... es ist mit Monika noch mal doppelt so toll geworden ... Sie lässt mich meist umsetzen, was und wie es mir durch meinen kreativen Kopf geht ... Aber die Garage hat sie ja ins Rollen gebracht ...

Apropos Autos ...

Der Tag als Willi für mich den Mercedes C180 klar machte ... natürlich mit meinem Geld ...

Der war auch wieder in Silber – mit „dicken Söcken" und etwas tiefer ...

Willi und ich waren ja ab dem Einstieg im WDR wieder wie Pat & Patachon ...

Ich hatte scheinbar andere Dienstzeiten im WDR ... die Meisterschule war gerade um und mein Audi hatte vor dem

Millowitsch-Theater richtig einen vor den „Arsch" bekommen …
Ein LKW hat einen hinter mir stehenden Opel Omega Kombi
dermaßen von hinten einen mitgegeben, dass der Omega wie
ein Katapult mir wiederum ins Heck geflogen kam … Klar wurde der Audi wieder hinbekommen … aber es war wieder an der
Zeit, was anderes zu besorgen … Der Mercedes bei der Tanke in
Kürten gefiel mir sehr gut … nur: Passte da ein Tapeziertisch
rein? Ich bat Willi mal, mit seinem Tapeziertisch da hinzufah-
ren und es auszuprobieren … Irgendwann rief er an. Er sagte:
„Charly, das glaubst du nicht … Optisch passt der Tisch da eigentlich nicht rein … alles zu klein in dem Kofferraum, aber
wenn du den Tisch von oben quer in den Kofferraum einfädelst,
dann gibt es in den Radkasten-Verkleidungen jeweils kleine Auskerbungen …" Hier passte haargenau der Tapeziertisch rein …
millimetergenau … Willi glaubte an Zufall. Ich kaufte daraufhin
den Wagen und gab meinen Audi in Zahlung, plus einen kleinen Ratenkredit und der erste Mercedes war meiner … Als ich
ihn dann hatte, habe ich das mit dem Tapeziertisch ein paar-
mal geübt … Das war echt „tricky" und eine Millimeterarbeit …
Willi sagte immer noch, dass es doch Wahnsinn wäre – so ein
ZUFALL …!!!! Ich war und bin heute noch der Meinung, dass es
genau beabsichtigt war mit den Auskerbungen von Mercedes …
Ein Standard-Tapeziertisch hat das **Normmaß 60 x 100 cm** …
Das war so und ist so … Es ist das, meiner Meinung nach, sper-
rigste Werkzeug für jeden Bundesbürger … Ich sagte auch, dass
so einen Tisch jeder in Deutschland Wohnende mal im Leben
transportieren muss … Willi lachte mich echt aus, ob meiner
These … ich war beleidigt und von dieser aber trotzdem nicht
abzubringen … wer noch einen Mercedes C180 hat, bitte mal
ausprobieren und sich gerne melden …

Autotechnisch habe ich immer einen dollen Verschleiß gehabt …Ich fahre ja auch zur Arbeit pro Tag alleine 120 km für
die Arbeit … Plus Schalke und früher das Abklappern von Familie und Freunden … das ging auch mindestens immer in die
30.000 km pro Jahr … Willi war natürlich auch nicht ganz un-
schuldig, dass ich so ein Auto-Narr geworden bin … Er hatte

schon immer die tollsten Autos gefahren. Auch das Pflegen, Putzen und Tunen habe ich von ihm ... da waren meine Brüder dagegen Kunstbanausen ... da brauchte es andere „Vorbilder". Willi hatte aber immer etwas mehr „Spielgeld" für solche Anschaffungen ... Bei mir war immer noch ein Ratenkredit dabei, um mir was, in meiner jeweiligen Liga, anschaffen zu können ...

17 bis 20 Autos waren bislang so gekommen und gegangen, wie gesagt, die meisten benötigten noch echtes Fremdkapital, außer der Opel Combo für die Firma, der Corsa von Simone und der Cascada. Das waren die Einzigen, die ich bar bezahlen konnte.

Eine Menge Autos sind das gewesen ... viele Zinsen mussten (natürlich freiwillig) bezahlt werden ... diese Kredite und der fürs Haus waren so die einzigen in meinem Leben ... die mir Zinsen halt „wert" waren ...

Hallo Herr Ilchmann
Als Sie eines Tages mit dem Wunsch zu uns kamen, dass wir einen Gastkommentar für Ihre Biografie erstellen möchten und dürften, waren wir gerade etwas im Stress. Wir haben gerade in diesem Zeitraum unser Autohaus, worüber wir uns damals ca. 1999 kennengelernt hatten, verkauft. Als wir dann etwas mehr Zeit hatten, uns darüber auszutauschen, konnte mein Mann damit erst einmal nicht so recht etwas anfangen. Ihm ging zum Beispiel durch den Kopf, dass Sie doch mit knapp über 50 noch nicht so ein Alter haben, um eine eigene Biografie aufzustellen. Ich hingegen fand das interessant und mutig. Ich habe Sie ja auch immer sehr geschätzt, für das, wofür Sie eingetreten sind ... Mein Mann natürlich auch, aber hier bat ich meinen Mann, Sie dann doch noch einmal deswegen zu uns einzuladen, um mehr davon zu erfahren ... Wir kennen Sie ja jetzt demnach ca. 25 Jahre. Als Kunde in unserem Autohaus haben wir Sie als sehr liebenswürdigen und zuvorkommenden jungen Mann kennengelernt. Als wir wussten, dass Ihr Beruf Maler und Lackierer ist und Sie damals schon selbstständig waren, hat mein Mann Sie gebeten, sich

die Außenfassade unseres Autohauses anzugucken. Hierfür haben Sie dann ein Konzept erstellt und uns ein Angebot unterbreitet. Dieses Angebot haben wir dann auch gerne angenommen. Während der Arbeiten haben wir gesehen, mit welcher Genauigkeit, Hingabe und Akribie Sie Ihre Arbeiten stets verrichtet haben. Aufgrund Ihres Auftretens und Könnens haben wir Sie dann auch später Arbeiten in unserem Privathaus ausführen lassen, denn Ihre Leistungen haben uns überzeugt. Als wir Sie gebeten haben, uns Stuckprofile in unserem Haus anzubringen, kam uns die Idee, dass mein Mann, Sie als „Zuarbeiter" doch unterstützen könnte. Sie waren der Idee zwar nicht abgeneigt, aber trotzdem waren Sie etwas skeptisch, ob der Chef des Hauses, „als Handlanger" denn funktionieren könnte. Aber es hat zwischen euch beiden super geklappt. Da waren Sie eindeutig über meinem Mann der Chef und ihm hat es auch sichtlich gefallen ... so wie anschließend uns das Endergebnis auch.
Auch wenn wir uns heute noch immer mal zufällig treffen, fühlen wir eine angenehme Verbundenheit zu Ihnen. Was sage ich... ZU DIR.

Wir freuen uns und sind jetzt schon neugierig auf die Biografie von Ihnen, Herr Ilchmann.

Herzliche Grüße, Inge und Wolfgang Klos
Wipperfürth-Kreuzberg

Gastkommentar meines angenehmsten Autohändlers und damaligen Großkunden.
Groß, im Sinne von Großaufträgen ... weil alle meine Kunden großartig waren ...

Für Urlaube und den Rest musste jedenfalls gespart werden. Nur für maximal bleibende Werte oder für was, was mir die Erwerbsfähigkeit erhielt, wollte ich mit Fremdfinanzierungen ins

Risiko gehen ... Zwischendurch hatte Monika und ich auch mal ein Wohnmobil, eines WOMO-Discounters. Hiermit hatten wir die schönsten Urlaube, waren aber auch gleichzeitig die Getriebenen schlechthin ... Wie Mama schon immer sagte: Du kannst mit deinem Hintern nur auf einer Hochzeit tanzen ... nicht auf 2 oder 3 gleichzeitig ... Womo-Ausfahrten und ein schönes Haus mit Garten ... das endet sportlich ... das wissen wir jetzt und haben es nach 2 Jahren wieder verkauft. Deshalb habe ich auch aus drei Autos 2022, wieder 2 GEmacht, auch das stresste mich irgendwie, wenn ich den Cascada 9–10 Monate im Jahr nur rumstehen sah ... Jetzt gibt es dann eigentlich nur noch den letzten Männertraum aus meiner Prioritätenliste, den ich mir vielleicht noch mal irgendwann erfüllen möchte ... entweder einen Porsche Cabriolet oder einen Porsche Macan GTS ... gerne dann zur Not mit Kapital aus der LV ... und ohne Zusatzfinanzierung.

Irgendwie träume ich schon als Kind von so einem Auto und als ich mal einen Porsche von einem Kunden für gut ausgeführte Malerarbeiten an einem langen WE geliehen bekam, war ich schon etwas ergriffen ... „Nasse Hose und nicht am Regnen" ... Der kleine Hintertormann, der es im Leben zu nichts bringen würde, mit einem Porsche für „lediglich" gut ausgeführte Malerarbeiten und das, obwohl es soooo viele Rechtschreibfehler in der Rechnung gab ... Irgendwie war das was Besonderes für mich ...

All das sind aber nicht wirklich die Sachen, denen ich VERKRAMPFT nacheifere ... Mit Prinz laufen Monika und ich manchmal, gerade bei Regen, dermaßen einfach in den Wäldern rum ... und uns stört es nicht ... Dann zählen nur unser Hund und wir beide, nichts anderes ... Oder wenn ich mit dem MTB zu den Alpakas oberhalb von Linde fahre ... oder an einer Schafherde vorbei komme ... Oder wenn ich ein tolles Gespräch mit meinen Kollegen von der Arbeit führe, ein freundliches HALLO CHARLY mir entgegengerufen wird ... das und die „wenigen guten Taten" im Laufe des Jahres, die..., die sind mir wichtig ... Der Rest ist nur „nice-to-have" ... Meine Mutter hat immer gesagt: „Geld ist nicht wichtig, es beruhigt nur die Nerven ..." Recht hat sie

Bilder mit einigen meiner „Vehikeln" ...

gehabt ... wobei, ganz so ist es ja auch nicht ... aber ich weiß, was
sie gemeint hat ... Jemand sagte mal zu mir, dass ich und meine Frau auf einem Foto sehr gewöhnlich aussehen würden ... Es

war feindselig gemeint ... ich lachte es zwar weg und sagte zu ihm: „AUSSER ... AUSSERGEWÖHNLICH ..." So viel Zeit muss sein ... Das war einer der wenigen, der das Bonusheft, aus heiterem Himmel in den imaginären Reißwolf geschmissen hat ... Es wird knapp, das Haus bis zur Rente abzubezahlen, gerade weil wir immer wieder gut und sehr gerne investieren ... und der Staat sich so einen Mist wie mit dem Heizungsgesetz einfallen lässt ... Was bringt mir ein Haus, wenn ich es nicht „unterhalten" kann. Meins wäre das nicht. Klar habe ich noch den Vorteil, dass ich als Maler und mit meiner Werkstatt (Equipment und Know-how) für alle Schandtaten bereit bin. Aber GEmacht werden muss es auch immer noch und das Material gilt es ja auch nicht zu vernichten, sondern zu verarbeiten ...

Womit ich noch ein paar Ideen für die Renovierfraktion preisgeben möchte

Vom Abkleben habe ich ja berichtet ... Es ist ziemlich wichtig bei Renovierungen ...

Als Farbe empfehle ich für die Laien die von „Schöner Wohnen". Das sind überaus gute Qualitäten von einer Firma, die eigentlich die Malerbranche bedient ... Bei einer Werksführung habe ich aber gesehen, das für uns Profi-Maler „nur" eine Mini-Ecke in der haushohen Lagerhalle belegt war ... der Rest war für Baumärkte ... Ich fragte direkt nach und die Mitarbeiter sagten: „Es gibt ca. 2 Millionen Maler ... das ist für die ... und es gibt ca. 80 Millionen Bundesbürger ... daaaaaaaassssss ist für die daaaa-aaaaaa ..." Aha, verstanden ... Ein weiterer Tipp ist für Silikonarbeiten: Immer alte Zollstöcke aus Holz zu verwahren oder vorher ein Magnum-Eis zu essen ... Diesen Eisstiel kann man wunderbar zum Abziehen der Silikonnähte nehmen ... Die Zollstöcke kann man dann für größere und kleinere Ecken zuschneiden, abrunden, mit Schleifpapier entgraten und „anfetzen" ... Weiteres Zubehör: Ein Eimer mit Spülwasser, um das überschüssige

Silikon darin zwischenzulagern und eine Blumenspritze, ebenfalls mit Prilwasser. Das Hölzchen und die Silikonnaht befeuchten ... aber bitte nur, wo Sie schon Silikon reingedrückt haben, ansonsten hält das neue Silikon erst wieder, wenn die Feuchtigkeit abgetrocknet und alles abgeputzt ist ... Noch ein Tipp, wenn man im Haus oder bei längerer Mietzeit an Rollobänder oder Rohre muss ... In den beiden Fällen empfehle ich, für die nächsten Aktionen Revisionsklappen zurückzulassen ... Klar sieht das nie ganz sooooo schön aus wie ohne ... aber wer 2- bis 3-mal an so Sachen dran muss, außerhalb der normalen Renovierungszyklen, der wird sehr genervt sein. Ich kann nur weitergeben, was mir so missfallen hat ...Für Fenster empfehle ich den Fensterputzer Ihres Vertrauens oder den Fenstersauger ... Hier kriegen Sie in der prallen Sonne die Scheiben streifenfrei hin und umweltbewusst ist es ebenfalls ... 100%ig ... Hier noch ein Tipp, der den Fliesenlegern vielleicht etwas missfällt ... Alte Fliesen, solange die fachmännisch verlegt sind, darauf lassen, wenn ihr nur neue Fliesen legen wollt ... hierbei vernichtet man nicht unbedingt so viel Zeit beim Entfernen und dem Herrichten der Untergründe und man verliert maximal 2 cm in der Länge und Breite der Badezimmer oder Nassräume ... die merkt kein Mensch ... Auf die Böden kann man dann die 2–3 mm dicken Vinyldielen kleben und so kann man ohne Ende Zeit, Geld und Dreck einsparen. Für Fachleute: den Boden erst grundieren mit Ardion 82 und ein- bis zweimal mit Flexkleber abspachteln, um die Nähte der ehemaligen Fliesen unsichtbar zu machen ... aber das war wahrscheinlich eh klar ...

Vielleicht noch einen Tipp für draußen ... falls ihr mal Rasenkantensteine setzen wollt ... auslegen, Rasen einschneiden, ausheben ca. 8–12 cm, etwas Frostschutz Schotter rein und verdichten ... dann trockener Fertig-Estrich und wenn fertig, nur 2 bis 3 Abende gut wässern ... nicht, dass die Steine noch etwas gehen ... ne, damit der trockene Estrich abbindet ... Wer vielleicht noch den einen oder anderen Tipp haben möchte, kann sich gerne melden ... alles, was über eine Fernberatung möglich ist, kann ich zwar nicht „vortanzen", aber vieles kann ich so schon gut vermitteln ... einganznormaler-koenigsblauer-steinbock@web.de ist bereits scharf geschaltet ... Hier wird dir (vielleicht) geholfen ...

Auch wenn euch die laufende Nummer vom Buch vorne fehlt, meldet euch gerne. Ich teile euch dann eine von 1903 Nummern zu ... Das Buch 1904 bleibt bei mir ... sorry.

Pleiten, Pech und Pannen

Nicht, dass mir nicht auch mal das „kleine" Pech an den Füßen geklebt hat ... Im wahrsten Sinne des Wortes. Monika meinte, dass das auch noch rein sollte ...

Als ich mit dem gerissenen Kreuzband auf die Operation im BW-Zentralkrankenhaus gewartet habe, stand für die Eltern meiner ersten Freundin, eine neue Wohnung an ... Ich hatte Ihnen versprochen, ihnen diese zu renovieren ... Nur das Knie war ja annähernd total im Ar... Ein Mann ein Wort, ich hatte mir ja auch etwas Zeit lassen können ... aber perfekt sollte es ja trotzdem werden ... Ich weiß es noch haargenau, ich hatte die allerletzten Bahnen der Wohnzimmertapete eingekleistert ... Irgendwie musste ich scheinbar noch auf der Wand etwas nachkleistern ... Ich Idiot stellte mir den Eimer sehr nah an den Ort des Verbrechens ... auch wegen den unaushaltbaren Schmerzen ... mir stand der Schweiß auf der Stirn ... als das allerletzte Stück am Rollokasten hing und ich von der Leiter runterkam ... trat ich mit dem **gesunden Bein**, in den Eimer mit Kleister, der direkt an der Leiter stand ... Ich erschrak dermaßen, dass ich dann mein Körpergewicht auf das total kaputte Knie verlagert habe, um den Fuß wieder aus dem Eimer zu bekommen ... Ich bin direkt im gleichen Moment, quasi vor Schmerzen, bewusstlos umgefallen ... als ich wieder wach wurde, lag ich neben der Leiter mit tierisch Kleister am Bein und Schmerzen ohne Ende ... Mir tut jetzt direkt das Knie weh, wenn ich nur daran denke ...

Ein anderes Missgeschick ist mir direkt nach der OP bei meiner Schwester passiert ... Mit Gips war es mir echt viel zu langweilig ... Ich dachte, ein paar Holzfenster mit Lasur streichen geht bestimmt ... Im Kinderzimmer stellte ich einen rappelvollen Lasurpott mit 2,5 Liter Lasur auf die Fensterbank ... Als ich den Griff vom Fenster runter gemacht habe, dachte ich noch: „... *hoffentlich kommt jetzt kein Windstoß und haut das Fenster auf!"* ... gedacht, passiert ... Der Pott schlug auf den Teppich auf und eine Mahagoni-Fontäne explodierte wie bei Mr. Bean durch das Kinderzimmer ... Na ja, der Teppich musste eh mal wieder erneuert werden... grrrrr ...

Irgendwie denke ich manchmal auf Straßen und Baumarktparkplätzen, dass hier und da viele Farbdosen und Eimer umkippen, rausfallen etc. ... dann denke ich immer... trotz meiner Sorgfalt, ist mir so etwas doch auch mal passiert ... einmal ist mir aber echt schon zu viel gewesen ... Aber der Burner war dann ausgerechnet im Hochsommer ... Willi und ich sind in der Mittagspause zum Großhandel, um einen großen Eimer Latex für mich zu kaufen, 12,5 Liter, um genau zu sein ... und um eine Jägerfrikadelle mit Pommes zu verdrücken ... das war so ein seltenes, aber schönes Ritual von uns beiden ... Ich bin mit dem Vectra gefahren ... meine und Willis Autos sind an sich immer wie aus dem Laden ... Wir putzen sehr gerne Autos ...und tunen hier und da noch was. Herrlich ist das immer. An dem Tag war es dermaßen heiß, das sich echt den Helm am Brennen hatte ... ich nahm den Eimer und stellte ihn in den Kofferraum... ich dachte noch: „... *irgendwie steht er nicht so optimal."* ... er kippelte etwas ... *„Wird schon gut gehen ..."* Als wir die Frikadelle de Luxe verdrückt hatten, sind wir dick und satt wieder zur Firma ... vor mir stoppte ein „Idiot" dann doch noch eben vor einer Ampel ... dem war wohl auch zu heiß ... ich bremste etwas mehr und im Kofferraum machte es „schepper" und kurz später „plooooopppppp" ...
Willi gurtete sich direkt ab und verrenkte sich auf dem Beifahrersitz dermaßen, um eben in den Kofferraum vom Kombi zu gucken ...Er sagte: „Scheiße, Charly ... der Eimer ist komplett umgekippt und aufgegangen ..." Ich dachte echt, *Willi macht Witze.*

Als wir in der Firma ankamen, sind wir direkt zur Fahrbereitschaft durchgefahren, dort gibt es eine Waschstraße für LKWs ... wir fragten den Chef, ob wir da mal rein dürfen ... „... mir ist ‚etwas‘ Farbe im Kofferraum ausgelaufen.“ Er sagte: „Kein Problem ...“ Als wir drin ankamen, war dieser Chef auch da und wollte das mal sehen ... Als ich den Kofferraum aufmachte, schwappten zig Liter „etwas“ Farbe aus dem Kofferraum über die Stoßstange auf den „abgedeckten“ Boden ... Willi und ich schüppten mehrere Liter Farbe mit einem Kehrblech noch in den Eimer zurück ... Dann haben wir den ganzen Kofferraum mit einem Hochdruckreiniger von der Rücksitzbank aus sauber gespritzt ... das hat alles ewig gedauert ... dann haben wir alles im Kofferraum ausgebaut und demontiert ... Velours, Verkleidungen, Inhalt, Ersatzreifen etc. ... als alles so weit ausgebaut war und halbwegs sauber war, meinte Willi, noch ein letztes Mal über die Dichtung wischen zu müssen. Auf einmal kam ein Riesenstrahl weiße Farbe wie bei „Manneken Pis“ aus der Dichtung und wir konnten wieder eine halbe Stunde putzen ... Irgendwie war das trotz des Ärgers einmalig lustig ... unser blödes Gesicht ... als aus der doofen Dichtung noch ein Liter weiße Farbe rauskam ... Echt der Burner ... Die ganze Kofferraumverkleidung trockneten wir in der Firma auf den Trockentischen am Lackierbunker. Ich bin dann ein Wochenende mit einem entkernten Auto rumgefahren ... Erinnert habe ich mich nochmal an die Geschichte, als das Auto verkauft wurde ... Der Interessent war angeblich ein Autonarr ... Als ich dem Kofferraum aufgemacht habe, sagte er: „Wahnsinn ... für ein Malerauto sieht der Kofferraum ja aus wie neu ... haben Sie denn nie etwas darin transportiert?“ „Nöööö, nur ab und zu mal einen Eimer Farbe oder so ☺ ☺ ☺)“ Ich hatte mir noch ein bisschen Schwarz und Grau für die leichten Gebrauchsspuren angemischt und diese mit der Minijet retuschiert ... Der Wagen war wie neu ... lach ... und eine Hohlraum-Kofferversiegelung hatte er auch ... alles für umme ... leben und leben lassen ... lach ...

Bevor ich noch einmal zu Schalke komme, möchte ich noch von meinen tierischen Freunden berichten ... Kimbi habe ich ja schon erwähnt, auch die Hunde vom Onkel und der Tante, Maggy hatte ich auch nicht vergessen ... Bevor ich zu Prinz komme, möchte ich auf jeden Fall noch von der Praktikantenkatze Tienes Nels berichten. Bei meinem Arbeitskollegen Warren durfte ich ja mal die Wohnung tapezieren und renovieren. Seine Eltern wollten dann, kurz vor dem 100%-Wiedereinstieg im WDR, noch das Treppenhaus tapeziert und gestrichen haben. Die Eltern von Warren Nels, einen meiner liebsten Arbeitskollegen, hatten auch zwei Katzen, eine etwas scheue und eine sehr zutrauliche Siamkatze ... auch so eine wie Kimba ... Diese zutrauliche Katze war der Oberhammer ... Ich habe bei niemandem so das Interesse am Renovieren und Malen geweckt, wie bei meinem neuen Freund Tienes Nels ... Er hat mit Kleister angerührt, mit grundiert und sogar vom Gerüst aus die langen Bahnen durchgereicht ... zumindest hat er mich immer unterstützt ... Ich freue mich sehr, dass wir so viele Schnappschüsse von uns beiden gemacht haben ... Die erhellen mich, Warren und seine Familie, ein Leben lang ...

Charly!
Kennengelernt habe ich ihn mit dem Arbeitsbeginn 2001
beim WDR.
Zuallererst ist er ein Superkollege und -kumpel. Er trägt sein
Herz auf der Zunge, was ihn als „Ruhrpottler" mit der kölsche-
nen Eigenart so wunderbar zusammenführen lässt.
Er muss als Schalke Fan leider genauso leidensfähig sein wie
wir Kölner. Das verbindet natürlich zusätzlich. Er ist ein Char-
meur vor dem Herrn und mit seiner herzlichen Art jemand, mit
dem man Pferde stehlen würde. Was er mag, macht er zu 100%
und das beruflich sowie auch privat. Was aber besonders her-
aussticht, ist seine Liebe zu Tieren. Egal ob Hund, Katze, Ente
oder Biene. Ein Mensch, den man gerne seinen Freund nennt ...

Gastkommentar von meinem Arbeitskollegen und Freund
Warren Nels aus Köln.

Makrönchen ... Die Ente mit der etwas anderen Frisur...

Welcher Mensch ist manchmal nicht traurig oder schlecht drauf ...

Auch meiner Frau und mir ist manchmal nicht „nach der Mütz" ...

Aber eines Tages berichtete Monika von einer Ente auf dem Nachbarteich. Diese sei sooooo hübsch ... die müsste ich mal sehen, die würde mir gefallen.

Da wir noch keinen Hund hatten, war Spazierengehen für mich überhaupt nichts ... vielleicht mal angetrunken von der Penne nach Hause gehen ... Ja, das ging, wenn man das „spazieren" nennen darf ... Deshalb kam ich ja nie an den Fischteichen zu Fuß vorbei und wusste gar nichts von dieser wunderbaren Schönheit ...

Eines Tages sagte mir Monika, ich sollte doch mal zu den Enten gehen und sie mit Toast und Brotresten füttern ... Wahrscheinlich war ich wieder mal über irgendwas enttäuscht oder traurig ... Als ich da war und Makrönchen sah, wusste ich echt nicht, ob ich vor Freude weinen oder lachen sollte ... Makrönchen war eine weiße Ente mit einer nie gesehenen Haarpracht auf dem Kopf ... Sie sah aus, als wenn man eine Ente mit einem weißen Königspudel gekreuzt hat ... Sie hatte einen wunderschönen Dutt auf dem Kopf ... Es war Liebe auf den ersten Quak ...

Ab dem Tag bin ich fast täglich bei ihr gewesen und durfte sie auch ab und zu am Köpfchen streicheln ... Von ihr habe ich mir sogar ein T-Shirt drucken lassen ... unglaublich, was die Ente mit meiner Laune machen konnte ...

Als Makrönchen schwer krank wurde und ihre Artgenossen sie immer öfter angegriffen haben, habe ich sie samstags vor dem Derby noch zu uns in den Garten evakuiert. Da waren die Prioritäten auch klar verteilt: erst die Ente überführen, dann das Derby ... Ich habe ihr einen Pool gekauft und sie gut im und ums Gartenhaus untergebracht. Die teuren Werkzeuge und Geräte mussten dann eben draußen übernachten ... Der ursprüngliche Entenpapa kam regelmäßig, um nach ihr zu sehen. Als Makrönchen dann gestorben ist, waren wir drei (Monika, der Mann und ich) unglaublich traurig ... Aber vergessen darf man so einen Sonnenschein nie ... und mit ein bisschen Glück wird sie jetzt postum noch berühmt ... Das würde ich ihr echt gönnen ...

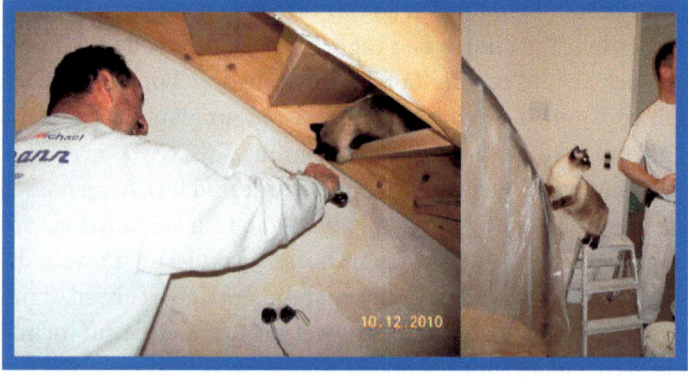

Tienes, Makrönchen,
Fitzco, ich hätte noch mehr
einfügen können …

Ein Hund, den ich nur kurz erleben durfte, der aber ewig in meinen Gedanken verankert sein wird ... von ihm habe ich leider kein Foto

Es war der 10.07.2016 – warum ich das sooo genau weiß? Seit 2008 ungefähr fahre ich MTB mit Navigation. Ich habe quasi ein Outdoor-Navi mit topografischem Kartenmaterial und baue mir ab und zu ein paar tolle Strecken teilweise am PC zusammen und dann übertrage ich diese auf das Navi und versuche, sie dann abzufahren ... Oder ich fahre und orientiere mich sukzessive gleichermaßen ...

So bin ich wesentlich weiter von daheim weggekommen und habe nicht ständig meine körperlichen Ressourcen unnötig durch „verfahren" strapaziert ... Eine der bis dato weniger ausprobierten Routen waren diverse Strecken um die Wuppersperre bei Hückeswagen. An einem Sonntag bin ich mal wieder los – wie gesagt, 2016 im Juli. Unser Hund Prinz guckte mir zwar immer vom Zaun supertraurig nach, aber mein MTB Radfahren war mir dann schon sehr wichtig. Es gab mir wirklich viel Kraft und meine Synapsen sprangen vor Freude jedes Mal ins Dreieck ... Ich bin über die Trasse nach Hückeswagen und dann im Uhrzeigersinn um Teile der Wuppersperre. Laut Aufzeichnung bin ich doch die ausgiebige Runde gefahren ... Jedenfalls bin ich vom Campingplatz der Krähwinkler Brücke ein bisschen die Trasse nach Rade hoch, um über Seitenwege wieder zur Wupper zu gelangen. Als ich das vom Belag schlechteste Teilstück hinter mir hatte, kam ich aus dem Wald eine Wiese entlang, kurz vor dem Miniörtchen Karrenstein. Vom Wald aus kommend, sah ich jemanden mit einem schwarzen Hund auch in meine Richtung gehen. Man guckte ja dann unwillkürlich zu den beiden hin, um zu checken, ob der Hund mich vielleicht vom Rad holen würde oder, oder, oder ... Als ich etwas näher dran war, sah ich, dass der große schwarze Schäferhund immer alle 4–5 Meter mit seinen Hinterläufen einknickte ... irgendwie erinnerte mich das an meine Kimba. Sie hatte auch eine irreparable Blockade im Rückgrat, die sie nicht mehr laufen ließ ...

und weshalb sie eingeschläfert werden musste. Als ich in Höhe des Frauchens war, musste ich fragen, was der Hund denn hatte und ob ich helfen könnte ... oder wenigstens was tun könnte, vielleicht jemanden anrufen ... Die Frau sagte, sie hätten sich verlaufen und sie wüsste eigentlich nicht, wo sie genau geparkt hatte. Sie kam mit ihrem Hund aus Wuppertal und wollte heute noch einen schönen Spaziergang machen ...!!!??? Ich dachte nur: *„Die ‚blöde Kuh', das Tier schafft noch nicht mal 10 Meter und die läuft den in Sack und Asche ..."* Ich machte aber gute Miene zum bösen Spiel ... Es nützte ja nichts ... Ich fragte, wie der Parkplatz denn heißen würde, wo sie geparkt hätte. „Keine Ahnung – irgendwo da hinten!" „Boooo, schwierig ..." Ich dachte an den Parkplatz Krähwinkler Brücke eventuell. Ich überlegte, dass das für den Rückweg noch viel beschwerlicher sei, als zu versuchen, nach Hückeswagen zum Griechen am Sportplatz zu gelangen ...

Ich dachte: *„Jeden Tag eine gute Tat ..."*, und bin mit den beiden dann Richtung Hückeswagen gegangen. Ich habe mein Rad entweder geschoben oder bin Schritttempo gerollt ... wir unterhielten uns die ganze Zeit und so erfuhr ich, dass der Hund am nächsten Tag zum Tierarzt müsste wegen seines Leidens ... *„Uuuuuuuaaaaaaaaa"*, dachte ich *„... ohhhh, das wird nicht gut gehen ..."* Ich wurde noch trauriger, als ich durch diesen jämmerlichen Anblick eh schon war ... Ich fragte dann, wie der Hund denn heißt. „Charly", sagte die Frau ... ich wäre fast vom Rad gefallen. *„... das war Fügung"*, dachte ich mir ... mehrfach ging mir auf dem über einstündigen Fußmarsch mit dem Rad und den beiden durch den Kopf, ob die Frau „was vor" hatte ...!? Bloß weg ... solche Gedanken ... Als wir im Restaurant ankamen, meinte ich zu der Frau, dass wir da was trinken könnten und ein Taxi rufen, damit dieses die beiden zur Krähwinkler Brücke fahren könnte, vielleicht wäre da das Auto. Die Frau sagte aber dann, dass sie keinen Cent dabei hätte ... Ich bezahlte von meinem Hart-Rad-Geld erst einmal die Flasche Wasser. Dann bat ich den Wirt, ein Taxi zu bestellen: für Frau MIT HUND ... Ich hatte noch vor der Radtour 20 € zusätzlich eingesteckt ...

Man weiß ja nie … Als das Taxi kam, wollte der Taxifahrer erst den Hund nicht mitnehmen, obwohl das vorher kommuniziert war und das Taxi sogar ein Kombi war … Nachdem der Taxifahrer „das Weiße in meinen Augen" sah, war der Hund dann doch kein Problem mehr. Ich gab ihm meine 20 € und erklärte ihm, dass er „wahrscheinlich" zur Krähwinkler Brücke müsste … aber vielleicht auch wo anders hin … Wir hievten Charly in den Kofferraum und tauschten noch unsere Nummern aus. Ich bat die Frau, mir wenigstens zu schreiben, was es beim Tierarzt gegeben hat … Ich hörte nie wieder was von der Frau …

Immer, wenn ich jetzt einen schwarzen Schäferhund sehe, oder an der Kräh oder an einer der vielen Ecken auf der Strecke vorbeikomme, denke ich an die beiden …

Nur gut ist das nicht, … wenn man so ein Herzchen ist … manchmal tut es weh, obwohl es guttun müsste, wenn ich einfach blind, wie die meisten, vorbeigefahren wäre, würde es mir vielleicht … ach was, beschissen wäre das von mir … und völlig un-authentisch … übrigens. Die anderthalb Stunden mit den Klick-Radschuhen gegangen zu sein, merkte ich vom defekten Knie her bestimmt 2 Wochen lang …

Als Letztes möchte ich kurz noch über meinen kroatischen Freund Fritzco schreiben

Bei meinem letzten Kroatienurlaub mit meiner Exfrau gab es auf einmal einen kleinen Hund bei den Schwiegereltern. Ich dachte, er würde denen gehören. Das war aber wohl nicht so klar … Weil die Schwiegereltern immer Katzen hatten, trauten sie dem Hund nicht zu, dauerhaft lieb zu den Katzen zu sein … Ich fand den Hund prima und in einer Woche hatte ich ihm Sitz und Platz auf Deutsch und Kroatisch beigebracht … Ihn mitzunehmen, war aber nicht wirklich eine Option. Kimba hatte schon zwei Gasthunden die Nasen blutig geschlagen … das wollte und konnte ich beiden nicht antun … Ich muss sagen, als ich gehört habe, dass Fritzco, wie ich ihn genannt habe, von den Schwiegereltern weitergegeben wurde, war ich echt sehr traurig und enttäuscht, wenn Kimba nicht so „zickig" gewesen wäre, hätte ich ihn im Nachhinein gerne trotzdem noch abgeholt ... trotz der Enttäuschung konnte ich es aber auch etwas verstehen ... sage ich jetzt mal ...

Das war 2006 im WM-Jahr ... Ab da ging es mit meiner Ehe mächtig den Bach runter. Wahrscheinlich schon vorher ... Aber durch die Selbstständigkeit, die Arbeit in Köln, die Fußballspiele alle 14 Tage auf Schalke, das große Haus und hier und da aufgrund der Gesundheit bekam ich ja auch nicht alles so gut überein – alles in allem war das schon ein Vollwaschgang nach dem anderen mit Schleudergang bei 2000 Umdrehungen ... Schon als wir von den Schwiegereltern wegfuhren, spürte ich, dass ich sie nie mehr wieder sehen würde ...

Ich heulte bei der Abfahrt Rotz und Wasser ... aber erst als wir unterwegs waren ... vielleicht spürte ich auch, dass die härtesten 2½ Jahre meines Lebens auf mich zu kamen ...

Es fing ja an, dass meine Ehe nicht mehr richtig zum Laufen kam. Papa musste das dritte Mal ins Krankenhaus, für neue Bypässe. Ich weiß nicht, woran es lag, aber alle 10–12 Jahre mussten sie komplett erneuert werden, um wieder ein paar Jahre geschenkt zu bekommen. Grausam war das ... Für Bypässe wird die ganze Brust und beide Beine der Länge nach geöffnet ... Eine unglaubliche Tortur ist das, meiner Meinung nach. Freitags war ich mit meiner neuen Freundin, Monika, im Krankenhaus. Ich hatte ihn auch dahingebracht und dem Pflegepersonal meine Nummer dagelassen, für den Fall, wenn was wäre ... Papa klagte über Schmerzen im Bein. Ich sagte ihm, dass es bestimmt normal ist, nach so einer heftigen OP. Ich spekulierte auf Muskelkater oder Wundschmerz ... Anscheinend war es aber eine Thrombose, die sich einstellte. Sonntags wollten wir gemeinsam mit Mama ins

Krankenhaus kommen, um ihn zu besuchen. Am Sonntag nach dem Aufstehen hatte ich einen Anruf auf dem Handy ... eine unbekannte Nummer ... Ich war auch noch viel zu müde, um was zu schnallen. Als ich zurückrief, war das Krankenhaus dran. Man teilte mir mit, dass mein Papa morgens am Waschbecken umgefallen sei und sie ihm nicht mehr helfen konnten. Er sei verstorben ... Ich war geschockt, wie noch nie. Ich rief erst mal meine jüngste Schwester an und sagte ihr die Nachricht. Dann bin ich zu Mama nach Kürten gefahren. Meine jüngste Schwester und ich haben versucht, ihr das irgendwie beizubringen. Mama und Gerd sind ja nach ca. 12 Jahren Duisburg doch noch mal ins Bergische nach Kürten Weiden gezogen ... Sie nahmen aber immer ihre Sorgen und Probleme wieder mit ... Außer mehr Anschluss an den größten Teil der Familie war damit nichts gewonnen ... Gerd und ich hatten schon ab Duisburg immer besser zueinander gefunden ... Ich glaube, dass er es toll fand, dass ich mich ziemlich oft auf den Weg zu ihnen gemacht habe ... Später hat Gerd mich im Garten etwas beim Rasenmähen unterstützt und sich etwas zu der Rente verdient ... Ich hatte auch öfter ob der schlechten Laune meiner Mama echt mit ihm gelitten ... Ich sage nur 70. Geburtstag ... Wie ich schon sagte ... selbst in der Zeit, wo wir uns nicht „grün" waren, wusste ich haargenau, dass ich oder WIR es OHNE IHN noch viel, viel schwerer gehabt hätten ... Nun war er tot und Mama mehr oder weniger alleine. Es war auch die Zeit, als sich mein ältester Bruder, nochmal wohntechnisch verändert hat. Er und seine Frau sind in eine bombastische Wohnung gezogen. Der Flur war länger als eine Bundeskegelbahn. Hier konnte ich mich ein letztes Mal revanchieren für deren Hilfen wie bei der Meisterschule und das zweite Mal wie bei dem Führerschein und dem ersten Auto ... Ich möchte ja auch noch erzählen, dass ich an beiden große Freude hatte. Um zu mir gut gewesen zu sein, bedarf es ja beider ... Bruder und Schwägerin ... beide waren immer toll zu MIR. Die Arbeiten in der neuen Wohnung dauerten ca. zwei Wochen. Ich war in absoluter Hochform und hatte das beste Werkzeug, bestes Material und mein volles Können aufgefahren ... Allein, dass ich die

75 cm Raufaser verarbeitet habe, brachte enorme Zeitersparnis-
se ... Da ich ja auch von meinem „Nebenjob" etwas leben musste,
habe ich absolut nur das Nötigste berechnet. Aber etwas Geld
musste ich ja schon nehmen. Allein alle Materialien machten
ein- oder zweimal meinen Anhänger voll ... und es war ja nicht
das einzige Mal, wo ich mich und mein Gewerk bei ihnen einbringen konnte. Wir schafften, uns nicht so oft zu sehen ... aber
wenn sie um Malerhilfe baten, war ich schnellstmöglich da ...
Ich bin überzeugt, dass mein großer Bruder da sehr stolz auf
den „Kleinen" war ... Genau am vorletzten Tag war es, wir waren gerade zu Feierabend im Biergarten angekommen, da rief
meine jüngste Schwester auf dem Handy an. Sie sagte mir, dass
mein Meisterschul-Kollege Norbert bei Malerarbeiten durch ein
Oberlicht eines Scheunendaches, ganz in der Nähe von meinem
Zuhause, gefallen sei und dabei sein Leben verloren hat. Ich war
wie mit einem Amboss geschlagen. Ich nahm die Nachricht nur
auf und weiß absolut nichts mehr darüber ... Ich, der alles behält,
was so passiert und passiert ist ... Ich weiß nicht mal mehr, ob
ich weinen konnte ... Norbert war gerade mal 40 geworden. Ihm
gehörten ja auch große Teile meines Meisterbriefes, mindestens
hat er mich dahin gedrillt ... Auch manch praktische Tipps hat
er mir bereitwillig vermittelt, obwohl wir teilweise in den gleichen Gewässern am Fischen waren. Ob es die Deckenbeschich-
tung mit Dekoperl (die ich auch bei meinem großen Bruder aufgebracht habe) war, oder das „Abrackeln" beim WDVS ... auch,
dass er mit riesigem Abstand die besten Preise in der Industrie hatte ... hier hat er mir immer verraten, wenn der mit den 3
Buchstaben kommt, ziehe ich die weißen Eimer nach vorne ...
und wenn der aus Münster kommt, stehen die gelben Eimer vorne ... Für mich war Norbert top ... Manche haben aber, ob seiner geschäftlichen Härte, schon mal einen über sich bekommen.
Wenn andere über mich hergezogen haben, hat er sie mundtot
(für mich) gemacht ... Wir beide haben es dermaßen genossen,
ein Brötchen und einen Kakao im Büdchen zu verdrücken ...
Ich vermisse ihn sehr und nehme ihn im Geiste zu jedem Meis-
tertreffen mit. Norbert – sein Leben war die Malerei und sein

Lebenswerk war das Haus, das er für seine Frau, seine Kinder und sich gebaut hat – eins der größten Häuser, in dem ich jemals drinnen gestanden habe … Jetzt, zum 25-jährigen Meisterjubiläum, habe ich ihm auch seinen Pokal gemacht und ihm, mit Kochi, ans Grab gestellt … Mit seiner Frau kann ich heute noch stundenlang sprechen. Wir verstehen uns immer noch unglaublich gut … manchmal können wir ohne Worte kommunizieren. So was können wenige miteinander … Die Beerdigung habe ich nur als Hülle miterlebt. Norbert hatte ja einen mittleren Malerbetrieb mit einigen Angestellten … Es stand beim Reukaffee kurz auf der Gesprächsliste, ob ich mit einsteigen kann, um den Bestand zu sichern … Am Tag der Beerdigung war mir aber echt nicht nach so einem schweren Thema. Ich war ja auch schon länger auf hoher See unterwegs … Letztendlich hat ein Geselle von Norbert das Geschäft weitergeführt … mit einer Ausnahmegenehmigung, da er keinen Meisterbrief hatte. Die Mitarbeiter hatten so erst einmal ihren Arbeitsplatz behalten. Meine Ehe war ja jetzt auch in der finalen Trennungsphase, Existenzsorgen bestimmten meine Gedanken … Meine Firma, der WDR, Mama im Auge behalten, meine sozialen Kontakte nicht allzu sehr vernachlässigen und meine neue Lebensgefährtin bei der „Einbürgerung" beistehen … ein großes Spiel lief da ab … Nach weniger als 7 Monaten, nach Papas Tod, verstarb noch unsere, meine Mama … Sie hatte keine Kraft mehr … Ihr Leben hätte ich nicht geschenkt haben wollen …Sie hat nur geopfert, selten was aus freien Stücken oder AKTIV bekommen. Auf dem Sterbebett hatte sie noch drei unglaubliche Momente … eine Erinnerung über eine ihrer Leibspeisen, eine über eines ihrer Kinder und eine über meinen damaligen Vorgesetzten auf der Arbeit … Sollte ich irgendwann einmal noch ein zweites Buch schreiben, wird es um diese Themen gehen, die jetzt zu kurz kommen sind und auch den Rahmen sprengen würden … Dies ist ja meine Biografie und nicht meine Abrechnung … höchstens die Abrechnung mit mir selbst …

Hier nur ein Erlebnis, das mich wahrscheinlich am meisten belastet hat. Kurz vor der Katastrophen-Lawine … Ich war in

Kreuzberg bei Wipperfürth für die Chefs meines Opel-Auto-
hauses, Herrn Klos und Frau Klos, am Streichen der Fassade an
der Wetterseite. Es gab einen Auftrag, wo sich alle Angefragten
drum drückten … Für mich waren ja gerade solche Aufträge interessant … Als mein Handy läutete … Mama war dran und fragte, ob ich ihr und Gerd 60 € bringen könnte. Ich war wegen der
„krummen" Summe verwundert und fragte: „Warum denn 60 €?"
Mama war direkt sauer und sagte, weil sie nichts mehr im Kühlschrank hätte … Ich habe erklärt, dass ich mich wundere, warum
nicht 50 oder 100 €, ich entschuldigte mich, falls ich es nicht
richtig formuliert hatte. Sie sagte dann, dass 50 zu wenig sind
und 100 zu viel … „Kein Problem", sagte ich, „… ich kümmere
mich." Ich rief meine damalige Frau an, sie hatte Spätdienst auf
der Arbeit. Ich fragte, ob sie das eben vor dem Dienst mal übernehmen könnte. Sie war eh länger nicht mehr mit bei meinen
Eltern gewesen … Es waren ja auch nur 14 km und direkt an der
B506 in Weiden … Sie wehrte ab und hatte dies und das noch
zu erledigen … Ich habe sie all die Jahre zu den Schwiegereltern
begleitet und auch meinen ganzen Urlaub teilweise da verbracht
und nun … wo ich einmal was für meine Eltern erbeten habe,
war alles andere wichtiger … Mensch war ich enttäuscht … Das
war so einer der ersten 25 Liter Eimer Eiswasser über meine
flammende Liebe zu ihr … Das zerstörte immens viel … Auch
so bin ich. Du kannst mich enttäuschen, kein Problem, aber es
gibt Grenzen und wer die missachtet oder kalt darüber weg bü-
gelt, muss ohne mich klarkommen … ein-, zwei- oder dreimal
drücke ich alle Augen zu … aber wenn es vorbei ist … dann ist
es vorbei … Ich sagte dem Kunden, dass ich für heute Schluss
mache, weil es erstens trocknen müsste und ich zweitens für
meine Mama was einkaufen müsste … beides war ja nicht ge-
logen … Dem Kunden konnte man eh kein A für ein O vormachen … der war multitaskingfähig und mir sehr viel „wert". Da
er mich auch enorm geschätzt hat, war es auch überhaupt kein
Problem für ihn. Ich rief Mama kurz an, dass sie schon mal einen Kaffee aufsetzen könnte. Ich wäre gleich auf dem Weg. Sie
bat dann noch, dass ich einen Kasten Köpi und 2 Kisten Wasser

mitbringen sollte ... War auch kein Problem ... Erst gab ich ihr
das Geld und sagte, dass die Getränke auf mich gehen ... Dann
fragte ich mal vorsichtig nach, ob ich ihre Finanzen denn mal
einsehen könnte ... Ich wollte versuchen, einige Dinge neu zu
sortieren. Mama und Gerd haben mir absolut alles offengelegt.
So konnte ich mit meiner jüngsten Schwester einiges verändern,
was unglücklich lief. Wie z. B. die Telefonabrechnungen. Diese
hat Mama bei der Postbank bezahlt ...

Das bedeutete, dass sie von der Hausbank Geld abgeholt hat
und dann zur Post gegangen ist und per Barüberweisung inkl.
8 € Gebühren die 20 € der Telefonrechnung überwiesen hat ...
Wahnsinn der Aufwand und die Gebühren ...

Als ich alles durchgesehen habe, ist mir an sich schlecht geworden ... Mama hat kurz vor ihrem Umzug von Duisburg noch
einmal einen Riesenkredit aufgenommen ... Weiß der Geier wofür!? Man muss bedenken, dass Gerd 1600 € Rente hatte und
Mama lediglich knapp 350 ... Auch ein Witz vom Vater Staat,
dass meine Mama nur so eine lächerliche Rente beziehen durfte ... Allein was Mamas Kinder in die Staatskassen gespült haben und immer noch bei „steuern“ ... Nur von einem Bruchteil
davon, hätte Mama ein Federchen in die Luft blasen können,
wie mein EX-Kollege immer sagte ... ich hasse den Staat dafür,
dass er so gut wie nie ausgewogen und gerecht handelt ... aber
um die Entscheidungsträger aus der Politik, kümmere ich mich
später in dem Buch ... Eine, meiner Meinung nach, sehr unseri-
öse Bank, hat ihr und Papa noch diesen Kredit erteilt, der mehrere hundert Euro im Monat verschlungen hat ... dann gab es
auf dem Kontoauszug noch einen großen Posten für einen Wan-
nenlift ... auch den hätte Mama von der Krankenkasse bekommen können ... Mama hat meines Wissens nie eine Hilfe von
einer Kasse oder dergleichen in Anspruch genommen, zum einen war Ihr das zu unangenehm und Sie meinte immer, dass es
immer noch Menschen gibt, die solche Unterstützungen drin-
gender bräuchten ... Das ehrte meine Mama sehr, wie ich meine. Machte die Sache aber auch nicht einfacher ... Ich sag mal,
dass Mama und Gerd ca. 2000–2500 € in den Miesen waren ...

Dies wollte ich versuchen mit den Geschwistern zusammen auszugleichen ... Aus der Gleichung habe ich ein Geschwister-teil schon ausgeklammert ... also habe ich die Summe durch 5 geteilt. Dann etwas aufgerundet, damit Mama und Gerd auch ein kleines Plus auf dem Konto hatten.

Zwei von meinen Geschwistern sagten direkt zu ... Ohne ir-gendeinen Kommentar abzugeben. Ein „Jemand" meckerte di-rekt, wie das denn kommt, dass Mama in der Klemme ist und ein anderer wollte das Geld bei mir im Urlaub abarbeiten ... da merkte ich das erste Mal, dass ich nicht mehr mit allen in der Familie durchgängig kompatibel war ... Der Kredit war mir echt ein Rätsel, aber ich wollte auch nicht nachforschen ... eine Ah-nung hatte ich ... Als Nächstes haben wir bei der einen (Hals-abschneider-) Bank die Konten aufgelöst und Mama zu einer Bank nach Kürten umgesiedelt ... und die Sache mit der Tele-fonrechnung umgestellt, das war schon alles ganz gut ... Mama hat dann mir und meiner Schwester eine Bankkarte gegeben, da wir ihr das Geld eh abgeholt haben und die Einkäufe erle-digt haben ... So war zumindest finanziell nichts mehr Gravie-rendes zu erwarten, wenn noch einmal was Schlimmeres pas-sieren würde. Schon nachdem Gerd gestorben war, habe ich mit einem ehemaligen Schulkollegen ein Tauschgeschäft ge-macht ... ich Handwerksmeister und ER Steinmetz, Fachrich-tung Gräber. Er wollte aus einem riesigen Kinderzimmer zwei und einen Flur gemacht bekommen. Wir brauchten ein schö-nes und würdiges Urnengrab für Gerd ... Gerd und Mama hat-ten nicht einmal eine LV für den Fall der Fälle ... war auch nicht schlimm – kein Thema, bei dem, was sie für uns geleistet ha-ben ... Meine jüngste Schwester und Monika packen gut mit an ... Die 3 anderen Geschwister steuerten noch etwas in bar dazu und so war Gerd schön beerdigt. Ganz, ganz kurz nach der Fertigstellung des Grabes verstarb dann Mama. Ich meine, dass sie es gerade noch einmal zum fertigen Grab geschafft hat, be-vor es noch einmal für sie geöffnet werden musste. Auch hier gravierte mir der Steinmetz noch mal Mamas Initialen nach ... Ihm werde ich auch immer dafür dankbar sein ... Selten so fair

Leistung gegen Leistung getauscht ... an sich ist doch einer immer der Benachteiligte ... hier waren wir beide unglaublich fair und zufrieden ... trotz des traurigen Umstandes ... Es war wirklich die allerschlimmste Zeit in meinem bisherigen Leben ... Ein Freund aus Köln trauerte kurz drauf ebenfalls um seine Mutter ... er hing scheinbar noch mehr an ihr, als ich an meiner – oder ich war halt nur etwas stärker ... ich bot ihm an, ihm beizustehen – wobei auch immer ... ich spürte, dass er wesentlich mehr aus der Bahn geworfen wurde, als andere ... Leider nahm dieser sich dann kurz darauf das Leben ...

Ich war nur noch Hülle ... Meine Seele ist zigmal durch den Fleischwolf gedreht worden ... Das gönne ich nicht einmal meinen ärgsten Feind ... so schlimm war diese Zeit ...

Aber dieser Arsch, der Tod, tauchte schon vorher, viel zu früh und viel zu oft auf ...

Schon in Abstoß, also bis zu meinem 18. Lebensjahr, war er oft aufgetaucht, viel zu oft ... Es hatte fürchterliche Albträume zur Folge ... Mein Leben war ja ohne Gevatter Tod schon kein Ponyhof ... Hier sind erst zwei etwas ältere Herren gegangen. Wobei einer der beiden, maximal knapp in der Mitte des Lebens war. Dann zwei viel zu junge, das lähmte ganz Abstoß, dann ist mein Kumpel vom Bauernhof mit dem Motorrad verunglückt und nahm tragischerweise noch einen aus dem Nachbarort mit ... Am schwersten traf mich aber der Tod eines guten Bekannten, ich bin mit ihm sehr gut ausgekommen. In kurzer Zeit wurde er wie ein Bruder für mich ... An einem Sonntag haben wir eine heftige Radtour zusammen gemacht. Ich auf meinem bleischweren Konfirmationsrennrad und er auf einem, zu der Zeit, Wahnsinns-Tourenrennrad. Wir sind in der prallen Sonne von Abstoß Rund um Kürten gefahren. Manch steilen Berg hoch ... Ich war 5–6 Jahre jünger, aber voll durchtrainiert und federleicht ... Fußball und Radsport war ja mein Leben ...

Ich merkte meinem Kumpel nichts an und als wir zuhause waren, trennten sich unsere Wege. Leider für immer ... Er starb an einer unerkannten Herzschwäche in der Nacht auf Montag ... es war der Horror. Auch hier habe ich nicht mehr denken wollen ...! *War ich daran mitschuld ...??* Ich weiß eigentlich nicht, wie ich das überwunden habe ... Zu dieser Beerdigung bin ich auch nicht gegangen. Ich meine, dass ich 1988, mit 17, erst zu der ersten Beerdigung mitgegangen bin ... Auch 1986, als die Challenger nach dem Start explodierte, habe ich das als Jugendlicher via TV live erleben müssen ... Es wurde ja seinerzeit immer live übertragen ... Ich meine, da zum letzten Mal ... Gerade winkten noch alle in die Kamera und dann ... Omas Tod war in den 80ern an Karneval, sie war ja schon schwer dran wegen eines Schlaganfalls und der Tod von Oma war einer der wenigen, die man auch als Erlösung sehen konnte – für mich war es aber trotzdem ein Albtraum – weil sie mein Ein und Alles war ... Bis zu Opas Tod bin ich nie zu Beerdigungen mitgegangen. Ne, doch ... Ich meine, dass ich 1988, also mit 17, erst zu der ersten Beerdigung mitgegangen bin ...

Hier hat mich Willi, mein damaliger Vorarbeiter abgeholt ... ansonsten wäre ich da wohl auch nicht mitgegangen. Ich habe mir vorher, einfach so was absolut nicht zugetraut ... Ich hatte jeden Abend vor einer Beerdigung fürchterliche Albträume, dass ich ins Grab fallen würde ... oder selbst schon drin liegen würde ... Unglaublich real träumte ich so einen Scheiß ... Dann passierte das ja mit meiner Schulkollegin und mit zwei meiner Kontrahenten, mit denen ich körperliche Auseinandersetzungen hatte, die kamen bei selbst verschuldeten Verkehrsunfällen ums Leben ... 2006 in der Sommerzeit gab es noch mal zwei so Nachrichten ... Ein Bekannter hatte zu seinem 40. Geburtstag zwei Karten für ein Schalke-Spiel geschenkt bekommen. Quasi haben alle seine Freunde zusammengelegt und meine zwei Karten für ihn als Geschenk übernommen. Dieser litt wohl sehr an Depressionen, wo das Ausmaß keiner mit bekam ... Eines Tages besuchte er mich und wollte mir die Karten einige Wochen vor dem Spiel zurückgeben ... So gut kannten wir uns leider auch nicht ... Er hatte allerschlimmste Probleme mit seinen Beinen und ich sagte ihm, dass ich unseren Präsidenten ein wenig kenne und ihn bitten würde, ob er uns eine Parkmöglichkeit direkt vor der Arena besorgen könnte ... Herr Rehberg hätte es 100%ig hinbekommen ... Da lehnte ich mich ohne jedes Risiko aus dem Fenster ...Ich dachte, wir hätten es geklärt und ich würde helfen können und ihm eine große Freude machen ... Leider hat der Kumpel und Schalke Fan einen Tag vor WM-Beginn in Deutschland keinen Ausweg mehr gesehen ... kurz darauf bin ich mit meiner ersten Frau zu unserem letzten gemeinsamen Urlaub aufgebrochen. Auch da erhielt ich eine ähnliche Nachricht über einen Menschen, der mich mein gaaaanzes Leben lang eng begleitet hat ... Ja, der Tod ist unangenehm, erbarmungslos und grausam ... an ihn werde ich mich nie gewöhnen ...Ich mag ihn einfach nicht ... Ich wünsche dem Tod selbst den Tod ... das gehört sich nicht, das ist mir klar ... aber da mache ich mal eine Ausnahme...

Für meine letzte Ruhestätte ist alles mit meiner Frau besprochen. Ich möchte nach Gelsenkirchen auf das Fan-Feld des FC Schalke 04, da gehöre ich einfach hin ...Ohne großes Brimborium in der Kurve am besten ... In GE geboren, GE im Herzen und dort auch zur Ruhe GEkommen ... Das würde mir schon reichen ... Meine Frau sollte das mindestens einem aus der Familie so weitergeben ... Ich denke, dass macht sie schon...hat aber hoffentlich noch etwas Zeit.

Um jetzt noch einmal etwas um/ab/schalten zu können, ein paar unfassbare Erlebnisse von meiner LEIDENschaft ... Dem S04

Wir endeten ja 2001 ... ich bin 2002 dann das erste Mal mit nach Berlin ... Schalke wollte gegen Leverkusen den DFB-Pokal verteidigen ... Das Kräfteverhältnis war gaaaanz klar verteilt ... 75 zu 25 % waren die Schalker schätzungsweise fantechnisch vorne ... Eine Blau-Invasion überrollte Berlin – überall Schalker ... Ein Jahr zuvor waren wir ja, als Meister der Herzen, mit Union Berlin im Endspiel ... hier sah es wahrscheinlich nicht ganz so übermächtig aus ... Union hatte und hat ja enorme Sympathien und den Heimvorteil ... Ich mag Union auch sehr. Wie dem auch sei ... Leverkusen wurde in der Saison dann endgültig zu „Vizekusen" ... Mit denen, wo wir die Karten drüber bekommen haben, war nicht wirklich zu reden ... Leverkusen war in der Liga super dabei, im DFB-Pokal und im Champions-League-Finale ... Sie sahen sich absolut auf allen 3 „Tröhnchen" sitzen – nachher waren es eher „Tröhnchen", wo man mit Magen-Darm-Verstimmungen landet ... Die zwei anderen Triumphe habe ich ihnen schon gegönnt ... so war das nicht, aber wenn ich schon mal in Berlin war, sollten wir auch gewinnen ... Ich meine, dass es auch Huubs erster Abschied von uns war ... Es war alles perfekt ... Wetter, Böhme und dann haben wir noch unseren ehemaligen Vorarbeiter vom WDR getroffen, er war schon 1-2 Jahre in Rente und wohnte wieder in seiner Berliner Heimat ... Willi und seine komplette Familie waren auch mit ... Sie hielten zu den „Pillen", was aber auch nicht schlimm war ... Ich glaube, dass Leverkusen auch für mich ein schöner Klub gewesen wäre ... aber ... einmal Schalker ... Böhme hatte anscheinend gerade einen Waffenschein gemacht ... OHNE Böhme fahren wir zur WM hallte es durchs Olympia Stadion. Ich kriege jetzt noch Gänsepelle. Seinen ersten Freistoß zimmerte Böhme dem Neuville voll auf die Rübe ... Den zweiten etwas ähnlich aber eher Richtung Gehäuse ... Nur Bekloppte hätten da noch mal den Kopf hingehalten ... Ulf Kirsten meint zwar heute noch, dass es das Tor von seinem Keeper war ... aber da muss ich ihm, ausnahmsweise, widersprechen. Durch das Kopfwegziehen von dem in der Mauer war da nix dran zu machen ... Aber Ulf hat ja auch einen der DFB-Pokal Schlüsselanhänger von mir bekommen ... Da stehen ja keine Jahrgänge drauf ... Irgendwann zwischen dieser und der nächsten Pokalgeschichte war mein Papa wegen der zweiten Bypass-OP in Remscheid im Krankenhaus ... Sein Bettnachbar kam zufällig aus Frielingsdorf, in der Nähe von

Wipperfürth ... Dieser Mann sagte, dass er öfter durch Wipperfürth muss, wenn er nach Hause fährt ... Dann muss er in Niedergaul links Richtung Engelskirchen und dann an so einem Bekloppten mit einem Schalke Balkon vorbei und dann ist er bald zu Hause ... Gestatten ... Der Bekloppte mit dem Schalke Balkon ...) Ich musste echt lachen.

2005 waren wir noch mal in Berlin, ich war gerade frisch am Knie operiert und bekam tatsächlich einen Platz direkt am Gang, auf Bestellung und über dem Schalker Fanklubverband ... Das Endspiel ging aber 1 oder 2 Null an die Bayern ... Hier trafen wir unsere Freunde, Manuela und Detlef aus Wermelskirchen Dhünn ... zufällig und direkt vor dem Stadion bei ca. 80.000 Fans ... unglaublich. Aber so geht mir das schon mein Leben lang, ich bin halt aufmerksam ... in meinem ersten Urlaub, damals in Bayern, habe ich unseren Schulbusfahrer erkannt ... in Füssen im Allgäu, obwohl er mich gerade nur mal ein paar Mal erst gefahren hatte ... Herr Eichler war sein Name ... Ich war ca. 7 ...

Der Charly...

Mein Mann, Detlef und ich haben Charly durch meine Arbeitskollegin Simone kennengelernt, die zum damaligen Zeitpunkt seine Freundin war. Und so sind wir mit Charly nun schon seit mehr als 30 Jahren verbunden. Auch zu meiner inzwischen leider verstorbenen Mutter Helga hatte er ein tolles Verhältnis. Immer, wenn er mal mit seinem Rad in unserer Nähe im Bergischen Land unterwegs war, hat er mal eben schnell vorbeigeschaut und mit ihr geplaudert. Sie wusste seine kleinen Geheimnisse oftmals früher als wir, z. B. seine bevorstehende Hochzeit mit Moni – und Mama hat auf jeden Fall dichtgehalten! Unsere Tochter Jessi ist auch begeistert von ihm. Ich kann also mit Fug und Recht behaupten, dass der liebe Charly generationsübergreifend äußerst beliebt ist.

Unsere gemeinsame Liebe zum FC Schalke 04 macht einen richtig großen Zusammenhalt zwischen uns aus. Immer mal wieder begleiten wir oder einer von uns beiden ihn zu den Spielen.

Die tollsten Erinnerungen hatten wir auf jeden Fall, als wir den damals noch so genannten UEFA-Cup gewonnen haben! Was haben wir mitgefiebert mit den Eurofightern! Wir konnten unser Glück kaum fassen, dass uns dieser Coup gelungen war! Es war einfach der Wahnsinn!!! Das einschlägige Lied dazu (wir schlugen Roda, wir schlugen Trabzon usw. – ihr wisst ja schon) geht einem ohnehin niemals mehr aus dem Kopf. Und dann noch im Anschluss der Auftritt im aktuellen Sportstudio, als Ingo Anderbrügge alle seiner 3 Versuche oben links mit Vollspann in der Torwand versenkte. Das war einfach der Hammer und das I-Tüpfelchen auf dem ganzen Euro-Wahnsinn! Charly ist schon in liebevoller Weise ein „Verrückter". Sein Herz schlägt für den S04, auch seine handwerklichen Fähigkeiten unterstreichen das und zeigen es auf eindrückliche Weise. Seine Eurofighter-Tafel mit den vielen Unterschriften der Eurofighter darauf sind nur ein Beispiel – und selbstgemachte Pokale im Kleinformat gehören ebenfalls dazu. Ein ganzes Zimmer samt Inhalt ist dem S04 gewidmet! Als der weltbekannte Raúl von 2010 bis 2012 für unsere Blau-Weißen gespielt hat, war Charly ganz Feuer und Flamme. In Lebensgröße hatte er ihn nachgestellt, so dass ihn jeder auf seinem Balkon im Vorüberfahren bewundern konnte. Ein Wahnsinns-Bundesligajahr war die Spielzeit 2000/2001. Wir sahen schon fast wie der Meister aus, endlich – nach all den Jahren des Wartens, nach all dem Auf und Ab. Gefeiert wurde auch schon, aber durch ein absolutes Last-Minute-Tor der Bayern gegen den HSV (es sei mal dahingestellt, ob es überhaupt ein rechtmäßiges Tor war ...) wurden wir nur Meister der Herzen – das musste erst mal verkraftet werden – es flossen Tränen bei Groß und Klein! Zum DFB-Pokalendspiel Schalke gegen Bayern 2005 reisten wir zwar mit verschiedenen Leuten an, sind uns aber auch ohne Absprache dort wieder vor dem Stadion begegnet. Charly ist eben gefühlt überall da, wo Schalke ist! Nebenbei bemerkt konnten zwar leider die Bayern den Pokal mit nach Hause nehmen, aber gefeiert haben in Berlin nur die Schalker. Das musste unser Freund, der aus welchen

Gründen auch immer ein Bayern-Fan ist, sehr kleinlaut zugeben. Immer wieder kann Charly einen überraschen: mit tollen Schalke-Geburtstagskarten oder Geschenken, wunderbaren CDs mit Schalke-Ohrwürmern oder Ideen für eine neue Beflockung der Schalke-Trikots, wenn man lieber nicht mehr mit Gazprom auf der Brust auflaufen möchte ... Mich hat er einmal ganz besonders überrascht, als er mir und Steffi eine ganz persönliche Video-Grußbotschaft von Huub Stevens geschickt hat. Da war ich hin und weg und hab sie mir mehrere Male hintereinander angehört! Einfach unglaublich! Charly ist ja nicht nur ein begnadeter Malermeister, sondern eigentlich eher ein Künstler. Bei ihm müssen Decken und Wände nicht wie die üblichen Decken und Wände aussehen. Wenn er sich an die Arbeit macht, sich an neue Techniken und schöne Farben herantraut, werden Wohnzimmer und Wintergärten manchmal regelrecht zu Kunstwerken, in denen man wohnen kann! Wir wissen, wovon wir reden! Ein Herz für Tiere hat er auch: ob früher Katze Kimba oder jetzt Hund Prinz – bei ihm hatten bzw. haben sie ein wundervolles (königliches) Zuhause. Charly ist einfach ein Pfundskerl, auf den man sich verlassen kann. Er sprüht ständig über vor neuen Ideen, traut sich einfach an alles ran – frei nach dem Motto: Nichts ist unmöglich. Wir wünschen ihm noch viele tolle Momente, privat sowie mit und auf Schalke und dass er bei guter Gesundheit bleibt, damit er noch viele verrückte und unglaubliche Sachen machen kann.

Manuela und Detlef Gürtner, Wermelskirchen Dhünn – Sehr gute Freunde seit ca. 30 Jahren ...

Bei einigen 100 (oder 1000) Heimspielen und bei vielen auswärts war ich dabei ... International bin ich mit nach: Kerkrade, Mailand, Rotterdam, Barcelona, und London gereist ... In Deutschland war ich ... lass mich überlegen ... in Hamburg, Wolfsburg, Bochum, Duisburg, Uerdingen, Mönchengladbach, Düsseldorf, Köln, Dortmund, Stuttgart, Karlsruhe, Kaiserslautern, Nürnberg,

Aachen und München dabei ... es gibt aber noch einiges, was ich auswärts mal mitnehmen würde ... Nur ohne meine Frau ... das Risiko möchte ich nicht noch mal tragen ... Wir wollten die Cannstatter Wasen und das Spiel Schalke in Stuttgart mal anschauen ... Die Karten und die Unterkunft hatten wir weit im Voraus klar GEmacht. Als es so weit war und wir dahin wollten, steckte der VFB in einer richtigen Scheiß-Phase fest ... Sie drohten abzusteigen und das seit Ewigkeiten zum ersten Mal ... Schalke war eher gut als schlecht in der Saison ... Es war der viertletzte Spieltag 2014 ... und UNSER Huub Stevens übernahm die Mission Klassenerhalt beim VFB ... Ich dachte noch: *„Toll, was für Zufälle es gibt ..."* Das Hotel war etwas außerhalb und wir sind zeitig zum Stadion mit der Bahn ... Auf dem Hinweg sprach uns ein sehr netter Mann an und sagte, sein Neffe wäre bei Schalke Spieler gewesen ... Der Mann war dunkler Hautfarbe und ich fragte: „Gerald?" Der Mann sagte: „Ja, genau ... kennst du den auch?" „Ja, klar ... aber nicht persönlich." ... lach ... Ich glaubte dem netten Mann, konnte aber „Asa" nie fragen, weil ich ihn ja, bis dahin, noch nie persönlich GEtroffen habe ... eine kleine Randgeschichte in lauter großen Randgeschichten ... Als wir im Stadion waren, merkte ich, wie aufgeladen die Stimmung war ... regelrecht feindselig war sie ...Ich dachte noch, ob das mal gut geht ...Selbst der Stadionsprecher hatte Blut gesoffen vor dem Spiel – so würde unser Quatscher NIEMALS auftreten ... mir wurde echt komisch. Als das Spiel gut im Gang war und Stuttgart loslegte wie die Feuerwehr, sagte Monika: „Schatz, mich tritt da immer einer ins Kreuz ..." Ich sagte, dass der vielleicht nervös ist ... „Der hört bestimmt gleich auf ..." Moni sagte mir das noch zweimal und ich legte mal meinen Arm auf ihre Sitzschale, um das mal selbst zu checken ...Tatsache ... einmal, zweimal, dreimal ... Ich wurde fuchsteufelswild, habe mich umgedreht und dem Spacken hinter uns gesagt, ob wir die Plätze tauschen wollen, damit ER näher bei seinen Füßen sitzen könnte ... Der Typ war schon echt gut angetrunken ... Ich sagte, noch einmal und du fliegst über die Balustrade ... dann kannst du das Spiel in der Froschperspektive weitersehen ... Er wurde noch mal frech und ich fragte, wer der Chef von der Gruppe ist ... es waren ca. 6–8 Jungens ... Einer sagte: „ICH"... Ich sagte, denkt mal über die Reise nach Jerusalem nach und tauscht mal durch ... wenn der noch einmal meine Frau ins Kreuz tritt, vergesse ich, dass ich hier ein Auswärtsspiel habe... Dann war Halbzeit ... Nach der Halbzeit saß der Chef der Gruppe hinter uns und hat sich für seinen Kollegen in aller Form entschuldigt ... Er meinte, dass er Dortmunder wäre und zu viel intus hätte ... Es täte ihm leid, dass er ihn überhaupt mitgenommen hat. Ich sagte, dass dann ja alles „tutti" wäre und Schwamm drüber ... Der Chef von der Gruppe wollte die ganze 2. Halbzeit mit uns quatschen, ihm war das echt unangenehm... Er meinte: „Ihr seid doch ganz in Ordnung." „Ja", sagte ich, „klar, wir wollten ja nur mal auswärts Fußball gucken." Ich meine, nach dem Spiel hat der Junge mir noch die Hand gereicht ... Moni war aber noch bedient und hat sie ausgeschlagen ... Ihr Kreuz tat noch das ganze Wochenende weh. Selbst auf den Cannstatter Wasen sind wir noch mit dem Schalke Outfit angepöbelt worden ... Dann sind wir ins Hotel, ohne Zuckerwatte und ohne eine Bratwurst ... Mensch, war ich stinkig ... Moni hat, Gott sei Dank, seitdem keinen Bock mehr auf Auswärts-Fahrten ... mir wäre es auch zu gefährlich ... ich bin ja auch keine 30 mehr...

Jetzt mal kurz zwei Erlebnisse, wo ich „souverän" Stress vermeiden konnte, indem ich drohende körperliche Auseinandersetzungen verbal verhindert habe: Nur mal für die Menschen, die mich gar nicht kennen und vielleicht denken, dass ich eventuell Ein „Aggressor" sein könnte ... Mein Kollege Bernd von der Arbeit und ich haben in der Amsterdamer Straße in Köln eine Fernsehkulisse malerisch betreut ... mittags sind wir immer in den nahegelegen „Mces" gegangen. Wir saßen mit Blickwinkel zu einer Auto-Waschanlage von einer Tankstelle ... In der Waschanlage standen ein silberner Mercedes und zwei sehr betagte Damen gucken dem Auto beim Waschen, Föhnen, Legen ... freudig zu. Als sich dann ein weiteres Auto hinter der Waschanlage einreihte, stieg ein kräftiger Mann mit südländischen Wurzeln aus. Er ging direkt auf die älteren Damen zu und fing an, wild zu gestikulieren und kam den Damen dabei immer näher. Ich konnte gar nicht mehr essen – hätte mir fast in die Pfötchen gebissen ... Mein Sonar und mein Seismograph schlugen verdächtig weit aus ... Irgendwann spuckte der Mann den Frauen sehr nah vor die Füße ... Ich sagte zu meinem Kollegen, ob er mal auf meinen Burger aufpassen könnte? Ich muss mal da hin, da gibt es scheinbar Stress ... Ich weiß gar nicht mehr genau, ob Bernd mit rausgekommen ist oder dringeblieben ist. Jedenfalls kam ich da an und fragte, was es denn für Probleme gibt ... Der Typ meinte: „Was geht dich das an?" Ich sagte, dass mir mein Burger nicht schmeckt bei so einem Programm ... Ich fragte: „Was ist hier los? Die Damen sagten: ‚Der Mann belästigt uns und wir haben Angst vor ihm ...'" Ich fragte noch mal: „Was ist dein Problem?" Er meinte dann, dass sich die „Omas" vorgedrängelt hätten ... Sie haben erst das Auto reingefahren und dann erst den Waschchip gekauft ... und er hatte den Waschchip schon vorher gekauft ... Ich dachte: „Da muss noch was kommen ... das meint der doch jetzt nicht ernst." Die Omas sagten: „Entschuldigung, das wussten wir nicht so genau." Ich sagte dann dem jungen Mann: „Hast du gehört, das kommt nicht mehr vor. Ich geh jetzt rein und möchte ungern noch mal rauskommen ..." Für mich war die Sache friedlich geklärt ... Am andern Tag kamen während unserer Pause der Typ von gestern und noch ein etwas größerer Typ rein ... ich habe nicht gedacht, dass die zu mir wollten ... Sie stellten sich vor unseren Tisch und Bernd wechselte etwas die Farbe ... Bernd war ja noch in der Lehre und ich fühlte mich für ihn auch stark verantwortlich, besonders in dem Moment ... mir ging es aber auch nicht rosig ... Im Sitzen waren die Typen echt groß ... Dann sagte der neue Kollege: „Ist der das?" Und der andere sagte: „Ja!" Dann verschränkte der Neue seine Finger ineinander und ließ mal seine Fingergelenke der Reihe nach knacken ... Ich biss in meinem Burger und sagte mit vollem Mund, er solle das lassen, das gibt Gicht in den Händen ... Der Typ fragte: „Was hast du gesagt?" „Das gibt Gicht", sagte ich ... Dann schob ich meinen Burger bei Seite und fragte: „Was gibt es denn?" Der

„Neue" sagte: „Hast du gestern mit meinem Freund Stress gehabt?" „An sich nicht, wir hatten nur was zu klären ..." „Er sagte aber, dass du Stress gemacht hast." Ich sagte: „Hat er dir nicht gesagt, was war?" Dann fragte der Neue: „Was war denn?" Ich habe ihm die Sachlage aus meinen Augen erklärt und ihm gesagt, dass die Südländer doch so außerordentlichen Respekt vor Älteren haben. „Nur vor südländischen Älteren oder auch vor deutschen Älteren?", war meine Frage ... Der Kräftigere wusste genau, was ich meinte. Des Weiteren stellte ich direkt klar, dass ich ebenfalls rausgegangen wäre, wenn ein Deutscher zwei Südländerinnen angegangen hätte ... da mache ich niemals einen Unterschied ... Freunde von mir wissen das zu gut.

Zwischen den beiden gab es ein kleines Wortgefecht, was ich nicht verstehen konnte, und dann sagte der Chef von beiden, dass sein Kumpel ihm das so nicht erklärt hatte und das er mit mir jetzt klar sei – beide haben sich bei mir und Bernd per Handschlag entschuldigt und verabschiedet. Als sie weg waren, konnten wir dann erst mal weiteressen ... Dass ich auch (etwas) Schiss hatte, brauche ich nicht zu erwähnen. Im Sitzen in einem gut besuchten „Mces" hatte ich jedenfalls noch nie so Angst ... höchstens vor der Rechnung ...

Das zweite Erlebnis erzähle ich dann doch später ... liest sich dann vielleicht besser ... Das soll ja hier kein „Heldenepos" werden ... lach

Zurück zum S04 ... Blau und Weiß - ein Leben lang ...

Bei einem Auswärtsspiel in Duisburg Mitte der 90er musste ich seinerzeit einigen Hools ausweichen ... die berittene Polizei trennte zwei Gruppen mit Zuhilfenahme der „Radiergummis", die sie so immer dabeihaben, wenn es „Zanke" gibt ... Als einer aus der Menge brüllte: „Huhuuuuu, Charly.", ...und das in Duisburg ... dachte ich: *„Meint der mich?"* Tatsache, ich war GEmeint, es war ein Bekannter aus Wipperfürth, der vor mir auf den nächsten Baum gesprungen wäre, wenn ich „Buhhhh" GEmacht hätte ... der, den ich im Endspiel in Wipperfeld an die Kette gelegt habe ... „Sach" bloß, du hast das Kapitel nicht gelesen ... schäm dich! ... Jetzt lief dieser so mit einem „Basy" ums Stadion und prügelte sich ... Irgendwie wusste ich nicht, ob ich weinen oder lachen sollte ... obwohl ich so was echt nicht okay finde ... Wie schon geschrieben, habe ich auch schon mal öfter ein „paar Sätze heiße Ohren verteilt" ... aber Wildfremde, die mir nichts getan haben, zu boxen, nur weil sie einen anderen Verein haben, das kriege ich noch nicht mal ins Kurzeithirn rein ... tut mir leid ... Rotterdam war auch spannend. Rolf, mein Kollege von der Arbeit, riet mir davon eindringlich ab ... sehr eindringlich ... Er sagte, dass es da echt heiß zur Sache gehen würde ... „bleib lieber zu Hause und guck das Spiel im Fernsehen" ... Die schmeißen euch brennende Mülltonnen nach, Charly!" ... und Rolf ist wirklich kein Angsthase ...Ich hatte aber schon die Karten mit meinem Kumpel Klaus aus Wipperfeld gekauft ... wir sind über Hagen mit dem Zug nach Rotterdam ... Eine Zugfahrt, die ist lustig, tralalalalaaaa. Als wir da waren, wurden wir, wie Vieh, durch eine Metallröhre geleitet ... Ich luscherte mal durch die Luftlöcher der Mettalröhre und zack, da flog die erste brennende Mülltonne gegen diese Röhre ... Mensch, Meier – da war ich wieder wach ... Als wir im Block waren, sah ich mehr Security als sonst was ... trotz allem Trara habe ich mit einem Fan von Rotterdam meinen S04-Schal getauscht ... Die Ordner und der Fan dachten erst, das wäre ein Trick von mir für, Randale anzuzetteln ... aber ich wollte den anderen paar Tausend Fans symbolisieren, wie es auch gehen kann ... Der Schal hängt direkt über meinem Schreibtisch im Schalke Büro ... Auf der Rückfahrt von Rotterdam war die eine Hälfte der S04 Fans betrunken und die andere Hälfte gewaltbereit ... Am Grenzübergang Emmerich sind einige Fans aus dem Zug raus, um zu pinkeln ... als der Zug wieder anfuhr, zog einer der Betrunkenen die Notbremse für einen Kumpel, der noch draußen war... ich war gerade aus dem Abteil und wollte nur was zu trinken im Speisewagen holen ... Da sprangen auf einmal zig schlechtgelaunte Beamte vom Bundesgrenzschutz in den Zug ... komplett verkleidet und mit den harten „Radiergummis" bewaffnet ... Einer stand vor mir und wollte mir gerade einen über den „Dessel" ziehen, da dachte ich, jetzt gibt es eine Tüte Haumichblau ... ich packte ihn an seinem Arm und sagte, dass ich nur eine Cola holen wollte ... die Chaoten sind weiter vorne ... Er sagte nur, dass es besser wäre, Durst zu haben als gleich Kopfschmerzen oder mit einem Strohhalm trinken zu müssen ... Ich bin dann wieder ins Abteil und mein Kumpel sagte: „Charly, wo ist die Cola?" Der hat mal wieder fast alles verpennt ...aber EINMALIG unsere Erlebnisse ... London war auch nicht schlecht ... ich hatte eine schöne Karte ... mitten im Chelsea Block bei den Hardcore-Fans ... Ich bin, wie immer, in voller Montur los ... War ja auch alleine unterwegs und musste mich um keinen sorgen ... Vor dem letzten Einlass sagte der Steward auf Englisch, dass ich falsch wäre. „Hier lasse ich dich nicht rein, hier können wir für deine Sicherheit nicht garantieren ..." Wir überlegten GEmeinsam und der Chef des Areals beauftragte einen Steward, mit mir reinzugehen und auf mich aufzupassen – Tatsache, der musste die ganze Zeit nur mich angucken ... Ich musste meine Stadion-Jacke noch auf links anziehen und meine Souvenir-Chelsea-Kappe aufsetzen ... Ich sah wohl etwas befremdlich aus für die Hools aus London. Und mein persönlicher Steward fragte auf Deutsch: „Na, mein deutscher Freund ... alles okay?" Ich sagte nur: „Ppppsssssssss ... Schalke ist gut unter die Räder GEkommen ... und ich bin heil GEblieben ..." Auf der Tour habe ich nach fast 20 Jahren in einem englischen Pup meinen Schalker Freund Konnie Hübers getroffen ... Zufälle gibt es ...

Ein anderes Mal ... Bei uns lief es wieder einmal nicht sonderlich ... Felix wollte angeblich Marcelo Bordon kippen und einiges war meiner Meinung nach aus dem Gleichgewicht ... Ich rief das zweite Mal überhaupt Herrn Rehberg an. Ich wollte mal hören, was da denn los sei ... Er sagte, dass wir uns besser mal auf einen Kaffee im Schalker am Trainingsgelände treffen sollten ... Beim Frühstück hätten wir genügend Zeit mal zu plauschen ... Ich dachte, ... na ja, ... das war der wunderbarste Korb, den ich jemals bekommen habe ... Ich weiß es noch heute ... Monika

und ich räumten die Malerwerkstatt etwas auf … da klingelte
das Handy. Als ich ranging, blieb mir fast das Wort im Hals stecken … am anderen Ende war Herr Rehberg, unser Präsident …
„Hallo Herr Ilchmann, ich wollte mich doch noch mal melden wegen unseres Frühstückes …" Ich sagte: „Hallo Herr Rehberg …",
und machte wirre Zeichen zu Monika, damit sie aufhörte mit
Aufräumen … Monika ließ bald alles aus der Hand fallen … „Wie
wäre es denn mit XY?" „Prima", sagte ich, „ich bin dann da …"
Mann, war ich wieder einmal von den S… wir reisten mit unserem kleinen WOMO einen Abend vorher an, damit ich mich bloß
nicht verspäten würde …, weil verspäten kann ich mich immer
toll … Pünktlich wie zwei Bergmänner trafen wir uns vor dem
Schalker am Trainingsgelände … Herr Rehberg ging vor und alle
machten einen Diener. Nicht dass er das für sich brauchte … absolut nicht … war aber so … Wir frühstückten toll und so gegen
Ende unseres Treffens sagte ich noch, ob er dem Marcelo Bordon
was ausrichten könnte … Wir Fans und gerade ich wären tod-
traurig, wenn er sich von wem auch immer vergraulen ließe …
„Bitte richten Sie ihm das mal von mir aus." Herr Rehberg lud
mich ein und wir gingen nach draußen, um ein paar Fotos zu
machen. Als wir draußen waren, kam auf einmal ein Kerl von einem Mann aus der Geschäftsstelle – so eine „Kante", dass quasi
die ganze Sonne futsch war … Ich guckte einmal und dann sah
Herr Rehberg den Kerl auch. „Achhhhhh, Marceloooo", …, „gut,
dass wir dich treffen". Marcelo war auch völlig aus dem Häuschen und nahm Herrn Rehberg in die Arme … „Presidente", sagte er und lachte herzerfrischend … „Mensch, Marcelo … gerade
haben wir noch über dich gesprochen." „Waaaass, über mich?
Ne, ne?" Ich war dermaßen ergriffen … Marcelo Bordon war zu
dem Zeitpunkt mein absoluter Lieblingsspieler. Herr Rehberg
sagte: „Das ist Herr Ilchmann, ein riesiger Fan von dir, er möchte dir was sagen, dann brauche ich das ja nicht." Ich versuchte
das nochmal zu formulieren, ohne zu stottern. Dann machten
wir noch ein dermaßen tolles Foto und ich schwebte zu Monika
ins Wohnmobil … Ab dann hätte mich Herr Rehberg nachts um
3 Uhr wecken können, ich hätte GEholfen, wo ich nur könnte …

Herr Rehberg, Marcelo und ich auf bzw. vor dem Treppchen

Jetzt kennen wir uns ca. 26 Jahre und ab der Mitte, immer ein bisschen besser und tiefer. Ich kenne nicht einen Menschen, der mir so viel ermöglicht hat. Ohne was zurückzufordern, gibt er soooo viel. Ich wiederum tue mir schwer, nur anzunehmen ... Ich versuche, mich auf meine Art zu revanchieren ... Auch die Art von mir weiß Herr Rehberg sehr zu schätzen ... Unglaublich waren noch einige Erlebnisse, zum Beispiel wieder ein Frühstück im Schalker ... Er fragte, ob wir denn in den Urlaub fahren ... 2015 war das ... „Ja", sagte ich, „wir fliegen in drei Wochen nach Fuerte ..." „Ach", sagte er, „wir auch, nach Jandia ..."

Ich überlegte kurz und sagte: „Ich meine, wir sind auch da ..." „Ja, dann können wir uns doch da mal zu Mittag treffen." „Ja prima, dann haben wir ja etwas mehr Zeit zum Sprechen." Als wir 2 oder 3 Tage in Jandia waren und gerade vom Zoo im Hotel angekommen sind, ging mein Handy ... ich dachte eine Millisekunde vorher, ob und wann die Rehbergs denn ankommen würden und ob der Chef sich denn dann mal meldet. Da stand auf meinem Handy: S04-Herr Rehberg. Es war auf lautlos gestellt.

Dass ich überhaupt in dem Moment draufgeguckt habe und kurz vorher an ihn gedacht habe, war schon echt etwas gespenstisch. Er war gerade gelandet und wollte fragen, ob wir uns am nächsten Tag an der Promenade in der Nähe vom Leuchtturm zu Mittag treffen könnten? „Gerne, wir haben morgen nix vor ... wir sind ja im Urlaub ..." Wir lachten etwas und trafen uns zu viert am Strand. Das haben wir noch mal wiederholt, aber öfter habe ich mich nicht getraut ... Ich dachte, dass ich sonst vielleicht nerve ... weil nerven kann ich toll ... einmalig kann ich das!?

Als Senor Raul bei uns im Gespräch war, muss ich echt zugeben, dass ich niemals an ein positives Ende geglaubt hätte ... Ich nahm aber trotzdem zu jeder Malerbaustelle ein paar ordentliche Sachen mit ... falls ich alarmmäßig auf Schalke muss ... ggf. zu einer Raul Vorstellung ... lach ... Irgendwann sagten die Radiosender morgens, dass Raul heute auf Schalke vorgestellt wird ... Ich machte alibimäßig ein paar Pinselstriche und bin dann los nach GE ... Als ich da war, bat ich den Chefordner mich dahin zu platzieren, wo Raul auch vorbei musste ... Der Ordner kannte mich noch von meinen Eurofighter-und-Meister-der-Herzen-Bildern ... Er stellte mir einfach einen Wellenbrecher-Zaun vor dem Bauch und den zweiten 2 Meter weiter gegenüber ... Dann lachte er und sagte, dass er jetzt hier an mir vorbei müsste ... Mensch, war ich nervös ... Ich wusste nicht, ob ich Fotos machen sollte oder einfach nur genießen ... Ich versuchte beides ... Wenn ich mir zwei Wochen vorher Raul bei Fifa in die Mannschaft „reingefuscht" hätte ..., hätten alle wegen Schummelei gekündigt und gesagt: „... mit diiiiirrrr spiele ich nieeee wieder." Jetzt war er tatsächlich auf Schalke ... unglaublich war das ... als ich noch voller Adrenalin war, stellte sich ein Moderator vom ZDF vor mich. Er begann damit, dass er sich entschuldigte: „Entschuldigung, ich arbeite beim ZDF..." Ich sagte: „Dafür musst du dich nicht entschuldigen. Ich arbeite beim WDR und werde mich auch nicht entschuldigen." Der Reporter hat sich fast nicht mehr eingekriegt und mir zwei, drei Fragen gestellt. Ich war dermaßen noch weich im Kopf, dass die Antworten wohl sehr authentisch waren ... am

Schluss sagte ich, mit Tränen in den Augen, dass ich unheimlich stolz bin, Schalker zu sein. Der Reporter ist förmlich quer gegangen … er rief: „Das ist im Kasten … das ist astrein … wir können fahren …" Ich dachte noch: *„Jetzt übertreibt er aber etwas … egal … Raul ist auf Schalke …"*

In den darauffolgenden Wochen kam der Mitschnitt im Frühstücksfernsehen und mehrere Male sonntags in der Sport-Reportage. Selbst mein Friseur (als es noch was zu schneiden gab) aus Wipperfürth, ist in Malle von meiner trantütigen Stimme auf dem Bett geweckt worden. Er fand es unglaublich, den Ilchmann in der ZDF-Sportreportage zu sehen. Raul brauchte ein paar Spiele bis zu seinem ersten Heimspieltor. Die Sitznachbarn sagten immer: „Seit du im Fernsehen warst, trifft der Raul keinen Möbelwagen mehr …" Hammerhart, wie viele mich im ZDF gesehen haben … Ich habe den Mitschnitt zu Hause. Mein langjähriger Kumpel hat ihn mir auf DVD gebrannt. Irgendwann war die DVD verloren gegangen … Ich war dermaßen glücklich, als ich sie in irgendeiner CD-Hülle aus Versehen wieder gefunden habe …

Geil … Raul auf Schalke …, hinten in Rot, der Kult-Ordner, der war immer ein Original …

2015, als ich frisch am Rücken operiert war, bekamen wir eine Einladung für Herr Rehbergs 80. Geburtstag – standesGEmäß sollte diese Feier in der Veltins-Arena stattfinden ... *„Boooo"*, dachte ich, *„toll ... und wenn ich im Gipsbett dahin muss ..."*

Geschenke waren nicht erwünscht, Herr Rehberg bat stattdessen um Spenden für 3 GEmeinnützige Zwecke ... Meine Frau konnte leider nicht mitkommen, weil direkt nach meiner Rücken-OP unser neuer Mitbewohner „Prinz" eingezogen war.

Ich quartierte mich für die Feier wieder mal in GE-Buer im Monopol ein ... für meinen GEschmack ein tolles Hotel. Ich konnte und kann aber schlecht mit leeren Händen zu Feiern kommen – egal, wer feiert ... Ich hatte mir was ganz Besonderes ausGEdacht ... Wir haben uns das erste Mal zu UEFA-Cup-Zeiten getroffen. Er hat mir ja persönlich den Triumph versprochen ... lach ... Durch meinen Tick vom Sammeln, von sehr Seltenem von und über S04, hatte ich eine 3D-Kopie in 10 cm Höhe vom UEFA-Cup besorgt – ziemlich schwer, aus Metall und glänzender als ein Silberbesteck der Queen ... Diesen habe ich direkt am Eingang Herrn Rehberg überreicht und ihn gebeten, dass er mir das nachsieht, dass ich doch was mitGEbracht habe, er könne ihn ja als Handschmeichler in der Tasche mit sich führen, zumindest habe ich ihm das ins Ohr geflüstert ... Er war echt begeistert. Natürlich war er traurig, dass meine Frau nicht mitgekommen war... aber er hat es verstanden ... Als er für alle das Essen angekündigt hatte, hat er drei Gäste namentlich begrüßt und sich für ihr Kommen bedankt ... Seinen Gast aus China, einen Gast und Freund aus der Türkei und Herrn Ilchmann ... Wer soll das denn bitte schön sein ... Ich habe mich um ein Haar fast verschluckt an meinem Getränk ... Er zeigte den Pokal voller Stolz und bedankte sich sehr aufrichtig bei mir ... Ich wäre fast unter den Tisch gerutscht, sooo unangenehm war mir das. Ich war so ziemlich der einzige Unbekannte und an meinem roten Kopf und den feuchten Augen hat mich jeder als den Herrn Ilchmann ausfindig gemacht ... Selbst Olaf Thon fragte mich später, ob ich den Pokal Herrn Rehberg geschenkt hätte ...!!!??? „Der sieht aber klasse aus", sagte der Olaf, den ich als Jugendspieler schon vergöttert habe. Für Olaf und Klaus Fischer hatte ich auch noch je einen Schlüsselanhänger, als Pokal-Imitationen, mit – auf Verdacht. Für Olaf ebenfalls einen UEFA-Cup-Pokal und für Klaus einen DFB-Pokal ... Die zwei haben sich auch gefreut ... über soooo eine Kleinigkeit. Zu späterer Stunde lernte ich noch Herrn Rehbergs GEsamte Familie kennen ... Sein Sohn wusste einiges über mich zu erzählen ... ich war etwas gerührt, von den vielen, tollen Eindrücke an diesem Abend ... Wenn ich nicht so Angst um unseren Prinz hätte, würden wir uns öfter sehen ... Rehbergs sind ebenfalls Katzen-Liebhaber und von Kimba weiß ich ja, dass sich Katz und Hund schon mal streiten ... und meist gewinnt die Katze ... lach ... Zu später Stunde fragte Herr Rehberg, ob ich ihn noch nach Hause bringen könnte!? Er würde morgen eine Ehrung in Düsseldorf erhalten ... dafür müsste er langsam ins Bett ... „Leider nicht", brachte ich nur noch raus, ... Ich war zu HOCHACHTUNGSVOLL ... ein unglaublich schöner Abend.

Kurz vor dem nächsten Thema möchte ich noch, stellvertretend für alle meine fantastischen Kollegen in Köln, zweien davon ganz besonders, einen nachträglichen Dank ausrichten: zum einen dem Kollegen Ralf von unseren Dekorateuren und zum anderen an unseren Jürgen...

Als ich Disponent war, ging eines Tages, nach dem Mittag, unsere Bürotür auf und Ralf stand vor mir ... *Ich dachte, der ist aber gut drauf, weil er so am Lächeln war...*

Dann gab er mir etwas in die Hand, was ich erst nicht einordnen konnte ... Ich musste zweimal hingucken ... Beim GEnaueren Betrachten, dachte ich, es könnte ein Portmonee sein ... Dann sah ich ein aufgenähtes Schalke-Emblem in Weiß auf einer königsblauen Geldbörse ... Ich sagte: „Boooo, Ralf, was ist das denn?" Dann sagte Ralf, das habe ich in der Mittagspause selbst gemacht ... Ich sagte: „Boooo, einmalig, toll ... für wen hast du das denn GEmacht?" Er sagte: „Für dich, lieber Charly." Ich dachte, er nimmt mich etwas hoch ... Nein, das war echt für mich … hmmm, ein handgenähtes Portmonee aus LKW-Plane mit Schalke-Emblem … Ich habe dieses Portmonee nur gaaannnz selten mit im Stadion … nur zu Festtagsspielen … Ralf, das war bärenstark von dir … Danke vielmals, das geht selbst mit, wenn ich mal in ein Altenheim ziehe … Das findet auf jeden Fall einen Platz …

Den anderen Kollegen, den ich stellvertretend für alle meine fantastischen Freunde auf der Arbeit nennen möchte, ist der Jürgen … Jürgen erfreut uns alle regelmäßig mit seinen Trompetensolos an Geburtstagen und zur Weihnachtszeit …

Mir hat er auch schon öfter weiche Knie verpasst … Jürgen ließ mich an einem Tag im Januar in die Vorbauhalle kommen … Ich dachte noch, hoffentlich ist nichts Schlimmes passiert – als ich in der großen Halle ankam, standen da ein paar Kollegen, unseren Jürgen habe ich nicht direkt gesehen … Er stand auf einer Treppe und setzte mit seiner Trompete zum Steigerlied an:

Ich war auch da echt gerührt … Jürgen spielt schon lange Trompete und mir spielt er immer zum Geburtstag dieses tolle Schalker Liedgut vor … obwohl er Kölner ist … Aber er ist ja auch „fast" Profimusiker, wie ich Profimaler … ich finde das immer unheimlich wertschätzend, was er für uns alle da immer zum Besten gibt.

Ich habe Charly beim WDR in Köln Bocklemünd kennengelernt. Wir beide arbeiten schon viele Jahre in der Abteilung VTA, früher Ausstattung, zusammen.
Er als Maler, später Meister, ich als Schreiner, später auch Meister.
Mit Charly wurde ich schnell warm, will sagen, mit „demm kütt" man superschnell klar. Er ist sehr höflich, freundlich und offen. Dies aber nicht zu jedem. Er selektiert schon hier und da.
Seine Sensibilität kommt zu Tage, wenn er ungerecht behandelt wird, was er durch einen Vorgesetzten ab und zu erleben musste. Ich habe davon erfahren, als er mir zu dieser Zeit sein

Jürgen an der Trompete,
das sagenhafte S04-Portmonee
und die Maler Lemminge

Vertrauen schenkte. Durch einen Wechsel der Tätigkeit innerhalb der Abteilung hat er jetzt seinen Frieden gefunden, glaube und hoffe ich zumindest. Charly überrascht mich immer wieder mit seiner Kreativität und seinen Zielen. Wo der Mann das nur herholt. Denn Projekte, die er angeht, seien es berufliche oder private, sind gezeichnet von großer Genauigkeit, Detailverliebtheit und Akribie bis ins Letzte. Wenn man Charly beschreiben soll, würde mir ein Gefühl einfallen, dass er ein Mensch ist, den man mitten in der Nacht von jedem Punkt in der Welt anrufen und zu dem man sagen könnte: „Ich brauche dich!" Er würde sofort eine Möglichkeit der Unterstützung oder Hilfe suchen, oder organisieren, um für dich da zu sein. Großes, großes Herz! „Isch hann disch jern."

Gastkommentar Jürgen Kaßel, Kollege, Freund und bester Mann an der Trompete ...

Der Profimaler ...

Ich betonte Profimaler nicht umsonst. Eines Tages rief mich einer meiner besten Bekannten und auch Unternehmerfreunde von der Thier an. Er sagte: „Charly, setz dich mal hin." Ich dachte: *„Was kommt jetzt? Ich hoffe, es ist keiner gestorben, den ich gut kenne."* Ich hatte direkt weiche Knie. Dann habe ich gefragt: „Ist irgendwas Schlimmes passiert?" Schnegge sagte: „Nein, es ist nichts Schlimmes passiert, aber ich habe ein Attentat auf dich vor. Wir haben die Fassade von der Firma frisch gestrichen und ich wollte dich bitten, ob du mir ein BVB-Emblem auf die Fassade malen kannst?" „Ach, Gott sei Dank ... ich habe schon gedacht, es wäre was Schlimmes passiert", habe ich ihm gesagt. Schnegge lachte sich halb schlapp. Er sagte, er kenne keinen Maler, dem er das zutrauen würde, außer mir – na ja, als Schalker war da schon ein gewisses Risiko dabei ... Wir guckten uns das erst mal an und legten eine Größe fest ... Das Emblem sollte vom Mond aus sichtbar sein ... war ein Scherz ... Als Schnegge mit seiner Frau im Urlaub war, habe ich das Emblem in einer imposanten Größe auf die Fassade gemalt, teilweise in 3-D und teilweise nur mit Farbe. Als kleinen Scherz habe ich mir überlegt, aus dem BVB 09 ein BVB 04 zu machen. Gesagt, getan ... ich hatte ein 3-D-Element vorbereitet, wo man aus der 9 eine 4 machen konnte. Nur für ein kleines Foto haben wir das Emblem ein bisschen verändert, oder für einen BVB-Fan eher „verunstaltet". Dann kam Schnegges Papa und ich habe ihn gefragt, ob wir das so lange lassen sollen, bis Schnegge aus dem Urlaub kommt. Der Papa war auch unglaublicher Dortmund-Fan und wir mochten uns ziemlich gut leiden – würde ich sagen. Er sagte dann: „Bitte, bitte, mach das 04 wieder weg." Ich konnte ihm sein Wunsch natürlich nicht abschlagen, aber das Foto mit dem 04 hatten wir ja gemacht und so konnte ich Schnegge wenigstens das Foto in den Urlaub schicken. Schnegge hat sich erst total gefreut und bedankt über das tolle Emblem. Das mit dem 04 ist ihm scheinbar gar nicht direkt aufgefallen. Nach einer halben Stunde schickte er Smileys mit „dicken Augen" und dann schrieb er: „Charly, ... das hast du doch jetzt nicht wirklich gemacht, oder????" Ich habe ihm dann ziemlich direkt das richtige Foto mit dem originalen Emblem zugeschickt und habe ihm geschrieben: „Alles gut – schönen Urlaub noch ..." Schnegge ist ein gutmütiger, fairer Geschäftsmann, er ist wirklich einer der Dortmund-Fans, die ich wirklich hochhalte ... Wenn ich es nicht am Rücken hätte, würde ich ihn mit einer Sänfte über die Thier tragen ... Er hat uns, als wir Prinz bekommen haben, eine komplette Zaunanlage um unser Anwesen gebaut, bei Schnee und Hagel hat er seine Männer rausgeschickt, die uns den Zaun eins a gesetzt haben ... absolut nach unserer vollsten Zufriedenheit. Ich betone das deswegen, weil ich kaum noch Handwerker kenne, die zu meiner vollsten Zufriedenheit was hinbekommen ... nicht, dass ich über den Maßen pingelig bin, aber eigentlich sind viele Handwerker leider nicht mehr wirklich professionell unterwegs ... früher ist ein gutes Pferd so hoch gesprungen, wie es springen konnte, heute springt es nur noch

Der Profimaler kann alle Motive – Auftrag ist Auftrag – ein Profi halt ...

so hoch, wie es Bock hat ... und das entscheidet es am liebsten komplett selbst. Wie dem auch sei ... das ist aber nicht Schnegges und mein Maßstab ... ich wollte es nur mal unterbringen ...

Schnegge hat uns aus seinem Urlaub noch ein schönes Bild von einem Australian Shepherd mitgebracht. Dieses hängt bei uns im Esszimmer und jetzt legen wir mal langsam los ... dass wir was über Prinz schreiben.

Unser Prinz war ja schon öfter Thema ...

Monika hatte leider keine guten Erfahrungen mit Hunden gehabt ... Sie ist einmal heftigst gebissen worden ... die Narben sind schon ziemlich einschüchternd ...

Als wir in Halver mal in ein American Food Restaurant gegangen sind, hatte ich irgendwann sehr warme Füße ... Ich guckte unterm Tisch und sah einen unglaublich süßen kleinen Hund ... Ein Welpe, der es sich auf meinen Füßen gemütlich gemacht hatte ... dieser guckte mich dermaßen verliebt an und ich suchte mit Blicken nach den Besitzern im Lokal ... Diagonal saß ein etwas jüngeres Pärchen ... Ich fragte vorsichtig, ob die einen kleinen Hund mithätten. Ach, war denen das peinlich, dass der Kleine bei mir war... Ich sagte, dass er gern bleiben könnte, bis wir wieder los müssten ... dann hätten sie mal etwas Zeit für sich. „Kostet zwei Steaks und zwei Bier ...", sagte ich scherzhaft. Ich kriegte mich nicht mehr ein ... süß war die kleine Fellnase. Als wir gegangen sind, habe ich fast vergessen zu fragen, welche Rasse das denn ist ... ein Australian Shepherd war es ... Sorry Labbi, sorry Goldie, jetzt hatte ich eine neue Lieblingshunderasse ... Kimbi war ja leider schon 3 Jahre tot. Sie hatte mit uns, Monika und mir, noch weitere sehr schöne Jahre in Niedergaul, ich könnte noch Hunderte Geschichten von uns drei oder vier inkl. Maggy schreiben ... Das Wichtigste hat Kimbi aber befolgt ... Als es ihr nicht gut ging, kam sie nach Hause, ich war wieder einmal als Maler bis spät abends bei einem Freund ... als Moni anrief, dass ich schnell kommen müsste, Kimbi gehe es gar nicht gut ... Es war grausam, meine treueste Freundin so leiden zu sehen, das hat mich wahrscheinlich 10 Jahre von meiner Lebenszeit gekostet ... Als wir vom Tierarzt kamen, habe ich sie ein letztes Mal auf IHREN PLATZ gelegt und am anderen Tag im Garten beerdigt ... Man kann mich Weichei oder verrückt nennen, aber das dauert immer noch an ... Kimbi war einfach mein Mädchen ... Eine neue Katze, an der Hauptstraße, trauten wir uns absolut nicht mehr zu ... Ich muss sagen, dass ich mit jedem Jahr vorsichtiger oder gar ängstlicher werde ... Stört mich zwar ... ist aber so ... Als Monika über die Arbeit einen Homeoffice-Arbeitsplatz antreten durfte, gab sie mir grünes Licht, mal nach einem Hund zu suchen ... Klar war es auch eine Option, einen Hund aus dem Tierheim zu holen ... aber wir dachten auch, dass ein Welpe sich besser an uns gewöhnen könnte, als ein älterer Hund ... Wir hatten ja bis dato keine bis wenig Ahnung von Hunden ...

Deshalb ist der erste Hund dann halt vom Züchter gewesen ... Ich bin ja seit 1988 Mitglied in einem Tierschutzverein (Mensch & Tier – aus München).

Alles stand auf dem Prüfstand, als ich in der Scheidungsmühle bei achtzehnhundert Umdrehungen in der Minute durchgewirbelt wurde ... Versicherungen, Kirche, Schalke und PayTV wurden sehr hart eingekürzt oder gar gekündigt ... Nur an die Mitgliedschaft im Tierschutz ... da hätte ich lieber täglich Erbsensuppe oder Rosenkohl gegessen ... da wäre ich nicht dran gegangen ... Nichtsdestotrotz habe ich nach einen „Aussi"-Welpen gesucht ... In Hannover haben wir was entdeckt und sind eines samstags hochgedüst ... Auf dem „Ritt" von ca. 250 km hat sich erst das AGR-Ventil vom Tiguan verabschiedet (natürlich nach einer Rückrufaktion anlässlich der Abgasschummelei) und dann mein Rücken ... Es war zum Weinen ... im Notbetrieb die letzten Kilometer nach Hannover und dann war da noch die gemeinste Hexe, die mir je über den Weg gelaufen ist ... Aua, hatte ich Rückenschmerzen ... Per Anzeige hatten wir einen Favoriten bei den letzten zwei verbliebenden Welpen ... kurz vor der Abfahrt sagte ich Moni, dass das wahrscheinlich Schwachsinn ist, einen Hund anhand von einem Foto auszuwählen ... ich bat Monika, dass wir den nehmen der UNS mehr WILL ... Moni fand das auch sehr gut. Sie stimmte für den Hund eh nur wegen mir … Als wir angekommen sind, war es für Monika schon grenzwertig … Sie hatte ja zu dem Zeitpunkt Angst ohne Ende vor Hunden und Mama Betty und Papa Gordie waren nicht klein und schon echt stinkig, dass bis auf zwei Hunde alle weg waren … Ich wäre ja auch außer mir, wenn ich der Hundepapa wäre … Der eine, die Erstauswahl von den Fotos, interessierte sich scheinbar nicht für uns und war anderweitig beschäftigt … Er war wohl auch schon „grob" versprochen … So legte mir der Züchter den anderen Welpen auf meine großen Hände … ich spürte, wie der kleine behaarte Speckbauch von dem „Kacker" auf meiner Haut vom Unterarm lag … Das war wie eine Blitzverbindung über USB. Der Hund leckte sofort an meinem Finger und pennte fast direkt ein … noch so ein Penner … Jetzt war ich erledigt … mein zukünftiger, allerbester Kumpel lag auf meiner Hand … Papa Gordie habe ich kaum noch wahrgenommen … Monika umso mehr … sie wäre am liebsten direkt wieder ins Auto gestiegen … ihre Angst muss riesig gewesen sein. Aus einem Grund wollten wir ihn nicht direkt mitnehmen … Ich hatte Muffe, dass der Wagen auf den 250 Kilometern schlapp machen würde und wir mit dem Welpen ohne alles stranden würden. An meinen Rücken habe ich nicht gedacht … der ist morgen wieder besser … gut, war ja unmöglich. Mit ca. 5 Bandscheibenvorfällen kannst du eigentlich nur von „sendefähig" reden. Gut wird da gar nichts mehr, es sei denn, du bist so ein Traumtänzer vom wie vom Vers … die meinen ständig, dass es mit zunehmendem Alter besser wird mit den Einschränkungen … Anderes Thema …

Wir entschieden uns schweren Herzens, ohne den kleinen Welpen wieder die Heimreise anzutreten. Wir ließen dem Züchter noch 300 € da als sehr gute Anzahlung und sagten, dass wir uns nicht trauen würden, den Hund mitzunehmen, weil der Wagen „Zicken" macht. Für den Züchter war das voll in Ordnung. Wir fuhren wieder Richtung Heimat und beim nächsten McDonald's mussten wir erst mal anhalten. Monika musste sich auch erst mal lösen. Ach wie toll, kaum Hundepapa und zack, ist das Vokabular ein ganz anderes …

Sie hatte beim Züchter dermaßen Muffe gehabt, dass der Papahund sie in den Hintern beißen würde, weil sie den letzten Welpen auch noch mitnehmen wollte. Eigentlich lustig, aber auch verständlich. Mein Rücken wurde immer schlimmer und das Auto wurde nicht schneller. Wir tuckerten mit 80 über die Autobahn – in einer einzigen Sitzstellung. Mensch hing ich durch. Trotz des bequemen Tiguans musste ich zu Hause fast mit einem Kran aus dem Wagen gehoben werden. Ich knallte mir zu Hause erst mal einige „Ibus" rein und hoffte auf Besserung bis zum anderen Morgen. Morgens ging es noch weniger. Ich bin mit Monika in die Garage gekrabbelt und habe mich wie ein Hund auf die Rücksitzbank setzen wollen. Ich dachte, wenn sie es schafft, mich bis zum Arzt zu bringen, gibt er mir „eine bis 04" Spritzen in den Hintern und ich könnte wieder einigermaßen laufen. Als ich im Wagen drin war, ging es nicht mehr vor und nicht mehr zurück. Monika musste einen RTW kommen lassen. Ich schaffte es, auf den Brustwarzen gerade noch nach oben in die Wohnung aufs große Bett. Als der RTW da war, haben sie mich direkt auf einer Liege ins Krankenhaus Wipperfürth gebracht. Ich war absolut nicht mehr in der Lage, überhaupt zu denken, solche Schmerzen hatte ich. Irgendwie wurden sie nicht besser und man hat mir Morphium-Tabletten zugeteilt.

Die Schwestern sagten, wir fahren jetzt mal zum MRT nach Schwelm. Dort schoben sie mich durch die Röhre und man stellte fest, dass im LWS-Bereich, 3 bis 4 Bandscheibenvorfälle waren. Bei C5, wenn ich mich recht erinnere, war der Nervenkanal richtig fett eingedrückt, die anderen Vorfälle gingen noch so gerade, aber gut sahen die auch nicht aus. Wir vereinbarten eine Operation. Es war ja auch nichts anderes mehr möglich. Die Bilder hat man mir wirklich gezeigt und selbst ich hatte, trotz des Riesenmuffensausens, keinen anderen Ausweg mehr gesehen. Da ich aber die Morphium-Tabletten nicht nehmen wollte, bin ich die ganze Woche wie Quasimodo gegangen. Die Krankenschwestern haben gedacht, dass das doch nicht sein könnte bei so dicken Tabletten, dass ich immer noch Schmerzen hätte …

„Mit den Schmerzen und der Verkrampfung können wir Sie nicht operieren. Nehmen Sie denn die Morphium-Tabletten nicht?" „Nein, ich denke, das geht vielleicht auch ohne." Die Schwester war echt bedient. Sie sagte: „Jetzt aber zack, zack … heute Abend eine, morgen früh bzw. morgen Mittag noch eine und dann jeden Morgen … bis sie gerade gehen können oder eher schweben. Sonst wird das nichts mit der OP." Nach dem zweiten Tag unter Morphium und ohne Schmerzen dachte ich auch schließlich nur noch an den Hund. Irgendwie hatte ich große Sorge, dass das mit mir gerade nichts wird und dass dann auch das mit der Operation und der Genesung stockt. Ich hatte so eine Angst, dass Monika sagte, wir verschieben das mit dem Hund und warten auf einen neuen Wurf … und auf einen neuen Hund. Aber sie merkte, dass mir unwahrscheinlich viel dran lag. Ich hatte nur noch Prinz im Kopf … Prinz ist für einen Hund vielleicht selten als Name … da es aber ein Name mit P sein sollte, fiel mir unter Morphium direkt Prinz ein … perfekt, der Name für den Kacker. Moni sagte: „Ich rufe da mal an und frage, ob die Züchter mir mal ein paar Fotos schicken können …, dann schicke ich dir sie per WhatsApp weiter und du kannst dann immer den Prinz sehen." Ich bekam sogar Ausdrucke von Monika, die ich mir am Nachttisch hingestellt habe.

So war ich schon immer, wenn ich mir was in die Birne gesetzt habe, habe ich das durchgezogen mit allen Konsequenzen … es gibt nichts, was ich nicht hinkriege und wenn ich dann noch eine Partnerin habe, die mir beisteht und am gleichen Strang, **in die gleiche Richtung zieht**, dann ist nichts unmöglich.

Als ich frisch operiert war, habe ich erst mal morgens am Schniedelwutz gezogen. Ich wollte erst mal gucken, ob da noch Strom drauf ist. Angst hatte ich direkt, dass was nicht geklappt hat. Mein Kumpel aus der Hauptschule kann da ein Lied von singen – er hat nach so einer „sogenannten Routine-OP" schwere Einschränkungen davongetragen. Dann hieß es schon, ich müsste direkt aufstehen und anfangen zu gehen. Ich dachte: *„Die spinnen … ich habe doch noch Schmerzen."* Als ich aufgestanden bin und keine Schmerzen hatte, konnte ich es nicht glauben – „verdammte Hacke", was bin ich jahrelang mit Rückenschmerzen rumgelaufen. Ich meine, seit dem 12. Lebensjahr hatte ich Rückenschmerzen immer wieder und ohne Ende. Außer Krankengymnastik fiel denen nichts ein, keiner veranlasste mal ein MRT oder so. Ich habe Hunderte Spritzen in den Po gekriegt, um die Schmerzen wegzubekommen, Physiotherapie, wurde als Kind an den Füßen aufgehängt ... und was nicht alles, nichts hat geholfen. Jetzt hatte ich echt Mut und Hoffnung, dass mir und dem Hund nichts mehr entgegen kommt ... Ich sollte samstags aus dem Krankenhaus kommen und Monika sollte mit meinem Lieblingsschwager und meiner Schwester den Hund in Hannover abholen. Mein Freund Ingo holte mich parallel aus dem Krankenhaus und mit mir kam gleichzeitig der kleine Prinz in Wipperfürth an.

Ich stand im Wintergarten und guckte in den Garten, als der kleine Kacker das erste Mal im Garten hin gepieselt hat. Mir liefen kleine Glückstränen vor Freude ... Monika war fertig wie ein Fischbrötchen, als sie nach 500 km wieder da war. Mein Lieblingsschwager ist ziemlich zügig gefahren, so dass er sogar heftig geblitzt wurde. Prinz hatte angeblich nur einmal kurz geweint, als sie auf dem Weg waren, und dann hat er bei Monika auf dem Schoß geschlafen. Ob ihr es glaubt oder nicht, als er mich sah, ist der kleine Kacker die großen Stufen hoch gestolpert, um mich zu begrüßen. Er hat mich anscheinend auch nicht vergessen...))

Er hat mich doch direkt erkannt ... fantastisch war das. Die gesamte Genesungszeit lag Prinz, als Welpe, der noch trocken werden musste, mit mir auf dem Ehebett. Er kuschelte sich den ganzen Tag an mich und wenn er wach wurde, musste Monika alarmmäßig mit ihm raus, Pipi machen. So ist das bei kleinen Welpen, die pennen den ganzen Tag und wenn sie wach werden, müssen sie sofort Pipi ... und dann muss man sie ermutigen und rufen, Pipi zu machen ... Kacka zu machen und was nicht alles, damit sie wissen, dass das ganz toll ist, wenn sie das nur draußen machen ...

Haben die mich jetzt echt hiergelassen? …
als Prinz von Moni, Schwester und Schwager doch
noch abgeholt wurde, ein Schnappschuss auf Krücken –
sehr verwackelt, unser Trauzeuge und mit
Papas Karnevalshut- der Prinz kütt…

Prinz wuchs schnell und Monika wurde es echt langsam zu viel. Alles blieb ja an ihr hängen. Ich war ja ein Vollpflegefall nach der Rücken-OP ... bücken oder schwer heben und so weiter, ging ja noch nicht gut. Ein Nachbar meinte mal, als Monika mit Prinz zum Pipi-Machen draußen war, einen Riesenböller zünden zu müssen, obwohl er beide gesehen hatte und Silvester längst vorbei war ... Ich bin in Unterhose und Feinripp über die Straße und habe den vielleicht „zur Minna gemacht", weil Prinz dermaßen ein Knalltrauma hatte und jämmerlich gejankt hat. Vor Schreck und voller Panik ist er zig Kreise im Garten gerannt ... Ich habe den gefragt, ob er sie nicht alle auf der Reihe hätte oder, oder ... da hat er mal gemerkt, was es heißt, wenn ein Mensch eine kurze Zündschnur hat ... Dem Nachbarn tat es doch dann sehr leid und er hat sich sehr erschrocken vor mir. Als Nachbar hat er mich so noch nie kennengelernt. Aber wir waren danach umso dicker. Monika, Prinz und ich sind jetzt ca. 8 Jahre eine kleine GEmeinschaft. Ich würde ihn für nichts in der Welt eintauschen. Wenn man mich vor die Wahl stellen würde, Prinz ein Leben lang oder Schalke, ich würde sofort Prinz wählen. Schalke käme ohne mich bestimmt auch (schlecht) zurecht.

2022 hatte Herr Rehberg schon viel von Prinz gehört und ihn auch 2019 an unserem ersten Hochzeitstag mal kurz gesehen ... Er sagte immer: „Bestell deiner Frau schöne Grüße und dem Prinz auch." Das hatte er selten vergessen ... Ab und zu, wenn wir mit Freunden von ihm beim Fußball waren, fragte er auch schon mal: „Was macht der Prinz?" Die Freunde waren dann bestimmt immer was irritiert ... ... lach ... Irgendwann habe ich Herrn Rehberg mal gesagt, dass er mich doch gerne duzen könnte. Ich würde aber gerne beim „Sie" bleiben, weil ich das als angemessener empfinde. Herr Rehberg meinte, das sei doch albern ... „Wir kennen uns doch jetzt schon so lange, ich bin der Gerd und dann bist du halt der Michael, ist doch kein Problem, wir sind doch keine Kinder mehr." Dann sagte er, ob ich mit Monika und Prinz nicht mal zu ihm und seiner Frau auf einen Kaffee und Kuchen kommen wollte. Es war ein Samstag.

Wir wollten noch mit Prinz zur Linge Talsperre, um da Müll am Strand der Talsperre einzusammeln. Wir haben öfter mit Prinz Wanderungen durchgeführt und einer von uns beiden hat dann Müll gesammelt in der Zeit, wo wir Gassi gegangen sind. Irgendwie gibt UNS das viel, der Natur ein bisschen Respekt zu zollen. Macht uns das doch einfach mal nach ... Man muss ja nicht nur Unsinn nachmachen ... Peinlich ist mir das 0,0 und glücklich macht mich das 10,0.

Aber als Gerd sagte, dass wir mit Prinz kommen sollen, habe ich mit Monika überlegt, ob das nicht doch vielleicht für die „älteren Herrschaften" etwas zu stressig sein würde. Prinz ist ja ein großer Hund und kein kleiner Pfiffi. Dann rief ich Gerd noch mal zurück und sagte, ja wir kommen gleich auf einen Kaffee, aber den Hund lassen wir mal zu Hause, der ist etwas müde ... flunker, flunker ... Noch mal nach 5 Minuten rief Gerd wieder durch ... wir möchten doch trotzdem den Prinz mitbringen, seine Frau möchte ihn doch auch mal kennenlernen. Na, dann war es klar, dann fuhren wir halt mit Prinz nach Gelsenkirchen, auf einen Kaffee zum Ehrenpräsidenten von Schalke 04, ist ja normal, macht ja jeder schon mal ... Entschuldigung, aber mir wird das immer etwas irreal erscheinen. Als wir da waren, hatte Gerd für Prinz eine Riesenbonbondose mit Hundeplätzchen. Er riss sie auf und Prinz durfte seinen ganzen Kopf reinstecken. Gerd und seine Frau waren direkt mehr als nur akzeptiert... Uns war das ja fast peinlich, wie Prinz durch die Dose „fräste". Oh weia, ich dachte, *Gerd meint bestimmt, dass Prinz gar nix zu futtern bekommt, so griff er zu ...)* Wir verbrachten einen Supernachmittag bei Kaffee, Kuchen und Hundeplätzchen und als wir gefahren sind, habe ich mir eingebildet, dass die Rehbergs schon ein bisschen traurig waren, dass wir schon wieder gehen mussten. Aber demnächst möchte ich Gerd und seine Frau mal abholen und in Wipperfürth in ein Hotel einquartieren, um ein schönes Wochenende mit ihnen zu verbringen. Vielleicht bei schönem Wetter mit Gegrilltem oder Kaffee und Kuchen ... wie ihnen danach ist. Das wäre für uns eine Riesenfreude und Prinz würde sich auch freuen. In den Jahren dazwischen haben Monika, Prinz und ich unglaublich viele schöne Momente genossen ... Prinz ist soooo lieb ... nur wenn es an der Tür klingelt, rollt er den 4 Meter langen Läufer komplett auf Rolle ... Dann „geht er steil" vom Feinsten ... Wenn wir Besuch bekommen, habe ich manchmal Angst, dass sich einer den Hals auf der Treppe bricht ... aber alle kennen ja unseren Prinz mittlerweile ... Da ist ja auch eher ein Kumpel dran schuld ... auch ein Wilder ...

Dieser Kumpel kam im Welpenalter von Prinz mal durch den Keller hoch und hat dermaßen mit der flachen Hand vor die Wohnungstür gehauen, dass wir drei beinahe einen Herzinfarkt bekamen ... Prinz und Monika fanden das gar nicht komisch ... ich kannte ja den Wilden Freund ... und Prinz mag seit dem nicht mal eine Autotür knallen hören ...

Prinz hatte noch zwei sehr unschöne Erlebnisse ... beide Male mit nicht angeleinten, frechen Hunden ... Einmal wurde er geschnappt und einmal ergriff er die Flucht ... bis in die Bäckerei, wo er immer die friedlichsten Erfahrungen GEsammelt hatte ... Hier kannte man ihn und die Bäckereiverkäuferin rief meine Frau auf dem Handy an ... Sie ist dann von Nagelsbüchel bis zur Bäckerei im Norma gelaufen, so schnell sie konnte ... Kammerflimmern und Angst um unseren „Wichtigsten" in unserer Dreier-Kombi ...) Als er geschnappt wurde, war es tiefster Winter ... Es kamen 4 Personen mit 2 Hunden einen verschneiten Berg hoch ... Einer der Hunde war die große Liebe von Prinz ... Den anderen haben wir nicht wirklich erkannt ... dieser benahm sich erst teilnahmslos ... bis er aus dem Nichts auf Prinz zulief und angegriffen hat ... Ich traue eh keinem „fremden" Hund blind ... Ich versuchte, ihn im Sprung voll weg zu kicken ... ich merkte direkt, dass er es sehr ernst meinte ... auch das Größenverhältnis war sehr ungleich ... Mein Tritt misslang knapp und der Hund biss sich direkt in Prinz fest. Ich lag erst mal kurz im Schnee und Monika stürzte auf den fremden Hund ... Ich rappelte mich ruckzuck auf und sprang auch auf den Angreifer ... Frauchen und Herrchen hielten sich von der eigenen Bestie selbst auffällig lange fern ... Ich nahm meine Hand und brachte sie bis zum Anschlag in das Maul des Hundes ... Ich

habe mal gelesen, dass dann kein Hund mehr „kraftvoll" zubei-
ßen kann ... Das konnte ich ja jetzt endlich mal ausprobieren ...
Ich funktionierte nur noch. Ich hatte den Hund am Unterkie-
fer und daaaaannn kam das (feige) Herrchen gaaaanz langsam
und sagte: „Können Sie mal meinen Hund gefälligst loslassen?"
„Schöööönn, dass Sie auch mal kommen", maulte ich den nur
noch an ... wir waren außer uns ... Um ein Haar hätte ich alle
drei auch mal gebissen, Herrchen, Frauchen und den Hund ...
Wer an unseren Hund geht, muss absolut mit dem Schlimmsten von mir rechnen ... Erst stürze ich mich auf die/den Angrei-
fenden dann greift meine Frau ein und zuletzt darf Prinz selbst
mitmachen ... Ganz klar geregelt ist das bei uns... Wie bei den
Daltons ... schön der Reihe nach ...

Prinz musste beim Tierarzt behandelt werden ... Auf den Kosten blieben wir natürlich auch noch sitzen. Die Polizei verwies
uns ans Ordnungsamt und die Sachbearbeiterin machte einen
dermaßen miesen Job, dass ich heute noch auf sie sauer bin ...
Der Hund wurde angeblich „gesichtet", aber ohne mal mit anderen Hunden in Kontakt zu bringen ... Wir hörten, dass er noch
einige Male auffällig geworden ist und dann, aufgrund eines
Hirnschadens, eingeschläfert werden musste ... Viel Hörensagen war hier dabei ... aber alles unnötig ... Die Besitzer könnten
noch heute, ohne ihren Hund, etwas Reue zeigen, aber das Gegenteil ist der Fall, wenn wir uns über den Weg laufen, fliegen
Giftpfeile durch Blicke kreuz und quer ... Schade, aber da stehe
ich drüber ... Tiere sind nicht von Geburt an schlecht ... Ich kann
einen Dackel abrichten und aus einem Rottweiler eine Schmuse-
katze machen ... Wir waren Nobodys als Hundebesitzer ... Mit
Zeit, Liebe und Hingabe haben wir einen wunderbaren Hund
und trotzdem einen tollen Aufpasser hinbekommen ... Er bellt
schon mal heftig, wenn jemand kommt, der ihm komisch vor-
kommt. Auch einfach in den Garten zu kommen, mag er nicht.
Wenn wir den Besuch abholen, ist alles gut. Nichtsdestotrotz ist
Prinz aber unendlich lieb ... Lieber als ich ... das steht fest ... lach
    Eines Tages im Winter sind Prinz und ich zu seinem Lieblings-
ort gegangen, hinterm Haus auf einem großen Feld. Die große

Wiese ist stark abschüssig und Prinz geht dort unheimlich gerne hin ... um sie herum sind überall Bäume ... trotz Borkenkäfern, Gott sei Dank, noch reichlich ... Es hatte die Nacht vorher heftig geschneit und als wir die Runde fast zu Ende hatten, kamen 7 oder 8 Rehe direkt vor Prinz aufs Feld – Entfernung zu Prinz, maximal 4 Meter ... Alle Rehe blieben stehen und guckten Prinz an und er die Rehe ... Ich sagte leise, dass er „Sitz" machen soll ... bis ich die Handschuhe ausgezogen hatte und das Handy am Start hatte, sind die Rehe leider 10 Meter weiter in das Feld gegangen ... Ich konnte zwar noch zwei, drei Fotos machen ... aber das ultimative, wo Prinz vor denen gesessen hat, leider nicht ... das wäre das Tier-Foto des Jahres geworden ...

Im Sommer sind wir auch gerne mit zwei Klappstühlen und zwei Radlern auf dem Feld ... Die Stühle und die Radler sind dann für Moni und mich ... ist ja hoffentlich klar. ☺ Und die andere große Freude von Prinz ist ja das Schwimmen ... Mittlerweile hat er schon das goldene Seepferdchen und an der Linge geht er locker 20 bis 30-mal ins Wasser wenn wir drumherum Wandern ... da müssen wir dann aufpassen, dass er sich nicht übernimmt ... wenn er dann schon langsam blaue Lippen hat, fahren wir 3 dann auch meist nach Hause ...

Michael ist meine zweite, große Liebe, er ist ein gutmütiger und wundervoller Ehemann, wir führen eine lebhafte Ehe, wo es auch mal kracht ... aber das ist ja nie so schlimm ...
Ich kann mich aber zu 100 % auf ihn verlassen, er steht zu mir, auch wenn er nicht immer alles richtig bei mir findet ... wie andersrum auch.
Er hat mich schon viel gelehrt in unserer gemeinsamen Zeit, vor allem, etwas mehr Geduld zu haben und dass es mehr als nur Schwarz und Weiß gibt. Dafür bin ich ihm sehr dankbar.
Er hat mit anderen unendlich Geduld und gibt vielen noch die tausendste Chance, aber wenn er es als vorbei ansieht, dann ist es auch vorbei. Dabei bleibt er sehr konsequent, ein Steinbock

eben... Ich kenne keinen auf dieser Welt, der so seinen Mann
steht, Respekt hat er vor jedem und allem, aber Angst ... Angst
hat er nur um die, die ihm wichtig sind ...
Mein Vater war auch sehr stolz auf ihn. Michael hat mit sei-
nen Ideen (z. B. Sky-Fußball) Papa noch tolle Jahre nach dem
Tod meiner Mutter ermöglicht ... Immer, wenn was nicht lief,
ist Michael mit einem Teller Gyros zu Papa und hat, beim Ein-
stellen vom TV, mit ihm gegessen ... Michael ist ganz wenig
zu viel. Manchmal ist er zwar etwas unordentlich oder fängt
gefühlt 100 Sachen an, aber das zeugt angeblich von hoher
Intelligenz und ist dem Malerjob geschuldet ... sagt er zumin-
dest. Das mit der Intelligenz habe ich selbst mal gelesen und
ich habe mich sogar drüber aufgeregt. Für mich ist Michael
sehr oft der Weise.
Der Unterschied zwischen dem Klugen und dem Weisen ist: Der
Kluge lernt aus seinen Fehlern, der Weise lernt vom Klugen.
Auf weitere so schöne Jahre, aber gerne weniger schwere ...

Deine Moni

„Gastkommentar" von meiner Frau Monika

Monika ist ja meine zweite Ehefrau, nicht gleichzeitig, sondern
hintereinander, versteht sich ... wir sind uns auf der Arbeit begegnet, und zwar an Weiberfastnacht ... Sie erinnerte mich, an
eine damalige gute Freundin, die ich auch immer nett fand. Sie
hatte zwei Kinder und einen lieben Mann ... deshalb war für
mich sonnenklar, dass es eine gute Freundin bleiben sollte ...
Mit Moni bin ich jetzt schon über 15 Jahre zusammen und 5
Jahre verheiratet ... Ich bin der Überzeugung, dass sie mich
liebt, wie noch keine vor ihr ... Irgendwie waren meine anderen
Mädels immer irgendwann anderweitig interessiert oder meiner überdrüssig ... Natürlich lag es auch an mir – zum Trennen
gehören ja immer zwei ... Schalke und einen *fleißigen* Maler als
Partner zu haben und das noch mit einer großen Familie und

einem riesigen Bekanntenkreis ... da wurde von mir viel Zeit ... ich sage mal, suboptimal verplant ... Als Steinbock bin ich auch nicht gerade einfach in der Haltung ... Und günstig auch nicht. Meine Wünsche gehen immer direkt ins Geld ... Ehrlich gesagt, merkte ich es erst immer scheibchenweise, dass ich in vielen Dingen wohl hauptsächlich praktisch war ... beliebt natürlich auch, aber das kam gefühlt mit etwas Zwischenraum danach ... Als ich 2011 eine Stelle mit Leitungsfunktion bekam, beendete ich die Selbstständigkeit als Maler wieder ... Monika wollte und sollte auch nicht wieder nur hinten anstehen ... Mit Monika führe ich zwar auch die lebhafteste Beziehung „ever" ... aber auch ich kann mich auf sie 100%ig verlassen ... Wir waren quasi beide wie Treibholz ... Sie kam den Rhein „raff un ich die Wupper runner" ... Auf Höhe Leverkusen haben wir uns echt verknallt und kommen mit unserem Prinz jetzt schon 8 Jahre sehr gut zurecht ... Wir führen ein Leben, das wir nie für möglich gehalten hätten, zwar ohne oft in Urlaub zu fahren, aber wir haben quasi täglich, nach der Arbeit, etwas Urlaub ... Wetter ist eh zweitrangig ... Zur Not pennen wir mal ein, zwei Nächte in unserer superkleinen Ferienwohnung im Souterrain ... WWW-ferienwohnung-in-wipperfürth.de ... man weiß ja nie ... Aber Moni und ich hoffen, zusammen noch etwas älter zu werden und vielleicht irgendwann noch einmal woanders weiterzumachen ... vielleicht in GE ... Dann gibt es Schalke, so viel ich vertrage, und zwei Dauerkarten für die ZOOM-Erlebniswelt ...

Geheiratet haben wir am 19.04.2018. – das Datum war auf meinem Mist gewachsen. Damit ich den Hochzeitstag nicht so oft vergesse ... lach ... Als Moni und ich über die Kleidung für unsere Hochzeit sprachen, war meine Idee, dass wir ins Städtchen gehen und uns was Schönes dafür kaufen ... Monika meinte aber, ob es nicht klar war, dass wir in Schalke-Trikots heiraten. Ich habe natürlich halbherzig und sehr leise versucht, sie umzustimmen ... „Na gut, dann heiraten wir halt in Schalke-Trikots ... Was soll es." ... lach ... Als ich in GE-Buer an dem Morgen den Blumenstrauß habe machen lassen, bekam die Floristin „einen echt über sich" ... Da kommt zwei Stunden vor der Trauung ein Typ im Trikot rein und bestellt mal einen Brautstrauß zum Mitnehmen ... Die hatte ihn echt gut hinbekommen ... war aber die ganze Zeit mit dem Kopf am Schütteln ...

Auch waren wir nicht die Einzigen im Schloss Horst, die sich am 19.04. trauen ließen ... nur die Einzigen mit einem Hund als Trauzeugen, ohne Festgesellschaft und im Trikot ... Die Bräutigame waren echt gerührt wegen der Trikots ... die Bräute waren eher nicht so amüsiert darüber ... komisch, ne? Schön, wie das Leben schon mal spielt ...

Jetzt würde ich gerne noch auf ein von mir sehr geschätztes Hobby kommen ...

nicht Gartenarbeit ... obwohl an mir auch ein Prima-Gärtner „vorbei gegangen" ist ... Das ist trotz der sichtbaren Erfolge, immer noch harte Arbeit ... ich meine ...

Musik hören ...

Musik zu hören, ist 100%ig von meinen Brüdern anerzogen worden ... Ein Bruder hatte zu den jeweiligen Zeiten, Top-Stereoanlagen und viel Geld für Platten und Tonbänder ausgegeben ... In Marios Plattenshop, in Wipperfürth unter dem Burgtheater, unserem Kino, war er Stammgast ... Von „The Sweet" hatte er fast alle Alben, würde ich sagen ... Scheinbar habe ich, mit meinen Brüdern automatisch die gleiche Musik gehört ... klar, ich war noch ein „Kacker", aber hören konnte ich ja schon früh ... Musik gut und den Rest eher semigut ... Zur Konfirmation hatte ich etwas Geld bekommen und habe mir davon meine erste Kompaktanlage gekauft ... Damals lief auf SWF3 sonntags noch die Hitparade ... ich meine, mit Frank Laufenberg!? Ich könnte gucken, ist aber nicht so wichtig ... Wir versuchten immer, die guten Stücke mitzuschneiden ... Anfangs unter der Bettdecke mit einem Kassettenrecorder ... um Mama nicht immer mit drauf zu haben ... Mama hatte eh die geilsten Sprüche drauf ... natürlich auch mein Onkel oder meine Tante ... die Sprüche würden ein eigenes Buch füllen ... Mama rief immer, wenn sie ihr Radio in der Küche nicht mehr hörte und meine Schwester und ich gleichzeitig die 80 Quadratmeter Wohnung beschalten ... „Macht mal leiser ... Ich komm mir vor wie auffe Kirmes." Einmalig war der Spruch immer ... Ich erinnere mich, dass meine 2 ersten Singles, von Marios Plattenshop, „You Drive Me Crazy" und „Green Door" von Shakin' Stevens waren ... Hierfür bin ich, mit jeweils 5 Mark von Mama, 7 km nach Wipperfürth gelaufen und wieder zurück ... Die neuen Singles liefen dann nonstop und Mama sagte: „Booooo, ich kann die schon langsam rückwärts flöten ... Geh mal an die frische Luft." Als ich 1988 in die Lehre kam, hat mir Mama noch meinen ersten CD-Player vom Otto Versand ausgegeben ... Ab dann habe ich echt unheimlich viel Geld in CDs eingetauscht ... Marios Plattenshop war da schon zu, als die Musikbranche auf CDs umstieg. Die Besitzerin des CD-Shops war eine ehemalige Freundin meiner Schwester ... eine ziemlich hübsche ... aber egal ... Sie hat an mir enorm gut verdient. Ich konnte so gut wie nix ohne Mucke. Meine jüngste Schwester hat mir von ihrem ersten selbst verdienten Geld einen Wahnsinns-Walkman gekauft ... von Grundig ... ziemlich teuer zu dem Zeitpunkt ... das war ein echtes Highlight an Geschenken ... obwohl ich einen kleinen Schalke-Sticker auch immer supi fand ... Der Walkman war aber auch an einem heftigen Abflug mit dem Fahrrad schuld. Als das Lied „Baby Jane" von Rod Stewart lief, bin ich in Rekordzeit den Berg runter gefahren ... ich musste weit spitzer als 90 Grad links abbiegen. Die Bodenwelle hatte ich vor lauter Mucke nicht bemerkt ... ich konnte gar nicht links abbiegen ... mit einem Sprung auf einen halben Meter Höhe ... gegenüber bin ich voll in einem Stacheldraht gelandet ... Neue Jeans und Parka am Arsch ... Kopfhörer krumm wie Sau ... oh je ... was erzähle ich der Mama ... Der Kopfhörer wurde geradegebogen und Parka und Hose geflickt ... schön scheiße sah das aus ... dafür, dass das die neusten Kleidungsstücke waren ... Gott sei Dank habe ich mir aber dabei nichts getan.

Seitdem achte ich auf meine Kleidung, dass es fast nicht mehr normal ist ... was mir gefällt, wird, bis es „auf ist", getragen ...

zur Not noch ein Jahr im Garten ... Nachhaltig zu leben, ist mir auch ein WERT ... Manchmal braucht es halt DAS Erlebnis ...

Autos bekamen später als Erstes den Schalke-Sticker oder den Wimpel an den Spiegel und, je nach Budget, eine tolle Musikanlage... Da konnte meist nur Ingo mithalten ... Der toppte mich immer mit den Anlagen im Auto ... Zobel Rap war halt stadtbekannt ... Ingo richtet ja jährlich wunderbare Feuerwerke aus. Auf den meisten Schützenfesten im Bergischen wurde er engagiert. In Wipperfeld, seinem Heimatdorf, machte er ein phänomenales Feuerwerk mit Hintergrundmusik. Es kommen unheimlich viele Zuschauer, um das mitzuerleben. Direkt nach Ingos Musikanlagen in den Autos kam ich aber dann schon ... Am besten war es, mit der Sony-Anlage mit 10 FACH Wechsler im Kofferraum, das war schon vom Feinsten damals ... Auto fahren ohne Musik, unmöglich war das ... In Discos machte ich schon sehr früh einen „auf Stenz" ... an der Bar gab ich der Bedienung, ob männlich oder weiblich, direkt 10 oder 20 Mark, ab dann brauchte ich nur noch aus der 8. Reihe bestellen ... das war schon etwas prollig, aber auch wertschätzend zugleich wie ich fand ... Die Disse-Zeit war schon top ... Da gab es nie bis selten Stress ... Wir waren auch Super-Kumpels ... Abstoß 6–10 waren immer die Chefs im Ring ... 3–4 Jungs waren wir immer ... ich war der Jüngste, aber nicht der Uncoolste ... lach

Als ich dann später mit Simone S. zusammen war, sind wir auch ab und zu auch zu Konzerten gegangen ... Mein erstes Konzert war in Koblenz auf dem Aschenplatz, wo ein paar Jahre vorher meine Bundeswehr Vereidigung stattfand ... Bon Jovi live ... Von ihm hatte ich vorher noch nichts gehört ... bis er die ersten Lieder angespielt hat. Mein Kumpel aus Abstoß hatte als Heavy-Metall-Fan alle Lieder von ihm ... ASTREIN ...Ich sehe den live, wo mein Kumpel von damals, ihn so angehimmelt hat ... Etwas doof war nur, dass die jüngere Schwester von Simone samt Freundin mit wollte ... Nicht, dass ich die beiden nicht mochte, aber ich wusste ja auch nicht, was da los sein würde ... Als wir weit vor dem Konzert auf der Freifläche ankamen, machte die Technik noch einige Soundchecks ... Boxen aufgestapelt wie Legosteine ... 10–20 m hoch und breit **pro Bühnenseite** ... Ich schwöre ... beim Soundcheck bebte nicht nur meine Hose ... unglaublich ... Ich guckte und staunte nicht schlecht ...

Simone und ich sind, weiß der Geier, wo geblieben ... Die beiden jungen Mädels wollten vorne an die Bühne. Ich dachte, die wissen schon, was sie machen. Ich fühlte mich nur als Fahrer der Mädels ... ich hatte ja keine Ahnung. Als das Konzert um 22/23 Uhr zu Ende war, haben wir vier uns am Auto verabredet. Die beiden jungen Mädels kamen und kamen nicht ... Handys waren ja noch lange nicht in Sicht. Als die zwei jungen Mädels immer noch nicht kamen, haben Simone und ich angefangen zu suchen. Irgendwann haben wir Simones Schwester gefunden ... sie berichtete, dass ihre Freundin vor der Bühne kollabiert ist und über die Menschenmengen rausgetragen wurde ... Mir wurde ganz anders ... Ich war der Fahrer und der Älteste ... ich hätte im Strahl kotzen können ... Wir klapperten jedes Sanitätszelt ab, um irgendwann zu erfahren, dass das Mädchen in ein Krankenhaus gebracht worden war ... Ich wäre fast ohnmächtig vor Zorn geworden ... Ich weiß es nicht mehr, aber ich habe 100%ig einen mittleren Anfall bekommen ... Wir sind zu dritt nach Wermelskirchen und hatten echt Muffensausen, dass das Mädchen was Schlimmeres mitgemacht hat ... oder dass die Eltern mir Stress machen würden ... Das war das erste und letzte Mal, dass ich für so ein Event mir so viel Verantwortung aufgeladen habe...

Ich habe in die Nacht nicht ein Auge zugemacht. Am anderen Tag kam die Entwarnung ... der Papa des Mädchens hatte seine Tochter dann selbst aus Koblenz abgeholt ... Das war mein erstes Konzert ... toll und echt doof ... alles an einem Abend ... Grönemeyer, Ramazotti und Carpendale habe ich auch noch live gesehen ... alle waren toll ... Simone war ja zu dem Zeitpunkt schon krass Fan von PUR ... Meine Schwägerin, die Frau von meinem älteren Bruder, hat ja auch noch zwei Brüder ... einer machte in Fotografie und der andere spielte in einer Band, die Band hieß „Opus" ... so viel wusste ich noch ... Irgendwann waren Simone und ich bei meinem Bruder und meiner Schwägerin zu Besuch.

Irgendwie kamen wir dann auf Musik und so … Als meine Schwägerin dann zur Simone sagte, dass ihr Bruder ja Bassist in einer Band wäre … Ich habe da scheinbar einiges nicht mitbekommen … Simone fragte natürlich: „In welcher denn??" Meine Schwägerin sagte: „Bei PUR … Michael weiß das doch …" Simone ist fast umgefallen … Die hat mich vielleicht angeguckt … „Ich dachte, war das nicht bei OPUS!?", fragte ich noch mal.

„Ne, Michael, die mussten sich doch umbenennen, als die österreichischen Opus ‚Live Is Life' rausgebracht haben … seitdem heißen die doch PUR …"

Noch bevor ich mal Karten organisieren konnte, war mit Simone Schluss …

Da sieht man mal … selbst mit so einem „Schwippschwapp"-Schwager konnte ich das nicht verhindern …) Meine Schwägerin hat mich und meine jeweiligen Lebensabschnittsgefährtinnen öfter mit zwei VIP-Karten versorgt … inklusiver After-Show-Party … Das waren immer tolle Erlebnisse … natürlich in „meinem Wohnzimmer"… AUF Schalke … Meine Schwägerin habe ich auch immer sehr gemocht. Ihre Brüder und die Eltern waren auch immer sehr nett zu mir.

Eines Tages sollte in Bergisch Gladbach George McCrae im Les Fleurs auftreten … der, von dem mein „Schalke"-Bruder die Single mit dem orangen Cover hatte. Ich musste den unbedingt sehen. Leider ist mein Bruder nicht ins Bergische gekommen. Ich habe den Abend sehr genossen und kam zur Verwunderung meines braungebrannten Dachdeckerkumpels gut bei den Mädels an … Mein Kumpel wollte dann zügig heim … ich hätte noch gut bleiben können … lach … Da wäre was gegangen …!!! Wipperfürth hatte auch ab ca. 1992 wieder eine Disco … eine doppelstöckige … Das Kesselhaus … eine tolle Location … auf dem ehemaligen Gelände der Bekleidungsfabrik MÜLLER WIPPERFÜRTH. Viele schöne Abende haben wir dort gehabt, wenn DJ RENÉ Köhler aufgelegt hat, war es am schönsten und es wurde regelmäßig „früher" als später … René hat mich mal an der Empore gesehen … René wusste anscheinend von meinen Turbulenzen von 2007–20xx. Als er mich sah, machte er eine Durchsage:

„Schön, dass du heute da bist, CHAAAAAAAARLYYYYYY ILCCCCHMaaaannnnn ..."

Ich dachte, ich höre nicht richtig ... *„In Wipp bin ich nicht komplett unbekannt ..."* Ich guckte zum Mischpult und René machte den Daumen hoch ... für mich ...

Dafür, dass wir uns so gut auch nicht kannten, war das eine unheimliche tolle Wertschätzung – René, ich danke dir heute noch dafür, weil es von dir kam, aus freien Stücken ... das war stark ... in dieser Zeit war das ein Riesenpflaster auf meine ramponierte Seele ... Ich hoffe, es ist okay, wenn ich mich hier und so noch einmal bei dir bedanke!

DJ Ulli. aus Wipperfürth sieht in mir immer den S04 – komisch, ne? Da musste er auch einen Gruß in voller Hütte senden – das war in der Drahte (Alte Drahtzieherei, wo heute René der Geschäftsführer ist ...) ... das ist auch immer irgendwie eine schöne Wertschätzung ... ein Highlight ... gerade, wenn man so gar nicht damit rechnet und mit sich am Ringen ist. Man muss nicht meinen, dass die am ganzen Abend die zwei, drei Leute da begrüßen ... das hat schon weitaus mehr Stil ... ... das sind Botschaften, die spontan passieren, nichts Gekünsteltes und nichts Abgesprochenes ...

Heute höre ich immer noch gerne Musik ... es kommt zwar in der „Prioliste" extrem zu kurz, aber ab und zu knöpfe ich mir entweder die alten CDs vor oder gehe in meine zusammengestellte MEGA Musik Datenbank ...

Komischerweise höre ich immer noch gerne die Top 100 Single Charts und gehe da gut drauf ab ... Auch hier werde ich scheinbar nicht älter ... zumindest vom Musikgeschmack ... zurzeit ist mein Lieblingsstück „Komet" von Apache 207 und Udo ...

Apache 207 ist sogar mein Lieblingsinterpret seit 2–3 Jahren ... dafür riskiere ich sogar Stress mit meinem Schatz beim Cabrio fahren – sie findet andere Musik besser ... Ich höre den sehr gerne und würde ihn auch mal gerne kennenlernen. Die Texte spiegeln oft mein eigenes Leben ... Aber ich höre dermaßen viel unterschiedliche Musik und wenn ich in meinem

Partykeller zu Geburtstagsfeiern eingeladen habe, fühlte ich mich als DJ-Newcomer sehr wohl. Die Gäste blieben immer bis weit nach Mitternacht …

3 von meinen Zigtausend Lieblingsliedern sind: „Über sieben Brücken musst du gehen", wahlweise von Karat oder Peter Maffay, „So bist du" von Peter Maffay und „Hier ist ein Mensch", von Peter Alexander, hier würde ich gerne das Wort Haus gegen Herz tauschen … Hört selbst mal rein … Das sind Botschaften und nicht nur Lieder …

Einschränkungen machen keinen Spaß, sie schränken halt auch ein …

Körperlich bin ich leider schon ziemlich durch … Ich habe immer bis zur Grenze alles gegeben, oft auch unvernünftig, falsch und bis zur völligen Erschöpfung – von nix kommt nix, war das Motto. Der Körper ist wie ein großer Bierdeckel … irgendwann kommt die Abrechnung. Bei dem einen vorher, bei dem anderen etwas später. Selten geht er ganz „unter". Das Versorgungsamt macht mich deswegen noch echt bekloppt. Früher sind Leute „kaputt" geschrieben worden, die Spliss in den Haaren hatten … Heute reichen 2 DIN A4 Seiten Einschränkungen nicht aus, um an die 50 % im Grad der Behinderung zu gelangen. Ich könnte lediglich die 5 Tage für die „Freistellung" zum Verschnaufen gebrauchen … Ich denke aber, dass die Sachbearbeiter Anweisungen haben, alles abzulehnen wegen der Gefahr, dass man danach auf Frührente geht … Ich könnte mir aber eine Frührente finanziell gar nicht leisten … demnach wäre eine Reform mal dringend angesagt … z. B. die zusätzlichen Tage für eine Arbeitsbefreiung schon ab 40 % im Grad der Behinderung zu erteilen oder alle 10 % einen Tag, oder ab der Gleichstellung … Alles wird reformiert, gefühlt … aber immer zu spät oder weltfremd und schwachsinnig … Wahrscheinlich, wenn ich das letzte Mal über die Wupper gegangen bin … dann tut sich da was. Die meisten

Einschränkungen stehen ja hier schon drin, ist auch nichts zum Angeben ... Der Tremor, den ich seit Kindheitstagen habe, ist alleine schon sehr unangenehm und schlimm – körperlich sowie psychisch. Die Beschwerden im gesamten Rücken und gelegentliche Kopfsachen, wie Sehstörungen, Tinnitus und Migräne, das zerstörte Knie und Hautirritationen sind mittlerweile Kinderteller für die im Versorgungsamt ... Traurig und unverständlich in meinen Augen, aber ich bin ja stark ... ich höre auch hier nicht auf zu kämpfen ... das kann so nicht mehr richtig sein ...

Stress vermeiden, Teil II

Ich war ja noch das zweite Erlebnis schuldig, wo ich souverän Stress vermieden habe ... Ich bin ja *früher* fast ausschließlich in die Penne gegangen ... in die Villa, heute Brauhaus, waren mir immer zu „schön gespritzte" ... Die Penne ist etwas „uriger", dunkler, aber auch sehr gemütlich (heute gehe ich auch gerne ins Brauhaus, Marco mag unseren Prinz und wir das Brauhaus ...). Als mein ältester Bruder und meine Schwägerin mal wieder in Wipperfürth waren, sind wir mal einen Abend „chic" ins Neyetal essen gegangen ... Danach wollten wir noch in der Stadt ein, zwei Bier an einer der zahlreichen Theken trinken ... Ich entschied mich wegen des bislang gediegenen Abends für die Villa. Wir stellten uns zu viert hinten an der Ecke zur Küche an die Theke. Ich war an diesem Abend überhaupt das allererste Mal mit meinem großen Bruder in MEINER Stadt einen trinken ... ich war irgendwie stolz und glücklich zugleich ... Ich musste nonstop gelächelt haben. Auf einmal kommt ein kräftiger Typ zu mir. Ich dachte, der würde nach Feuer fragen, oder so. Er meinte dann, warum ich ihn denn so anlachen oder auslachen würde ... Ich sagte, dass ich ihn gar nicht bemerkt hätte und nur so in der Gegend rumlächeln würde ... Er wiederholte seine Vermutung noch auf weitere zwei, drei Varianten ... Dann wurde es mir echt zu bunt ... ich hatte meinen großen Bruder und meine erste Frau und meine Schwägerin dabei ... Es galt einmal mehr, extrem Ruhe zu bewahren und die Sache irgendwie wegzumoderieren ... Ich beugte mich zu dem Typ hin und flüsterte ihm, dass ich mit meinem großen Bruder einen schönen Abend verbringe, möchte und dass ich gute Laune hätte. Ich ergänzte, dass die sich aber gerade ändern würde. „Ich sage dir jetzt zum allerletzten Mal, dass ich dich nicht böswillig angelächelt habe..." Dann fragte ich den Typ, ob er in Wipp in eine Muckibude gehen würde. Der junge Kerl war schon imposant in seiner Erscheinung ... Er sagte: „Ja!", und machte sich noch etwas „gerader". „Am Stauweiher ..." Ich sagte: „Ahhhh, bei Axel und Marco. Axel und Marco kenn ich sehr gut ... und wenn du jetzt nicht abschiebst, gehe ich Montag zu den zwei und zahle deinen Beitrag für 1 Jahr und sage den Beiden, dass sie dir mal eine Denkpause geben sollen. Du kannst dann in den Busch gehen und ein paar Bäume umschubsen, um Muskeltraining zu machen ..." Ich wurde jetzt echt „ungehalten". Der liebe Jung sagte dann: „Achhhhh, vom Lifetime kennen wir uns ... ahhhhh, jetzt weiß ich ..." Er gab mir seine Hand und er dackelte wieder in seine Ringecke ... Meine Schwägerin fragte direkt, was der denn wollte. Mein Bruder sagte nur: „Ärger, aber Michael hat das gut geregelt ..." Gut hieß bei meinem Bruder: EXTREM GUT mit Sternchen ...

„Kurze" Aufklärung, warum ich meine, dass mein ältester Bruder vielleicht der Stärkste war, der „vielleicht" jemals in Wipperfürth lebte ... Mein Bruder war in GE noch dem Ringen verbunden. In Wipperfürth ist er zum Judo gekommen. Er trainierte mit einem Kollegen dann die Vereinsmitglieder aus dem Wipperfürther Judo-Club oder wie der auch immer hieß ..., erst in der „Gummizelle" der Hauptschule und danach in der Berufsschule auf der Ringstraße. Ich habe leider nur kurz unter ihm da mittrainieren können. Nach dem gelben Gürtel war für mich leider schon wieder Schluss. Ich weiß nicht, ob er da nicht schon wegen seines Studiums ins Süddeutsche gegangen ist, oder, oder ... Beim Judo waren unglaublich viele aus meinem schulischen Umfeld.

Wir waren alle Kinder und mein Bruder hat schon mal mehre auf einmal zum Tänzchen auf die Matte mitgenommen ... alle hatten meist ihren Spaß dabei. Bis einer der Jungens ihn mal gekniffen hat. Das zählt im Judo als extrem unsportliches Verhalten. Das wurde direkt auf der Matte sanktioniert ... Klar, für mich und die Jungs in meinem Alter war mein Bruder immer Goliat ... Ich bin an ihm immer im Wohnzimmer permanent vorne hoch und hinten wieder runter gekrabbelt ... stundenlang ... bis er keinen Bock mehr hatte ... zur Not gab es für mich dann eine Einschlafpille ... Es war ca. 8–10 Jahre, nachdem er aus Wipperfürth weg war ... Da jobbte ich ja in der Elektrofabrik in Abstoß. Mit dem Außendienst-Mitarbeiter fuhr ich dann ab und zu zu den Baumärkten ... Der junge Mann sah aus wie Tarzan ... Muckis ohne Ende ... Er erzählte mir, dass er im Boxclub Wipperfürth sei – einer der Trainer dort ... Als er mich nach meinen Nachnamen gefragt hatte, fragte er, wie mein Bruder heißen würde. Ich sagte: „Welcher denn? Ich habe zwei ..." Er fragte: „Macht einer Judo?" „Ja, der ältere." „Daaaaaaassssss ist dein Bruder?" „Ja, wieso? Was ist denn mit dem?" „Boooo, ich will ja nichts sagen, aber der ist der Oberhammer, der Kerl! Es gibt nicht einen im Judo, der den bezwingen könnte ... Da hilft nur ein Freilos..." Mensch, war ich stolz. Eine richtige Boxgröße aus Wipperfürth sagte, dass mein Bruder eine „Maschine" wäre ... Diesen Mann habe ich jetzt noch mal vor einer Woche nach nunmehr 40 Jahren wiedergesehen. Er ist immer noch Boxtrainer in Wipperfürth und immer noch fit wie sonst was ... Er wusste immer noch, wer ich bin und vor allen Dingen, wie mein Bruder mit Vornamen heißt ... auch, dass er der Wahnsinn auf der Matte war. Der Boxer hat ihn nach nunmehr 40 Jahren NICHT vergessen, unglaublich finde ich das ... Die Jungens, die mit mir beim Judo waren, fragen heute noch: „Charly, was macht denn dein Bruder?" Als ich in Niedergaul eingezogen bin, half mir ein Schreinermeister mit seinem Bruder, etwas vom Vorbesitzer noch fertigzustellen ... Auch die beiden waren mit oder bei meinem Bruder beim Judo ... ca. so alt wie mein Bruder selbst, auch die sprudelten vor Erlebnissen bzw. erzählten sich gegenseitig von Schmerzen, als sie erfuhren, dass das mein ältester Bruder war … ich musste echt lachen. Und das vorletzte Mal, als mich jemand auf meinen Bruder angesprochen hat, war 2020, also sage und schreibe wieder fast um die 35 Jahre her … Einer der Autoschlosser vom Agathaberger Weg oberhalb von meinem Haus, der mit den längeren Haaren von beiden, fragte, ob ich einen Bruder hätte, der UWE heißt. „Nö, so ähnlich", sagte ich. Er jedenfalls kannte einen „UWE" Ilchmann, der Judotrainer war. Der kam vom Ringen … „Ja, das kommt hin, außer der Vorname … das ist mein Bruder." Der Autoschlosser erzählte ohne Ende, was mein Bruder für ein Typ war … „Beim O-uchi-gari hast du dir die Ferse gebrochen … Wenn der dich hatte, hast du sehr zügig auf die Matte geklopft … sonst auaaaaaa ohne Ende …" Ich hatte Tränen in den Augen, nicht nur vor Lachen … Es mag ja sein, dass es vielleicht noch den einen oder anderen Landwirt gibt, der mehr Kräfte hat oder hatte, aber im Leben niemanden, der sich über rein sportliche Leistungen so lange in irgendwelchen Erinnerungen gehalten hat … 40 Jahre später von einem Sportkollegen noch zu schwärmen … das sagt doch alles, oder? Wenn man mich deswegen nicht regelmäßig angesprochen hätte, wäre es hier nicht aufgetaucht – versprochen, lieber Bruder …

Mein anderer Bruder ist ja im Fahrradfahren ungefähr so weit vorne, aber das kommt noch … Meine Schwestern waren auch immer toll zu mir, alle, die älteste war ja zu weit weg … sie gefiel mir optisch immer am besten, wenn man das über seine Schwester sagen darf … Ich fand sie wirklich immer sehr hübsch … Die mittlere war die Fleißigste von uns allen und die jüngste meine beste Freundin …

Ich konnte mich an sich nicht beschweren …

Bevor wir zum Radfahren kommen, noch der Abschluss von „meinem" Schalke ...

Zur Amtsübernahme von Christian Heidel habe ich mich das erste Mal für einen Redebeitrag zur JHV auf Schalke angemeldet ... Da bekommt man großzügigerweise ganze 3 Minuten Zeit zum Vortragen ... Die Jahreshauptversammlung fand in der Veltins-Arena statt und es waren ca. knapp zehn- oder elftausend Mitglieder anwesend. Die Redebeiträge fanden meist leider wenig Beachtung, weil sich unheimlich viele zu den anwesenden Ehemaligen und aktuellen Spielern aufmachten, um Autogramme zu bekommen und Fotos zu machen. Ich hatte mir das Thema „Marketing und den Fanshop" vorgenommen, um mal für Innovationen zu werben. Des Weiteren habe ich eine Schalke-CD mit ca. 70 S04-Liedern zusammengestellt, um Herrn Heidel ein Begrüßungsgeschenk zu machen, wo der S04 glorreich besungen wird. Ich, der früher vor meiner eigenen Grundschulklasse nicht einmal einen Einzeiler vortragen konnte, stand am Rednerpult auf der JHV vom FC Schalke 04 und sprach dies und das an, vor nicht wenigen Leuten. Ich dachte: *„Geht doch."* Das nannte ich mal, die angebliche Komfortzone um Lichtjahre verlassen ... Im folgenden Jahr hatte ich aber die Faxen dicke ... Ich war wegen der Kaderplanung vom neuen Manager entsetzt. Meine Dauerkarten bekam ich nicht mal mehr an den Mann, wenn ich noch Geld geboten hätte ... Ich hatte jetzt 2 Jahre unseren Hund Prinz für dermaßen schlechte Leistungen traurig am Zaun zurückgelassen ... Früher war das für mich ein Festtag, da wurde das Auto gewaschen und geschmückt. Gegner spielten für mich keine Rolle ... Hauptsache, gewonnen und ich war dabei ... Jetzt, nach dem ersten Jahr Heidel, war der Spieltag nur noch wie ein verfluchter Termin beim Zahnarzt ... da tat mir schon auf dem Hinweg alles weh. Auf der JHV, als Domenico Tedesco anfing, hatte ich nochmal einen Redebeitrag ... was habe ich geschimpft. Ich habe unseren Manager gefragt, ob er eine Umzugskiste noch nicht ausgepackt hätte ... mit einem Telefonbuch, wo gut und günstig drauf stehen würde. Ich sagte,

dass ich enttäuscht wäre, dass er nur teuer und schlecht einge-
kauft hätte ... Dass wir ihn anders kennengelernt hätten, dass
er uns früher immer Wasser als Schampus verkauft hätte und
das für „eckig" Geld ... Dann habe ich Domenico konkret angesprochen, ob er die „Grazien" (Wortwörtlich) nicht vorher mal
angesehen hätte. „Die können gar nix ... Ball stoppen, gucken,
passen ... alles eine Katastrophe ... die spielen sich die halbe Zeit
in die Hacken und der Ball bleibt in der Wiese liegen, wenn die
nicht rappelkurz ist ..." Ich war auf 2000 ... Ich habe auch gesagt, dass ich nach 17 Jahren echt die Nase voll hätte, ob der
Leistungen ... mir würde nichts einfallen, was ich in meinem
Job als Maler so mies machen müsste, damit ich genauso peinlich rüber komme ... Natürlich habe ich die Redezeit von 3 Minuten gut überzogen und „Usus" war es, dass dann die anwesenden Mitglieder pfeifen würden ... wegen der „Nachspielzeit".
Denen habe ich auch direkt die Leviten GElesen. „Hört mal mit
dem blöden Pfeifen auf und seht euch die Arena mal von HIER
AUS an, dann würde euch das Pfeifen im Hals stecken bleiben ...
ihr Pfeifen..." Das würde sie auch was angehen, was ich zu sagen hatte ... Denen blieb echt das Pfeifen im Hals stecken und
manche lachten ... **Dann bin ich wütend runter von der Bühne und habe meine 2 Dauerkarten, meinem Sitznachbarn
Reinhold Palm vom Fanclub „Der auf Schalke tanzt" aus
Stolberg bei Aachen übertragen ...** Ich hatte die Schnauze
echt gestrichen voll. Meine Hochrechnung für zwei Dauerkarten inkl. Sprit, Würstchen und Schal ergab so zwei- bis dreitau-
send Euro im Jahr ... Das war ja nicht aus Pappe ... von der Zeit
mal ganz zu schweigen ... Im ersten Jahr unter Tedesco wurden wir ja mit einem minimalistischen Fußball, zweiter in der
Bundesliga ... Dass Domenico als erste Amtshandlung Benny
abgesägt hatte, konnte ich absolut nicht gut heißen. Klar war
Benny schon mal was übereifrig und hektisch in der Innenver-
teidigung und hatte einige brenzlige Situationen „ermöglicht",
aber er war immer ein Hero – er hat immer ALLES gegeben ...
absolut. Durch den zweiten Platz wurden uns allen aber tonnenweise Kohlenstaub in unsere Augen gestreut ... Was waren wir

blind ... Im Nachhinein kann man von einer Supernova mit anschließender Verpuffung sprechen. Im Januar 2020 schlugen wir noch Mönchengladbach zu Hause und waren wieder Zweiter ... ab dann geschahen Sachen, die MIR unerklärlich waren. Erst wurde Nübel zum Kapitän gemacht, obwohl er ein klares Bekenntnis zu uns vermied und auf Zeit spielte, Fährmann hätte man besser nie zur Disposition gestellt ... ihm lieber die „Beinarbeit" etwas „eingeschränkt" ... niemand war in Summe besser als Fährmann ... nicht mal halb so gut, vielleicht Lars Unnerstal. Hier, bei der Torwart-Rochade, muss es den ersten Knacks gegeben haben ... verdientere Spieler wurden quasi hinter dem neuen Kapitän eingereiht. Dann kam Corona und gerade die Vereine, die mit so einer grandiosen Fan-Basis aufwarteten, litten wie die Sau unter dem Lockdown. Gerade bei uns merkte der Allerletzte, dass wir Fans nicht nur der 12. Mann, sondern auch der 13. und 14. Mann waren. Es hagelte eine Packung nach der anderen ...

Direkt zum Lockdown fiel ich auch noch wie ein Hefeteig zusammen. Mehrere Hilferufe von meinem Körper und von mir zu meinen „Umfeld" drangen irgendwie nicht durch ... aus einer Überlastung wurde ein Burnout und aus dem Burnout eine heftige Depression ... Die mündete in eine stationäre Reha für Körper und Geist in Bad Elster, in Sachsen. 7 Wochen ohne meine Frau und meinen Prinz waren grausam ... Ich machte so gut mit, wie es mir möglich war. Die Menschen dort waren schon sehr in Ordnung, insgesamt war ich ca. 7–8 Monate arbeitsunfähig, aber ... immer weiter ... ich dachte immer: *„Du wirst doch nicht schlapp machen, wo du doch so weit gekommen bist und viele Menschen um dich hast, die dich ehrlich und aufrichtig schätzen und mögen ..."*

Selbst in den schwersten Zeiten schenkt dir jemand schon mal ein Licht ... oder einen Wanderstock ...

Als 2020 Corona Fahrt aufnahm, ging es mir ja parallel auch überhaupt nicht gut. Ich war leider lange, lange arbeitsunfähig geschrieben ... und bei Burnout und Depressionen ist eine Besserung ja oft schwierig und schon mal langwierig. Als ich mit meinem Hund mal wieder in der Stadt unterwegs war, traf ich nach ungefähr 45 Jahren ... lach ... einen ehemaligen Schulkollegen aus der allerersten Schulklasse, aus der Klasse, wo ich raus musste, um das erste Schuljahr zu wiederholen, Uwe Schmitz. von der Thier. Uwe hatte selber Krücken dabei und ich wollte von ihm wissen, was passiert sei. Er erzählte mir von einem geplanten, schon absolvierten Eingriff an seinem Schienbein. Uwe hatte schon immer „wunderschöne" O-Beine, besser ausgeprägt als meine oder die von Litti. Diese O-Beine machen manchen Menschen ab und zu wiederum starke Beschwerden in den Kniegelenken. Uwe war und ist ja ein sehr feiner Kerl, aber wir hatten uns ja EWIG nicht gesehen- höchstens sind wir uns beim Radfahren begegnet ... Uwe fragte auch direkt, was ich denn in der Stadt machen würde. Ich erzählte ihm von meiner Sache und hatte auch keine Hemmungen ihm zu erzählen, wie „durch" ich war. Auch die Gründe, die mich wahrscheinlich nach und nach so in die Knie gezwungen haben, konnte ich ihm darlegen. Scheinbar hat mir Uwe in den wenigen Minuten so gut zugehört und auch meinen Super-Wanderstock (eine kurze Maler-Teleskopstange) bemerkt, so dass er sich scheinbar zu Hause hinsetzte, um mir was Schöneres herzustellen! In seiner Ausfallzeit, die auch nicht kurz war, stellte er Wanderstöcke aus Haselnuss-Ästen her. Das konnte er im Sitzen machen, so wie er Kraft hatte und ihm danach war – vielleicht auch als eine Art Therapie gegen Langeweile, wenn man sonst gerade nicht so konnte wie man wollte. Terramater nannte er diese Stöcke ... diese Roh-Stöcke hatte er gesammelt und getrocknet, die Rinde entfernt, glattgeschliffen und geölt ... dann einen Griff mit Nylonschnüren gewickelt und unten einen Stopfen angebracht.

Zum Schluss hat er meinen Namen und den Namen von meinem treusten Begleiter mit einem Lötkolben eingebrannt ... Charly & Prinz stand auf dem Stock.

Diesen Stock brachte er mir unangekündigt vorbei. Eines Tages klingelte es an unserer Tür und ich machte auf ... Da stand Uwe und sagte: „Charly ich habe dir was gemacht." Ich dachte, ich gucke nicht richtig ... Als Handwerksmeister weiß ich schon ziemlich genau, wie viel Arbeit in diesem und jenem steckt ... ich wusste ja erst nicht, dass Uwe die Stöcke selbst machen würde ... für Freunde und Bekannte. Dass er alles in so einer kurzen Zeit aufgenommen hat, als wir uns gesehen hatten, zeugt davon, was für ein Mensch der Uwe ist. Vielleicht zeugt es auch ein wenig davon, was manche Menschen bei mir empfinden ... Klar werde ich unheimlich traurig, wenn ich an diese schlimme Zeit zurückdenke. Für mich war diese Zeit noch heftiger als die Unglückswelle 2007–20xx. Ich bin immer noch dabei zu verzeihen, aber komplett vergessen werde ich alles wohl niemals ... Ich reiche heute noch oft und gerne meine Hand ... Sie wird zwar nicht weggestoßen, aber aufrichtig angenommen hat sie meinem Empfinden nach ... Dieser eine Ast von meinem Lebensbaum machte mir immer schon Sorgen, einmal habe ich ihn um 50 % zurückgeschnitten ... dann hat er kurz aufgeblüht und seit 2015 hängt er wieder mächtig durch ... aber dafür werde ich nicht den ganzen Lebensbaum killen ... niemals ... In dem Baum finden weitaus mehr tolle Geschöpfe Platz als in manch anderen ... Aufgeben fällt mir halt schwer ...

Der SO4 wird niemals unter gehen ... und wenn das Museum
auf Schalke mal renoviert werden muss, in Wipperfürth gibt es
auch noch eines ... bzw. ein Haus voller Relikte vom SO4

Von wegen ... noch nie was gewonnen ...
Wenn ich jetzt jeden Pokal in der entsprechenden
Stückzahl hätte, wäre ich pleite und wieder Single ...

Auf Schalke klappte es immer noch nicht besser ... Am 24.8.2020 tippte ich Schalke, zum Ende der Saison, auf den allerletzten Platz – für 20 € Einsatz. Kleine Erklärung, dass mir keiner meint, dass ich ein Nestbeschmutzer bin, nö, nur **Realist** ... Ich tippe jedes Jahr einen „Zwanni" auf die Meisterschaft ... nur in dem Jahr hatte ich ein mieses Gefühl und machte noch **zusätzlich** diesen „Verräter-Tipp" ... Was war geschehen? Die Rückrunde19/20 war ja ein reines Desaster ... Schalke hat kein einziges Spiel mehr gewonnen und die Trainer und Manager gaben sich die Klinken in die Hand ... Ich habe mich sogar, aus lauter Verzweiflung, zu den Aufsichtsratswahlen angemeldet ... Ich wollte das Sprachrohr des größten Sponsors überhaupt werden, das der Normalo-Mitglieder und Fans ... Leider bin ich schon vor dem Warmlaufen über meine eigenen Schnürriemen gefallen ... Ich hatte einen Formfehler gemacht ... Die Absage kam zügig ... Mein Eindruck war auch, dass sie so „eine Kampfsau" nicht in ihrer schnuckeligen Runde haben wollten. Dann kamen zwei Freundschaftsspiele gegen KFC Uerdingen und Verl ... Beide haben wir kläglich verloren. Die Vorbereitung der hochbezahlten Stars war pulverisiert. Dann kam der Spielplan für die neue Saison raus. Zuerst zum FC Bayern, dann Bremen zu Hause, nach Leipzig, zu Hause Union und dann zum BVB. Prost Mahlzeit! Ich sah es kommen, wie es kam, nach dem hefigen Niederschlag in München waren wir der Lächerlichkeit preisgegeben, ich sah uns als drittklassigen Boxer, der in Runde eins zum Warmmachen Mike Tyson zugelost bekommen hat ... Wir sind komplett durchgewalkt worden, ICH selbst war zwar wieder körperlich und so einigermaßen hergestellt, aber die Schalker blamierten **mich immer noch,** so gut sie konnten ... mich ... aus folgendem Grund ... Ich trage ziemlich jeden Tag entweder ein T-Shirt, ein Hemd oder einen Hoodie von Schalke ... Irgendwie habe ich immer das Bedürfnis verspürt, diese unglaubliche Liebe zu unserem S04 täglich präsent zu machen ... ob in Köln auf der Arbeit, in Lüdenscheid beim Shoppen, auf meinen Autos, beim Sport oder sonst wo ... Im Urlaub ist es noch heftiger ... da nehme ich gar nichts anderes zum Anziehen mit ... Nicht wenige kleben sich keinen Aufkleber auf das Auto, um keinen Vandalismus zu erleiden. Das wäre dann einer der letzten Untaten, die ich tolerieren würde ... da würde ich keinen Spaß verstehen.

Als Monika und ich mal auf Ibiza Urlaub gemacht haben, konnten wir nach der Anreise nicht direkt in unser Zimmer einchecken ... Ich bin k. o. wie ein Hund auf der Liege am Pool in den langen Sachen eingepennt ... mir „schnackte" dermaßen der Nacken weg, dass ich mir bei einem der Bandscheibenvorfälle im Nacken einen Nerv bis aufs Heftigste gequetscht hatte ... Der Urlaub fing schon Käse an ... Die Poolanlage sah auch total anders aus als im Prospekt ... voll der Betonbunker ... Im Prospekt war alles sehr kreativ und viel Grün mit Palmen ... ich bin direkt nach dem Essen mit Monika zum Chef vom Ganzen ... Der sagte, dass dieser Anbieter zwei Hotels in dem Ort unterhält ... Das andere wäre ausgebucht ... Ich sagte dem Chef, er solle uns für beide Hotels die All-in-Bändchen umbinden ... rechts eins und links eins, dann können wir in dem anderen Hotel wenigstens die Poollandschaft genießen. Ohne zu murren, machte der Chef das ... Problem gelöst ... Im Hotel mit dem tollen Außenbereich haben wir uns direkt mit dem Barkeeper angefreundet ... Ich gab im am ersten Tag etwas als „Tipp" ... Mensch war der Junge happy ... zwischendurch machte er auch die Animation. Er kam immer, um mich zu suchen, und verpflichtete mich immer als Schalke-Zugpferd ... Raul war ja gerade zwei Jahre bei uns gewesen ... Alle Kinder wollten wegen meiner Schalke-Outfits mit mir kicken ... Ich musste auf der Wiese, wo wir lagen, ständig den spanischen Kindern die Raul-Tricks vorführen ... Die Kinder strahlten unglaublich ... jeden Tag war ich bald ein Schalke-Cap oder sonst was los ... Bald kam ich mir fast selbst etwas vor wie ein Star auf Ibiza ... Durch den eingeklemmten Nerv konnte ich wenig bis gar nichts ... Monika hat mir abends das Essen auf den Teller getan und mich verwöhnt ... Aber vor den Kids konnte ich ja nicht schlapp machen ... Als Erstes haben wir irgendwann mit zig Gästen ein Minigolf-Turnier veranstaltet ... Am Ende siegte der Star aus Schalke ... Ein weiteres Mal

haben wir Bogenschießen gemacht ... Sieger ... war wieder der
S04 ... trotz des lahmen Flügels ging kein Weg an mir vorbei ...
lach. Das letzte Event, was mich interessiert hatte, war Luftge-
wehrschießen ... in der Pool-Area ... unglaublich, aber wahr ...
Als wir da dran waren, sagte ein deutscher Urlaubsgast, dass er
bei der Bundeswehr wäre ... Ich dachte... jetzt ist aber Schicht
im Schacht ... denkste ... Sieg an den S04 ... Jedes Mal gab es
abends beim gemütlichen Abend die Siegerehrung ... Die anderen Gäste hatten Mike, wie der Barkeeper mich immer genannt
hat, nachher schon an der Bar angesprochen ... Jedes Mal gab
es eine Urkunde und einen Cocktail ... und Monika bekam eine
Urkunde ... weil sie die Frau vom „Herrn Diplom" war ...

... es war ein toller Urlaub trotz der Nackenblockade und deshalb haben wir die Urkunden in einem Schrank aufbewahrt ...
Als wir nach dem Urlaub in Deutschland ankamen, war der linke
Arm immer noch taub ... Auf Ibiza waren wir im Krankenhaus
und bei der Massage, da konnte mir keiner helfen ... Mein Or-
thopäde aus Wipperfürth fand das so dramatisch, dass er mich
direkt in die Sportklinik Hellersen überwiesen hat ... Als wir
dort ankamen, nahm mich der Aufnahmearzt überhaupt nicht
ernst ... aufgrund der Urlaubsbräune meinte er, dass ich mir nur
den Urlaub verlängern wollte ... oder was der auch immer dachte. Als er mir Blut abzapfen wollte und die Kanüle wechseln wollte, spritzte mein Blut bis zur Wand. Durch die vielen Ibus im
Urlaub war mein Blut scheinbar nur noch rotes Wasser ... Der
Arzt sagte: „Waaaaas ist das ..." Ich sagte ziemlich angesäuert:
„So ist das schon mal, wenn das Hauptnahrungsmittel im Urlaub Ibu ist." Ab da war der Dr. Schniedelwutz brav zu mir ... In
Hellersen wollten die mich direkt an der HWS operieren ... Als
die aber gehört haben, dass ich Malermeister bin und ab und zu
auch noch mal gerne über Kopf arbeiten wollte ... haben sie das
wieder verworfen ... Eine lange ambulante Reha in Gummersbach sollte langsam Linderung bringen ...

Der VFL Gummersbach war ja in meiner Kindheit das Aushängeschild schlecht hin vom Bergischen

Wenn ich erzählt habe, dass ich aus Wipperfürth komme, wusste kaum einer etwas damit anzufangen – dann sagte ich immer: „In der Nähe von Gummersbach." „Ach, daaa, wo die Handballer herkommen." Die Rehamaßnahme war echt nicht ohne ... zig Anwendungen täglich, das Hydrojet-Bett war am schönsten, aber meist ging es an die Geräte ... eine gute Einrichtung in meinen Augen. Hier machte ich mir wieder mal einen Spaß daraus, jeden Tag ein anderes Schalke-Shirt zu tragen ... mein hauptverantwortlicher Physiotherapeut war auch noch ein Lüdenscheider ... der hatte vielleicht Spaß an mir ... Die Rehamaßnahme mit der anschließenden intensiven Reha-Nachsorge (Irena) ging über 3 Monate. Fast täglich bin ich im Gerätetraining mit Herrn Brand, dem Gummersbacher ... ach was, der deutschen Handball-Legende am „Turnen" gewesen. Manch ein Rehatrainer sagte mir, dass ich ihn aber in Ruhe lassen solle ... fand ich komisch, war aber okay ... Durch seine tiefe Stimme und den Heiner-Brand-Schnauzer, wirkt er eh etwas „strenger". Ich bin immer in die Muckibude und sagte: „Hallo Herr Brand ...", und bin dann schnurstracks an meine Übungen gegangen. Irgendwann merkte ich bei IHM leichte Neugier oder so ... Er guckte immer öfter und immer etwas länger. Ich dachte noch, dass ich wohl alles an den Geräten falsch ausführe. Die Trainer sagten aber nichts dergleichen ... Als ich „wehrlos" am Boden rumrobbte kam Herr Brand und sagte: „Hallo ... ich denke, die Stimme kennst du doch aus Funk und Fernsehen." Ich guckte hoch und sagte: „Hallo Herr Brand!" „Hörma ...", sagte er, „... wie viele Schalke-Trikots haben Sie eigentlich? Das ist ja unglaublich ... Sie haben ja noch keines zweimal angehabt." Ich sagte: „Keine Ahnung ... jetzt kommen die alle mal raus, dabei zähle ich sie direkt mal durch ..." An dem Tag hatte ich **das grüne Champions-League-Trikot an**. Dieses, wo das Grün der Linde von Buer im Stadtwappen von GE geehrt werden sollte ... Buer ... der Stadtteil, wo ich auch geboren wurde ... stooooollllllllllllzzzzzzzzzzzzz ...) Heiner Brand war einigermaßen beeindruckt, als ich ihm das erklärte ... wenn man das so überhaupt, bei so einer Persönlichkeit sagen darf ... Als ich mal samstags mit Monika im Brauhaus Gummersbach essen gegangen bin, lief uns auch Herr Brand über den Weg, er nahm mich vielleicht an der S04-Kappe wahr ... oder auch nicht ... Monika rief laut: „Schatz, da, daaaa ist der Volleyballmensch." Ich dachte nur: *„Hoffentlich hat er das jetzt nicht gehört ..."* Also ich kann auch Gummersbach ... nicht nur Schalke ...Hauptsache königsblau...das reicht mir schon...

Aber zurück zum Kern ... Einen Tag vor dem Auswärtsspiel in Bielefeld (Besiegelung für den Abstieg 2020) war ich bei einem „Bekannten" zum Kaffee eingeladen. Ein feiner Mensch, der quasi zum Alleinschuldigen für die ganze Situation um und vor dem Abstieg GEmacht wurde, obwohl sein Bereich ein gaaaanz anderes war als der Sport ... Er war der Einzige, der immer voll geliefert hatte. Er hätte einem Beduinen einen Trockner verkauft und einem Eskimo eine Kühlgefrierkombination ... Außerdem hat er mir und meinen „zwei Süßen" ermöglicht, unsere kleine Hochzeitsfeier **IM Schalker** direkt neben dem Trainingsplatz zu erleben ... Hier sind Hunde „eigentlich" unerwünscht ... außer am 19.04.2018 ... Schalke hatte wieder einen „Prinz" und das „Empfangspersonal" war vorab über den „hohen Besuch" aus Wipperfürth informiert worden ...

Wie dem auch sei ... wir haben einen Kaffee oder auch zwei getrunken und ich habe mich dann „GEtraut" ihm zu sagen, dass die glorreichen Spieler froh sein sollen, dass sie (wegen Corona) unter Ausschluss der Öffentlichkeit „was Kicken" dürfen ... Er sagte: „Wieso denn das?" „Ja, mein Lieber, dann wäre unser einziges Kapital nur noch Schutt und Asche ... Der Würfel würde nur noch an einem Seil hängen." Der „Kumpel" guckte mich an und sagte: „Charly ... da übertreibst du aber ..." Ich sagte: „100%ig, auch wenn ich so was richtig blöd finde ... aber die Massen wären unaufhaltsam." Ich sagte ihm, dass ich dabei war, als Meyer-Vorfelder zum 100-jährigen Jubiläum ein paar

19. 04. 2018 –
Ein Hochzeitstag,
den man als Schalker
an sich nicht vergessen kann …

Worte an uns Fans richten wollte ... Nach 2001 und 2002 zur Pokalübergabe hatte er es sich für immer verscherzt ... Selbst als Rudi uns zur Ruhe aufgefordert hatte, ist er (Rudi) selbst heftigst ausgepfiffen worden ... Ich war dabei. Schalke ist absolut nicht personenbezogen ... Wir Schalke Fans feiern uns eigentlich nur selbst ... Der Jupp den Reinhold, der Reinhold den Charly, der Charly den Buddy und der Buddy den Kajo und der Kajo den Zinki ... so sieht das aus ... Wer die Farben da unten trägt, ist eigentlich maximal zweitrangig ... oder sogar drittrangig ... es sei denn, die da unten geben alles und das aufrichtig und hart wie Kruppstahl ... dann sind sie unsere Helden ... aber nur dann ... Wann kapiert ein Trainer denn, dass wir primitiv, aber glücklich sind ... Mann ... trainiert mal die Basics ... passen, stoppen, schauen, flanken ... Ecken und Freistöße in die Zonen bekommen ... Mann, das kann doch nicht so schwer sein ... bei Standards vom Gegner, Manndeckung ... In jedem Job lernst du erst nach der Lehre **RICHTIG** ... Als Profifußballer hörst du anscheinend nach der Lehre/Jugend mit den Basics direkt wieder auf ... sagt jetzt nicht, die können das schon ... von zig Ecken kommt kaum eine in den Strafraum – das würde bei mir direkt eine fette Spende kosten ... Wie kommt ein Rechtsfuß darauf, den Ball mit dem Innenspann vom rechten Strafraum-Eck aufs lange Eck zu wichsen ... der geht mit Glück ins Seitenaus ... Außenrist kann kaum noch einer ... Schaut das 2 : 0 von Frankfurt an – zum Beginn der Rückrunde 22/23 – so geht „datt". Oder die 16 Flanken von uns in dem Spiel ... XY guckt die ganze Zeit auf den Ball ... flankt und guckt dem Ball nach ... dann kannst du nix mehr retten ... das Leben ist keine „Playsi", wo du nach dem Schuss noch Effet mit dem Stick drauf bringen kannst ... Ist der Ball unterwegs, kann nur noch Houdini oder ein Windstoß helfen ... Man, Man, Man... *„Ruhig, Charly, ruhig ... reg dich nicht auf..."*

Magath, Stevens und Ralf waren, meiner Meinung nach, Basic-begeisterte und das ist auch gut so ... Funkel hätte uns bestimmt 2020 vorm Abstieg gerettet, ich habe ihn bis in den Vorstand supportet, er kommt auch meist über die Disziplin und die Grundlagen ... Da hat dann der FC 5 Spieltage vor Schluss zugeschlagen und mit ihm über die Relegation noch die Klasse gehalten ... Wenn wir den Funkel genommen hätten, wären wir vielleicht drin geblieben und hätten den Baumgart bekommen ... so sieht es aus ... Und Taktik kannst du machen, wenn die Jungens k.o. sind von den Basics und wenn der Rest auch langsam sitzt ... Ich gehe mit meinen zwei Dreamteams auf den Platz. Wenn ich dann mit spielen darf ..., mache ich die Ecken ... und wenn **eine** nicht in den Strafraum kommt ... dann ... Dann esse ich einen Kübel Rosenkohl ... ich schwöre.

In der Reha in Sachsen habe ich von einem Stützpunkttrainer aus Ostdeutschland im Fußball mein bestes Kompliment in Sachen Fußball erhalten. Wir sprachen täglich zwischen unseren Anwendungen unheimlich intensiv über Fußball. Ich nahm immer irgendetwas, um ihm am Objekt zu zeigen, wie ich dies und das meinte ... was ich trainieren würde und was schon in einem Trainingsspiel alles vorkommen würde. Der ältere Herr war auch voll bei der Sache. Irgendwann fragte er, ob ich denn vor hätte, den Trainerschein zu machen, oder ob ich schon Trainer wäre. Ich sagte: „Mit 50 tue ich mir das nicht mehr an ... Dieser Zug ist lang abgefahren." Dann fragte ich, ob er denn Trainer wäre ... aus Höflichkeit eher ... Dann sagte er mir, dass er früher Stützpunkttrainer im Osten Deutschlands war und einige Stars durch seine Schule gegangen sind ... Mensch, war ich danach still ... Ich entschuldigte mich aufrichtig, dass ich „Trottel" ihm Fußball so quasi rübergebracht habe ... Er versicherte mir wiederum sehr glaubwürdig, sich selten über Fußball besser ausgetauscht zu haben ... leider haben wir unsere Adressen nicht ausgetauscht, was ich immer noch sehr bedauere, aber vielleicht liest er ja auch das Buch ... Bad Elster 2020 war unsere GEmeinsame Zeit, Coach ...

Womit wir jetzt bei **meinen** Dreamteams sind: Zum einen die Jungens, von denen ich denke, dass sie die Besten waren, mit denen ich jemals kicken durfte und zum anderen die, die ich unglaublich gut fand, wenn ich gegen sie gespielt habe ... Bei der Mannschaft „Mit- und Gegenspieler" ist aber der Keeper und der ein oder andere auch mal mit mir in einer Mannschaft gestanden ... es waren halt unglaublich viele, die ich gut fand ... wo ich mich auch mit entschuldige, wenn einer nicht berufen wurde ... im nächsten Buch ... versprochen...

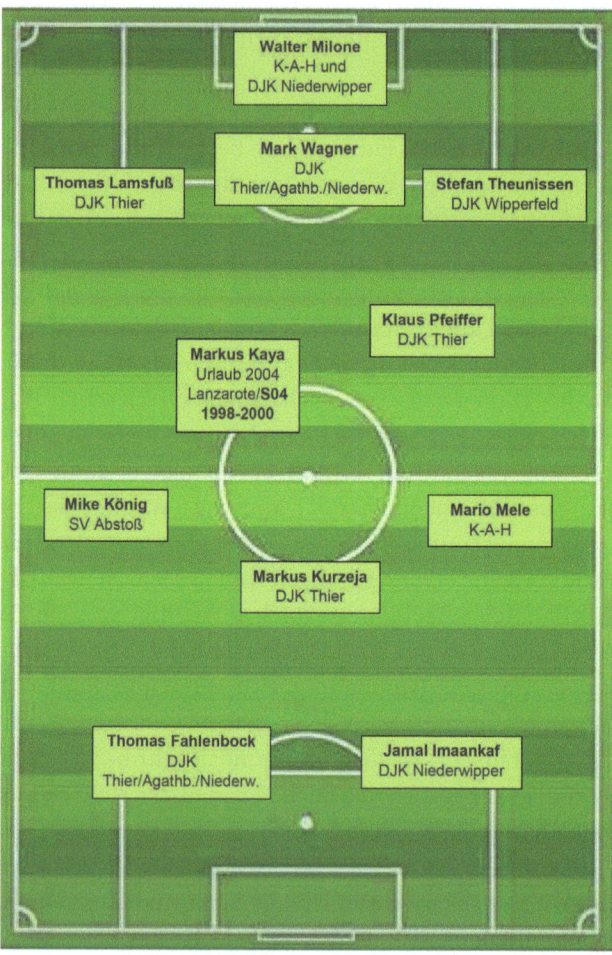

Mein Dreamteam der Mitspieler

Jürgen Hild
(Hilti)
TSV Hämmern

Burkhard Fey
DJK Niederwipper

Ingo Zobel
K-A-H
DJK Wipperfeld

Fahri Simsek
DJK Agathaberg
K-A-H

Frank Förster
DJK Thier,
Agathab. Niederw.

Dirk Kundtmann
DJK Niederwipper
SV Abstoß

Markus Materne
DJK Wipperfeld

Hassan Imaankaf
DJK Niederwipper

Norbert Scheider
TSV Hämmern

Domenico Ussia
5-7 Klasse K-A-H
VFR Wipperfürth

Mein Dreamteam aus einer Mischung von Mit- und Gegenspielern.

Sollte ich die beiden Teams und die S04-Allstars mal zusammenbekommen, gäbe es ein kleines Turnier ... Der „Staff" stände soweit auch schon, wenn die folgenden Damen und Herren nichts besseres vorhätten ...

Mannschaftsarzt ist unser Doc der 97 Eurofighter, Dr. Armin Langhorst, den ich über Gerd kennenlernen durfte.

Stadionsprecher wäre natürlich der Quatscher.

Fieldreporter wären René Köhler, Steffi S. und Manuela.

Reporter wäre Ulli Becker ... ich hoffe, du hast Zeit für so einen Hobby-Kick!?

Fürs leibliche Wohl würde Branca vom Alten Amtsgericht und Carsten sorgen ... für die Massage ist Toy zuständig ... Ich würde die Eistonne machen – mit Stracciatella ... Um keinen Platz zu verbrauchen, mache ich den Ersatzspieler ... es soll ja ein schönes Spiel werden ...

Für die Mannschaft des S04 laufen ausschließlich meine eigenen Helden aus ca. knapp über 45 Jahren auf ... Klaus, Abi und Stan habe ich ja leider nicht mehr in Blau spielen sehen ... leider, leider ... aber die und alle anderen, die für den S04 GEbrannt haben, liebe ich ja eh ohne Ende ... wenn ich in meinem Museum die vielen Schalker Kreisel durchlesen würde, hätte ich bestimmt noch 10 „Erste Elf" aufstellen können ...

Alle Mannschaften müssten ohne Ersatzspieler auskommen, das fände ich absolut nicht in Ordnung, egal wen von meinen Stars so zu nennen

Mein S04 Dreamteam – Danke, dass ihr unsere Farben so (4) vertreten habt – Ich war unheimlich stolz auf euch … Glück auf!!!

Lieber Charly,

eigentlich heißt Du ja Michael, aber in Anlehnung an eine Schalker Legende bist Du eben für mich auch gerne der Charly. Ich bedaure, Dich nicht schon viel früher kennengelernt zu haben, da habe ich sicher einiges verpasst! So war es dann im Juni 2022: Reinhold Palm hatte mich zusammen mit unserem Ehrenpräsidenten, Gerd Rehberg, zu einem Fantreffen in Eschweiler eingeladen. Höchst komfortabel hast Du uns von zu Hause, in einem eigens dafür gemieteten BMW-SUV, abgeholt. Auf Anhieb haben wir uns super verstanden und haben schon während der Fahrt eine Menge Erfahrungen und Erinnerungen im Zusammenhang mit unserem Herzensclub ausgetauscht. Thema war natürlich nicht nur die aktuelle Situation, sondern auch viele Episoden aus der Vergangenheit. Du wolltest von mir selbstverständlich alles über die Eurofighter wissen, ich habe von Dir ganz viel über Dich, Dein Leben und Deine Treue zum FC Schalke 04 erfahren. Besonders beeindruckt war und bin ich von Deinen handwerklichen Fähigkeiten, wie Du Dein Haus für jeden erkennbar auf S04 getrimmt hast.

Auch in der Beurteilung aktueller Themen rund um unseren Verein waren wir schnell einer Meinung, dass es sehr viel zu verändern gilt. Im Zentrum unserer Diskussion stand und steht immer noch, dass im Verein dem Fußball als unserem Kerngeschäft unbedingt wieder die Spitzenposition eingeräumt werden muss. Jedenfalls haben wir dann einen wunderschönen, königsblauen Abend miteinander verlebt. Im Anschluss haben wir uns noch mehrmals im Stadion getroffen, und das war immer eine Freude für mich. Ich würde mich jedenfalls freuen, wenn unser Kontakt auf diese Weise weitergeführt werden würde, Du bist ein echter Schalker, meinen Respekt und meine Wertschätzung hast Du auf jeden Fall!

*Mit besten königsblauen Grüßen und herzlichem „Glück auf!"
Armin*

Gastkommentar von Dr. Armin Langhorst, viele Jahre Mannschaftsarzt von Schalke 04 insbesondere der Legendären Eurofighter von 1997

Dr. Armin Langhorst in seinem Wohnzimmer …

Ja, genau … der Abend in Eschweiler …

Reinhold Palm hat mich ja rechtzeitig informiert, dass der Fanclub aus Stolberg den Abschluss in Nürnberg eingeplant hat, und zwar mit einer Auswärtsfahrt incl. Hotel. Ich habe mich sehr gefreut, da mitfahren zu dürfen. Ich war ja einmal in einem Fanclub in Königswinter, wo sich die zwei Gründer irgendwann so gestritten haben, dass der Fanclub aufgelöst wurde. Ab da wollte ich eigentlich nicht mehr – noch zusätzlich zu den ganzen Schalke-Terminen – in einen Fanclub einsteigen. Selbst dem Fanclub aus Wipperfürth habe ich immer nur aus der Ferne bewundert. Ich bin auch zugegebenermaßen wirklich grenzwertig bekloppt mit Schalke … das hält auch nicht jeder aus … Als wir aber dieses unglaubliche Wochenende mit nur superlieben Schalkern hinter uns hatten, habe ich doch eine Mitgliedschaft unterschrieben. Reinhold, Jupp, Vera, Dirk, Ludwig (alias Abi 2.0), Nobby und die ganzen anderen haben mich echt gepackt … eine tofte Gemeinschaft … Reinhold fragte mich noch in Nürnberg, ob ich Herrn Rehberg nicht mal fragen könnte, ob er am Klubabend in Eschweiler teilnehmen könne!? Ich rief direkt mal an, weil ich ja auch Herrn Rehberg von der Wahnsinns-Stimmung im Frankenland berichten wollte. Er sagte auch direkt, erst mal, grob zu ... brauchte aber noch mehr Infos über das Wo, Wie und Wann. Reinhold Palm war dermaßen happy und die, die mich noch nicht kannten, dachten, was ist das denn für einer ... der aus dem Stadion den Ehrenpräsidenten anruft ...) Reinhold kam ja scheibchenweise und hatte dann noch die Idee, ob ich nicht Herrn Rehberg fragen könne, ob nicht auch unser Wunderheiler, Dr. Armin Langhorst, mitkommen möchte/könnte – die zwei sind ja sehr eng miteinander verbunden. Ich bekam langsam Angst, dass ich dann bald mit einem Gelenkbus alle Schalker Freunde unseres Präsidenten nach Eschweiler bringen darf ...

Ich holte erst einen Leihwagen, weil ich nur ein Cabrio und die königliche Kutsche von unserem Hund und meiner Frau hätte nehmen können ... aber stilecht sollte die Reise ja schon werden. Dann bin ich das erste Mal zu Dr. Armin Langhorst gefahren, um ihn abzuholen. Wir waren tatsächlich direkt auf einer Wellenlänge ... superschnell vertraut wurden wir miteinander ... Als wir bei Gerd nach weniger als 30 Minuten ankamen, quatschten wir schon wie langjährige Bekannte ... Als ich uns drei – bei einer Gluthitze – gut nach Eschweiler hinGEbracht hatte, waren die prominenten Beifahrer von meinem Fahrstil „fast" begeistert ... Das freute mich enorm, weil, wer fährt schon GErne mit einem fast Fremden mal so weit ... Es war ein toller Abend und im Gesamten ein tolles WE ... schön, dass Armin davon berichtet hat... Danke dir!

Als ich den Schwatten kennenlernen durfte ... den von uns kannte ich ja schon über Gerd ... ich meine diesmal den von Bayer Leverkusen...

Als eines Jahres wieder das Auswärtsspiel in Leverkusen anstand, bot sich mein Arbeitskollege und Freund, Nick Rasche, an, sich um eine Karte für mich zu bemühen. Nick ist sehhhhrrrrr gut in der Leverkusener Fußball Szene vernetzt. Er kennt Gott und die Welt ... es dauerte nicht lange, da kam die WhatsApp-Nachricht, dass es klar geht mit der Karte ... Als Dankeschön bot ich an, zu fahren. Ich musste eh noch nach dem Spiel nach Hause kommen und so war es kein Problem, den Kutscher zu spielen ...

Als ich Nick zu Hause abgeholt hatte, bat er mich noch, bei einem Freund vorbeizufahren, um ihn auch mitzunehmen ... er sagte nur, wo es lang gehen sollte und meinte, dass Ulf total in Ordnung sei. Da wir durch unheimlich viele Seitenstraßen gefahren sind, musste ich mich echt konzentrieren. Wenn Nick ohnmächtig geworden wäre, hätte ich fast nicht nach Hause gefunden ... lach. Irgendwann sagte Nick: „Hier kannst du anhalten", stieg aus und setzte sich nach hinten. Ich dachte, jetzt kommt jemand Älteres oder jemand, der nur vorne sitzen mag. Auf einmal geht die Tür auf und Ulf Kirsten steigt ein ... Ulf Kirsten, der Schwatte von Bayer Leverkusen ...

Rekordtorschütze und zigmaliger Nationalspieler, wirklich ein absolutes Idol von damals für mich ... sitzt in meinem schalkeblauen Opel Mokka. Er gab mir die Hand und sagte: „Hallo, ich bin der Ulf." Dann klatschte er sich mit Nick ab ... Da ich am Fahren war, hatte ich keine Zeit, um nervös zu werden. Direkt bei Ulf um die Ecke machte er mich darauf aufmerksam, dass es an der Zufahrt zur Hauptstraße schon mal zu fiesen Missverständnissen mit überholenden Autos kommen könnte. Seitdem achte ich an der Ecke noch mehr auf den Seitenverkehr ... Als wir beim Stadion waren, sind wir in eine Art Bierzelt/Almhütte XXL gegangen ... dort war relativ wenig los und wir haben ein, zwei Biere bzw. Radler getrunken. Ich dachte noch ... wenn Ulf auf Schalke gespielt hätte und wir im Schalker säßen, käme er aus dem Autogramme-Schreiben und Selfies-Machen nicht mehr raus. Irgendwann kamen zwei junge Männer zu mir und fragten mich, ob sie Ulf um ein Autogramm bitten dürfen. Ich dachte: *„Was fragen die mich?"* Ich habe anscheinend wie sein Sicherheitsmann ausgesehen, mit meiner Kurzhaarfrisur und meinem 98 kg ... lach. Ich sagte den Jungens: „Wenn ihr nett fragt, geht das bestimmt in Ordnung mit den Autogrammen."

Es war, außer der 1 : 0 oder 2 : 0 Niederlage, ein ganz guter Abend. Ich habe Ulf noch irgendwann einen Schlüsselanhänger mit dem DFB-Pokal geschenkt und war noch ein-, zweimal auf einen Kaffee bei ihm zu Hause ... Sein Labbi hat einen Schalker Erwin zum Spielen. Da war ich baff ... den hatte Ulf von Olaf Thon mal bekommen und sein Hund wollte ihn unbedingt behalten ... Der Hund hat jedenfalls Geschmack ... Scherz, lieber Ulf ... aber das weißt du ja ... Mit Ulf über Fußball zu sprechen, war fantastisch. Wir sprachen über die WM im Winter, die gerade lief. Ich tippte auf England und Ulf auf ... richtig, Argentinien ... danach haben wir uns leider nicht mehr gesehen ... meiner Einladung für eine Schalke-Museums-Tour in Wipperfürth konnte er noch nicht folgen ... Er hat immer viele Verpflichtungen. Sein selbstvermarkteter Gin (**Der Schwatte**) steht bei mir im Regal ... mit Widmung. Auch dass er fast auf Schalke gelandet wäre ... mit Andreas Thom und Calli, hat er mir mal erzählt. Danke Ulf, dass ich von dir berichten darf und auch das Foto teilen darf ... komm mich mal besuchen. Wipperfürth ist wirklich nicht weit – und bring Nick mit ...

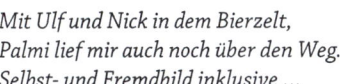

Mit Ulf und Nick in dem Bierzelt,
Palmi lief mir auch noch über den Weg.
Selbst- und Fremdbild inklusive …

Jetzt kommt aber langsam mal mein (letzter) aktiver Lieblingssport: Das Radfahren ...

Um zum Fußball, zu den Kumpels oder in die Schule, auf die Thier, zu kommen, bin ich schon seit jeher sehr gerne mit dem Fahrrad gefahren. Und da das Bergische auch einige Hügel und auch nette Steigungen hat, konnte man das auch gut als Training und Fortbewegungsmöglichkeit zugleich ansehen ... Hier möchte ich mal noch über ein paar schöne Momente bei diversen Fahrradtouren berichten.

Ab der Zeit, wo ich mein Dreigang-Rad von Mama und Papa zu Weihnachten bekommen habe, bin ich immer ehrgeiziger geworden mit dem Fahrrad fahren ... viele Berge, die andere in meinem Alter nur geschoben haben, wollte ich immer mit dem Rad bezwingen. Nachher war es dann so, dass ich auch nicht mehr aus dem Sattel aufsteigen wollte, um die Berge hochzufahren. Meine Beine wurden dadurch immer kräftiger. Irgendwie musste ich ja fast alles mit dem Rad erledigen ... Gerne bin ich auch mit dem Rad zum Freibad nach Kürten gefahren. Dadurch, dass ich vor dem Eingang dann direkt loskonnte, war ich unterm Strich meist schneller daheim, als die, die mit dem Bus gefahren sind ... Die mussten erstens noch zum Bus am Freibad und zweitens von der Haltestelle Ommerborner Abzweigung noch zu Fuß nach Abstoß ... Irgendwie war ich immer im Wettkampfmodus ... **104 %** sollte immer mein Motto sein ... Eine richtig heftige Rad-Tour hab ich kurz nach der Konfirmation gemacht. Zur Konfirmation habe ich ja noch mal ein Rennrad bekommen, mit Gepäckträger-Schutzblech und Stahlrahmen. Also keine Sportmaschine, sondern eher so ein alltagstaugliches Rennrad. Mein großer Bruder hatte die Idee, dass ich vielleicht mal mit dem Rad nach Essen, zur Oma fahren könnte. Ich war ja gerade 15. Er hat mir eine Landkarte gekauft und einen Rucksack ausgegeben. Dann hat er mit mir die Route abgesprochen, die ging vom Abstoß über Wipperfürth, Hückeswagen, Rade, Schwelm, Sprockhövel, Hattingen nach Essen Kupferdreh über

Steele zur Oma, nach Essen Kray. Das waren so um die 80–90 km, ich habe das dann tatsächlich auch gemacht und auch gut geschafft. Wie gesagt, kurz nach der Konfirmation, ich war gerade 15 gewesen. Auf jeden Fall bin ich die Strecke in ungefähr 4 Stunden geradelt. Ich kann mich noch genau erinnern, dass in der Nähe vom Autohaus von Eupen eine Fritten-Bude auf Rädern in der Nähe stand. Dort habe ich erst noch angehalten und mal eine Currywurst mit Pommes und Majo inhaliert ... ohne Mampf kein Dampf ... ist klar ... Also gesunde und ausgewogene Ernährung war mir schon immer wichtig ... lach ... besonders wenn ich wieder nicht kaputt zu kriegen war ... Als ich bei Oma angekommen bin, hat sie es überhaupt nicht verstanden, dass ich mit dem Rad gekommen bin. Sie fragte, wo denn die Mama und Gerd wären. Ich sagte ihr, dass ich die auf dem Gepäckträger nicht mitnehmen konnte. Oma hat immer noch nicht geglaubt, dass ich mit dem Rad gekommen bin ... erst, als sie das Rad vor der Laube hat stehen sehen ... Den Rückweg habe ich mir dann erspart und ein Onkel hat mich heimgefahren, ich meine, damals etwas widerwillig ... er meinte noch, dass ich doch wüsste, wie ich hergekommen bin, und dementsprechend so auch wieder nach Hause fahren könnte ... ich glaube, er fand das damals „etwas" als Angeberei von mir ... nur so ein Gefühl. Mein zweitältester Bruder war auch immer krass Fahrrad besessen. Ich kann mich erinnern, als ich 17 war und bei ihm in Karlsruhe zu Besuch war, sind wir von Karlsruhe aus an einem Freitag bei bestem Wetter zum Bodensee gefahren. Wir sind irgendwie den Schwarzwald hoch und über Tuttlingen nach Salem geradelt. Wir haben um die 12 Stunden gebraucht und ich war total dehydriert. Wir mussten wegen mir permanent an irgendwelchen Tanken anhalten, damit ich was trinken konnte. Das war mir einfach viel zu heftig. Mein Bruder wäre gerne vom Bodensee aus auch wieder dieselbe Strecke nach Karlsruhe zurückgefahren, ich habe echt gesagt, dass ich mir das nicht nochmals zutraue ... auf keinen Fall. Wie gesagt, ich war 17, was war ich fertig damals. Mein Bruder ist, dafür, dass er immer gut was auf den Rippen hatte, ein richtiger Kämpfer auf dem Rad GEwesen...

Unglaublich was der schon für Touren gemacht hat ... Es fällt mir nur mein Kollege Jens Bruckhaus ein, der ähnlich oder sogar noch krasser Rad fährt...Ich wollte auch immer Fahrrad fahren, aber nur zum Spaß und nicht, um mich total kaputt zu machen ... lach ... Als dann die Mofa-Zeit kam und später die Auto-Zeit, hatte ich erst mal überhaupt keinen Bock mehr auf Fahrradfahren. Dieses weiße Rennrad war schon lange Geschichte. Ich meine, dass ich das gar nicht mehr aus Abstoß zu meiner Schwester nach Kürten mitgenommen habe. Ungefähr 1993 habe ich mir dann mein erstes Mountainbike gekauft. Das war quasi so ein Rad, wie wir uns früher immer mal selbst gebastelt hatten. Eins mit 11-Gangschaltung und Stollenreifen, wie von einem Bonanza-Rad. Auch da waren wir der Zeit gut voraus. Was haben wir Fahrräder geschraubt! Ich konnte ein ganzes Fahrrad zerlegen und wieder zusammenbauen. Heute bin ich dermaßen vorsichtig, wenn bei meinem Fahrrad mal was Deftiges kaputt ist, dann geht es direkt in die Werkstatt oder ich bitte Klaus mal dabei zu gucken... Früher habe ich so was immer selbst repariert. Aber da kosteten die Räder ja auch noch nichts. Das waren ja zusammengebastelte Dinger vom Schrott, da konnte man ja gar nix kaputt reparieren, es wurde immer nur besser mit jeder Reparatur. Wie dem auch sei, war mein erstes Mountainbike mit Stahlrahmen ... bleischwer ... und als ich mit der Meisterschule fertig wurde und noch ein letztes bisschen Geld auf dem Konto hatte, habe ich über die Kontakte meines Bruders noch mal 3000 DM ausgegeben.

Für ein Carbon Hardtail Mountainbike. Dieses Rad habe ich bestimmt auch zehn bis zwölf Jahre gefahren. Das Carbonrad war federleicht, das hatte lang nicht jeder. Für das hatte ich zwei Sätze Felgen. Einmal mit Slicks und einmal mit groben Stollen. Nach dem Rad habe ich mir noch mal ein „BIO-Bike" gekauft. Ein Bergamont in Champagner-Metallic, voll gefedert und das kostete da schon 3000 € ... 3 Jahre später kam dann schon das erste E-Bike, ein MTB E-Bike Fully. Komischerweise für „nur" 2750 €. Das war 2012 – dieses Rad hat mir Monika ausgegeben ... Somit war ich einer der Ersten weit und breit, der überhaupt damals schon ein voll gefedertes E-Bike besessen hatte ... E-Bike in Anführungsstrichen. Es würde ja eigentlich heißen: Pedelec, da sich ein E-Bike permanent antreiben lassen kann über den Motor und bei einem Pedelec erst die Motorkraft hinzukommt, wenn man pedaliert ... Was für „Klugscheißer" halt- yeahhh ... Mit diesem Pedelec und meiner Errungenschaft, einem topographischen Navigationssystem für Outdoor, habe ich mir den bergischen Panoramasteig vorgeknöpft. Dieser ist um die 240 km lang und ist eigentlich ein Wanderweg – einmal rings ums Bergische. Ich bin in Wipperfürth an der Terrasse bei Ohl eingestiegen und habe erst bei Eckenhagen die erste Rast gemacht. Im Hotel Barbarossa ... Am zweiten Tag kam ich erst nicht weg, da ich einen Plattfuß hatte und mir der Adapter für das französische Ventil gefehlt hatte ... Mensch, war ich sauer auf mich ... ich bin dann an dem Tag noch bis Waldbröl gefahren ... Da hätte ich besser 30–40 km vorher an so einer Mühle stoppen sollen ... bis Waldbröl, bei dem verspäteten Start, war schon Mist ... Am dritten Tag wollte ich in Lindlar Rast machen. Hier hatte ich auf so einer Höllenabfahrt Probleme mit einer Bremse, die auf einmal dermaßen im Eimer war, dass nur noch Funken sprühten ... Das hieß, in Engelskirchen wieder einen Boxenstopp von 3 Stunden einzulegen, um die Bremsen zu reparieren ... Ohhhh, Mann ... In der Nähe von Engelskirchen habe ich mich dann mit Monika getroffen, mit dem Auto war sie von Wipperfürth in 15 Minuten da ... Als sie dann weg war, bin ich Idiot noch Richtung Lindlar ... Obwohl wir uns direkt gegenüber von einem Hotel getroffen hatten ... Lindlar hatte auch Hotels ... das wusste ich ja ... nur ... leider war an dem Tag Kirmes in Lindlar und ich habe kein Zimmer bekommen. Jetzt hatte ich die Faxen aber dicke ... und die Mountainbike-Tour unterbrochen. Von Lindlar bin ich dann mit allerletzter Kraft nach Hause ...

Ich werde das Gesicht von Prinz nie vergessen ... Der stand am Gartentor mit seinem Ball in der Schnüss und seine Augen waren sooooo traurig ... Als er mich erkannte, fiel ihm der Ball aus dem Mund und er wäre fast über den Zaun gesprungen ... Ich habe erst mal mit ihm auf der Wiese geschmust und dann zu Hause geschlafen. Das war für die Tour eigentlich Käse. Ich bin auch nicht direkt am anderen Tag wieder eingestiegen ... Es regnete und ich war noch sickig wegen der ganzen Unterbrechungen ... ich bin dann erst mal 2–3 Tage lang zu Hause geblieben und habe meinen Popo gepflegt. Auch Prinz hat mich sehr vermisst und ich konnte ihn auch nicht schon wieder 2, 3 Tage allein lassen ...

So musste ich dann den Panoramasteig noch dreimal ansetzen und habe ihn dann noch in drei Tagestouren ab unserem Zuhause zu Ende gefahren.

Noch eine schöne Strecke war am Vatertag 2017 ... wieder hatte ich keine Freunde zum „Bechern" ...) quatsch ... An dem Tag bin ich dann den Bergischen Weg ab Solingen Burg bis nach Essen zum Baldeneysee gefahren ... Das wollte ich schon viel, viel eher gemacht haben ... von da aus durch Essen und Teile von GE nach Gelsenkirchen-Buer ins Hotel Monopol. Für das letzte Saisonspiel hatte ich mir eine VIP-Karte gekauft und bin quasi mit dem Rad zum Fußball nach Schalke gefahren. Das war die heftigste Tour, die ich je gemacht habe. Es waren um die 130 km und um die 2500 Höhenmeter ... Ich habe dermaßen lange gebraucht, trotz E-Bike, weil ich sehr oft laden musste bei den Höhenmetern. Das Laden mit einem 2-Amperestunden-Ladegerät ging überhaupt nicht voran. Die Zwischenzeit vertrieb ich mir, indem ich mir riesige Schnitzel mit Pommes reingezogen habe. Um 18 Uhr riefen welche vom Hotel auf mein Handy an, die machten sich echt Sorgen, dass mir was passiert sei ... Ich bin dann irgendwann auch noch angekommen und bin dann nach einem kurzen Telefonat, mit Moni, wie tot aufs Bett gefallen. Ich hatte noch nicht mal Power zum Duschen oder soooo ... schnarchhhhhhh ... zumindest nicht direkt ... Das war der heftigste Vatertag, den ich je erlebt habe. Ganz ohne Alk ... Da das Spiel erst Samstag war, habe ich mich freitags ordentlich massieren lassen. Meine Beine und mein Hintern gehörten mir gar nicht mehr ... samstags habe ich mich vor dem Schalke Spiel noch mal massieren lassen und habe dann die La Ola im VIP-Bereich von Schalke 04 in vollen Zügen genossen. Sonntags bin ich dann zeitig mit dem Rad wieder ins Bergische gefahren, aber diesmal nur Straßen und Trassen. Die Tour schaffte ich dann auch in circa 4 Stunden. Zwischendurch hat mich die Technik leider verlassen, irgendwas ist ja immer … Auf einmal hatte das E-Bike keinen Antrieb mehr. Ich bin von Essen Kupferdreh fast bis Wuppertal ohne Antrieb hoch … Ohne E-Bike wäre mir das nicht passiert … höre ich Jensemann wieder rufen … An einen Bauernhof, mitten in einer fetten Steigung, hatte ich die Schnauze so was von voll … Ich war dermaßen sauer, dass ich das Fahrrad um ein Haar in eine Jauchegrube geschmissen hätte. Irgendwie habe ich dann noch mal auf Plus/Minus an der Steuerung gleichzeitig rumgedrückt und auf einmal resettete sich das ganze System. Als das Reset abgeschlossen war, funktionierte das E-Bike wieder einwandfrei. Ich konnte mein Glück kaum fassen. Als ich in Remscheid-Lennep angekommen bin, musste es ja natürlich noch mal heftig regnen. Ich bin von Remscheid in circa 25–30 Minuten nach Hause gepest … was bin ich gefahren … wie eine Wildsau … da muss ich euch ja nicht sagen, wie froh ich war, als ich dann zu Hause war.

Die letzte, schöne und heftige Tour war die, von Wipperfürth nach Winterberg und von Winterberg die Ruhr entlang bis Duisburg. Und von da aus, den Rhein entlang bis Leverkusen … dann die Balkantrasse bis Wipperfürth. Das waren auch 440 km in vier Tagen. Auch die vier heißesten Tage im Jahr 2022. Auch hier hatte ich mir einen „Wolf" gesessen. Mein Hintern sah wieder aus, wie der von einem Pavian. In dem Jahr bin ich aber gerade nur mal auf insgesamt 1500 km gekommen. Also abzüglich dieser tollen Tour war das ja eher ein schwaches Jahr von den Gesamtkilometern.

Irgendwie wird das, was ich abspule, von Jahr zu Jahr weniger, obwohl mich das von Jahr zu Jahr gefühlt kaputter macht … komisch … Über GPS-Tour.info und Komoot habe ich circa je 60 Mountainbikestrecken in und um Wipperfürth eingestellt – mein Nickname ist jeweils: S04Charly … Wie gesagt, Fahrradfahren

Impressionen von dem schönen Hobby MTB, Heimspiel an der Neye, Wupperquelle, mit Moni und einem bergischen Radler und bei der 7-wöchigen Reha in Bad Elster an der alten Ski-Schanze – dort habe ich eine sehr schöne Gegend und tolle Menschen kennengelernt ...

ist immer noch ein Riesenhobby von mir ... ich hoffe, bis ins hohe Alter. Ein-, zwei- oder dreimal pro Jahr fahre ich auch von Wipperfürth nach Köln Bocklemünd zur Arbeit. Da ist die Strecke ungefähr 62 km lang. Eine Zeit lang habe ich mein Fahrrad aufs Auto gepackt und bin ab Odenthal dann mit dem Fahrrad weiter nach Köln gefahren. Aber das war eigentlich immer aufwendig und auch teilweise lebensbedrohlich. Ich musste fast nur über die vielbefahrenen Straßen. An einer Kreuzung in Schildgen hatte ich immer ein Scheißgefühl ... Mit dem Rad musste ich gerade aus und als Autofahrer ging es rechts ab, Richtung Autobahn ... Wenige Wochen nachdem ich die Route geändert hatte und ab Wipperfürth gefahren war, stand da an dieser Kreuzung ein weißes Rad mit Blumen ... schluck. Ich bin zwar nicht strenggläubig, aber ich denke, dass der liebe Gott schon oft zu mir runter geschielt und etwas aufgepasst hat ... Wenn ich die weitaus längere Strecke von Wipperfürth über die Trasse nach Köln fahre, die zwar länger ist, aber durch die Trasse wesentlich besser und sicherer zu fahren ist, macht das echt Bock ... aber ehrlich gesagt, da braucht man **mindestens** zweieinhalb Stunden hin und ungefähr drei Stunden zurück. Das machst du auch nicht 5 Tage die Woche – zumindest ich nicht ... lach ... ansonsten fahre ich eigentlich lieber um die 5 bis 8 Talsperren oder irgendwelchen Wanderwegen entlang. Hauptsache ein kleines Ziel wird angesteuert oder auch mehrere ... Mein Fahrstil ist immer meist defensiv. Ich fahre eigentlich immer sachte. Wie ich schon sagte, ich denke mich immer in die anderen Rollen im Miteinander rein, bei dem, was ich gerade tue ... und wenn es ein Wert von dir ist, oder werden kann, musst du dich dafür auch nicht wirklich anstrengen ... dann ist es in dir ... Das ist wie mit „eine Sache verstehen oder auswendig lernen" ... Etwas zu verstehen, ist erst Arbeit, auswendig gelerntes Wissen abzurufen, ist irgendwie immer Arbeit ...

Erstaunlich für mich: Als Mountainbiker ist es so, dass viele Waldwege mittlerweile vom Abrollkomfort fast allen Straßen um Längen voraus sind, ... um dann langsam zum Thema Politik zu kommen ...

Wochenlang um eine Koalition zu verhandeln und zu feilschen, aber innerhalb von 3 Stunden die Diäten zu erhöhen ... das hat mich in all den Jahren am meisten gefuchst ... oder doch die ganzen anderen Entscheidungen, die unsere Politiker bald täglich treffen ... Ist das überhaupt ein Lehrberuf oder darf sich da jeder mal dabei versuchen!? Manche, die mit mir aneinander gerasselt sind und sich als Privilegierte und Autorität sahen, meinten vielleicht, dass ich Probleme mit Autoritäten hätte ... absolut nicht ... Denn eine richtige Autorität käme gar nicht auf die Idee, damit zu kokettieren, dass sie eine ist ... Eine wirkliche Autorität strahlt diese gleichmäßig von innen nach außen aus ... da flackert nix ... das spürt man, wenn man einer gegenüber steht ... Ich habe einige getroffen ... Dann werde ich etwas ruhiger, aber ohne mich wegzuducken ... wenn man so will, bin und war ich, in manchen Augen auch so etwas in der Art, zumindest wenn man manche Gastkommentare liest ... Glaubt mir, ich habe alles gegeben, dass auch jemand schreibt, dass ich sie nicht alle auf der Latte hätte, aber wie dem auch sei, überlege ich seit einigen Jahren mal vielleicht fürs Bürgermeisteramt zu kandidieren, aber hier würde ich wahrscheinlich auch im Warm-up den Wagen abwürgen ... Ich finde es traurig, wie dieses Land immer mehr zerfällt und sich stetig zurückentwickelt. Als Handwerksmeister und aufmerksamer Bürger meine ich, es beurteilen zu können. Kritikfähig sind die wenigsten. Die vorhandene Infrastruktur verkommt immer mehr. Jeder Bürgermeister definiert sich fast nur über eigene Großprojekte wie etwa Kreisverkehre ... Die gehen immer ... Die Bürgersteige sehen nach Regen in einer Makroaufnahme aus wie Teile des Amazonasdeltas ... überall Pfützen und der Rest Gras ... Die Post wird zugemacht und in einem klitzekleinen anderen Laden untergebracht. Die Grundschulen werden geschlossen,

Migranten werden sich fast selbst überlassen und dürfen sich nicht über eine Betätigung oder sonst wie einbringen und somit ihre Integration etwas aktiv mitgestalten ... Meines Erachtens wird alles viel zu kompliziert gedacht ... traurig macht mich das ... Wenn ich Bürgermeister wäre, würde ich z. B. zu großen Teilen die vorhandene Infrastruktur aufmöbeln, dann würden Straßen FACHMÄNNISCH beigearbeitet oder nur die Teilbereiche erneuert werden, die wirklich MIES sind ... und nicht nur Schilder mit den 2 Hügeln aufgestellt ... Ich würde dermaßen den Undercover-Boss spielen, bis alle mal wieder voll motiviert und fokussiert wären ...Ich wäre der „Baumgart" schlechthin... Jeder sagt nur: „Ach neeee, das macht ja eh keinen Sinn ..." Auch auf konstruktive Kritik und Ideen wird kaum reagiert ... oder es werden „Textbausteine der Ausreden versendet" ... Seit 30 Jahren fahre ich über Bechen, Odenthal, Schildgen und Leverkusen nach Köln ... was ich da in Schildgen seit 30 Jahren an Straßenbelag erleiden muss, ist der Hammer ... Als Maler und Schalker bin ich ja schon örtlich viel rumgekommen, aber der Asphalt-Flickenteppich in Schildgen und Odenthal sucht seinesgleichen ... Nach dem Winter meidet man den Bereich am besten ... Der zuständige Kreis sollte sich was schämen ... und wenn die Städte mal was angehen, werden die Bürger auch noch heftig zur Kasse gebeten. Verdammt noch mal, nehmt mal die Gelder, wofür sie eingezogen wurden ... dann wären Deutschlands Straßen wahrscheinlich aus Gold oder Platin ... In 4 oder 8 Jahren würden wir manche Bereiche nicht wiedererkennen ... wenn ich mich mit einbringen „dürfte" ... Aber ich würde, wenn dann, lieber einen netten König machen ... dieses permanente 9 zu 10 und 8 zu 7 in den Rats- und sonstigen Abstimmungen, geht mir auch so was von auf den Nerv ... Es gibt keinen mehr, der eine Richtung vorgibt ... ich dachte erst, dass diese „bunte Koalition" hilfreich ist ... mitnichten ... jeder kocht sein eigenes Süppchen ... gruselig und peinlich ist es. Dabei hätte ich das als Maler vorher wissen müssen – wenn man alle Farben aus dem Farbkreis zusammenkippt, dann erhält man nur einen „unschönen" Farbton den keiner dann möchte ...und der später in den Sondermüll muss. Gerade in unserer großen Politik … Ich kann es nicht mehr hören, wo die alle jeden Tag Hin-Jeten um sich zwei Stunden die Hände zu schütteln … und uns die Heizungen und die Fortbewegungsmittel vorschreiben … In beiden Bereichen wird es eh auf eine Mischkalkulation hinauslaufen … In Deutschland werden Hausbesitzer und Autofahrer ständig durch das Land gescheucht … Ich alleine habe zig Autowenden durchlebt – wenn ich mir eine Solaranlage, eine Wärmepumpe und ein E-Auto kaufe, bin ich 150.000 € los – unverschämt, deren Ideen. In spätestens 5–7 Jahren sollen wir uns bestimmt alle Wasserstoffautos zulegen … Auch diese Subventionen und deren Verteilung … durch die Subventionen steigen die Preise fast zur vollen Subventionssumme an- meist noch höher … nur die Wirtschaft und diese wenigen Branchen gewinnen dabei. Erst die Autohändler, dann die Installateure und die Fahrradhändler … Nur die Reichen können mit „ihrem Spielgeld" da **direkt mitmischen** und schöpfen die, die Töpfe so leer, dass, wenn der „Otto" sich „rangespart" hat, die Subventionen entweder halbiert oder ganz abgeschafft werden … Schämt euch, ihr Entscheidungsträger …

Wir haben versucht, das Haus nach und nach energetisch voranzubringen, jede Birne haben wir ausgetauscht … Um z. B. einen KfW-Zuschuss zu bekommen … hätte ich so eine Haustür bestellen müssen, dass ich abzüglich der KfW-Gelder fast das Doppelte hätte aufbringen müssen … In meinen Augen sind ein erheblicher Teil der, die so irrsinnige Gesetze erarbeiten, weltfremd unterwegs … Ich freue mich für jeden, der ein bisschen praxisbezogen denkt … Auch wenn ich sehe und höre, wie unsere Politiker, wie **Prinz Kamelle**, durch die Welt fliegen und unser, nicht vorhandenes „Buchgeld" verschenken, könnte ich platzen … ich bin noch nie zum Nachbar gegangen und habe **dessen Geld gespendet** …Es macht oft den Eindruck das wir uns immer noch Freundschaft und Anerkennung erkaufen müssen… gesundet mal die Finanzen und schaut das hier mal alles wieder läuft oder legt mal Budgets für Auslandshilfen fest… Dann kann man ja mal wieder den anderen unter die Arme greifen…Na ja…

Politiker kann ich jedenfalls nicht werden... Ich bin zu schlecht in: Rechtschreibung ...)) Meine Frau und ich spenden auch schon mal gerne und für einige Institutionen ... Aber auch nur, wenn wir einen Kassensturz gemacht haben und es uns auch dann finanziell leisten können. Wir wollen gerne etwas von dem Geld spenden, das „über die Auslagen" für das Buch eingespielt wird. An zwei Wipperfürther Institutionen ... an welche, haben meine Frau und ich auch schon mal überlegt ... Ich möchte sie aber hier besser nicht nennen, falls das Buch doch floppt, Es reicht dann, wenn wir beide enttäuscht sind ...

Sprüche, „Weiße-Heiten" und Kurzgeschichten

* Hier ein Erlebnis, was mir wirklich viel zu selten in den Kopf kommt, aber jetzt schreibe ich es mal auf – es ist einmalig ... Es war so um 1990/91 herum ... Ich war mit meiner damaligen Freundin und zwei anderen Pärchen zu einem Kurzurlaub nach Center Parc aufgebrochen ... Wir waren alle 6 sehr dicke und als Gefährt konnten wir den alten Bulli der SG Neumarkt nehmen ... Ich war der Fahrer ... Der Bus war uralt und sah aus, wie aus der Hippie-Zeit. Auch technisch war er alles andere als gut in Schuss. Ich meine, dass er kein Standgas mehr hatte und auch angeschoben werden musste ... Das hieße immer „hemmmm-tetehmmmm" mit dem Gas rumspielen, dass die Karre nicht ausgeht ... Als es am letzten Abend spät wurde und meinem Kumpel das letzte Bier nicht mehr schmeckte, stellte er diese angebrochene **und die allerletzte volle Flasche** in den Kasten zurück ... Er hatte schon den Plan, sich die anderthalb Flaschen auf der Rückfahrt zu genehmigen ... ich kann jetzt schon nicht mehr vor Lachen ... Seine Freundin fragte ihn am anderen Morgen beim Packen, ob er das Bier noch trinken möchte ... „*Mist*", dachte sich mein Kumpel, „ ... *entdeckt* ..." Er sagte: „Nö, das kannste wegkippen ..." Ich kriege mich gerade nicht mehr ein. ☺ Ich sah ihm an, dass er das nur des lieben Friedens willen

gesagt hat ... – ich kannte ihn 100%ig. Ich wollte eh fahren und deshalb war es mir auch EGAL ... das Gesicht war schon lustig, als die Flasche „gluck, gluck, gluck" im Abfluss landete ... Als wir in Belgien über die Grenze waren, sagte Olaf „Schön, Charlyyyyyyy ... dann trinke ich jetzt die letzte Flasche Bier ..." Er krauchte durch den Bus zum Kasten Bier und fragte mich: „Charlyyyyyyy ... bist du gestern nochmal aufgestanden, du Sack?" „Nö, warum?", fragte ich. Er sagte: „Die letzte Flasche Bier ist auch leer ..." Ich sagte: „100%ig nicht!" Dann sagte Olaf: „Wer hat die denn bitte schön getrunken?"

Dann sagte seine Freundin: „Schatziiii ... Du hast doch gesagt, dass ich die auskippen darf ..." Ihm fielen die Augen aus dem Kopf ... Er sagte nur: „Daaaaaasssss ist jetzt nicht dein Eeeeeernst!? Ich dachte, du meinst die angebrochene Flasche ..." Das Mädel hatte zur Sicherheit noch die volle Pulle geöffnet und dann auch weggekippt ... Was habe ich gegrölt ... bis Wipperfürth habe ich Tränen gelacht und lache sie jetzt wieder ...

* Ein kleiner Tipp; benutzt doch mal die Rückseite von Fehldrucken oder alten Blättern als Notizzettel ... Entweder einfach mit der Schere schneiden, oder für GEnaue: Mit der Schlagschere auf Maß bringen ...

* Nimm dir **sehr anspruchsvolle**, aber dennoch erreichbare Ziele vor. Anspruchsvolle fordern und fördern dich, erreichbare motivieren und ermutigen dich ...

* Gib immer dein Bestes, sei nie zu sehr zufrieden, aber auch nicht zu hart zu dir ...
Behandle deinen Rasen wie Blumen, Raufaser wie Tapete und schreibe Mails und Nachrichten, als wenn du deinen Liebsten schreibst oder so, als seist/wärst du der Empfänger ... Dann wird es meist gut bis sehr gut ... Ich gebe meist 104 % (wie beim 100 m-Lauf), selbst wenn ich einen miesen Tag hatte, hat es der „Kunde" meist nicht mitbekommen ... es war noch „Puffer" vorhanden ...

* Positioniere dich, ohne die anderen zu überrumpeln ... Sag deine Meinung, aber denke daran, es ist und bleibt DEINE Meinung. Ständiges Wegducken geht nur unnötig aufs Kreuz ...und für ständiges Weglaufen fehlte mir die Kondition...

* Als ich noch nichts hatte, waren alle mit mir zufrieden, wenn ich „**das Nichts**" mit ihnen geteilt habe ... als ich etwas mehr besaß, merkte man den Menschen an, wie enttäuscht sie waren: Wenn **ich davon noch so viel** GEteilt habe – es war gefühlt selten GENUG ...

* Versuche mal einen „Angriff" jeglicher Art, wegzulächeln und unkommentiert zu lassen, Monika sagte mir, dass er dann dein Hirn innerhalb weniger Minuten verlassen würde. Steigst du drauf ein, ist es wahrscheinlich, dass er dich viel zu lange beschäftigt.

* Zwischen Meckern und Kritisieren steht immer ein Vorschlag zum anders machen ... Meckern kommt meist ohne Veränderungsvorschlag.

* Eines Morgens, es war Vatertag, saß ich mit unserem Hund und einer Tasse Kaffee vor der Tür auf der Bank im Garten, als zwei Pärchen vorbeigingen ... Eine der beiden Frauen sagte zu mir: „Naaaaaa, hast du keine Freunde?" Das andere „Fräulein" war am Lachen ... Die Männer hielten sich zurück ...
Ich sagte: „Schneckchen, ... wer soooo wohnt, hat keine Freunde ..." Nicht, dass mir täglich die Sonne aus dem Hintern scheint, oder dass ich wirklich keine Freunde habe ... Auch bin ich nach außen hin eher einfach und demütig ... aber auf so einen Spruch, musste ich halt irgendwie schnell reagieren, im Nachhinein fand ich die Antwort extrem klasse ... und schlagfertig, obwohl ich immer mal wieder drüber nachdenken musste ...

* Ich bin ein Mensch, der sich eher an der Wasseroberfläche festkrallt, als einer, der einem anderen den letzten Strohhalm entreißt ...

* Eines Morgens auf dem Weg zur Arbeit: Es war ein Freitag ... und der Moderator sagte das Datum ... Einer meiner besten Jugendfreunde von früher hatte an diesem Tag seinen Geburtstag ... sein 40sten. Das wusste ich Haargenau... Ich dachte ganz doll an ihn, weil ich ihn lange nicht mehr gesehen hatte und er sich öfter durch Alkohol Probleme einheimste. Davon wurde mir gelegentlich erzählt.

Ich mag ihn heute noch unglaublich gerne ... Abends wollte ich mit einem anderen Freund aus dieser Zeit in Wipperfürth eine „Reintour" machen ... mal in die Kneipe rein und mal in die rein ... wie gesagt, Wipperfürth hatte immer einige gute Locations. Als wir im Viva waren, guckte ich von der Theke Richtung Tür ... auf einmal ging diese auf und mein alter Kumpel kam rein ... gut nach 20 Uhr und noch voll in Arbeitsklamotten ... Leider hatte er genau in der Kneipe zu dem Zeitpunkt Lokalverbot. Das hatte ich auch schon vorher von jemandem gesagt bekommen. Ich guckte auf den Gastwirt und merkte, dass er dieses auch wieder durchsetzen wollte ... Der Gastwirt wiederum war mein direkter Nachbar ... Ich bin direkt zu ihm hinter die Theke und habe ihn gebeten, unseren gemeinsamen Freund nicht wegzuschicken ... Er fragte, woher ich ihn kenne und warum mir das so wichtig ist ... ich sagte, dass er lange Zeit einer meiner besten Kumpels gewesen wäre und er heute 40 geworden sei. Auch sagte ich, dass alles von ihm auf mich geht und er bestimmt keinen Stress macht. Dann ging der Wirt zu ihm hin und gratulierte ihm zum Geburtstag. Mein Kumpel bekam riesige Augen, dass der Wirt seinen Geburtstag kannte ... dann zeigte der Kneipier auf mich und mein Kumpel war komplett aus dem Häuschen ... Ich bin mit meiner Verabredung dann später noch weitergezogen und habe am anderen Tag bei meinem Nachbarn gefragt, ob ich noch was nachzahlen müsste und ob es Ärger gab ... „Ne, beides nicht!" ... Er hätte ihn selten so lieb und glücklich erlebt ... Na ja, traurig und unheimlich schön zugleich ... wenn man ganz doll an jemanden denkt, begegnet dieser einem schneller, als man denkt ... komisch kommt mir das immer vor ... weil es mir öfter passiert ...

* Als Monika und ich im Garten Grauwacken-Findlinge verarbeitet haben, sagte ich zu ihr, dass das all die Steine wären, die man mir in den Weg gelegt hat ... jetzt würde ich uns was Schönes daraus machen ... Lustigerweise habe ich den Spruch zig Jahre später auf einer Karte gelesen. Ein berühmter Mensch hat ihn lange vor meiner Zeit auch von sich gegeben ... oder hat der Kartenschreiber diesen bei mir abgekupfert, wie das mit den Torwarttrikots von Adidas!!?? – Insider ...

* Versetze dich in die jeweils „anderen Rollen" rein, bei dem, was du tust ... so kommst du einigermaßen gut durch die Welt. Denke auf dem Rad an die Autofahrer und Fußgänger, als Autofahrer an die Fußgänger und Radfahrer, als Fußgänger an die Älteren und so weiter. Dann klappt es auch mit den Mitmenschen. Es ist nicht schwer, glaubt mir ... Es gelingt nicht immer, gerade unter Druck ist es oft schwierig, aber Übung macht den Meister.

* Erkläre mir einer mal den Sinn, warum manche Leute, den Hundekot in den Kotbeutel füllen, um den gesamten Beutel dann im Wald zu entsorgen ...? Soll der Scheiß, lange frisch bleiben? Wenn ich einen bei so einem Blödsinn erwische, hat er ein Problem ... – und ich meine nicht den Hund ... Das ist doof und Umweltverschmutzung zugleich – das ärgert mich nicht, das schockiert mich.

* Ohne Wertschätzung weniger MITARBEIT, mit weniger MITARBEIT, weniger Erfolg, mit weniger Erfolg, weniger Wertschätzung ...

*Erfolg kann beflügeln ... er kann aber auch selbstherrlich, schläfrig und arrogant machen ... mich hat er eher beflügelt ...

* Ein Vorgesetzter hat mal bei einem Grillfest nach Feierabend zu später Stunde versucht, mir einen verbal „reinzudrücken", oder sollte es ein Kompliment werden!? Entscheidet selbst: Ich habe Musik aufgebaut und mich etwas um die Beschallung für

unseren Kollegen an dem superschönen Abend gekümmert ...
Da kommt mein Boss und sagt: „Michael ... du weißt ja ... als
Maler halte ich ja gar nichts von dir ... aber als DJ bist du echt
super ...“ Ich sagte darauf: „Da kannst du mal sehen, Chef, was
du für eine Ahnung hast ... als Maler habe ich mir schon eine
goldene Nase verdient ... als DJ noch keinen Cent ...“

* Liebe Hundebesitzer: Denkt daran, eure eigenen Hunde zu er-
ziehen. Jemandem zuzurufen: „Ist **IHR** Hund Rüde, Weibchen,
Schalker oder Dortmunder?“, bringt nichts ... beruhigt EUREN
Hund, schenkt ihm Liebe und Vertrauen, seit streng, wenn er
nicht hört ... ich weiß gut, das tut weh ... aber später Ärger zu
haben, tut auch nicht gut ...

*Liebe Jugend: Positioniert euch, wenn ein Kollege wieder mal
rast ... oder einen kompletten McDonald's-Einkauf aus dem
Auto schmeißt, oder eine Glasflasche auf dem Bürgersteig zer-
deppert ... scheißt eure(n) Freund(e) zusammen ... sie werden
es überleben und euch irgendwann danken ... hier könnt ihr das
„Positionieren“ gut üben ...

* Ich habe irgendwann versucht, alles zu verstehen ... umso weniger musste ich mir merken ...

* Liebe Eltern: Ermutigt auch mal wieder eure Kinder, ins Handwerk zu gehen, hier wird Nachwuchs dringend gebraucht ...
Harte Arbeit schadet nicht ... und bei fast allem, was man
sieht oder darauf geht und steht, steckt Handwerk dahinter ... Und gute Handwerker wohnen oft besser, als schlechte Bankdirektoren ... Ich weiß, wovon ich spreche, ich kenne
einige davon...))

* Liebe Bildungsminister, fangt an, die Kinder nach ihren Talen-
ten zu unterrichten. Spezialisiert und gezielt gefördert zu werden, hätte mir Freude gemacht in der Schule. Unheimlich viel
von dem Stoff von früher war leider für die Katz ...

* Ich denke, dass ich fast die ganze Klaviatur des Lebens mit 50 schon durch habe ... für manche bin ich ein Macher, für andere eine Schlafmütze oder lethargisch ... für andere großkotzig oder verklemmt ... für Weitere ein harter Hund oder ein Weichei ... meine Stimme ist ein Graus für mich ... aber um mich zu verständigen, spiele ich mit ihr ... ich versuche extrem, dem jeweiligen Thema mit meiner Stimme und meiner Gestik Nachhall zu vermitteln ... gerne hätte ich eine Stimme, wie ein Radiomoderator oder wie der Quatscher ... ich habe auch versucht, Kreide zu futtern ... das war dann noch schlimmer ... Man macht sich nicht selbst und allein macht man auch nix ... bzw. nicht viel ...!!! Bei der Kommunikation spricht man davon, dass das gesprochene Wort maximal 10 % davon ausmachen soll ... der Rest kommt aus der Gestik und Mimik ... der Rest sind dann demnach 90 %, erstaunlich, oder?

*Es allen recht zu machen, ist eine Kunst, die niemand kann, ich dachte, als „kleiner Künstler" GElingt es mir mal irgendwann ...

* Hier ist mir abschließend doch noch etwas sehr Schönes eingefallen aus der Zeit als 2006 diese Unglückswelle seinen Lauf nahm. Manchmal sieht man ja vor lauter Trauer nicht mehr schöne Momente, um sich daran zu erinnern, fiel mir auch gerade etwas schwer. Kurz bevor die Heim WM 2006 in Deutschland starten sollte, bin ich zum Farben Großhändler nach Gummersbach gefahren, um Material zu besorgen. Im Eingangsbereich vom Großhändler, der seinen Hauptsitz in Münster hat, stand eine Schaufensterpuppe mit einem Nostalgie Deutschland Trikot... Dieses traumhafte mit Kordeln am Hals... Ich wäre fast an die Glaswand gelaufen, weil ich die Puppe mit den Augen bereits „nackig" gemacht habe...)) Meine Frage, ob ich dieses Trikot bekommen darf wurde direkt belächelt...Charly... das will wirklich jeder unserer Kunden haben, der hier hin kommt...Da können wir keinen irgendwie bevorzugen... das verstehst du doch, ...oder??? Ja klar, denke ich mir. Ist völlig in Ordnung. Vielleicht gebt Ihr das nach der WM dem, der sich am meisten für Fußball interessiert...passt schon...

Die darauffolgende Woche kam der Chef der Filiale und mein Fachberater der Firma vorbei und sagten, dass Sie etwas Zeit überbrücken müssten, um jemanden zu treffen...Wir drei tranken einen Kaffee und dann sollte ich die zwei noch zum Auto bringen...Da gaben sie mir ein Zollstock und zwei Bleistifte, worüber ich mich immer sehr drüber gefreut habe... Als Sie im Auto saßen ging nochmal die Scheibe runter und sie gaben mir noch eine Plastiktüte...darin dieses Trikot. Ich erinnere mich noch, dass ich nur noch rufen konnte: „IHR SEID DOCH BEKLOPPT.", dass könnt Ihr doch nicht machen... Sie riefen: Charly wir haben 2 Sekunden überlegt, wer sich am meisten darüber freuen würde und wer am Fußballbeklopptesten ist. Das bist du... Bei der Hitze war der Puppe eh zu heiß mit dem Trikot...Viel Spaß damit... Dieses Trikot gibt es immer noch und wird ausschließlich zur WM und EM getragen...Es hat ein Kultstatus bei mir... und das soll was heißen.

So ihr habt es gleich geschafft.
Danke für euer Durchhaltevermögen ...

Was würde ich denn heute so gravierend anders machen ... Hm... Ich würde heute versuchen mit meiner viel zu früh verstorbenen Schulkollegin zusammenzukommen, um ihr Leben von dem viel zu frühen Tod fernzuhalten, auch würde ich mich beim Stande von 0 : 4 in der Halle auswechseln (lassen) ... Und alles in allem einen kleinen Tick leiser und noch etwas ruhiger werden- vielleicht auch ab und zu weglaufen oder einfach zu Boden gehen ... Ansonsten würde ich besser alles so belassen, sonst säße ich hier wohl nicht und wäre am Schreiben ... Ich habe mich für diese Erlebnisse entschieden und hätte auch ohne Probleme die anderen paar Tausend mit euch teilen können, viele bis alle sind noch glasklar präsent. Es war von allem was dabei. Okay, es gäbe noch wesentlich mehr über kleine oder große Streiche, über Mädels und über weitere Dispute aus der Kindheit, über die Jugend oder über den Ernst des Lebens zu schreiben. Auch Lustiges ohne Ende wäre noch verfügbar gewesen ... Aber es sollte ja auch keine Bibelstärke haben, das Buch … Dies sollte ja auch keine Abrechnung werden. Nur (m)eine Biografie in Teilen … Vielleicht schreibe ich ja irgendwann noch einmal ein weiteres Buch. Das würde aber wohl dann auf den Index kommen, oder nur im Darknet verbreitet werden … Auch wäre es besser, wenn ich dann im Ruhestand wäre … damit ich mehr Zeit hätte … lach. Das bekäme den Titel: Sex, Crime & Business … – oder kurz: Ich packe ein …, aber alles zu seiner Zeit …

Einiges im Leben habe ich wirklich nicht gut oder „pädagogisch wertvoll" GEmacht. Einige Fettnäpfchen habe ich bei vollem Bewusstsein mit einer „Arschbombe" geleert. So konnte sie aber auch kein anderer mehr „aus Versehen" erwischen … Aber eins habe ich immer dabei bedacht: Für meine Werte und für das, wofür ich stehe, habe ich seit Kindheit eingestanden und es fiel mir auch absolut nicht schwer.

Klar bin ich auch manchmal „All-in-One" gegangen, wie z. B. beim Hauskauf … Wenn man ganz unten anfängt ohne doppelten Boden, Sprungtuch oder finanziellen Background, muss man das auch schon mal tun, um ein paar Meter gut zu machen. Ein bisschen Zocker steckt schon in mir … das ist klar. Auch bin ich nicht gänzlich ein schlechter Geschäftsmann gewesen. Rückschläge und Rückschritte habe ich direkt wieder zum Anlaufnehmen eingesetzt … ich habe aber auch nie alles beiseite gedrängt, um mich besser zu positionieren. Sooooo wichtig war es mir dann doch nicht. Ich habe versucht, die nötigen Scorerpunkte im Vorbeilaufen einzuheimsen … Man kann im Leben auch weiterkommen, wenn man unten anfängt, mit Bedacht, fleißig und demütig durchs Leben geht und ab und zu nur das anspricht, was einen stört. Positionieren im Leben ist nichts Schlechtes, man muss nur wissen, wann man es tut, damit es Wirkung hat und diese nicht verwässert. Wer sich nie positioniert, wird meiner Meinung nach, auch nie ankommen … Quasi muss man wissen, wo man steht und wo man hinwill, wie beim Fahrradfahrern auf einem engen Trail … ansonsten irrt man ziellos herum und verliert die Ideallinie … Klar, man dient auch als gutes Ziel, wenn man sich positioniert ... Man muss nur wissen, wofür es sich, aus der eigenen Sichtweise, auch lohnt ... In diesem Sinne wünsche ich allen ein herzliches „Glück auf" und reiche denen die Hand, die es mir und meinen Lieben ab und zu nicht leicht GEmacht haben. Meinen Dank möchte ich noch aussprechen an die Leute, die mich in meinem Leben begleitet haben, **auf längeren und auf kürzeren Wegen.** Ich hatte unglaublich viele und verlässliche Freundschaften. Manche haben es nicht geschafft, noch zu bestehen, aber: **Nicht eine davon möchte ich missen, alle waren enorm schön und wichtig, um dahin zu kommen, wo ich jetzt bin. Auch die schwierigen Phasen und die Reihenfolge des Erlebten, würde ich nicht groß ändern wollen** ... Ansonsten wäre ich ja wahrscheinlich irgendwo anders abgebogen und es wäre auch anders geworden, vielleicht schlechter, vielleicht besser, man weiß es nicht ... Ich bin jedenfalls unglaublich glücklich und dankbar, so einfach groß und „annähernd" erwachsen geworden zu sein, so weiß ich es enorm zu schätzen, **„zur Zeit"** so leben zu dürfen ... Nicht, dass ich stets schwebe oder mir die Sonne aus dem „Heck" scheint ... mitnichten ... ich bin extrem demütig und dankbar und gleichzeitig immer hellwach, damit es sich nicht umkehrt. Glück kann man sich erarbeiten...das ist zweifelsohne richtig... Aber nur Arbeiten ohne Glück zu haben wäre auch nichts ... Missgunst ... Missgunst entsteht meist hinsichtlich ein oder zwei Sachen, die man für sich auch gerne *von dem anderen hätte* ... denkt aber immer daran ... Wenn man das GANZE hätte haben wollen ... dann würde einem auch erst das GUTE aus der „Rolle" zustehen ... Ich jedenfalls bin deswegen selten neidisch oder missgünstig ... weil, zu dem schönen Garten gehört auch der verrostete Spaten ... – das war mir schon sehr früh klar in meinem Leben.

Ich möchte mich auch noch einmal bei meinen vielen Mitarbeitenden auf der Arbeit bedanken – bei allen, die ich in 30 Jahren WDR kennenlernen durfte. Die besten „Mitarbeitenden", Kollegen und Freunde, die ich mir vorstellen kann. Meine Kollegen der VTA in Bocklemünd und den anderen Bereichen, ich fühle mich wohl bei und mit euch. Ihr habt mich nie im Stich GElassen und mir immer zur Seite gestanden, wenn ich von jemandem Hilfe benötigt habe. Ich erinnre mich an alles … **Dafür bedanke ich mich nochmals** ehrlich und aufrichtig bei euch allen.

Auch einen herzlichen Dank an **ALLE** Wegbegleiter und Freunde, die mir mit ihren Gastkommentaren und Erlaubnissen, sie nennen zu dürfen, die Ehre erwiesen haben … und mich hier etwas mit GEzeichnet haben. Das macht mich unglaublich STOLZ. Ich habe jeden ermutigt, auch was Kritisches über mich zu schreiben. Danke, dass ihr das geschrieben habt, was euch zu UNS eingefallen ist … – aber vielleicht waren auch die schwachen Momente von mir sooo selten, dass sie sich vielleicht auch verwässern, wenn man unsere gesamte Beziehung betrachtet … Ich war immer zutiefst gerührt … ob der Zeilen und Worte … es war auch unheimlich viel dabei, wie ich auch rüber kommen wollte und heute noch rüber kommen will …

Zuletzt möchte ich nur noch einmal sagen, wie sehr es mich teilweise aufgewühlt hat, dies alles aufzuschreiben oder auszuwählen, was rein und nicht rein sollte … unzählige Male hatte ich feuchte Augen und musste einfach mal aufhören und was mit Prinz und Moni unternehmen … Das Buch war absolut nicht „nur" leicht zu schreiben … und damit meine ich nicht meine Rechtschreibschwäche … – die müsste jetzt „fast" raus trainiert sein … Wer jetzt noch Rechtschreibfehler findet, kann diese gerne behalten …))

Ich möchte mich in diesem Buch nicht als Robin Hood oder Sankt.Martin darstellen, oder als Raufbold oder gar als Schläger wirken … auch will ich nicht rumheulen oder mich aufblasen … Auch habe ich im direkten Dialog manchmal etwas viel Text dabei … oder besser gesagt, unterscheide ich mich gerade stark von der modernen Einsilbigkeit … Ich persönlich finde mich manchmal was schläfrig oder trantütig … aber ich bin auch oft so, wie die Ente auf dem Teich ... ich strample meist heftig unter der Wasseroberfläche und oberhalb bin ich ruhig und wirke manchmal unbeteiligt ... Ich empfinde es als Begabung, weil es mich auch gut und ohne Hektik zu verbreiten, vorangebracht hat ... Jetzt suche ich weiter nach neuen anspruchsvollen und spannenden Aufgaben und Zielen ... oder diese finden mich ...

Ich würde als Traum ansehen, irgendwie mal bei den S04-Allstars als Gastspieler mitkicken zu dürfen ... was natürlich Utopie ist ... oder sie mal gegen meine Dreamteams in einem Turnier für einen guten Zweck antreten zu lassen ... oder das Stadtradeln 2024 sehe ich als echt anspruchsvolles und dennoch erreichbares Ziel an ... klar mit meinem Pedelec, aber trotzdem ... Im Beruf denke ich, dass ich nicht mehr so verkrampft nach Veränderung streben sollte, da halte ich es mal langsam wie mit dem Schmetterling und dem Glück ... die Gesundheit, unser Zuhause und unser Privatleben ist mir mittlerweile immer wichtiger geworden ... Die nächsten Jahre bergen bestimmt weitere tolle Erlebnisse ... für vielleicht dieses zweite Buch ...

Jedenfalls bin ich, was ich bin ...
Ein ganz norMaler, königsblauer Steinbock
und das schon ein Leben lang ...

Bis die Tage ...
Glück auf und maat et jood!

Euer
„CHARLY" Michael ILCHMANN
PS: Schatz, wir gehen jetzt noch mal mit Prinz ... DU und ER mussten genug verzichten ... wegen der Schreiberei ...

Für den Schluss habe ich den Gastkommentar von unserem Ehrenpräsidenten des FC Schalke 04 vorGEsehen. Dieser hat mich wirklich sehr berührt ... weil er von einer natürlichen Autorität stammt ... weil er mich annahm, wie ich halt war und bin ... weil er mir unheimlich viel ermöglicht hat, ohne mir was abzuverlangen ... Ich weiß wirklich nicht, wie ich unsere Verbindung nennen soll!?... Der „junge Mann" und (s)ein „väterlicher Freund" vielleicht? Das trifft es wohl am besten ...

Ist nicht jedes Leben so spannend und wertvoll, dass wir es erzählen sollten? Lebensbeschreibungen bieten uns die Chance, nah am Menschen und am Puls des Lebens zu lernen. Alle Menschen hinterlassen Spuren – manche kreuzen unseren Weg.

Michaels und mein Lebensweg kreuzten sich im Dezember 1996; wie sollte es anders sein, „auf Schalke" – im Fanshop. Zufall? Wohl kaum. Ich hatte sofort den Impuls, Michael anzusprechen. Ein Gesprächsthema war leicht zu finden ... gar nicht überraschend: Wir waren uns sofort einig, dass wir den UEFA-Pokal gewinnen werden. Nach kurzer Zeit folgte eine weitere „zufällige" Begegnung. Michael war Gast der Evangelischen Kirchengemeinde Rotthausen, die ihren Gemeindemitgliedern eine Arena-Baustellenbesichtigung anbot. Da Michaels Tante dazugehörte, lag es nahe, dass auch Michael dazustieß.

Wer jetzt noch an Zufall glaubt, den überzeugt vielleicht unser „zufälliger GEmeinsamer" Urlaub auf Fuerteventura ... dass es doch einen Fußballgott geben muss. Wir hatten uns viel zu erzählen: königsblauer Himmel, königsblaues Meer – ihr wisst schon. Und so trafen wir uns, mit unseren Frauen, das ein oder andere Mal zu Tapas am Strand. Es folgten viele „zufällige" Begegnungen im Schalker, in der Arena und bei Fanclub-Treffen. Was lag bei so vielen „Zufällen" näher, als Michael zu meinem 80. Geburtstag einzuladen? Der kleine UEFA-Pokal, den er mir überreichte, hat natürlich einen Ehrenplatz in meiner Schalke-Vitrine. Ein Sommer ohne Michael, Monika und Prinz bei einem Stück Pflaumenkuchen und Kaffee in meinem Garten, ist seitdem kein Sommer mehr – unter königsblauem Himmel natürlich. Daran merkt schon jeder: Michael hat nicht nur mein Leben gekreuzt, er muss auch Spuren hinterlassen haben. Michael ist ein sehr verbindlicher und treuer Mensch. Auf seine Achtsamkeit und Feinfühligkeit möchte ich nicht mehr verzichten. Großartig und legendär sind seine Kreativität und sein handwerkliches Geschick. Doch das Wesentliche ist: sein Mensch-Sein. Das ist es, was ich mit Michael verbinde. Da kann jeder viel von ihm lernen.

„… keine Freundschaft kann unseren Lebensweg kreuzen, ohne für immer eine Spur zu hinterlassen." (Francois Mauriac)

Glück auf! – Gerhard Rehberg – 2023

Träger von unzähligen Ehrentiteln: U.a. *Träger des Bundesverdienstkreuz 1. Klasse und am Bande, Träger der Willy Brand Medaille, Altbürgermeister der Stadt Gelsenkirchen, Ehrenbürger von Gelsenkirchen, Ehrenpräsident vom FC Schalke 04, Steiger, Hauer, Knappe und ganz nebenbei ein fantastischer Mensch …*

Ob man nach vorn oder zurück schaut, liegt doch meist an der eigenen Haltung…

Michael „Charly" Ilchmann 2023
„In Anlehnung an die Cover Fotos."

Bildquellennachweis:
S. 5, 15, 20, 337, 37, 41, 53, 54, 67, 70, 89, 183, 386, 367, 147, 371, 154, 370, 186, 197, 229, 241, 244, 330, 253, 258, 260, 273, 375, 279, 296, 373, 361, 323, 321: © Michael „Charly" Ilchmann
S. 98: © Thomas Gallus
S. 193: © Ingo Zobel
S. 130: © Michael „Charly" Ilchmann und Freunde
S. 379: © Dominic Rasche & Michael „Charly" Ilchmann
S. 216: © Hubert Neu, Huub Stevens & Michael „Charly" Ilchmann
S. 215: © Dirk Oberschulte-Beckmann & Michael „Charly" Ilchmann
S. 223: © Markus Kaya (Mitte), Martin Max, Olaf Thon für Michael „Charly" Ilchmann
S. 288: © Ingo Zobel & Michael „Charly" Ilchmann
S. 327: © Jürgen Kaßel, Michael „Charly" Ilchmann

novum VERLAG FÜR NEUAUTOREN

Bewerten
Sie dieses Buch
auf unserer
Homepage!

w w w . n o v u m v e r l a g . c o m

HERZ FÜR AUTOREN A HEART FOR AUTHORS À L'ÉCOUTE DES AUTEURS MIA KAPΔIA ΓIA ΣYΓΓP
HJÄRTA FÖR FÖRFATTARE UN CORAZÓN POR LOS AUTORES YAZARLARIMIZA GÖNÜL VERELIM SZÍV
UORE PER AUTORI ET HJERTE FOR FORFATTERE EEN HART VOOR SCHRIJVERS TEMOS OS AUTOI
ERZÖINKÉRT SERCE DLA AUTORÓW EIN HERZ FÜR AUTOREN A HEART FOR AUTHORS À L'ÉCOUT
RAÇÃO BCEЙ ДУШОЙ K ABTOPAM ETT HJÄRTA FÖR FÖRFATTARE À LA ESCUCHA DE LOS AUTOR
EURS MIA KAPΔIA ΓIA ΣYΓΓPAΦEIΣ UN CUORE PER AUTORI ET HJERTE FOR FORFATTERE EEN H
ARLARIMIZ... ...ERZÖINKÉRT SERCE DLA AUTORÓW EIN HERZ FÜR
...SCHRU... ...ORAÇÃO BCEЙ ДУШОЙ K ABTOPAM ETT HJÄRTA FÖR

Der Autor

Der Autor wurde 1971 in Gelsenkirchen geboren
und verbrachte den Großteil seiner Kindheit mit
seiner Mutter, Stiefvater und seinen Geschwistern
im Bergischen Land. Seine Kreativität, Kommunikationsfähigkeit und Empathie wurden insbesondere
in dieser Zeit entwickelt und deutlich geprägt.
Beruflich ist der ausgebildete Maler und Lackierer
Michael Ilchmann bereits seit vielen Jahren beim
WDR in Köln tätig. Erst als Maler, dann als Werkstattleiter, Disponent und heute als „Einkäufer".
Als leidenschaftlicher Handwerksmeister und
kreativer Mensch hat er sich nun erstmals dem
Schreiben zugewandt und dabei gleich mit seiner
bewegenden Biografie „Ein ganz norMaler, königsblauer Steinbock" den Anfang darin gemacht. Um
nicht nur von sich zu schreiben, bat er zahlreiche
Wegbegleiter ihn etwas mitzuzeichnen. Von,
über: Das hat ja jeder erlebt, über: Wahnsinn, bis:
Unglaublich, ist alles dabei. So zumindest einige
Kommentare während „seiner Reise".

novum VERLAG FÜR NEUAUTOREN

Der Verlag

*Wer aufhört
besser zu werden,
hat aufgehört
gut zu sein!*

Basierend auf diesem Motto ist es dem novum Verlag
ein Anliegen, neue Manuskripte aufzuspüren, zu ver-
öffentlichen und deren Autoren langfristig zu fördern.
Mittlerweile gilt der 1997 gegründete und mehrfach
prämierte Verlag als Spezialist für Neuautoren in
Deutschland, Österreich und der Schweiz.

**Für jedes neue Manuskript wird innerhalb we-
niger Wochen eine kostenfreie, unverbindliche
Lektorats-Prüfung erstellt.**

Weitere Informationen zum Verlag und
seinen Büchern finden Sie im Internet unter:

w w w . n o v u m v e r l a g . c o m